KB070381

언 어 ①

나남
nanam

한국연구재단 학술명저번역총서
서양편 345

언 어 ①

2015년 12월 25일 발행
2015년 12월 25일 1쇄

지은이_ 레너드 블룸필드
옮긴이_ 김정우
발행자_ 趙相浩
발행처_ (주) 나남
주소_ 413-120 경기도 파주시 회동길 193
전화_ (031) 955-4601 (代), FAX : (031) 955-4555
등록_ 제 1-71호(1979.5.12)
홈페이지_ http://www.nanam.net
전자우편_ post@nanam.net
인쇄인_ 유성근(삼화인쇄주식회사)

ISBN 978-89-300-8641-7
ISBN 978-89-300-8215-0 (세트)
책값은 뒤표지에 있습니다.

'한국연구재단 학술명저번역총서'는 우리 시대 기초학문의 부흥을 위해
한국연구재단과 (주)나남이 공동으로 펼치는 서양명저 번역간행사업입니다.

언 어 ①

레너드 블룸필드 지음 | 김정우 옮김

나남
nanam

Language

by

Leonard Bloomfield

1933

옮긴이
• • •
머리말

이제 작은 산을 하나 넘었다. 언어 연구에 뜻을 두고 공부를 시작한 대학 3학년 무렵부터 역자의 필독서 목록에는 반드시 이 책이 들어 있었다. 다른 수식어나 설명을 양옆에 거느리지 않고 책 전체에서 다루는 그 많은 내용이 '언어'라는 가장 간단한 단어 하나로 절묘하게 압축되어 있는 책의 제목부터, 이 책은 언어 연구의 도정에서 반드시 지나야 하는 순례지로 각인되어 있었다. 소중하기에 읽다 말다 할 수 없고, 그래서 언제든 제대로 일정을 잡아 통독하리라 마음먹었지만, 게으른 천성 탓에 번번이 실패만 맛보고 만 적이 한두 번이 아니었다. 그러던 차에 마침 한국연구재단의 지원을 받게 되어 초보 연구자의 심정으로 3년여의 시간 동안 원서와 씨름하면서 번역을 마쳤다.

이 책이 어떤 책이고 어떤 내용이 담겨 있는가는 언어학과 관련된 연구자라면, 설령 초심자라 하더라도 더 이상의 설명이 필요하지 않을 것이다. 역자 역시 '번역'이라는 작업을 위해 책을 좀더 자세하게 여러 번 들여다보면서 정독한 독자에 불과한 만큼, 책의 의의와 내용에 대한 언급은 아무리 재주를 부려도 기껏 사족 이상이 되지 못하리라. 더욱이 고맙게도 책의 서두에는 저자의 머리말이 붙어 있으니,

기나긴 독서의 여정에서 길을 잃을 위험이란 절대 없을 것이 아니겠는가!

이 책은 말 그대로 언어 또는 언어학에 관한 모든 주제를 다루고 있다. 때문에 수많은 언어가 나오고, 수많은 규칙과 원리가 용례와 함께 제시되어 있다. 하지만 책을 번역하면서 힘들었던 것은 생전 처음 들어보는 오지의 언어를 기술하는 내용도 아니었고, 복잡하고 정교한 언어 분석방법을 이해하는 일도 아니었다. 역자가 가장 깊이 절망한 것은 바로 책 전반을 흐르는 인문학적 전통에 대한 무지였다. 제1장에서 상세하게 서술하고 있듯이, 저자는 당대의 언어학 연구 전통이 종적으로 인문학의 어떤 흐름에서 갈라져 나왔고, 횡적으로 인접 인문학의 어떤 흐름과 서로 영향을 주고받으며 발전하고 있었는가를 분명하게 인식하고 있었다. 말하자면 언어학의 피상적 지식만으로 타고 넘기에는 언어학을 둘러싼 서양 인문학의 전통은 너무도 거대한 파도였다. 책을 번역하면서 받은 그러한 충격은 앞으로도 학문적 관심에서 쉽게 떠나지 않을 것 같다.

번역이 끝나고 한국연구재단의 최종심사를 통과한 때가 수년 전이었는데, 그때부터 차근차근 마무리 작업을 했다면, 아마도 이 책은 3, 4년 일찍 세상의 빛을 볼 수 있었을 것이다. 하지만 복잡다기한 주제와 산더미 같은 원고 분량에 주눅이 들어 다시 들여다볼 엄두를 못 내고 차일피일 원고를 묵히다 보니, 이제 더는 시간을 끌어서는 안 된다는 경고음이 울리는 지경이 되어, 독한 마음으로 폴더에서 파일을 불러내어 다시 번역을 시작하는 심정으로 원고를 고치고 다듬어서 드디어 마무리를 지었다.

이 책이 이렇게 마침표를 찍을 수 있었던 것은 전적으로 주변에 계신 고마운 분들의 은혜 덕분이다. 진심으로 그분들께 감사의 마음을 전해드린다. 그러나 외람되게도 세 분만큼은 당신들께 혹 누가 될지

6

도 모르지만, 베풀어주신 은혜가 크기에 여기에 적어 각별한 감사의 말씀을 드리고자 한다.

　지도교수이신 김완진 선생님께서는 아무런 배경도 기초도 없이 국어학을 전공하겠다고 만용을 부리던 역자를 대학원 석사과정과 박사과정에서 거두어주시고 학문하는 연구자의 자세를 가르쳐 주셨다. 입은 학은에 비하면 너무 보잘것없지만, 이 작은 역서를 가장 먼저 선생님께 바치고 싶다. 역자는 1990년대 초반에 국립국어원에서 사회생활을 처음 시작했는데, 당시 초대, 2대 원장님으로 모셨던 안병희 선생님께서는 공동체 생활이 힘들 만큼 제멋대로였던 역자를 내치지 않으시고, 학문을 하면서 사회생활을 꾸려갈 수 있는 지혜를 가르쳐 주셨다. 끝으로 우리 현대사의 격랑을 온몸으로 헤쳐오신 역자의 아버님께서는 이 책의 일본어판에 실린 주석을 꼼꼼히 짚어가면서 못난 자식의 번역작업을 뒤에서 도와주셨다. 하지만 너무도 한스러운 것은 뒤의 두 분께서 그동안에 유명을 달리하셔서, 이제 그 은혜를 갚고 불효를 덜 기회를 영영 잃었다는 사실이다. 두 분의 영전에도 이 책을 바친다.

2015년 12월
월영동 연구실에서
김 정 우

이 책은 1914년에 선보였던 저자의 저서 《언어연구입문》(*Introduction to the Study of Language*)의 개정판이다. 예전의 책보다 부피가 훨씬 커졌는데, 그것은 그 사이에 언어과학이 상당한 진보를 이룩한 데다, 교양을 갖춘 일반대중과 학자들 모두가 인간 언어의 이해에 그 어느 때보다 지대한 가치를 부여하고 있기 때문이다.

앞선 책과 마찬가지로, 이 개정판도 언어 연구에 발을 들여놓은 언어학도와 일반독자 모두를 위한 것이다. 이런 입문서가 없다면 전문적인 논저를 이해하기가 쉽지 않다. 일반독자에게는 특정 주제에 대한 논의보다 과거 연구를 일목요연하게 정리해주는 내용이 훨씬 흥미로울 터인데, 그것은 적당한 배경지식이 있어야 특정한 주제를 이해할 수 있기 때문이다. 일단 인간 언어의 불가사의와 아름다움 혹은 중요성에 눈을 뜬 사람이면, 어느 누구도 가볍게 읽고 치울 수 있는 이야기를 이런 책에 써달라고 요구하지는 않을 것이다.

언어에 관한 뿌리 깊은 여러 가지 사항은, 우리 모두에게 대단히 중요하면서도, 상당히 심화된 연구분야를 제외하면 무시하는 것이 보통이었다. 이 책에서는 이런 문제를 단순한 용어로 서술하면서 이런 문제가 인간사와 어떻게 관련되어 있는가를 보여주고자 했다. 1914년의 저서에서는 이런 단계적 설명을 베풀 때, 당시에 유행하던 분트의 심리학 체계에 기반을 두었다. 분트 이래로 심리학에는 상당한 격변이 있었으며, 그 결과로 우리는 한 스승이 30년 전에 품었던 생각, 곧 여하한 심리학 이론의 도움이 없이도 언어를 연구할 수 있으며, 또 그래야만 우리가 얻은 결론을 안전하게 지킬 수 있고, 우리가 얻은 결론이 관련분야에서 일하는 학자들에게 더욱 중요한 의미를 갖는다는 점을 배웠던 것이다. 이 책에서 저자는 그러한 의존성을 탈피하고자 노력했다. 설명의 편의상 몇 가지 논점에 대해 저자는 심리학의 주요한 두 흐름이 그런 논점들을 각기 어떻게 달리 해석하는가를 설명했다. 유심론자는 정신의 관점에서 행한 해석으로 언어에 관한 사실을 보충하려 할 것이다(물론 그러한 해석도 다양한 학파에 따라 다르게 나타난다). 유물론자의 입장은 언어에 관한 사실이 부수적인 제반 인자에 대한 선입견 없이 제시되어야 한다는 것이다. 저자는 이러한 요구를 만족시키려 노력했는데, 그것은 단지 유물론이 과학적 담론에 필요한 형태이기 때문만이 아니라, 다른 학설의 도움을 받지 않는 자립적인 설명이라야 또 다른 가변적인 학설에 의지해서 다양한 지점에 기둥을 내린 설명보다 더욱 굳건하고 더욱 쉽게 검증할 수 있기 때문이기도 하다.

저자는 어디서든 수용된 견해를 제시하고자 노력했으며, 그래서 널리 인용되는 표준적인 용례를 굳이 회피하지 않았다. 이론이 분분한 문제에 대해서는 또한 쟁점이 무엇인가를 밝히려고 노력했다. 두 경우 모두 주석과 참고문헌에 언급해 두었다. 그러므로 독자는 이 부분을 통해 관련된 문제를 좀더 상세하게 조사해 보고, 원한다면 자기 자신의 견해에 도달할 수도 있을 것이다.

도움과 정보를 제공한 많은 학자들에게 감사의 뜻을 전하고, 또한 출판사와 인쇄소 및 유능한 식자공에게 감사의 뜻을 전하며, 이 책을 만드는 데 헌신적인 관심을 기울인 모든 사람들에게 감사의 뜻을 전한다.

1933년 1월
시카고
레너드 블룸필드

1. 본문의 철자와 발음표기는 모두 원문의 표기체계와 양식을 그대로 따랐다.
2. 단어의 뜻풀이는 가급적 우리말로 번역했지만, 격변화나 활용형 등은 문법형태를 온전하게 드러내야 하는 관계로 원어를 그대로 적어 놓은 것도 있다. 마찬가지 이유로 단순한 명사라도 단어 자체가 다의어이거나 친족어와의 파생관계를 보여줄 필요가 있으면 원어를 그대로 표기했다.
3. 각괄호와 겹빗금은 각각 발음형태와 음소를 표시한다. (예) 〔ant〕, /p/
4. 단어(형태) 앞에 붙은 별표 위첨자(*)는 재구형을 표시하고, 그냥 별표는 불가능한 어형을 표시한다.
5. 본문 하단의 각주는 모두 역주이다. 원서의 각주는 [원주]로 표시했다.
6. 본문과 직접적인 관련이 적거나 내용이 길어진 참고 역주는 [원주]의 뒤(* 이하)에 넣었다. 참고 역주의 자리 표시는 본문에 괄호문자의 위첨자로 했다. (예) 가시언어[1]
7. 중요한 인명과 지명에 대해서는 본문 이해에 긴요한 사항만 본문 하단에 각주로 넣고, 상세한 사항은 부록으로 말미에 덧붙인 '인명 약해'와 '지명 약해'를 참고하도록 했다. '인명 약해'와 '지명 약해'에 있는 해당 고유명사는 각주에 별도의 표시(☞)를 했으며, 원어를 병기하지 않았다. 그리고 언어학 용어도 '한-영 대조 일람'에 있는 것은 가급적 원어를 병기하지 않았다. 원어를 병기하는 경우에도 최초의 것으로만 한정했다.
8. 책의 체재는 원서의 체재를 '찾아보기'까지 충실히 따르되, 독자들의 이해 편의를 위해 부록으로 '언어학 용어 한-영 대조 일람'과 '인명 약해', '지명 약해', '언어 일람'을 덧붙였다.

언 어 ①

차 례

제 1 장

언어의 연구

1. 1. 언어는 우리의 삶에서 커다란 역할을 한다. 숨을 쉬거나 걸음을 걷는 것을 의식하지 못하듯이, 언어도 너무 친숙한 나머지 당연하게 받아들이기 때문에 우리는 여간해서 언어에 관찰의 시선을 보내지 않는다. 언어의 효과란 실로 대단해서, 인간을 동물과 구별하는 많은 요인도 언어에 담겨 있을 정도이다. 그런데도 언어는 우리의 교육프로그램이나 철학자들의 이론체계에서 제자리를 차지하지 못하고 있다. [1]

그러나 전통적인 교육의 수혜자들이 언어문제에 대해 언급하는 경우도 아주 없지는 않다. 이들이 '규범적 정확성'의 문제, 예컨대 "It's I"나 "It's me" 중에서 어느 쪽이 '더 나은가'라는 주제를 놓고 토론을 벌이는 사례가 심심찮게 있었다. 이런 문제에 대해 사람들이 벌이는 토론은 매우 딱딱한 형식에 따라 진행된다. 그래서 사람들은 이런 문제에 대한 해답을 가능하다면 표기규약에서 찾고자 한다. 말하자면 'often'이나 'soften'과 같은 단어에서 철자 't'가 발음이 되는지, 안 되는지 하는 문제를 따지는 방식과 동일한 차원이라고 할 수 있다. 그

---

1) 이는 이 책이 집필될 당시인 1933년 무렵의 상황을 말한다. 앞으로 '현대' 또는 이에 준하는 '오늘날'과 같은 표현은 특별한 언급이 없는 한 모두 1933년 무렵을 가리키는 어구로 이해하기로 한다.

렇지 않으면 사람들은 곧잘 어떤 권위를 빌려서 해답을 찾는다. 말하자면 원래 이렇게 말해야 옳고 저렇게 말하면 틀리기 때문에, 이런 맥락에서 문법책이나 사전을 집필하는 학자들이 어느 쪽이 옳은지를 가르쳐줄 수 있다고 믿는 것이다. 그렇지만 또 어떤 사람들은 이런 전문가에게 군이 자문을 받으려 하지 않고, '주어'니 '목적어'니 '서술어'니 하는 용어를 가지고 판단하는 일종의 철학적 추론에 입각해서 문제를 해결하려고 한다. 이런 태도가 대체로 언어와 관련된 문제를 다루는 통상적인 방법이다. 상식의 가면을 쓴 여느 실체와 마찬가지로, 사실 견강부회의 성격이 짙은 이런 방법은 바로 우리 주변에서 어렵지 않게 찾아볼 수 있는 고대와 중세 철학자들의 사변적 논법에서 비롯된 것이다.

언어가 세심하고 포괄적인 관찰을 통한 과학적인 방법으로 연구되기 시작한 것은 지금부터 불과 얼마 되지 않은 지난 19세기 무렵의 일이다(그렇지 않은 극소수의 일부 예외에 대해서는 곧 다루게 될 것이다). 언어의 연구, 즉 언어학은 이제 겨우 걸음마를 뗀 단계에 불과하다. 그런 까닭에 언어학에서 축적된 지식이 전통적인 교육의 일부가 되기에는 아직 역부족이다. 학교에서 실행하는 '문법'과 기타 언어 관련 교육은 전통적인 제반 개념을 전수하는 데만 급급한 실정이다. 그래서 많은 사람들이 언어 연구의 초기에 겪는 어려움은 (매우 간단한) 방법론이나 결과를 배우고 파악하는 일이 아니라, 통속적인 학교 교육의 원리로 주입된 선입견을 제거하는 일이다.

1. 2. 고대 그리스 사람들은 남들이 당연하게 여기는 현상에도 의문을 가질 줄 아는 재능을 타고났다. 그리하여 이들은 언어의 기원과 역사, 구조에 대해서도 대담하고 집요하게 고찰했다. 언어에 관해서 물려받은 우리의 지식은 대부분 그리스 사람들한테서 나온 것이다.

기원전 5세기에 기록을 남겼던 헤로도토스[2]는, 이집트의 왕 삼메티쿠스(Psammetichus)가 인류 역사상 가장 오래된 민족이 어떤 민족인가를 알기 위해 갓 태어난 두 아기를 공원에 격리시켰더니, 말을 하기 시작할 때 가장 먼저 한 말이 바로 'bekos'였는데, 바로 '빵'을 뜻하는 프리지아어(Phrygian)였다는 이야기를 전해준다.

플라톤(기원전 427년~347년)은 자신의 저서인 《대화편》 가운데 '크라틸루스'(Cratylus)에서 단어의 기원에 관해 논의하면서, 사물과 그 사물을 지칭하는 단어의 관계가 자연적이며 필연적인 관계인지, 아니면 단순히 인간이 정한 약속의 결과인지에 대해서 특별한 관심을 가졌다. 이 대화를 통해서 우리는 백 년 동안의 설전, 즉 언어가 자연적이기 때문에 근본적으로 규칙적이고 논리적이라고 믿은 유추론자[3]와 이를 부인하고 언어구조의 불규칙성을 지적한 변칙론자 사이에 벌어진 논쟁의 일단을 엿볼 수 있다.

유추론자들은 단어의 기원과 참된 의미를 그 단어의 음성형태에서 찾을 수 있다고 믿고, 이러한 탐구작업을 어원학이라고 불렀다. 영어단어 하나를 보기로 삼아서 이들의 이론을 소개하면 다음과 같다. '지빠귀'를 뜻하는 영어단어 'blackbird'는 두 단어 'black'과 'bird'로 이루어졌는데, 이 종(種)은 몸의 색깔 때문에 그와 같은 이름을 갖게 되었다. 물론 이 지빠귀(blackbird)는 새(bird)이기도 하고 검기(black)도 하다. 마찬가지 방법으로 그리스 사람들이 'gooseberry'(구스베리 식물의 열매)와 'goose'(거위)라는 단어를 대했다면, 이 두 단어 사이에도 모종의 뿌리 깊은 연관관계가 있다는 결론을 내렸을 것이다. 이

---

2) 그리스의 역사학자. ☞ 인명 약해 참고.
3) 다음에 나오는 '변칙론자'를 고려하면 '규칙론자'라는 번역도 가능하다. 여기서는 언어의 유추변화를 주장한 학자들의 역사적 위상을 고려하여 '유추론자'로 옮겼다.

와 같은 연관관계를 찾아내는 것이 바로 어원학자의 몫이었다. 그런데 대상 단어가 'mushroom'(버섯)쯤 되면 문제는 그리 간단치 않았을 것이다. 단어의 구성요소들이 형태를 바꾸는 경우도 적지 않아서, 예컨대 'breakfast'(아침식사)와 같은 단어도 발음이 약간 다르기는 하지만 자느라고 허기진 '공복상태'(*fast*)를 '깨트린다'(*break*)는 의미를 가지니, '식사를 한다'는 의미를 유추할 수 있지 않겠는가!⁴⁾ 마찬가지로 'manly'(남자다운)도 'man-like'의 짧아진 형태이다.

   그렇지만 영어의 경우처럼 그리스어의 경우에도 이러한 유형의 분석을 거부하는 단어가 적지 않다. 그리하여 'early'(이른)⁵⁾는 'manly'(남자다운)와 같은 형태(-ly)로 끝나지만, 나머지 부분(ear-)의 정체가 분명하지 않다. 또 'woman'도 'man'을 닮았는데, 그렇다면 첫째 음절(wo-)은 무엇인가? 물론 다른 단어를 닮지 않은 짧은 단일 형태로 된 단어, 즉 'man, boy, good, bad, eat, run' 등도 있다. 이런 단어들에 대해서 그리스 사람들과 그 후예인 로마 사람들은 짐작에 의존했다. 예를 들어, 이들은 '돌'을 뜻하는 그리스 단어 'lithos'가 '너무 많이 달리다'라는 뜻을 가진 구절 'lian theein'에서 비롯된 것으로 설명했다. '너무 많이 달리는 것'이야말로 돌멩이가 할 수 없는 움직임이 아닌가! 이러한 유형의 설명방식을 보여주던 다음과 같은 라틴어의 사례는 아예 속담처럼 되었다. '조리가 없는 말'이라는 뜻을 가진 'lucus a non lucendo'⁶⁾가 그런 어구에 해당하는데, 이 어구의

----

4) '아침식사를 하다'라는 뜻을 가진 영어의 관용구 'to break one's fast'는 원래 (종교적인) '단식'(*fast*)을 중단한다는 뜻이었다.
5) 이 단어는 고대 영어 〔ɛːr〕(빨리)에 접미사 '-ly'가 결합된 것이라고 한다. 이 단어의 전반부〔ɛːr〕는 'before'의 의고형(擬古形)으로 남아 있는 'ere'이다.
6) 이 관용구에는 '역설적인 어원론'이라는 뜻도 있다. 이 라틴어 어구를 영어로 직역하면 'grove by not being lighted'인데 라틴어에서는 계사가 안 쓰이므로 '(The word) lucus is called by virtue of not being lighted' 정도가

뜻은 "라틴어 단어 '숲'(*lucus*)은 '빛이 비치지(*lucendo*) 않기' 때문에 그렇게 불린다"이다.

어쨌든 이와 같은 어원론을 통해 우리는 그리스 사람들도 언어형식이 시간의 흐름에 따라 변화한다는 사실을 깨닫고 있었음을 알 수 있다. 언어형식의 변화에 대한 체계적인 연구에서 대다수 언어학적 문제를 해결할 수 있는 핵심적인 열쇠를 찾아낸 것은 현대의 언어학자들이었다. 고대인들은 언어변화에 대한 세심한 탐구에 본격적으로 착수한 적이 결코 없었던 것이다.

고대 그리스 사람들은 자기 언어만을 연구했기 때문에, 당연히 자기네 언어의 구조가 인간의 생각 내지 우주질서의 보편적 형태를 구현하고 있다고 생각했다. 그런 까닭에 이들은 문법적 관찰을 하되, 오로지 한 언어만을 대상으로 했기 때문에 그런 관찰의 결과를 철학적 형태로 진술할 수밖에 없었다. 그리스 사람들이 발견한 것은 그들 말의 품사와 아울러, 주어와 서술어 구조에 나타나는 통사 구성, 성(性)과 수(數), 격(格), 인칭, 시제, 법 등과 같은 주요 굴절 범주였다. 그런데 이들은 이러한 문법적 제반 사실을 정의할 때 구체적인 언어형태에 근거한 용어가 아니라, 언어 부류의 의미를 가리키는 추상적인 용어를 사용했다. 이들의 업적은 디오니시우스 스락스[7] (기원전 2세기)와 아폴로니우스 디스콜루스[8] (서기 2세기)의 문법서에 거의

된다. 라틴어 'lucus'는 '숲'이라는 뜻의 명사이고, 'lucendo'는 '빛을 비추다'라는 뜻을 가진 동사 'lucere'(원형) / 'luceo'(현재형)의 동명사 탈격이다(여기서는 탈격을 이끄는 전치사 'a'와 함께 쓰여 이유를 나타내고 있다). 그런데 이 'lucere'와 'luceo'는 '빛'을 뜻하는 명사 'lux'에서 파생된 동사이므로, 어원적으로 보면 'lucus'와 전혀 관계가 없다. 그런데도 사람들은 이들 두 단어의 형태적 유사성에 이끌려서 두 단어를 어원적으로 관련지었다는 것이다.

[7] 그리스의 문법학자. ☞ 인명 약해 참고.
[8] 그리스의 문법학자. ☞ 인명 약해 참고.

그대로 나타난다.

그리스 사람들은 일부 세세한 항목들에 대해서도 관찰했는데, 불행하게도 이 부분은 후대에 그다지 영향을 미치지 못했다. 그들 스스로 어느 정도 성스러운 경전이라고 생각했던 위대한 서사시 《일리아스》와 《오디세이아》는 따로 공부하지 않으면 알 수가 없는 고대 그리스어로 되어 있었다. 따라서 이들 텍스트를 읽고 정확하게 필사하기 위해서는 그 언어를 연구해야 했다. 이와 같은 작업으로 이름을 떨친 인물은 아리스타르쿠스[9] (기원전 216년~144년)이다. 다른 그리스 문학작품들은 어느 정도 규격화된 다양한 지역 방언으로 기록되어 있었기 때문에, 그리스 사람들은 다행히도 대여섯 가지 형태의 언어를 비교할 기회를 가질 수 있었다. 4세기 아테네의 위대한 작가들이 사용하던 언어가 거의 사어화하여 쓰이지 않게 되자, 이 언어는 특수한 연구의 주제가 되었는데, 그것은 이 언어가 문어로 된 이상적인 형태의 담화를 대표했기 때문이다. 이 모든 작업에는 세부사항에 대한 조심스러운 관찰이 절대적으로 필요했다. 후대에 활약한 문법가, 특히 아폴로니우스 디스콜루스의 아들인 저명한 헤로디안(Herodian)은 고대 그리스어의 굴절이나 악센트와 같은 주제에 관한 귀중한 정보를 한자리에 결집했다.

1.3. 언어에 대한 그리스 사람들의 일반적인 생각은 18세기에 들어와서도 그다지 나아지지 않았다. 그러나 18세기의 학자들은 더 이상 언어를 신이 내린 직접적인 선물로 보지 않고 그 기원에 관한 다양한 이론을 제시하기 시작했다. 언어는 고대 영웅의 창조물이거나 신비한 민족혼의 산물이라는 것이었다. 또한 언어는 소음을 흉내 내

---

9) 그리스의 비평가이자 문법학자. ☞ 인명 약해 참고.

려는 인간의 노력('멍멍' *bow-wow* 이론)이나, 소리를 만들어내는 인간의 자연스러운 반응('딩동' *ding-dong* 이론), 아니면 격렬한 고함과 감탄('푸푸' *pooh-pooh* 이론)에서 발생했다는 것이었다.

　언어형태10)에 대한 어원적 설명 분야에서는 진전이 없었다. 어원학이 일종의 과학이기는 하지만 모음은 전혀 중요하지 않고 자음도 별로 중요하지 않다고 말했다는, 볼테르11)에 관한 기록 정도가 남아 있을 뿐이다.

　로마 사람들은 그리스어 연구를 모델로 삼아서 라틴어 문법서를 썼는데, 이 가운데 유명한 도나투스12)(4세기)와 프리스키아누스13)(6세기)의 업적은 중세기 내내 교과서로 사용되었다. 중세는 라틴어가 고전적인 모습에서 오늘날 우리가 아는 로망스 제어(프랑스어, 이탈리아어, 스페인어, 포르투갈어 등)의 형태로 변화하는 시기였지만, 되도록 고전 라틴어로 표기하는 습관이 그때까지 그대로 남아 있었다. 따라서 라틴어권 국가나 그 밖의 다른 국가에서 활동하던 중세의 학자들은 오로지 고전 라틴어만을 연구했다. 스콜라 철학자들은 명사와 형용사의 구분, 호응, 지배, 동격 사이의 차이점 등과 같은 라틴어 문법의 일부 자질을 발견했다. 그렇지만 자신들이 연구한 언어에 대한 일차적 지식을 가졌던 고대 학자들에 비해, 이들 스콜라 철학자가 학문적으로 기여한 바는 거의 없었다. 중세의 학자들은 고전 라틴어에서 논리적으로 타당한 형태의 인간 언어를 보았다. 근대로 접어들면서 이러한 원칙은 이른바 일반문법의 체계화로 이어지는데, 여기서

---

10) 원문의 'speech-form'은 '언어형태'(어형)와 '발화형태'로 옮겼다. 일반적인 문맥에서는 전자로 옮기되, 언어 수행의 측면이 강한 문맥에서는 후자를 취했다. 단, 추상적인 개념을 언급하는 경우에는 '언어형식'으로 옮기기도 했다.

11) 프랑스의 계몽사상가. ☞ 인명 약해 참고.

12) 로마의 문법학자 겸 수사학자. ☞ 인명 약해 참고.

13) 로마의 라틴어 문법학자. ☞ 인명 약해 참고.

는 다양한 언어의 구조, 특히 라틴어의 구조가 보편적으로 타당한 논리 규준(規準)을 구현하고 있다는 사실을 펼쳐 보이고자 하였다. 이 가운데서 가장 유명한 노작은 1660년에 나온, 포르루아얄 수도회(Convent of Port-Royal) [14]의 《일반 이성 문법》(Grammaire générale et raisonnée)이다. 이 원칙은 또한 19세기가 될 때까지 지속적으로 유지되었는데, 예컨대 고전 주석학자인 헤르만(Gottfried Hermann)의 저서 《그리스어에서 개선되어야 할 사항에 대하여》(De emendanda ratione Graecae grammaticae, 1801년)에도 이 원칙이 나타나고 있다. 사실, 이 원칙은 논리적 기준을 언어에 적용하고자 하는 현대의 학교교육에서도 여전히 그 모습을 드러내는 실정이다. 오늘날까지도 철학자들은 기껏 일부 언어의 형식적 자질에 불과한 것에서 우주에 관한 보편적 진리를 찾는 경향이 적지 않다.

일반문법에 관한 개념이 유감스러운 방향으로 발달한 결과의 하나가 바로, 문법학자나 사전 편찬자들이야말로 자신의 추론능력에 힘입어 언어의 논리적 기반을 확인하고 나아가서 일반인들의 화법을 규정할 수 있는 전문가 집단이라는 믿음이었다. 18세기 들어 확산된 교육 덕분에 많은 방언 화자들은 상류계층의 말을 배울 수 있었다. 이에 호기를 맞이한 '권위주의자들'은 규범 문법서를 집필했는데, 이들은 일상언어의 실제 용법을 무시하고 사색적인 관념에 입각한 규범 용법을 강요하는 일이 많았다. '권위'에 대한 믿음과 일부 가공(架空)의 규칙(이를테면 조동사 'will'과 'shall'의 용법[15] 등)은 아직도 학교교

---

14) 정식명칭은 'Port-Royal des Champs'으로 시토 수도회의 유명한 대수녀원이다. 1204년경에 마틸드 드 가를랑드가 베네딕트회 수도원으로 설립한 것이 뿌리가 되는데, 17세기 프랑스의 문예활동과 얀센주의의 중심지로 유명한 곳이다.

15) 학교문법에서는 'I shall'을 단순미래의 형식으로 규정하고 있지만, 미국에서는 대체로 'I will'을 단순미래의 형식으로 사용한다. 더욱이 'shall you'는 영

육에서 세력을 떨치고 있다.

중세 학자들에게는 언어란 곧 고전 라틴어, 그것도 책에 나타난 그 대로의 형태를 의미했다. 다른 언어형태에 대한 관심은 거의 발견되지 않았다. 언어 연구의 지평이 확대된 것은 르네상스 시대였다. 중세가 막을 내리면서, 그리스어 연구가 다시 열기를 띠더니, 곧이어 히브리어와 아랍어가 연구대상 언어목록에 추가되었다. 여기서 더욱 중요한 것은 다양한 나라에서 활동하는 일부 학자들이 동시대 언어에 관심을 보이기 시작했다는 사실이다.

탐험의 시대를 지나면서 많은 언어에 대한 피상적 지식이 축적되었다. 여행자들은 단어집을 들여왔고, 선교사들은 종교서적을 새로 발견된 나라의 모국어로 번역했다. 그 가운데는 외국어 문법서와 사전을 편찬하는 사람들도 있었다. 스페인 신부(神父)들은 일찍이 16세기부터 이 작업을 시작했다. 그들 덕분에 우리는 북아메리카 원주민의 언어와 필리핀 언어에 대한 수많은 보고서를 갖게 되었다. 그런데 이들 업적의 저자들은 외국어의 발음을 인식하는 데 필요한 적절한 훈련을 받지 않았기 때문에 정확한 기록을 남길 수 없었고, 다만 라틴어 문법 용어에 대한 지식만을 가지고 모든 설명을 왜곡해서 라틴어 문법의 틀에 억지로 끼워 맞추려고 했다. 그러므로 이들 업적을 제대로 활용하려면 대단히 조심스럽게 접근하지 않으면 안 된다. 오늘날에 이르기까지 언어학적 훈련을 거치지 않은 개인이 이와 유사한 유형의 업적을 생산해내고 있는바, 투입된 노동의 낭비는 차치하고라도 엄청난 정보가 이런 식으로 유실되고 있다.

통상과 여행의 증가로 말미암아 인접 언어를 대상으로 한 사전과 문법서의 편찬 속도는 더욱 탄력을 받게 되었다. 18세기 말의 언어학적

미를 불문하고 'will you'로 대체되어 사용되고 있다.

지평은 유럽과 아시아의 2백 개 언어에서 사용되는 285개 단어를 담은 어휘집에서 개관해볼 수 있는데, 이 어휘집은 1786년 러시아의 여제 예카테리나 2세(1729년~1796년)[16]의 명령을 받아 팔라스(1741년~1811년)[17]가 편찬했다. 1791년에 발간된 이 어휘집의 제 2판에는 아프리카와 아메리카 언어 일부를 포함한 80개 이상의 언어가 추가되었다. 1806년부터 1817년에 이르는 기간에, 아델룽[18]과 바테르(J. S. Vater)는 《미트리다테스》[19]라는 제목으로 4권짜리 논저를 출간했는데, 여기에 거의 5백 개 언어로 된 〈주기도문〉이 포함되어 있었다.

르네상스를 거치면서 일부 학자들은 자기 모국어의 옛 기록에 관심을 돌리게 되었다. 프란시스쿠스 유니우스(1589년~1677년)[20]는 영어와 아울러, 영어와 밀접한 관련성을 갖는 프리슬란드어, 네덜란드어, 독일어, 스칸디나비아어, 고트어의 고대문헌을 연구하면서 엄청난 분량의 업적을 이룩해냈다. 특히 오늘날 사어(死語)가 된 고트어는 유니우스가 저 유명한 《은사본(銀寫本)》(Silver Codex)[21]에서 알아낸 것인데, 이는 복음서 번역의 편린을 담고 있는 서기 6세기의 필

---

16) 독일 태생의 러시아 여제(재위 기간: 1762년~1796년)로, 표트르 대제의 업적을 계승하고 발전시켜 러시아를 유럽의 정치무대와 문화생활 속으로 완전히 편입시켰다.

17) 독일의 박물학자. ☞ 인명 약해 참고.

18) 독일의 언어학자. ☞ 인명 약해 참고.

19) 폰투스 왕의 전통적인 이름. 미트리다테스(Mithridates)라는 이름의 폰투스 왕이 6명 있었다. 미트리다테스 왕가는 이란의 왕, 특히 다리우스 대왕의 후손이라고 주장했지만, 동전에 새겨진 얼굴은 게르만-트라키아 인종의 특징을 가졌다고 한다.

20) 독일 태생의 언어와 문학 연구가. ☞ 인명 약해 참고.

21) 현재 스웨덴의 웁살라 시 교외에 자리 잡은 박물관에 소장되어 있다. '코덱스'(codex)란 양피지를 묶어서 서적 형태로 만든 성서나 고전의 필사본(筆寫本)을 말한다.

사본으로 그가 활약할 당시에 갓 발견된 자료이다. 유니우스는 《앵글로색슨어 복음서》(Anglo-Saxon Gospels)[22]와 함께 《은사본》의 텍스트도 출간했다. 이 작업을 계승한 조지 히키스(George Hickes, 1642년~1715년)는 고트어와 앵글로색슨어 문법서를 비롯해서, 영어와 자매어들의 고대 발달단계를 다룬 다방면에 걸친 정보를 담은 《시소러스》[23]를 발간했다.

1.4. 지금까지 개관한 발달과정은 18세기 학자들이 언어에 관해 알고 있었던 지식의 실상을 잘 보여준다. 이들은 언어의 문법적 자질을 철학용어로 진술하면서 언어들 사이의 구조적 차이를 전혀 고려하지 않았고, 오히려 자신들의 설명을 라틴어 문법의 틀에 무리하게 맞추는 과정에서 그러한 구조적 차이를 간과했다. 이들은 또한 언어의 발음을 관찰하지 못하고, 음성과 문자를 혼동했다. 실제 언어와 표기를 제대로 구분하지 못했기 때문에 언어의 역사에 관한 개념도 왜곡될 수밖에 없었다. 이들 18세기 학자는 중세와 근세에 고도의 교양을 갖춘 개인들이 '좋은' 라틴어를 쓰고 말하기까지 하는 반면, 교육의 혜택을 받지 못했거나 부주의한 표기자들은 허다한 실수를 범한다고 생각했다. 이와 같이 라틴어로 쓰는 것이 인위적이고 학문적인 연습 행위라는 사실을 제대로 이해하지 못한 학자들은, 언어란 교육을 받고 주의가 깊은 사람들의 사용으로 보존되고 일반대중의 오용으로 변화한다는 결론을 내렸다. 따라서 이들은 영어와 같은 현대어의 경우에 책이나 상류계층의 대화에서 발견되는 언어형태가 보다 오래된 순

---

22) 앵글로색슨어는 고대 영어 중에서 서색슨 방언을 가리킨다. 이 방언은 문헌 자료가 풍부해서 특히 언어학적 가치가 높다.
23) 이 단어(thesaurus)는 '(동의어나 반의어 등의) 사전'이나 '백과사전', '지식의 보고' 등의 뜻을 갖는데, 여기서는 책의 제목이므로 그대로 음역해서 표기했다.

수한 차원을 대표하고, 이로부터 평민의 비어(卑語)가 '언어의 부패' 과정을 거치면서 일종의 '전와'(轉訛)로 가지를 친다고 믿었다. 그러므로 문법학자들은 아무런 거리낌이 없이 '논리적' 고려만으로 이끌어낸 가공의 ㅠ칙을 '처방'했던 것이다.

이와 같은 오해 탓에 학자들은 바로 접근이 가능한 자료, 이를테면 현대의 언어와 방언, 고대어의 기록, 외국어에 관한 보고서는 물론, 특히 앵글로색슨어(고대 영어)와 현대 영어 및 라틴어와 현대 로망스 제어의 경우처럼 동일 언어의 연속적인 발달단계를 보여주는 문헌자료를 제대로 활용할 수 없었다. 물론 일부 언어가 서로 유사하다는 사실을 아는 학자들도 있었지만, 언어의 부패라는 원칙 아닌 원칙 탓에 이러한 유사성에 대한 체계적 연구가 불가능했다. 언어의 부패라는 원칙을 고수하는 한, 라틴어에서 현대 프랑스어로 넘어가면서 생긴 여러 가지 변화도 결국 우연한 오염의 결과로 간주할 수밖에 없었기 때문이다.

라틴어가 로망스 제어의 곁에서 변화하지 않고 살아 있다는 환상 탓에 학자들은 현대 언어들 사이에서 친족관계를 찾기에 이르렀다. 그래서 학자들은 대체로 히브리어를 다른 모든 언어의 조상 언어〔祖語〕로 간주했는데, 이와 반대로 생각한 경우도 있었다. 예를 들어, 모든 언어가 네덜란드어에서 비롯되었다고 '애국적으로' 주장한 고로피우스 베카누스(Goropius Becanus of Antwerp)[24] 같은 학자가 여기에 속한다.

보다 낯익은 유럽의 몇 개 언어가 개별집단 안에서 보이는 탄탄한 유사성 덕분에 3개의 어군으로 나뉜다는 사실은 분명했다. 이들의 유사성은 다음 단어에서 보는 바와 같다.

---

[24] 이름의 끝에 보이는 'of Antwerp'는 벨기에 북부의 주 명칭이므로, 출신지를 뜻한다.

	게르만어군		로망스어군		슬라브어군	
'손'						
영어	hand	프랑스어	main	러시아어	ruka
네덜란드어	hand	이탈리아어	mano	폴란드어	ręka
독일어	Hand	스페인어	mano	보헤미아어[25]	ruka
덴마크어	haand			세르비아어	ruka
'발'						
영어	foot	프랑스어	pied	러시아어	noga
네덜란드어	voet	이탈리아어	piede	폴란드	noga
독일어	Fusz	스페인어	pie	보헤미아어	noha
덴마크어	fod			세르비아어	noga
스웨덴어	fot				
'겨울'						
영어	winter	프랑스어	hiver	러시아어	zima
네덜란드어	winter	이탈리아어	inverno	폴란드어	zima
독일어	Winter	스페인어	invierno	보헤미아어	zima
덴마크어	vinter			세르비아어	zima
스웨덴어	vinter				
'마시다'						
영어	drink	프랑스어	boire	러시아어	pit'
네덜란드어	drinken	이탈리아어	bere	폴란드어	pic'
독일어	trinken	스페인어	beber	보헤미아어	piti
덴마크어	drikke			세르비아어	piti
스웨덴어	dricka				

이들 어군 사이에는 물론 그다지 뚜렷하지 않은 유사성도 존재했는데, 이와 같은 광범위한 유사성은 특히 그리스어와 같은 일부 다른 언어에까지 확장되었다.

'어머니': 그리스어 mētēr, 라틴어 māter(로망스 제어의 현대어 형태들), 러시아어 mat'(속격형 materi 및 다른 슬라브 제어의 유사한 형태들), 영어 mother(다른 게르만 제어의 유사한 형태들)
'2': 그리스어 duo, 라틴어 duo, 러시아어 dva, 영어 two
'3': 그리스어 treis, 라틴어 trēs, 러시아어 tri, 영어 three
'있다 / 이다'(삼인칭): 그리스어 esti, 라틴어 est, 러시아어 jest', 영어 is(독일어 ist)

1.5. 유럽의 연구전통에 속하지 않는 일부 국가에서는 주로 고문헌학을 기반으로 언어에 관한 학설을 발전시켰다. 아랍인들은 자기 언어의 고전적 형태를 기술한 문법이론을 발전시켰는데, 그 고전적 형태는 《코란》에 그대로 남아 있다. 이를 모델로 해서 이슬람 권역에 거주하던 유태인들은 히브리 문법을 기술했다. 르네상스 당시 유럽의 학자들도 이와 같은 언어 연구와 맥을 같이하게 되었다. 그 한 가지 사례로 단어의 중심부를 가리키는 어근이라는 용어도 히브리 문법에서 나온 것이다. 극동에서는 중국이 사전(字典) 편찬의 방식으로 엄청난 분량의 훈고학적 언어지식을 축적했다. 일본어 문법은 독자적으로 성장한 것으로 보인다.

그러나 언어에 관한 유럽의 관념을 송두리째 뒤바꾸어 놓게 되는 총체적 지식이 태어난 곳은 바로 인도였다. 브라만교는 아주 오래된

---

25) 보헤미아(Bohemia)는 중부유럽에 있었던 역사상의 국가로, 현재는 체코의 서부와 엘베 강의 상류지역에 위치한다. 여기서는 그대로 '보헤미아'와 '보헤미아어'로 옮겼다.

고대의 찬가(讚歌) 모음을 일종의 성전처럼 받들어 모셨다. 이 가운데 가장 오래된 찬가의 모음집인 《리그 베다》는 늦춰 잡아도 대략 기원전 1200년까지 거슬러 올라간다. 그런데 이들 자료의 언어가 점차 고형(古形)이 되어가자, 이들 텍스트를 제대로 발음하고 정확하게 해독하는 작업이 특수한 식자층의 임무가 되었다. 이런 식으로 발생한 언어에 관한 고문헌학적 관심은 보다 실용적인 분야에까지 미치게 되었다. 우리도 그렇지만 그 당시 인도 사람들 사이에서도 서로 다른 사회계층은 사용하는 언어도 달랐다. 이런 상황에서 상류층 화자들은 모종의 힘에 이끌려 하류층 화자들의 발화형식을 받아들이게 되었다. 인도의 문법가들은 학문적 관심을 종교경전에서부터 상류계급의 언어로 확장하여 정확한 유형의 말을 기술하는 여러 가지 형태의 규칙과 목록을 작성하고, 이를 '산스크리트'라고 불렀다. [1] 시간이 흐르면서 이들은 문법과 어휘를 체계적으로 정리해 냈다. 수 세대에 걸친 그와 같은 노력은 가장 오래된 언어학 연구서인 파니니(Pāṇini) 문법의 집필로 결실을 맺게 되었다. 대략 기원전 350년에서부터 250년 무렵으로 소급되는 이 문법서는 인류의 지성이 이룩한 가장 위대한 기념비의 하나로 꼽힌다. 여기에는 저자 자신의 언어가 보여주는 굴절, 파생, 합성을 비롯한 모든 통사적 용법까지 매우 꼼꼼하고 상세하게 기술되어 있다. 오늘날까지 이처럼 완벽하게 기술된 언어는 아마도 없을 것이다. 산스크리트어가 시간이 흐르면서 인도의 모든 브라만 계급이 사용하는 공식어이자 문장어의 자리를 차지하게 된 것도, 어느 정도 이 탁월한 체계적 기술에 힘입은 바가 컸을 것이다. 아무도 모국어로 사용하지 않게 된 시점을 한참 지나서도, 산스크리트어는 (마치 유럽의 고전 라틴어처럼) 모든 학문이나 종교적 주제를 문자로 적는 인위적 수단으로서의 지위를 그대로 누렸다.

16세기와 17세기에는 산스크리트어와 힌디어 문법에 관한 지식의 일부가 선교사를 통해 유럽에 도달하게 되었다. 이어 18세기에는 인도에 거주하던 영국인들이 인도 언어에 대해 좀더 정확하게 보고했다. 그리하여 19세기 초엽에는 산스크리트어에 대한 지식이 유럽 학자들의 필수적 '연구장비'가 되었다.

1.6. 유럽인들은 인도의 문법을 통해 한 언어에 관한 완벽하고 정확한 기술(記述)의 결과를 처음으로 만날 수 있었는데, 인도의 문법은 이론이 아닌 관찰에 근거한 업적이었다. 더욱이 산스크리트어의 발견은 여러 언어들 사이의 비교연구 가능성을 활짝 열어주었다.

무엇보다도 친족언어의 개념이 확증된 것은 놀랍게도 저 멀리 인도에서, 유럽의 친숙한 언어들과 자매관계에 있는 한 언어의 존재가 드러난 덕분이었다. 예를 들어, 위(1.4절)에 인용된 단어와 대응되는 산스크리트어 단어를 보자.

> mātā '어머니', (대격형) mātaram
> dvāu '2'
> trayah '3'
> asti '그가 있다'(he is)

더욱 중요한 사실은 정확하고 체계적인 힌디어 문법에서 획득한 언어구조에 대한 통찰력이다. 유럽 학자들은 당시까지 (유럽 언어들에 대한 연구에서) 기껏 애매하고 유동적인 유사성만을 확인할 수 있었을 따름인데, 이는 그리스어 모형에 입각한 당시의 문법서가 개별 언어의 자질을 명쾌하게 드러내지 못했기 때문이다. 힌디어 문법은 유럽 학자들에게 언어형태를 분석하는 방법을 가르쳐 주었다. 그리하여 유럽의 학자들은 구성성분의 부분을 비교하면서 그때까지 막연하게만 인식했던 일련의 유사성을 확실하고 정확하게 밝혀낼 수 있게 되었던 것이다.

언어 간의 친족관계에 관한 낡고 혼란스러운 개념은 유럽 언어들이 산스크리트어에서 갈라져 나왔다는 견해와 함께 잠시 동안 명맥을 이었지만, 이러한 견해는 곧 정확한 설명, 즉 산스크리트어와 라틴어, 그리스어 등이 선사시대에 존재했던 동일한 언어에서 분기하여 후대에 발달한 언어라는 학설에 자리를 내주게 되었다. 이와 같은 설명은 최초의 위대한 유럽계 산스크리트어 학자인 윌리엄 존스 경(1746년~1794년)[26]이 1786년에 행한 강연에서 처음으로 주장한 것으로 보인다. "산스크리트어는 그리스어 및 라틴어와 유사성을 보이는데, 이들 사이의 유사성이 우연으로 돌릴 수 없을 정도로 밀접한 사실로 미루어 볼 때, 이들 세 언어는 '모두 (아마도) 지금은 존재하지 않는 어떤 공통의 기원에서 비롯되었으며', 고트어(게르만어)와 켈트어도 동일한 기원을 가졌을 것이다."

이들 언어에 대한 비교연구를 하려면, 물론 개별 언어에 대한 기술적 자료가 확보되어야 했다. 그러나 이러한 비교연구가 고대의 언어 형태와 종족의 이주경로, 부족과 풍습의 기원 등에 대해 밝혀낸 모든 내용과, 비교연구의 전망 자체가 너무도 매력적이어서, 산스크리트어의 모형에 입각해서 개별 언어를 하나씩 분석하는 지루한 작업을 책임지겠다고 나서는 사람은 아무도 없었다. 유럽 학자들은 그리스어와 라틴어에 대한 튼실한 지식을 갖추고 있었다. 유럽 학자들 대부분은 일부 게르만어를 자신의 모국어로 사용했으며, 그런 까닭에 산스크리트어 문법에 관한 정확한 기술과 세심하게 분석된 어휘형태를 보면 비교적 친숙한 일부 언어에서 유사한 자질을 손쉽게 떠올릴 수 있었다. 사실상 그 정도의 단계는 임시방편에 불과했다. 비교연구자

---

26) 영국의 동양학자. ☞ 인명 약해 참고.

들은 제반 사실을 입증하기 위해 예비조사를 해야만 했고, 때로는 조리 있게 정리된 자료가 부족하여 미궁에 빠지기도 했다. 만일 유럽 학자들이 산스크리트어에 관한 인도 학자들의 기술에 견줄 만한 자매 언어들27)의 자료를 확보하고 있었다면, 이른바 인도-유럽 제어의 비교연구는 훨씬 신속하고 정확하게 진전되었을 것이다. 그렇지만 빈약한 '장비'에도 아랑곳하지 않고 연구자들의 뜨거운 열의 덕분에, 인도-유럽 제어의 역사·비교연구는 19세기 유럽 과학의 가장 중요하고 또 성공적인 프로젝트의 하나가 될 수 있었다.28)

통상 이란어라고 불리는 페르시아29)의 여러 언어는 첫눈에도 친족관계가 명확하게 드러날 만큼 산스크리트어와 아주 밀접하게 닮아 있었다. 이들만큼 밀접하지는 않지만 또 한 쌍의 유사한 관계는 발트 제어(리투아니아어, 라트비아어, 고대 프러시아어)와 슬라브어 사이에서도 발견되었다. 게르만 제어가 라틴어와 그리스어 및 산스크리트어와 친족관계에 있다는 존스 경의 추론은 나중에 사실로 입증된 켈트어(아일랜드어, 웨일스어, 콘월어, 브리타니어, 고대 골어)에 대한 추론과 마찬가지로 일찌감치 사실로 입증되었다. 아르메니아어와 알바

---

27) 인도-유럽어에 속하는 대형 언어집단, 예컨대 'Celtic, Italic, Hellenic, Hittite, Tocharian, Balto-Slavic, Indo-Iranian' 등을 가리킨다.

28) 앞으로 나오는 언어의 역사적 명칭은 다음과 같은 방식으로 부여했다. 접두사 'pre-'가 붙은 경우에는 '선(先)-'이라는 표현을 언어명 앞에 부가하고, 형용사 'Old'가 앞에 나온 경우에는 '고대'라는 표현을 언어명 앞에 부가하며, 형용사 'Primitive'가 앞에 나온 경우에는 '원시'라는 표현을 언어명 앞에 부가한다. 그리고 접두어 'proto-'가 붙은 경우는 '조어'(祖語)라는 표현을 언어명 뒤에 덧붙인다. (예) proto-Germanic: 게르만어 조어, pre-Germanic: 선-게르만어, Old English: 고대 영어, Primitive Indo-European: 원시 인도-유럽어.

29) 여기서 말하는 '페르시아'란 현재의 이란과 아프가니스탄 및 파키스탄 일부 지역을 의미한다.

니아어를 비롯해서 소략한 표기기록을 통해서만 알려져 있는 소수의 고대 언어도 훗날 인도-유럽어족에 속하는 것으로 판명되었다.

세부적인 사항에 대해서까지 완전히 의견 일치를 본 상태는 아니지만, 언어에 대한 역사·비교연구가 내세운 전제는 곧 명백해졌다. 그것은 다름 아닌 '언어가 시간의 추이에 따라 변화한다'는 명제이다. 중세나 근세의 라틴어 용법(혹은 인도의 산스크리트어 용법)처럼 특수한 예외는, 요컨대 사람들이 오랫동안의 교육에 의해 고대 표기체계를 본뜨도록 훈련받을 수 있었다는 사실에 기인한다. 이와 같은 고문헌학적 '묘기'는 부모에게서 자식에게 전달되는 통상적 언어의 전승과 전혀 다르다. 사실, 모든 표기체계는 비교적 최근의 발명품이며, 따라서 최근[30]에 이르기까지도 일부 선택받은 소수의 특권처럼 되어 있다. 실제로 언어의 형태와 발달에 미치는 문자언어의 영향은 대단히 미약하다.

만일 어떤 언어가 넓은 지역에 걸쳐 사용되거나 혹은 주민의 이주 때문에 격리된 대여섯 군데의 지역에서 사용된다면, 이 언어는 서로 다른 지역에서 다른 모습으로 변화하게 되고, 그 결과로 마치 이탈리아어와 프랑스어, 스페인어, 포르투갈어, 루마니아어 및 기타 로망스어 방언의 경우처럼 일련의 친족 언어 집단이 생겨난다. 우리는 이와 같은 추론을 바탕으로 유사한 양상을 보여주는 게르만어(혹은 슬라브어나 켈트어)와 같은 다른 친족 언어 집단도 마찬가지 방식으로 생겨났다고 말할 수 있다. 이들 언어 사이의 차이점이 발생하기 전에 사용되던 초기의 언어 상태에 관한 표기기록이 우리에게 없다는 것은 순전히 역사의 우연일 뿐이다. 기록으로 남아 있지 않은 이들 '부모' 언어에 대해 우리는 원시 게르만어(혹은 원시 슬라브어, 원시 켈트어)

---

30) 이 책의 집필 연간(1930년대)을 가리킨다.

와 같은 이름을 붙이기로 한다. 31) 마찬가지로, 이 모든 언어와 어군 (산스크리트어, 이란어, 아르메니아어, 그리스어, 알바니아어, 라틴어, 켈트어, 게르만어, 발트어, 슬라브어)이 단순한 우연의 가능성을 넘어 서로 유사성을 보인다는 사실을 확인할 수 있기 때문에, 우리는 이들 언어를 인도-유럽어족이라는 이름으로 부르고, 존스 경과 함께, 이들 언어가 오늘날 원시 인도-유럽어라고 불리는 선사시대의 단일 언어에서 분기한 것으로 결론 내리기로 한다.

비교의 방법 역시 출발부터 분명했다. 일반적으로 친족 언어들 전체나 일부에 공통적인 자질은 공통조어 시대의 '부모 언어'에도 분명히 존재했을 것이다. 예를 들어, 앞서 언급한 '어머니'를 뜻하는 단어를 보면, 원시 인도-유럽어에서는 틀림없이 글자 'm'으로 표기하는 음으로 초성 발음이 시작되었을 것으로 추정할 수 있다. 친족 언어들이 일치하지 않는다면, 이들 언어의 일부 또는 전부가 모종의 음-변화를 겪었음이 분명하다. 그러므로 '어머니'를 뜻하는 이 단어의 둘째 자음은 원시 인도-유럽어에서 /t/ 음성이었으며, 영어의 /th/-음은 (고대 영어 형태 'mōdor'에 보이는 선행 시기의 /d/ 음성과 마찬가지로) 분명히 변화의 결과이다.

1.7. 인도-유럽 제어에 관한 체계적인 비교연구의 발단은 산스크리트어와 그리스어, 라틴어, 페르시아어, 게르만어의 굴절어미를 다룬 프란츠 보프(1791년~1867년) 32)의 논문이라 할 수 있는데, 이

---

31) [원주] 여기서 '원시'(*primitive*)라는 단어는 일종의 고육책이라고 할 수 있는데, 그것은 '공교롭게도 우리에게 해당 언어에 관한 문자기록이 남아 있지 않다'는 의미를 담기 위하여 선택되었기 때문이다. 독일 언어학자들에게는 이런 문맥에 사용할 수 있는 '태고의, 초기의'라는 뜻을 가진 접두사 'ur-'라는 훨씬 세련된 장치가 마련되어 있다. 이 접두사를 쓰면, 우리의 용어가 'urgermanisch, urslavisch, urkeltisch' 등과 같이 될 것이다.

는 1816년에 출간된 것이다. 1818년, 라스크(Rasmus Kristian Rask, 1787년~1832년)는 게르만 제어의 단어가 음성적 측면에서 볼 때 다른 인도-유럽 제어의 단어와 규칙적이고 형식적인 관련성을 맺고 있다고 주장했다. 예를 들어, 영어 'father'와 라틴어 'pater', 영어 'foot'와 라틴어 'pēs', 영어 'five'와 그리스어 'pente', 영어 'few'와 라틴어 'paucī'에서 보듯이, 다른 인도-유럽 제어의 /p/는 게르만 제어의 /f/와 대응한다. 1819년, 그림(Jakob Grimm, 1787년~1863년)은 자신의 저서인 《독일어 문법》(Deutsche Grammatik)의 제1권을 출간했는데, 이 책은 제목의 의미처럼 '독일어 문법'이 아니라, 게르만 제어(고트어, 스칸디나비아어, 영어, 프리슬란드어, 네덜란드어, 독일어)의 비교문법을 다루고 있다. 1822년에 발간된 이 책의 제2판에서 그림은 게르만 제어와 기타 인도-유럽 제어의 자음 대응관계에 대한 체계적 설명을 제시했다. 그 이후로 이들 대응관계는 영어권 학자들에게 그림의 법칙(Grimm's Law)으로 알려져 있다. 이 대응관계는 역사적인 세부사항의 문제이지만, 그 중요성은 실로 엄청나다. 이들 대응관계는 대규모 집단에서 이뤄지는 인간의 행위가 결코 우연이 아니라, 발화의 전체 흐름 속에서 개별음 하나를 발음하는 동작처럼 지극히 사소해 보이는 문제에서도 인간의 행위가 엄격한 규칙성을 띠고 진행될 수 있다는 사실을 보여주었기 때문이다. 게르만 제어에 관한 그림의 비교연구는 오늘날까지도 독보적인 지위를 유지하고 있다. 1826년과 1831년 및 1837년에 각각 세 권이 더 발간되었는데, 통사론을 완결지을 예정이던 제5권은 끝내 세상의 빛을 보지 못했다.

1833년, 보프는 인도-유럽 제어의 비교문법을 다룬 광범위한 연구서를 출간하기 시작했다. 1833년부터 1836년에 걸쳐 프리드리히 포

---

32) 독일의 언어학자. ☞ 인명 약해 참고.

트(1802년~1887년)33) 가 저술한 《어원탐구》(*Etymological Investigations*)의 초판이 나왔다. 모든 현대적 논의에서와 마찬가지로 여기서도 '어원학'이라는 용어는 정확한 의미를 띠고 있다. 이런 의미에서 어떤 언어형태의 어원이란 온전히 해딩 형태의 역사이며, 따라서 어떤 언어형태의 어원론을 수립하려면 같은 언어에서 그 형태의 고형(古形)을 찾아내는 한편, 친족어에서도 동일 조어 형태에서 분기한 다양한 변이형을 찾아내야 한다. 결과적으로 영어단어 'mother'의 어원을 진술한다는 말은 이 형태가 9세기 고대 영어단어 'mōdor'의 현대 변이형인 동시에, (영어와 친족관계에 있는 개별 언어들의 기록상 가장 오래된 형태를 보여주는) 고대 아이슬란드어 'mōðor', 고대 프리슬란드어 'mōdor', 고대 색슨어 'mōdar' 및 고대 고지독일어 'muoter' 등과 관련성을 맺고 있다는 뜻인데, 그 근거는 다음의 두 가지 사실이다. 첫째, 이들 형태는 모두 *'mōder'로 재구되는 단일한 원시 게르만어 단어의 다양한 변이형이고, 이들 게르만어 형태는 다시 산스크리트어 'mātā', 아베스타어(=고대 이란어) mātā', 고대 아르메니아어 'mair', 고전 그리스어 'mētēr', 알바니아어 'motrɛ'(단, 이 단어의 뜻은 '자매' 임), 라틴어 'māter', 고대 아일랜드어 'māthir', 리투아니아어 'motē' (단, 이 단어의 뜻은 '아내'임), 고대 불가리아어(=슬라브어) 'mati' 등과 직접 관련되고(따라서 '동족어'가 되며), 여기에 제시된 여러 언어 집단의 각 언어에 존재하는 다른 대응형태들과 관계를 맺고 있다는 점이다. 둘째, 이 모든 형태는 *'mātēr'로 재구되는 단일한 원시 인도-유럽어 단어에서 분기해서 후대에 발달한 다양한 형태라는 점이다. 이와 같은 사례에서 드러나듯이, 현대적 의미에서 보면 어원이 반드시 고형이고, 동시에 투명한 의미 대응관계를 보여주는 것은 아

---

33) 독일의 언어학자. ☞ 인명 약해 참고.

니다. 인도-유럽 제어를 연구대상으로 하는 현대 어원론은 포트의 조사와 연구에 크게 기대고 있다고 할 수 있다.

이 이후로 수십 년 동안 이 분야의 발전은 실로 눈부신 바 있어서 소논문은 물론 대형 편람까지도 나오자마자 곧 구식이론이 되어버릴 정도였다. 특히 보프의 편람은 새로운 판이 나왔지만 슐라이허[34] (1823년~1868년)의 《인도-유럽 제어 비교문법 대계》(Compendium of the Comparative Grammar of the Indo-European Languages)에 자리를 내주게 되었다. 1886년에는 칼 브루크만(1849년~1919년)[35]과 버톨드 델브뤽(1842년~1922년)[36]이 자신들의 저서인 《인도-유럽 제어 비교문법 개관》(Outline of the Comparative Grammar of the Indo-European Languages)을 출간하기 시작했는데, 오늘날 이 분야 연구의 표준적인 참고문헌으로 손꼽히는 것은 1897년부터 1916년 사이에 나온 이 책의 제2판이다.

연구가 진행되면서, 게르만어를 다룬 그림의 대(大) 논문과 동일한 방식으로 인도-유럽어족의 개별 언어 지파(支派)를 분석한 깊이 있는 논문이 다수 발표되었다. 프리드리히 디츠(1794년~1876년)[37]가 자신의 저서인 《로망스 제어의 문법》(Grammar of the Romance Languages, 1836년~1844년)에서 로망스 제어에 관한 심도 있는 연구를 전개했고, 제우스(Johann Kaspar Zeuss, 1806년~1856년)가 자신의 저서인 《켈트어 문법》(Grammatica Celtica, 1853년)에서 켈트 제어 연구의 새로운 장을 개척했으며, 미클로시흐(Franz von Miklosich, 1813년~1891년)가 《슬라브 제어의 비교문법》(Comparative Grammar of the Slavic

---

34) 독일의 인도-유럽어 및 슬라브어학자. ☞ 인명 약해 참고.
35) 독일의 언어학자. ☞ 인명 약해 참고.
36) 독일의 언어학자. ☞ 인명 약해 참고.
37) 독일의 로망스어학자. ☞ 인명 약해 참고.

Languages, 1852년~1875년) 을 저술했다.

1.8. 이들 연구는 역사와 고고학 분야의 다양한 측면에 적잖은 도움을 주었지만, 직접적인 관심사는 당연히 그런 분야가 증언해주는 인간의 언어에 쏠릴 수밖에 없었다. 다양한 인도-유럽 제어가 공통의 기원을 가졌다고 해서 이들 제어가 후대의 발달까지 서로 연관된 것은 아니었다. 그러나 오늘날 언어학자들은 인간 언어의 변화와 관련된 방대한 분량의 세부사항에 접근할 수 있기 때문에, 이와 같은 언어 변화의 양상에 관한 일반화도 가능하게 되었다.

언어 변화의 방식에 대한 결론을 이끌어낸다는 것은 앞선 시대의 억측을 과학적 추론의 결과로 대체한다는 뜻이다. 미국의 언어학자 휘트니(1827년~1894년)[38] 는 《언어와 언어 연구》(*Language and the Study of Language*, 1874년) 및 《언어의 생애와 성장》(*The Life and Growth of Language*, 1874년) 을 저술했다. 이들 저서는 대여섯 가지 유럽어로 번역되었는데, 오늘날의 기준으로 보면 불완전한 부분이 있지만 그렇다고 해서 골동품으로 용도폐기가 된 상태는 절대 아니다. 이들 저서는 여전히 언어 연구에 대한 탁월한 입문서로 사용되고 있다. 1880년, 헤르만 폴(1846년~1921년)[39] 은 《언어사 원리》(*Principles of Linguistic History*) 를 출간했는데, 이 저서는 연속적인 재판(제5판이 1920년에 발간됨) 을 거듭하면서 일약 역사언어학의 방법론에 관한 표준적 업적으로 자리매김하게 되었다.

폴의 《언어사 원리》는 풍부한 사례와 함께 그동안 인도-유럽어학의 성과로 드러난 언어 변화과정을 예증하고 있다. 휘트니의 저서만큼 잘되지는 않았지만 상세하고 방법론적으로 정제된, 이 책은 언어

---

38) 미국의 언어학자. ☞ 인명 약해 참고.
39) 독일의 언어학자. ☞ 인명 약해 참고.

42

연구에 지대한 영향을 끼쳤다. 그런데도 비교적 최근 세대의 언어학자들은 이 책의 가치를 무시하여 불리한 여건을 자초하고 있다. 《언어사 원리》의 약점은 문체가 대단히 건조하다는 점과 오늘날이라면 쉽게 발견할 수 있는 몇 가지 오류가 담겨 있다는 점이다. 그렇지만 그러한 약점은 19세기 언어학의 한계를 드러내는 불가피한 것이었다.

이런 약점 가운데 하나는 기술 언어학의 간과였다. 폴은 언어에 대한 기술이 필요하다고 생각했으면서도 실제 논의는 언어 변화에 관한 문제를 벗어나지 못했다. 폴의 한계는 곧 시대의 한계이다. 언어의 변화를 연구하려면 친족어 집단이나 동일한 언어의 서로 다른 역사적 단계를 비교해야만 한다. 예를 들어, 영어와 프리슬란드어, 네덜란드어, 독일어, 스칸디나비아어 및 고트어 등의 유사점과 차이점을 관찰함으로써, 우리는 이들 언어가 시간의 추이에 따라 분화되기 이전에 존재하던 선대(先代) 언어(원시 게르만어)의 개념을 얻을 수 있으며, 이를 토대로 후대의 언어 각각에서 발생한 변화를 연구할 수 있다. 또한 고대 영어의 기록〔즉, 알프레드 대왕(King Alfred)[40]의 문헌〕[41]을 현대 영어와 비교함으로써, 우리는 영어가 지난 천여 년 동안 변화한 모습을 알아낼 수 있다. 이와 같은 비교연구가 가능한 것은 물론 비교대상이 되는 언어자료에 대한 지식이다. 예를 들어, 일부 게르만 제어에서 일어나는 단어 합성에 대한 우리의 지식은 절대적으로 불완전하다. 그렇기 때문에 우리는 이 주제에 관한 더 이상의 비교연구를 진행할 수 없으며, 결과적으로 원시 게르만어에서 단어들이 어떻게 합성되었는가, 이와 같은 합성의 습관이 이어지는 개별

---

40) 웨섹스 왕국의 왕(849년~899년)으로, 850년 무렵부터 본격화한 덴마크 사람들(바이킹)의 침략을 저지하고 878년에 이들과 휴전협정을 체결했다.

41) 이들 문헌자료는 서색슨 방언으로 기록되었는데, 대서사시 〈베오울프〉 (Beowulf)도 같은 방언으로 쓰였다.

게르만어의 언어사에서 어떻게 변모했는가에 대해서 말할 수 없다. 19세기의 역사언어학자들은 이러한 한계로 고통을 받았지만, 자신이 처한 난관의 본질을 제대로 포착하지 못한 것으로 보인다.

《언어사 원리》의 또 다른 약점은 '심리적' 해석에 대한 지나친 집착이다. 폴은 언어에 대한 주장을 펼 때마다 화자가 겪었으리라 생각되는 정신과정에서 추론한 해석을 부연설명처럼 곁들이고 있다. 그런데 이와 같은 정신과정을 지지하는 유일한 증거는 오로지 언어과정뿐이다. 이렇게 되면 양자는 논의에 아무런 도움도 주지 못할 뿐만 아니라 오히려 논의 자체를 미궁에 빠뜨리고 만다. 대체로 오늘날까지 이어지는 현상이지만 폴의 저서를 보면, 언어학 연구의 출발이 고대 그리스의 철학적 탐구에서 비롯되고 있다. 폴과 그의 동시대 언어학자들은 오직 인도-유럽 제어만을 다루었고, 기술적(記述的) 문제를 간과한 데다 역사가 알려지지 않은 언어의 자료를 연구하는 태도를 거부했다. 이러한 한계 때문에 이들은 생소한 유형의 문법구조에 대한 지식에서 동떨어질 수밖에 없었다. 만일 이들이 생소한 문법구조에 대한 지식을 적절히 받아들였다면, 이를테면 품사체계와 같은 인도-유럽어 문법의 근본적 사항이 결코 인간의 언어에 보편적이지 않다는 사실을 깨달을 수도 있었다. 그러나 그러한 근본적 문법사항이 인간 언어에 보편적이라고 믿었기 때문에 이들은 근본적 문법사항을 다룰 때마다 철학적이거나 심리적인 '사이비' 설명 수준에 머무르고 말았다.

1.9. 역사적 탐구라는 거대한 조류를 따라 그 곁으로는 일반 언어 연구라는 미약하나마 가속적인 흐름이 지나가고 있었다. 신스크리트어 문법도 완전히 잊힌 것은 아니었다. 많은 제자들은 인도 문법의 존재를 모르는 가운데 그 결과만을 빌려와서 사용했지만, 자신들이

구가하는 과학의 전신(前身)을 알고 있었던 스승들은 그 가치를 높이 평가해 마지않았다. 이러한 맥락에서 잘 알려지지 않은 인도-유럽 제어에 관한 기술적 연구는 피할 수가 없었다. 역사적인 연구방법론의 초석을 다지는 데 선도적인 역할을 했던 오거스트 레스키언(August Leskien, 1840년~1916년)이 슬라브 제어와 발트 제어의 연구분야에서 최고의 업적을 탄생시킨 것은 결코 우연이 아니다.

　그렇지만 대부분의 경우에 기술적 연구는 당시의 주류이던 역사적 연구와 나란히 진행되지 못했다. 일부 언어학자들은 연구대상 언어의 역사가 아직 제대로 밝혀지지 않았음에도, 인도-유럽 제어가 아닌 다른 언어의 구조적 자질에 매혹되기도 했다. 또 다른 일부 언어학자들은 인간의 말을 철학적으로 탐구할 목적으로 다양한 언어를 연구하기도 했다. 사실상 예전에 이루어진 기술적 연구논저 가운데 상당부분은 오늘날 거의 이해가 불가능하다. 왜냐하면 그러한 연구는 당대의 우리에게 대단히 낯선 철학적 관념으로 가득 차 있기 때문이다.

　일반 언어학 분야에서 최초로 거둔 중요한 성과는 인간 언어의 다양성을 다룬 훔볼트(1767년~1835년)[42]의 글인데, 이 책은 1836년에 발표되었다. 슈타인탈(1823년~1899년)[43]은 언어의 기본특질과 관련된 일반적 저술 이외에도 주요한 언어구조에 관한 논문을 1861년에 발표했다. 언어과학을 다룬 가벨렌츠(G. von Gabelentz)의 업적은 철학적 색채를 상당히 탈피했다. 이러한 연구방향은 철학자이자 심리학자인 분트(1832년~1920년)[44]가 이룩한 언어에 관한 업적에서 그 정점에 이르렀는데, 이 책은 사회심리학에 관한 논의의 제1부로 1900년에 발간되었다. 분트는 언어에 관한 자신의 심리학적 연구기

---

42) 독일의 언어학자이자 철학자. ☞ 인명 약해 참고.
43) 독일의 언어학자이자 철학자. ☞ 인명 약해 참고.
44) 독일의 철학자이자 언어심리학자. ☞ 인명 약해 참고.

반을 접근가능한 모든 언어의 기술에 두었다. 그 이듬해인 1901년에 나란히 나온, 인도-유럽어학자 델브뤼크의 비판과 분트의 반론을 오늘날의 시각으로 다시 읽어보는 것도 흥미로운 일이다. 델브뤼크는 역사를 모르는 언어를 활용한 분트의 방법론을 거부한다. 그에게는 시간에 따른 언어의 변화만이 언어에서 연구가치가 있는 유일한 측면이었기 때문이다. 이와 반대로 분트는 자신의 체계에 따른 심리학적 해석의 중요성을 주장했지만, 델브뤼크는 언어학자가 어떤 특정한 심리학 체계를 채택하느냐가 중요한 문제는 아니라고 했다.

그런 가운데 일부 언어학자들은 기술적 언어 연구와 역사적 언어 연구 사이의 본질적 관련성을 더욱 뚜렷하게 인식하게 되었다. 파니니의 문전을 근대 유럽어로 번역한 뵈틀링크(1815년~1904년)[45]는 기술적인 연구기법을 전혀 다른 구조를 가진 언어, 즉 러시아의 아시아 지역에서 사용되는 야쿠트어에 적용하였다(1851년). 뮐러(Friedrich Müller, 1834년~1898년)는 역사적 접근의 가능성 여부를 불문하고 세계의 여러 언어에 대한 간략한 스케치를 담은 언어과학에 대한 개론서를 발간했다(1876년~1888년). 이론적인 논문(1905년)은 물론, 연관성이 없는 8개 언어를 기술적으로 분석한 간단한 저서(1910년)에서, 핑크(Franz Nikolaus Finck, 1867년~1910년)는 역사적 연구와 철학적 일반화의 기반으로서 기술적 방법론을 주장했다. 소쉬르(1857년~1913년)[46]는 자신의 대학 강의에서 다년간 이 문제를 해명하는 데 주력했다. 소쉬르가 행한 일련의 강의는 그의 사후에 저술의 형태로 출간되었다(1915년).

인도-유럽어족 이외의 어족을 역사적 연구방법으로 다룬 것은 이런 점에서 대단한 설득력을 발휘했다. 한편으로 비교연구를 위한 준

---

45) 독일의 언어학자. ☞ 인명 약해 참고.
46) 프랑스의 언어학자로 구조주의 언어학의 창시자이다. ☞ 인명 약해 참고.

비단계로서 기술적 자료에 대한 필요성은 자명했다. 그렇지만 다른 한편으로 그 결과는 언어변화의 과정이 개별 언어의 문법구조와 상관없이 모든 언어에서 동일하다는 사실을 보여주었다. 핀-우그리아 제어(핀란드어, 라플란드어, 헝가리어)의 비교연구는 일찍이 1799년부터 시작되어, 엄청난 발전을 이루었다. 훔볼트의 대저(大著) 제 2판에는 말레이-폴리네시아어족의 비교문법이 포함되었다. 오늘날에는 셈어족이나 아프리카의 반투어족 등과 같이 기타 어족의 비교연구 업적도 적잖게 확보되어 있다. 아메리카 인디언 언어를 연구하는 언어학자들은 기술적 자료의 필요성에 대해 스스로를 속이는 일이 전혀 없었다. 멕시코 북부만 해도 유형적으로 다양한 구조를 드러내면서도 서로 무관한 수십 가지 언어집단이 존재한다. 이처럼 전적으로 낯선 발화형태를 기록하다 보면, 철학적 선입견이 오히려 장애물에 불과할 따름이라는 명제를 배우게 된다.

이들 두 가지 연구경향, 즉 역사·비교연구와 철학적·기술적 연구의 합류는 예컨대 헤르만 폴로 대표되는 19세기 인도-유럽어학자들에게서 드러나지 않았던 몇 가지 원리를 뚜렷하게 밝혀주었다. 언어에 관한 모든 역사적 연구는 둘 또는 그 이상의 기술적 자료집합에 대한 비교에 기반을 둔다. 그렇기 때문에 역사적 연구는 기술된 자료의 범위 안에서만 정확하고 완벽하게 이루어질 수 있는 것이다. 하나의 언어를 기술하는 데 역사적 지식은 전혀 불필요하다. 사실, 한 언어를 기술하면서 역사적 지식을 참고하려는 언어학자는 필연적으로 자신의 자료를 왜곡하게 된다. 기술된 자료가 비교작업을 위한 튼튼한 밑바탕이 되려면, 기술 자체가 여하한 선입견의 영향도 받지 않아야 한다.

언어에 관한 유용한 일반화는 오로지 귀납적인 일반화뿐이다. 보편적일 것으로 생각하는 어떤 자질이 바로 인접한 언어에 결여되어 있을 수도 있다. 물론 일부 자질, 이를테면 독립된 별개의 품사로 존재하는 동사류 단어와 명사류 단어의 구분과 같은 자질은 많은 언어에 공통적이지만, 이런 일반론이 적용되지 않는 언어도 분명히 있다. 어쨌든 일부 자질이 광범위하게 분포하고 있다는 사실 자체는 주목할 만한 가치가 있으며, 설명을 요하는 대상이기도 하다. 많은 언어에 대한 충분한 자료를 확보하고 있을 때, 우리는 일반문법의 문제로 돌아가서 언어들 사이의 유사점과 차이점을 설명하게 될 것이다. 그러나 그와 같은 경우에도 연구 자체는 연역적인 방법이 아닌 귀납적인 방법으로 이루어져야 한다.

언어변화에 대해 우리는 변화의 일반적 과정이 모든 언어에서 동일하며 동일한 방향성을 보인다는 사실을 입증할 수 있는 충분한 자료를 확보하고 있다. 지극히 특수한 유형의 변화조차 매우 다양한 언어에서 제각기 독자성을 유지하면서 상당히 동일한 방식으로 일어난다. 언어에 관한 우리의 지식이 더욱 넓게 확장되는 날, 이처럼 특수한 변화도 체계적인 연구를 거쳐 의미 있는 일반화를 이루어내는 데 기여할 수 있을 것이다.

제 2 장

언어의 효용

2. 1. 언어 연구에서 가장 힘든 단계는 바로 시작단계이다. 지금까지 학자들은 번번이 그 첫 단계를 실제로 밟지도 않고 언어 연구에 접근했다. 언어과학은 문자의 사용이라든가 문학 또는 문헌, 특히 고문서 기록의 연구, 고상한 화술의 규범화 등과 같이 비교적 실용적인 관심사에서 태동한 학문이지만, 이런 문제에 많은 시간을 투자하다 보면 정작 언어학의 연구에는 손도 댈 수 없는 것이다. 언어학자들이 개인적으로 언어 본연의 연구를 지체했던 과거의 전철을 밟을 위험성이 크듯이, 우리도 당연히 이러한 문제를 지적하고 언어 본연의 연구 주제를 명확하게 밝히지 않으면 안 된다.

문자는 언어가 아니라 단순히 가시적인 기호(*mark*)를 이용해서 언어를 기록하는 수단에 불과하다. 중국이나 이집트, 메소포타미아 등과 같은 일부 국가에서는 수천 년 전에 문자가 실생활에 사용되었다. 그러나 오늘날 통용되는 대부분의 언어에 문자가 사용된 것은 비교적 최근의 일이며, 일부 언어에는 아직도 문자가 없다. 더욱이 인쇄술이 보급될 때까지 글을 읽고 쓸 줄 아는 문식(文識)능력은 극소수의 사람들에게만 한정되어 있었다. 글을 읽고 쓸 줄 모르는 민족도 거의 평생 동안 말은 하고 살았다. 그러나 그런 문맹 민족의 말도 결코 문자를 사용하는 민족의 말 못지않게 안정적이고 규칙적이며 풍요롭다.

사진이 있든 없든 사람은 그 사람 자체이듯이, 말도 그 말을 기록하는 데 사용되는 문자 체계가 있든 없든 말 그 자체인 것이다. 일본어에는 세 가지 표기체계가 존재하는데, 현재 제4의 표기체계를 개발하는 중이다.[1] 터키 사람들은 1928년에 아랍문자를 버리고 라틴 알파벳을 표기체계로 채택했지만[2] 이들은 계속 예전과 똑같은 방식으로 대화를 나누고 있다. 표기체계를 연구하려면 언어에 대해 알아야하지만, 그 역은 성립하지 않는다. 우리는 과거 언어에 관한 정보를 주로 표기기록에서 얻는다(그런 까닭에 우리는 또 다른 맥락에서 표기의 역사를 연구하게 될 것이다). 그러나 이런 표기기록에는 분명히 제약이 따른다. 문자로 표기된 기호를 실제 언어의 관점에서 해석하는 데는 엄청난 주의가 필요하다. 문자기록을 해석하는 과정에서 실패하는 경우가 많고, 당연히 귀에 들리는 단어를 선호하는 경향이 있기 때문이다.

구어의 형태로 표현된 것이든 아니면 지금은 흔한 문어의 형태로 표현된 것이든, 문학작품을 구성하는 알맹이는 아름답거나 아니면 유명한 말의 집합이다. 문학 연구자는 특정한 사람(이를테면 셰익스피어와 같은 문필가)의 말을 관찰하고 그 내용과 형식의 색다른 특징에 관심을 갖는다. 문헌학자의 관심은 이보다 광범위한데, 그것은 자신이 읽는 내용, 즉 텍스트의 문화적 의미나 배경에도 관심을 두기 때문이다. 반면에 언어학자는 모든 사람들의 말에 똑같은 비중을 두고 연구한다. 위대한 작가의 말에는 같은 시대와 같은 공간을 살아가는 보통사람들의 말과 다른 개별적인 특징이 담겨 있지만, 이러한 특징이 다른 어느 한 사람의 개인적 특징보다 언어학자의 관심을 더 끄는 것도 아니며, 그렇다고 해서 모든 사람에게 나타나는 공통적인 특징

---

1) 한자, 히라가나, 가타가나 문자와 로마자의 혼용을 가리키는 것으로 보인다.
2) 터키의 국부 케말 파샤에 의한 문자개혁.

보다 언어학자의 관심을 덜 끄는 것도 아니다.

고상하거나 '정확한' 말을 우대하는 풍조는 특정한 사회적 여건의 부산물이다. 언어학자는 이런 말을 관찰할 때 다른 언어현상을 관찰할 때와 동일한 자세를 견지해야 한다. 화자들이 어떤 언어형태에 대해 '좋다'거나 '맞다' 혹은 '나쁘다'거나 '틀리다'는 꼬리표를 붙인다는 사실도 이런 언어형태에 관해 언어학자가 수집한 자료의 일부일 따름이다. 따라서 언어학자가 자기 자료의 일부를 의식적으로 무시하거나 자기 기록을 왜곡하는 것은 절대 용납되지 않는다. 다시 말해서 언어학자는 모든 언어형태를 공평하게 관찰해야 한다. 어떤 상황에서 화자가 특정 형태에 좋다거나 나쁘다는 꼬리표를 붙이는가, 또 왜 그런 꼬리표를 붙이는가(예컨대 많은 사람들이 'ain't'는 '나쁘다'고 생각하고 'am not'은 '좋다'고 생각하는 이유가 도대체 무엇일까?)를 관찰하는 일은 언어학자가 해야 하는 임무의 일부에 지나지 않는다. 이것은 언어학의 많은 문제들 가운데 하나일 뿐이다. 이것이 언어학의 근본 문제가 아닌 이상, 우리는 다른 많은 근본적 사항이 밝혀진 이후에야 이 문제에 제대로 접근할 수 있다. 언어학의 훈련을 받지 않은 상태에서 이처럼 별로 중요하지 않은 주제를 토론하느라 엄청난 노력을 들이는 사람은 많은데, 정작 그런 주제에 대해 핵심적인 열쇠를 쥐고 있는 언어학을 공부하겠다고 나서는 사람은 거의 없다는 것도 이상한 일이 아닐 수 없다.

만일 문자를 연구하는 학자들도 그렇지만 문학이나 문헌을 연구하는 학자들, 혹은 바른 화법을 연구하는 학자들이 적절한 끈기와 필요한 방법론으로 무장한다면, 어느 정도 노력을 들이고 나면 먼저 언어를 연구한 다음에 다시 원래의 주제로 되돌아오는 순서가 현명하다는 사실을 깨닫게 될 것이다. 우리는 곧바로 일상언어를 관찰함으로써 이와 같은 '우회'에 빠지는 위험을 모면할 수 있다. 결과적으로 언어학자의 연구는 극히 단순한 상황에서 사용되는 언어의 발화행위를 관찰하는 데서 출발해야 하는 것이다.

2. 2. 아담과 이브3)가 오솔길을 걸어 내려가고 있다고 생각해 보자. 이브는 배가 몹시 고프다. 그런데 나무에 매달린 사과 하나가 이브의 눈에 들어왔다. 그래서 이브는 자신의 후두와 혀, 입술을 동원해서 소리를 낸다. 그러자 아담은 훌쩍 울타리를 뛰어넘어 나무를 타고 올라가더니 그 사과를 따서 이브에게 가져가 손에 쥐어 준다. 이브는 그 사과를 먹는다.

이런 일련의 사건은 물론 다양한 방식으로 연구대상이 될 수 있지만, 언어를 연구하는 우리로서는 일단 '언어행위'와 (바로 아래에서 '실제 사건'이라는 명칭으로 부르게 되는) 기타 동작을 구분해야 한다. 이렇게 보면, 이 사건은 시간순서에 따라 다음과 같은 세 가지 국면으로 이루어져 있다.

(가) 언어행위에 앞서 일어난 실제 사건
(나) 언어
(다) 언어행위에 이어서 일어난 실제 사건

우선 실제 사건 (가)와 (다)부터 조사해 보자. (가)에 포함된 일련의 사건은 주로 화자인 이브와 관련이 있다. 이브가 배가 고팠다는 것은, 특히 위의 일부 근육이 오그라들고 액체(위액)가 분비되고 있었다는 뜻이다. 아마 갈증도 나서, 혀와 인후(咽喉)가 바짝 말랐을 것이다. 이때 빨간 사과에서 반사된 빛의 파동이 이브의 눈을 건드렸

---

3) '아담'과 '이브'는 원문에 나오는 두 인물 'Jack'과 'Jill'을 친숙한 이름으로 옮긴 것으로 종교적 의미는 전혀 없다.

다. 곁에는 아담이 있었다. 평소의 친분관계가 이브의 머리에 떠올랐을 것이다. (일단 두 사람이 남매간이나 부부간처럼 통상적인 관계라고 해 두자.) 우리는 여기서 이브가 입을 열어 말을 할 때까지 계속된 이브의 생각에 존재하는 모든 사건을 화자의 자극이라는 용어로 부르기로 한다.

그럼, 이번에는 이브의 말에 뒤이어 일어난 실제 사건 (다)로 넘어가 보자. 이 일련의 사건은 주로 청자 아담과 관련이 있으며, 사과를 따와서 이브에게 건네주는 동작으로 이루어져 있다. 말에 뒤이은, 청자와 관련된 이 모든 실제 사건을 청자의 반응이라는 용어로 부르기로 한다. 말에 뒤이은 다음의 사건은 이브와도 대단히 중요한 방식으로 관련되어 있다. 이브가 그 사과를 받아서 먹는다.

우리의 이야기 전체는 (가) 및 (다)와 다소 동떨어진 듯한 조건으로 연결되어 있다. 모든 아담과 이브가 이렇게 행동하지는 않을 것이기 때문이다. 만일 수줍음을 많이 탄다거나 아담과의 관계가 별로 안 좋다면, 이브는 배가 고프고 사과를 보더라도 그냥 아무 말도 하지 않을 것이다. 또한 아담도 이브에게 안 좋은 감정을 갖고 있다면, 아무리 이브가 부탁해도 절대 사과를 따다주지 않을 것이다. 언어의 출현과 이를 전후한 실제 사건은 화자와 청자 두 사람의 전체 생애에 좌우된다. 우리는 이 경우에 모든 전제조건이 앞서 이야기한 내용을 그대로 도출할 수 있도록 구비되어 있었다고 가정하기로 한다. 그렇다면 이제 이 이야기에서 발화행위 (나)가 과연 어떤 역할을 했는가를 알아보기로 하자.

이브가 그 자리에 혼자 있다고 해도 이브가 느낀 허기와 갈증은 (둘이 있을 때와 마찬가지로) 여전할 것이며 또한 눈으로 본 사과도 똑같았을 것이다. 만일 이브한테 울타리를 넘어서 나무에 올라갈 만한 힘과 기술이 있다면, 이브는 사과를 따서 먹을 것이다. 물론 그럴 만한 힘과 기술이 없다면, 그냥 고픈 배를 움켜쥐고 있을 수밖에 없을 것이다. 이브가 혼자라면 마치 말을 할 줄 모르는 동물과 동일한 처지라고 할 수 있다. 만일 배가 고픈데 음식 냄새를 맡거나 실제 음식을 본다면, 이 동물은 그 먹을거리 쪽으로 몸을 움직인다. 이 동물이 먹이를 얻느냐 못 얻느냐 하는 문제는 전적으로 이 동물의 힘과 기술에 달려 있다. 여기서, 굶주림 상태와 먹이 모양 내지 냄새는 자극(앞으로 S로 표시함)이고, 먹이 쪽으로 다가간 움직임은 반응(앞으로 R로 표시함)이다. 혼자 있는 이브와 말 못하는 짐승은 아래 그림처럼 오로지 한 방향으로만 행동한다.

$$S \implies R$$

이 과정이 제대로 진행되면, 먹을 것을 얻게 된다. 힘이 모자라거나 기술이 부족해서 반응(R)에 의해 먹이를 얻을 수 없고, 따라서 이 과정이 제대로 진행되지 못한다면 그대로 굶주림을 감내해야 한다.

물론 이브의 건강과 행복을 위해서는 사과를 손에 넣는 일이 대단히 중요하다. 대부분의 경우에 이 정도는 생사가 걸린 문제가 아니다(생사가 걸린 문제일 가능성도 아주 없지는 않지만…). 그러나 결국 음식을 얻은 이브 혹은 짐승은 목숨을 유지해서 이 땅에 자손을 퍼뜨릴 가능성이 높다. 그러므로 어떻게든 사과를 얻을 가능성을 높이는 장치야말로 당사자 이브에게는 엄청나게 중요하다. 위의 이야기에 등장한 말을 할 줄 아는 이브에게는 스스로 그런 장치를 사용할 수 있는 능력이 있었다. 우선, 혼자인 이브나 말을 못하는 짐승이 사과를 얻을 수 있는 가능성은 똑같았다. 그렇지만 이브에게는 이것 말고도 다른 짐승이 공유하지 못하는 그다음의 가능성이 있었다. 울타리나 나무와 씨름하는 대신, 인후와 입을 약간 움직이자 작은 소리가 흘러

나왔다. 그러자 아담이 곧바로 여기에 반응을 나타내기 시작했다. 이브의 힘으로는 도저히 어찌할 수 없는 행동을 아담이 수행하여, 결국 이브가 사과를 얻게 된 것이다. 언어는 어떤 사람이 자극(S)을 받을 때, 상대방으로 하여금 반응(R)을 보이도록 만들 수 있다.

서로 말을 주고받는 화자집단 안에서 각자가 그 집단 내부의 모든 사람을 자기 의지대로 움직일 수 있는 힘과 기술을 지니고 있다면, 그것은 이상적인 상황이다. 이들이 가진 특수한 기술이 다양하면 다양할수록, 각자가 통제할 수 있는 능력의 범위도 그만큼 광범위해진다. 한 사람만 훌륭한 나무타기 선수여도 나머지 구성원 모두가 맛있는 과일을 얻을 수 있고, 한 사람만 훌륭한 고기잡이 명수여도 나머지 구성원 모두가 신선한 물고기를 얻을 수 있기 때문이다. 분업도 그렇지만, 인간사회의 모든 활동은 언어의 덕택이다.

2.3. 우리는 이제 앞서 나온 이야기에서 언어사건 (나)를 조사해야 한다. 이 언어사건 (나)는 물론 언어학자인 우리가 일차적인 관심을 갖는 부분이다. 우리는 인간의 모든 활동에서 (나)를 관찰할 수 있다. (가)와 (다)가 관심을 끄는 것은 오로지 그 두 가지 사건이 (나)와 관계를 맺고 있기 때문이다. 생리학과 물리학 덕분에 우리는 언어사건이 다음과 같은 세 부분으로 구성되어 있다는 사실을 익히 알게 되었다.

(나-1) 화자 이브는 자신의 성대(울대뼈[결후, 結喉] 내부에 자리 잡은 두 가닥의 작은 근육)와 아래턱, 혀 등을 움직여서, 공기를 음파의 형태로 변형시켰다. 이와 같은 화자의 운동은 자극 S에 대한 반응이다. 실제 (또는 직접 손을 대는) 반응 R, 즉 실제로 사과를 잡는 동작을 취하는 대신, 이브는 이러한 음성기관의 운동, 곧 언어 (또는 대치) 반응(앞으로 소문자 r로 표시함)을 수행했다. 이상의 내용을 요약

하면, 이브는 화자로서 하나의 자극에 대해 다음과 같이 한 가지가 아닌 두 가지 방식으로 반응을 보였다. 물론 지금의 경우에 이브는 후자를 수행한 것이다.

S ⇒ R (실제 반응)
S ⇒ r (언어적 대치 반응)

(나-2) 이브의 입에 들어 있던 공기 중의 음파는 주변의 공기를 움직여서 유사한 파동운동을 일으켰다.

(나-3) 공기 중에 있던 이들 음파는 아담의 고막을 때려 진동을 일으킴으로써 아담의 신경계에 영향을 미쳤다. 그리하여 아담은 이브의 말을 듣게 되었다. 이러한 청취행위는 아담에게 가해지는 자극의 역할을 한 것이다. 그래서 이브에게 일어났던 '시장기와 사과'의 자극이 마치 자기에게도 일어난 것처럼, 아담은 곧장 달려가서 사과를 따 가지고 와 이브의 손에 쥐어준 것이다. 인간의 언어와 같은 장치의 존재를 모르는 외계의 관찰자가 이 장면을 본다면, 그는 틀림없이 '이브가 시장해서 저 위에 있는 사과를 보고 있다'고 말해주는 감각기관이 아담의 몸 안 어딘가에 있다는 결론을 내릴 것이다. 다시 말해 청자로서의 아담은 두 종류의 자극, 그러니까 S-유형의 실제 자극(배고픔과 음식을 본 상태)과 고막을 울리는 특정 진동인 언어 (또는 대치) 자극(앞으로 소문자 s로 표시함)에 반응하는 것이다. 아담이 수행하는 행동(사과를 가져오는 것과 같은 동작)을 자세히 보면, 아담의 행동은 동물의 동작처럼 실제 자극(위에서 느끼는 공복상태와 사과가 시야에 들어온 것) 때문에만 일어난 것이 아니라, 언어자극 때문에 일어난 것이기도 하다. 아담의 행동 R은 결국 다음 그림처럼 한 종류가 아닌 두 종류의 자극이 촉진한 것이다.

(실제 자극) S ⇒ R
(언어적 대치 자극) s ⇒ R

이브의 발성운동(나-1)과 아담의 청취동작(나-3) 사이의 연관성이 아주 작은 불확실성 내지 변동상태에 좌우된다는 것은 분명하다. 그것은 공기 중을 지나는 음파의 문제(나-2)일 따름이기 때문이다. 만일 이런 연관성을 점선으로 나타낸다면, 한 가지 자극에 반응하는 인간의 두 가지 방식은 다음과 같은 도식으로 표시할 수 있을 것이다.

(언어를 동반하지 않은 자극) S ⇒ R
(언어가 중간에 개입된 자극) S ⇒ r ⋯ s ⇒ R

두 유형 사이의 차이점은 뚜렷하다. 언어를 동반하지 않은 반응은 항상 자극이 그러하듯이 동일한 사람에게서 일어난다. 자극을 받는 사람이 반응을 일으키는 유일한 당사자가 되기 때문이다. 따라서 반응은 그 자극을 받아들인 사람이 일으키는 행동에 국한될 수밖에 없다. 이와 대조적으로 언어가 중간에 개입된 반응은 실제 자극을 받지 않은 사람에게서도 일어날 수 있다. 자극을 받는 사람이 다른 사람에게 반응을 일으키도록 재촉할 수 있고, 그러면 이 다른 사람은 화자가 시키지 않은 행동을 할 수도 있기 때문이다. 앞서 그린 도식에서 화살표는 한 사람의 몸에서 일어나는 사건의 연속을 나타낸다. (우리는 이와 같은 일련의 사건이 신경계에 속한 모종의 특질에 기인하는 것으로 생각한다.) 그러므로 언어를 동반하지 않은 반응은 그 자극을 받은 몸 안에서만 일어날 수 있다. 반면에 언어가 중간에 개입된 반응에는 점선으로 표시된 연결고리가 존재하는데, 이 연결고리는 공기 중의 음파집합으로 이루어져 있다. 그래서 언어를 매개로 한 반응은 그 언어를 듣는 모든 사람의 몸 안에서 일어날 수 있다. 청자가 다르면 지극히 다양한 변화가 일어날 수 있기 때문에 반응의 실현가능성은 대단히 커진다. 서로 다른 청자가 지극히 다양한 행동을 할 수 있기 때문이다. 화자와 청자의 몸 사이에 가로놓인 틈새, 즉 두 신경계 사이의 불연속성은 음파라는 다리가 이어주고 있다.

생물학적으로 중요한 항목, 즉 S(배고픔과 음식을 본 상태)와 R(음식을 얻거나 얻지 못하는 움직임)은 언어가 없는 상태와 언어가 있는 상태에서 모두 동일하다. 이들은 현재 벌어지는 상황의 실제 국면이다. 언어의 출현(r⋯s)은 다만 S와 R이 서로 다른 개인에게서 일어날 수 있도록 하는 수단일 따름이다. 보통 사람은 언어를 사용하고 언어를 가지고 일상생활을 영위하지만 그러면서도 오직 S와 R에만 관심을 가질 뿐, 언어에는 별다른 관심을 기울이지 않는다. '사과'라는 단어를 말하거나 그 말을 듣는다고 해서 굶주린 배가 채워지지는 않는다. 그것은 다른 말과 더불어 동료의 도움을 얻는 한 가지 수단에 지나지 않는다. 그러나 우리는 언어학자로서 그 자체로는 무가치하지만 엄청난 목적을 달성할 수 있는 수단인 언어사건(s⋯r)에 큰 관심을 갖지 않을 수 없다. 우리의 연구주제인 언어 자체와, 자극과 반응으로 이루어진 실제 사건은 분명히 구분해야 한다. 전혀 중요하지 않은 것이 몹시 중요한 다른 것과 밀접하게 관련된 것으로 판명이 날 때, 우리는 전혀 중요하지 않은 그것에 결과적으로 '의미가 있다'고 말한다. 다시 말해서 전혀 중요하지 않은 것이 몹시 중요한 것을 '의미한다'는 것이다. 따라서 우리는 아무리 사소하고 중요하지 않은 언어활동이라도 그 활동이 중요하다고 말하는데, 그것은 거기에 의미가 담겨 있기 때문이다. 의미는 언어활동 (나)가 관련되어 있는 중요한 사항들, 즉 실제 사건 (가)와 (다)로 구성되어 있다.

2.4. 일정 수준까지 상호간의 자극에 반응을 보이는 동물도 더러

있다. 개미나 벌 집단에서 이루어지는 경이로운 협동은 분명히 모종의 상호작용에 기인한다. 이와 같은 상호작용의 수단으로 사용되는 소리는 상당히 보편적이다. 예를 들어, 매미는 다리를 몸에 비벼서 내는 시끄러운 울음소리로 다른 매미를 부른다. 사람을 포함한 일부 동물은 음성을 사용한다. 새는 허파 상부에 자리 잡은 갈대 비슷한 한 쌍의 기관인 이관(耳管, *syrinx*)을 이용해서 음파를 만들어낸다. 고등의 포유동물은 기관(氣管) 상부에 연골조직인 후두를 가지고 있다. 후두의 안쪽 좌우로는 조개 모양의 두 근육이 벽을 따라 달려 있다. 성대라 불리는 이 근육은 팽팽하게 뻗쳤을 때 날숨의 도움을 받아서 규칙적으로 진동하게 되며, 여기서 소리가 산출된다. 이 소리를 우리는 음성(*voice*)이라 부른다.

비록 동물이 음성을 사용한다 하더라도 신호체계와 유사한 동물의 행동과 인간의 언어는 본질적으로 다르다. 예를 들어, 개는 짖고 으르렁거리고 깽깽거리는 등 두세 가지 소리를 낼 수 있다. 개는 이처럼 몇 안 되는 신호만을 가지고 다른 개의 행동을 유발한다. 앵무새는 대단히 많은 종류의 소리를 낼 수 있지만, 소리가 다르다고 해서 반응까지 달라지지는 않는다. 인간은 수많은 종류의 음성을 산출하고, 다양한 음성을 활용할 수 있다. 그래서 인간은 특정한 유형의 자극을 받으면 특정한 음성을 내고, 이 동일한 음성을 듣는 동료는 거기에 걸맞은 반응을 보이게 된다. 간단히 말해 인간의 언어에는 서로 다른 음성에 서로 다른 의미가 담겨 있다. 특정한 음성과 특정한 의미 사이의 이와 같은 대응관계를 연구하는 작업이 곧 언어의 연구이다.

이러한 대응관계 덕분에 인간은 매우 정확하게 상호작용을 할 수 있다. 예를 들어, 전에 본 적이 없는 집의 주소를 다른 사람에게 말해줄 때, 우리는 다른 동물이 전혀 할 수 없는 무언가를 실행하는 것이다. 인간은 누구든 다른 사람들의 능력을 빌려다 쓸 수 있을 뿐만 아니라, 사람들 사이의 협동작업을 대단히 정확하게 수행할 수 있다. 이와 같은 '함께 일하기'의 정도와 정확성이야말로 바로 우리 사회조직의 성패를 가늠하는 척도이다. '사회'나 '사회 유기체'라는 용어는 절대 은유가 아니다. 다세포 동물이 단세포 동물보다 더욱 고차원의 질서를 갖는 단위이듯이, 인간의 사회집단도 한 사람만 있는 경우보다 훨씬 고차원의 질서를 갖는 단위이다. 다세포 동물의 몸 안에 있는 단일 세포들은 신경계와 같은 연결장치를 통해서 서로 협동한다. 인간사회의 개인들은 음파를 활용해서 서로 협동한다.

우리가 언어를 통해서 다양한 방식으로 이익을 얻는다는 사실은, 그 가운데 일부만 언급해도 충분할 정도로 분명하다. 우리는 의사소통을 중계할 수 있다. 농부나 상인이 '이 냇물 위로 다리를 놓고 싶다'고 말하면, 이 소식은 마을회관과 마을의회, 도로국, 기술자, 건축사무소 등을 두루 지나면서, 많은 화자와 많은 언어의 중계과정을 거친 끝에, 마침내 농부나 상인이 유발한 최초의 자극에 반응하여, 인부들이 다리를 직접 건설하는 실제 행동을 수행하게 된다. 언어의 중계기능과 밀접하게 관련된 특성이 바로 추상화 작용이다. 실제 자극과 실제 반응 사이에서 일어나는 언어의 중계작용은 직접적인 실제 효과를 갖지 못한다. 그러므로 그러한 중계작용은 어떤 형태로 나타나든 무방하다. 만일 형태에 오류가 있다면, 이를 수정하여 최종 반응이 실질적으로 나타나도록 하면 그만이기 때문이다. 교량을 설계하는 기술자는 실제 들보나 도리를 다룰 필요가 없고 그냥 계산상으로 나오는 수치 등과 같은 언어형태만 가지고 작업하면 된다. 설령 기술자가 실수를 한다 해도, 실제로 다리를 일부라도 부수거나 할 필요는 없다. 실제 건설공사를 시작하기 전에 잘못 뽑은 언어형태(수치)를 올바른 언어형태로 교체하기만 하면 되기 때문이다. 바로 여기에 스스로에게 말을 거는 방법, 즉 '사고작용'의 가치가 담겨 있다.

아이들은 처음에 혼자서 중얼거릴 때 큰 소리를 내지만, 어른들이 그러지 말라고 하면 음성을 산출하는 일련의 운동을 억제하는 방법을 배워서, 엄청 컸던 음성을 들릴락 말락 한 작은 음성으로 바꾸어버린다. 말하자면 '말을 갖고 생각하게 되는 것'이다. 생각의 유용성은 계산과정에서 그대로 드러난다. 책장에 일렬로 꽂힌 책의 권수를 한눈에 파악할 수 있는 것과 같은 능력, 즉 말을 사용하지 않고 숫자를 헤아리는 능력은 극히 제한되어 있다. 어떤 물건을 담은 두 꾸러미가 '수효가 같다'는 말은, 첫째 꾸러미에서 물건 하나를 꺼내서 둘째 꾸러미에 담긴 물건 옆에 놓기를 반복했을 때 서로 짝이 없는 물건이 남지 않게 된다는 뜻이다. 그런데 이와 같은 작업이 언제나 가능한 것은 아니다. 물건이 꺼낼 수 없을 만큼 무겁다든지 두 꾸러미가 서로 다른 공간에 있다든지, 아니면 두 꾸러미가 서로 다른 시간대에 있다든지(폭풍 전후의 양떼 수효처럼) 하는 경우도 충분히 발생할 수 있기 때문이다. 바로 여기서 언어가 끼어든다. 수사 1, 2, 3, 4는 위에 언급한 과정을 위한 대체물로서 고정된 순서로 말하도록 학습한 일련의 단어에 다름 아니다. 이들 단어를 사용하면 물건 한 개에는 '하나', 둘에는 '둘', 셋에는 '셋' 등의 수사를 사용해서 어떠한 물건 꾸러미라도 물건이 하나도 안 남을 때까지 셀 수 있다. 예컨대 만일 '열아홉'이라고 말했다면, 열아홉 개만 있고 그 이상은 없다는 뜻이다. 그다음에는 언제 어디서든 물건이 든 새로운 꾸러미를 만나면(간단히 숫자 '19'를 사용해서) 첫째 꾸러미에 든 물건과 같은 수효가 들었는가를 쉽게 판단할 수 있다. 언어를 이상적으로 활용하는 수학은 바로 이러한 과정을 정교하게 다듬었을 뿐이다. 숫자의 사용은 스스로에게 말을 거는 유용한 독백 가운데서 가장 간단하고 명쾌한 경우이다. 물론 스스로에게 말을 거는 경우는 이밖에도 무수히 많다. 우리는 행동하기 전에 생각한다.

2. 5. 사람들이 특정한 자극하에서 발화하는 특정한 말소리(언어음)는 서로 다른 화자집단 사이에서 모두 달리 나타난다. 인류는 수많은 언어를 사용한다. 동일한 언어신호 체계를 사용하는 화자집단을 언어공동체라 부른다. 언어의 가치는 확실히 언어를 동일한 방식으로 사용하는 사람들의 행동양식에 의존하고 있다. 사회집단의 구성원 각자는 적합한 경우에 적합한 말소리를 발화해야 하며, 다른 구성원이 발화하는 말소리를 들을 때 적합한 반응을 보여야 한다. 따라서 누구나 알아들을 수 있게 말을 하고 남들이 말하는 내용을 이해하지 않으면 안 된다. 이러한 원칙은 아무리 미개한 공동체라 하더라도 마찬가지이다. 어디를 가서 누구를 만나든 사람은 말을 한다.

사회집단의 일원으로 태어난 아이는 누구나 이와 같은 언어습관을 획득하여, 아주 어렸을 때부터 (언어자극에) 반응을 나타낸다. 이러한 양상은 우리 모두에게 요구되는 가장 위대한 지적(知的) '묘기'임에 틀림없다. 어린이들이 말하기를 배우는 정확한 방법은 아직까지 알려져 있지 않다. 그렇지만 아이들의 언어습득 과정은 대략 다음과 같을 것으로 추측된다.

⑴ 아이는 다양한 자극하에서 음성을 발화하고 반복한다. 이는 부모에게서 물려받은 능력으로 보인다. 우리 성인들이 /da/라고 발음하는 소리를 어린이가 만들어낸다고 생각해 보자. 물론 아이가 이 소리를 발음하려고 움직이는 발성기관의 운동과 실제 음성은 우리가 관습적으로 사용하는 영어의 음성 /da/와 다를 것이다. 이때 음성진동이 아이의 고막을 때리면 이 아이는 (발성) 운동을 반복한다. 이러한 운동은 결과적으로 습관이 된다. 그리하여 비슷한 음성이 고막을 때릴 때마다, 동일한 구강운동을 시작하고 /da/라는 음성을 반복하게 된다. 이와 같은 옹알이는 아이에게 자신의 귀에 울리는 음성을 재생하도록 훈련시킨다.

⑵ 엄마와 같은 어떤 성인이 아이 앞에서 아이의 옹알이에 나오는 음절의 일부와 닮은 음성을 발화한다고 가정해 보자. 예를 들어, 영어 'doll'(인형)과 같은 단어를 발화한다고 하자. 이 음성의 연쇄가 아이의 귀를 울리면, 아이의 습관 ⑴이 활동을 개시하고 그에 따라 아이도 가장 근사한 옹알이 음절 /da/를 발화한다. 우리는 이때 이 아이가 모방을 시작했다고 말한다. 어른들은 이러한 광경을 도처에서 목격한다. 모든 언어에는 '마마'나 '다다'처럼 아이들의 옹알이를 닮은 유아어가 어느 정도 담겨 있는 것으로 보이기 때문이다. 이들 유아어는 분명히 아이들이 쉽게 반복할 수 있기 때문에 널리 퍼져 있는 것이다.

⑶ 엄마는 당연히 적당한 자극이 있을 때 자기(엄마) 낱말을 사용한다. 엄마는 실제로 아이에게 인형(doll)을 보여주거나 손에 쥐어주려고 할 때 'doll'이라고 말한다. 그 인형을 보고 만지작거리거나 'doll'(아직까지 아이한테는 /da/ 정도로 들릴 것임)이라는 말을 듣는 일이 반복되면, 마침내 이 아이한테는 새로운 습관이 형성된다. 인형을 보고 만지는 동작만으로도 이 아이는 /da/라는 음성을 발화하게 되었다. 이제 이 아이는 단어의 쓰임새를 알게 된 셈이다. 성인들에게는 이런 음성이 전혀 단어처럼 들리지 않겠지만, 이는 아직 발음이 완전치 못하기 때문에 생기는 것이다. 아이들이 단어를 창조할 가능성은 거의 없다.

⑷ 인형을 보고 /da/라고 말하는 습관은 더욱 확고한 습관을 낳는다. 예컨대 며칠 있다가 목욕을 하고 나온 아이가 곧바로 (/da/, /da/ 하고 말하면서) 인형을 받았다고 하자. 아이는 목욕을 하고 나면 /da/, /da/ 하고 말하는 새로운 습관을 갖게 된다. 이 말은 어느 날 엄마가 목욕을 하고 나서 깜빡 잊고 인형을 주지 않더라도, 아이는 /da/, /da/ 하고 보챈다는 뜻이다. 그러면 엄마는 '아하, 인형을 달

라는 거로구나'라고 말한다. 엄마의 판단은 그르지 않다. 성인들이 무언가를 '달라고' 하는 것도 이와 동일한 상황이 조금 복잡하게 얽혀 있을 뿐이기 때문이다. 아이는 이제 추상적인 언어 내지 사물에서 유리된 이른바 부재표현(displaced speech)을 사용하기 시작한 것이다. 사물이 현장에 없어도 우리는 그 사물의 이름을 부르기 때문이다.

(5) 아이의 말은 결과에 의해서 완벽하게 다듬어진다. 아이가 /da/, /da/를 썩 잘 발음하게 되면, 어른들은 아이가 하는 말을 알아듣는다. 다시 말해서 아이에게 인형을 준다는 것이다. 이런 일이 일어날 때, 인형을 보고 만지는 동작이 추가적인 자극으로 작용하게 되면, 아이는 (실물 인형과 바꾸어서) 성공적으로 써먹은 바 있는 자기 단어를 반복해서 발화한다. 반면에 아이가 자기 단어 /da/, /da/를 불완전하게 발화하면, 그러니까 어른들이 '인형'이라는 영어단어를 가리킬 때 사용하는 통상적인 발음과 너무 다른 경우가 되면, 주변 어른은 아이에게 인형을 줄 수가 없다. 이렇게 되면 이 아이는 인형을 보고 만지는 추가적인 자극을 얻는 대신, 갈피를 잡을 수 없는 다른 자극을 받거나, 아니면 목욕을 하고 나서도 인형을 받지 못하는 낯선 상황에 처하기 때문에, 최근에 얻은 인상을 어지럽히는 짜증을 부리게 된다. 간단히 말해서, 보다 완벽하게 발화하려는 아이의 노력은 반복으로 강화될 가능성이 높고, 아이의 발화 실패는 혼란스러운 가운데서도 깨끗이 지워질 가능성이 높다. 이 과정은 결코 멈추지 않는다. 조금 더 시간이 흘러서, 만일 아이가 '아빠가 갖다 주었어'라고 말하면, 이 아이는 '아니야, "아빠가 갖다 주셨어"라고 말해야지'라는 실망스러운 대답을 얻게 된다. 그래도 자꾸만 '아빠가 갖다 주었어'라고 말하면, 역시 같은 대답만을 들을 뿐이다. 그러다가 '아빠가 갖다 주셨어'라고 말하면, 그때야 비로소 이 아이는 주변의 어른들한테서 유쾌한 실제 반응(칭찬으로 머리를 쓰다듬어 준다든가 '됐어, 잘했어'라

고 격려하는 등)을 얻게 될 것이다. 4)

　이와 동시에 동일한 과정으로 아이는 청자의 역할을 수행하는 방법도 배우게 된다. 아이는 인형을 만지작거리면서 혼자서 /da/, /da/ 하고 중얼거리는 소리나 엄마가 'doll'(인형)이라고 말하는 소리를 듣게 된다. 어느 정도 시간이 지나면, 그 소리만 들어도 이 아이는 인형을 만지작거리게 된다. 아이가 스스로 아빠에게 손을 흔들거나 엄마가 아이의 팔을 잡고 아빠에게 흔들어 보이면서, '아빠한테 손을 흔들어 봐'라고 말한다. 그리하여 아이는 말을 들을 때, 그 말과 관련된 약속에 따라 행동하는 습관을 갖게 된다.

　이와 같은 '언어-습관'의 양면적 특징은 점점 하나로 통합되어간다. 양 국면이 언제나 함께 나타나기 때문이다. 〔S ⇒ r〕 관계(인형을 보면서 '인형'이라고 말하는 것과 같은 행동)를 배우는 경우에, 아이는 〔s ⇒ R〕 관계(인형이라는 말을 듣고 손을 뻗어서 인형을 잡는다거나 만지작거리는 행동)도 역시 배우게 된다. 그와 같은 다수의 양면적 집합을 배우고 나면, 아이는 한 유형이 다른 유형을 포함하는 도구가 될 수 있는 습관을 발전시킨다. 다시 말해 새로운 단어의 발음을 배우는 즉시, 아이는 다른 사람들이 그 단어를 말할 때 그 상황에 반응할 줄도 알게 된다. 물론 반대로 어떤 새로운 단어에 반응하는 법을 배우는 즉시, 아이는 그 단어를 적절한 상황에서 말할 줄도 알게 된다. 후자의 이전 혹은 전용(transference) 과정이 둘 중에서 상대적으로 힘든 것으로 보인다. 더 나이가 들면, 아이는 전혀 사용하지 않거나 혹은 거의 사용하지 않는 언어형태도 무리 없이 이해하게 된다.

---

　4)　원문에서는 영어권의 아이가 동사의 과거형을 교정하는 내용(bringed → brought)을 다루는데, 이해의 편의를 위해 한국어에서 경어법을 교정하는 내용으로 바꾸었다.

2.6. 우리의 도식에서 점선으로 나타난 사건은 비교적 그 과정이 소상하게 알려져 있다. 화자의 성대와 혀, 입술 등의 발음기관은 날숨 기류와 상호간섭에 의해 음파를 산출한다. 이 음파는 공기를 통해 퍼져나가 청자의 고막을 자극하여 일제히 진동을 일으키게 된다. 그렇지만 우리가 화살표로 나타낸 사건은 대단히 모호해서 제대로 알기가 힘들다. 사람들로 하여금 특정한 상황에서 특정한 말을 하게 만드는 메커니즘이나, 어떤 음파가 고막을 때릴 때 그 사람들로 하여금 적절한 대답을 하게 만드는 메커니즘은 우리의 이해범위를 넘어선다. 어떠한 모습으로 나타나든 이 메커니즘이 우리가 자극에 반응하는 일반적 장치인 것은 분명하다. 현재 이 메커니즘은 생리학과 특히 심리학에서 집중적으로 연구하고 있다. 이 메커니즘을 언어와 관련하여 연구하는 작업은 언어의 심리기제를 연구하는 분야, 즉 언어심리학에 속한다. 학문의 분화에 따라 언어학자는 오로지 언어-신호 〔r …s〕 부분만을 다룬다. 생리학이나 심리학의 문제까지 넘볼 만큼 언어학자가 유능한 것은 아니다. 언어신호를 연구하는 언어학자가 이룩한 중요한 발견은, 그 결과가 심리학과 관련된 여하한 선입견으로도 왜곡되지 않을 때, 심리학자에게도 매우 중요하다. 우리는 앞선 언어학자들이 이 점을 무시한 장면을 지금껏 적지 않게 보아왔다. 그들은 모든 연구결과를 심리학 이론의 관점에서 진술함으로써 언어학자의 보고서가 지닌 가치를 훼손하고 말았다. 그러나 언어심리학에서 벌어지는 명백한 연구의 국면을 약간이라도 개괄한다면, 우리는 앞선 언어학자들이 저질렀던 이와 같은 오류를 훨씬 효과적으로 회피할 수 있을 것이다.

언어를 지배하는 메커니즘은 대단히 복잡하고 미묘하다. 화자에 대해 많은 정보를 알고, 또한 화자에게 작용하는 직접적인 자극에 대해 많은 정보를 안다고 해도, 통상적인 경우에 화자가 말을 할 것인지, 한다면 어떤 말을 할 것인지는 전혀 예측할 수 없다. 앞서 아담과 이브의 사과 이야기를 다시 생각해 보자. 만일 우리가 현장에 있었더라도, 이브가 사과를 보았을 때 과연 말을 할 것인지, 또 말을 하는 경우에 무슨 말을 할 것인지를 예언하기란 불가능했을 것이다. 설령 사과를 원했다고 해도, 말의 첫머리를 '배가 고파서 그러는데'로 시작할지, '미안하지만'이라는 말을 쓸지, '저 사과를 먹고 싶어'라고 할지, '저 사과 좀 갖다 줄래?'라고 할지, '아, 사과 하나 먹었으면!' 이라고 할지 등의 구체적인 사항은 아무도 모르는 일이다. 이런 구체적인 사항의 가능성은 거의 무한대로 열려 있다. 이와 같이 엄청난 가변성 때문에 언어를 포함한 인간의 행동을 설명하는 이론은 두 가지로 나뉘었다.

발생의 역사가 유구하고 아직도 일반대중과 과학자들 사이에서 세력을 떨치고 있는 유심론에서는, 인간행동의 가변성이 모든 인간에게 존재하는 정신(spirit) 내지 의지(will) 혹은 마음(mind) (이들 단어는 모두 그리스어로 'psyche'라고 하는데, 여기서 '심리학'을 뜻하는 'psychology'라는 용어가 나왔음) 등과 같은 비물리적 인자가 개입하기 때문이라고 주장한다. 유심론의 견해에 따르면, 이 정신은 물질과 전적으로 다르며, 따라서 다른 종류의 인과율 법칙에 따르거나 아예 인과율 법칙에 따르지 않는다고 한다. 이브가 말을 할 것인가 말 것인가, 어떤 단어를 사용할 것인가 하는 문제도 이브의 정신 내지 의지에 달렸으며, 결과적으로 이 정신 내지 의지가 물질계의 인과율 법칙을 따르지 않기 때문에, 우리로서는 이브의 행동을 예측할 수 없다는 것이다.

유물론[기계론(mechanistic theory)이라는 용어가 더 적절할지 모르지만]에서는, 인체 자체가 복합적인 조직체라는 사실이야말로 언어를 포함한 인간행동의 가변성을 설명할 수 있는 유일한 근거라고 주장한다. 유물론에 따르면, 인간의 행동은 예컨대 물리학이나 화학에서 관찰하는 대상과 완전히 동일한 인과관계의 연쇄라고 한다. 그렇지만 인체란 대단히 복잡한 구조로 되어 있어서, 빨간 사과에서 나온 빛의 파장이 망막을 살짝 건드리는 것과 같은 비교적 단순한 변화도 매우 복잡미묘한 결과를 낳을 수 있으며, 또한 신체 상태의 극히 가벼운 차이도 그러한 빛의 파장에 대한 반응에서 엄청난 차이를 가져올 수 있다. 만일 주어진 순간에 어떤 사람의 신체구조에 대해 정확하게 알기만 한다면, 그 사람의 행동(이를테면 특정한 자극이 그 사람에게 말을 하도록 할까, 말을 한다면 어떤 단어를 사용해서 말할까 하는 등의 상황)을 예측할 수 있으며, 또한 태어날 당시나 혹은 그보다 앞선 시기에 그 사람의 유기체가 정확하게 무엇으로 구성되어 있었는지를 알고 나아가서 조금이라도 영향을 미쳤던 모든 자극을 포함하여 그 유기체에서 일어났던 모든 변화에 대한 기록을 확보하고 있다면, 우리는 똑같은 원인에 어떤 결과가 뒤따르는지를 예측할 수 있다.

인체에서 이처럼 미묘하고 가변적인 적응상태의 원인을 제공하는 부분은 바로 신경계이다. 신경계는 대단히 복잡한 유도(誘導) 기제로서, 인체의 어느 한 부위에서 일어난 변화(이를테면 눈에 들어온 자극)가 인체의 다른 부위에서 어떤 변화(이를테면 팔을 뻗는다거나 성대와 혀를 움직인다든가 하는 반응)를 일으키도록 조절해 준다. 더욱이 신경계가 바로 이와 같은 유도작용에 의해 일시적으로 또는 영구적으로 변화한다는 것은 분명하다. 우리의 반응은 대체로 동일하거나 유사한 자극을 이전에 어떻게 처리했는가에 좌우된다. 이브가 말을 할 것인가 말 것인가 하는 문제도 대체로 사과에 대한 기호라든가 아담과의 과거 경험에 따라 결정된다. 우리는 기억을 하고 습관을 획득하고 학습한다. 아주 작은 변화로 거대한 양의 폭발물에 불을 붙일 수 있는 장치를 격발기제라고 하는데, 신경계가 바로 이런 격발기제에 해당한다. 우리의 관심사를 생각해 본다면, 아담이 사과를 가져오는 것과 같은 대규모의 운동이 아담의 고막을 건드리는 공기파장의 미묘한 속삭임과 같은 가벼운 변화로 시작되었다는 사실도 이러한 논리로 설명할 수 있는 것이다.

신경계의 활동은 신경계가 없는 곳에서는 관찰할 수 없으며, 관찰자 자신에게는 자기 신경 안에서 무슨 일이 벌어지고 있는가를 직접 관찰할 수 있는 감각기관(이를테면 자기 손 근육의 운동을 관찰하는 데 필요한 감각기관)도 없다. 그러므로 심리학자는 간접적인 접근수단에 의존할 수밖에 없다.

2.7. 간접적인 접근수단의 하나가 바로 실험이다. 심리학자는 간단한 조건하에서 세심하게 준비한 자극을 많은 사람들에게 가하고 나서 이들의 반응을 기록한다. 보통 심리학자는 피실험자들에게 '안을 들여다보라'고 주문한다. 그 말은 곧 자극을 받았을 때 자기 내면에서 일어나는 변화를 가능한 한 상세하게 기술하라는 뜻이다. 그런데 바로 이 단계에서 심리학자들은 언어에 대한 지식의 부족으로 옳은 방향을 잃고 헤매게 되는 수가 많다. 신경계처럼 그 움직임을 지각하는 감각기관이 없는 대상의 움직임을 언어의 힘을 빌려서 관찰할 수 있다고 생각한다면, 그건 크나큰 잘못이다. 자기 내면에서 무슨 일이 일어나고 있는가를 기록하는 작업에서 관찰자가 가진 유일한 특권은 외부인이 절대 탐지할 수 없는 자극(이를테면 눈이 아프다든가 목이 근질근질하다든가 하는 상태)을 기록할 수 있다는 점이다. 여기서도 언어가 훈련과 습관의 문제라는 사실을 잊어서는 안 된다. 어떤 사람은 일부 자극을 제대로 기록하지 못할 수도 있다. 그 이유는 다만 자신의 방대한 언어습관이 정해진 법칙을 제대로 생각해내지 못하기 때문이다. 이는 내장기관에서 일어나는 각종 순환이나 분비 등의 작은 일

처럼 별로 쓸모없는 수많은 사건의 경우와 마찬가지이다. 우리의 신체구조 자체 때문에 잘못된 판단을 내리는 경우도 적지 않다. 우리는 통증을 느끼는 지점을 정확하게 의사에게 짚어주지만, 의사는 그보다 조금 떨어져 있는 부위에서 통증의 원인을 찾아낸다. 우리가 아픈 부위를 잘못 가르쳐주어도 의사는 경험을 통해 정확한 위치를 제대로 파악할 수 있는 것이다. 이런 점에서 볼 때, 많은 심리학자가 잘못된 길로 들어서게 되는 이유는, 바로 자신의 관찰자에게 불분명한 자극을 전문용어로 기술하도록 훈련을 시켜놓고 나서 관찰자가 사용한 전문용어에 의미를 부여하기 때문이다.

언어가 교란되는 비정상적인 상태는 일반적인 부적응이나 기능장애를 반영하는 것으로 보이며, 따라서 특정한 언어기제의 해명에 아무런 빛도 던져주지 못하는 것으로 생각된다. 말더듬(stuttering)은 두뇌의 두 반구가 불완전하게 분화된 데 원인이 있다. 정상적인 화자라면, 좌반구(왼손잡이의 경우에는 우반구)가 언어활동처럼 보다 미묘한 행동을 지배한다. 그런데 말더듬이의 경우에는 이와 같은 좌뇌와 우뇌의 기능분화가 제대로 이루어지지 않았다. 음성기관에 해부학적 결함이 없으면서도5) 특정 음성을 제대로 내지 못하는 발음장애(stammering)도 이와 유사한 부적응 현상에서 비롯된 것으로 보인다. 두뇌에 손상을 주는 머리의 상처나 질병 때문에 실어증에 걸리는 경우도 적지 않다. 실어증이란 언어반응을 일으키는 방식과 언어에 대한 반응에서 장애가 발생하는 경우를 말한다. 부상당한 군인을 대상으로 실어증을 연구한 헨리 헤드 박사(Dr. Henry Head)는 다음과 같은 네 가지 유형의 실어증을 확인했다.

제1유형의 환자는 다른 사람들의 말에 곧잘 반응한다. 증상이 경

---

5) 음성을 산출하는 동작에 직접적으로 관여하는 부분의 장애가 없는 경우, 곧 발음기관상으로 정상인과 다름이 없는 경우를 말한다.

미한 환자는 필요한 사물을 가리키는 단어를 사용하지만, 단어를 잘 못 발음하거나 (단어의 발음에) 혼란을 겪는다. 증세가 심각한 환자는 '네'와 '아니오'밖에 할 줄 모른다. 한 환자가 아주 어렵사리 말한 내용이 다음과 같은 기록으로 남아 있다. "I know it's not … the correct … pronunciation … I don't always … corret it … because I shouldn't get it right … in five or six times … unless someone says it for me."[6] 증세가 더욱 심각한 어떤 환자는 누가 자기 이름을 물어보자, 'Thomas'를 'Honus'라고 대답하고, 'first'를 'erst'로, 'second'를 'hend'라고 말했다.

제 2 유형의 환자는 간단한 언어에 곧잘 반응을 보여, 적절한 단어와 짧은 어구를 발음하지만, 흔히 사용하는 구성(construction)은 제대로 만들지 못한다. 그래서 이 유형의 환자는 개별 단어는 정확하게 구사하면서도, 알아들을 수 없는 허튼 소리를 중얼거리기도 한다. "Have you played any games?"라는 질문에 이렇게 대답한다. "Played games, yes, played one, daytime, garden." 이 환자는 또 이렇게 말한다. "Get out, lay down, go to sleep, sometimes goes away. If sit in kitchen, moving about working, makes me getting worse on it." 또한 이렇게 덧붙인다. "Funny thing, this worse, that sort of thing," 그러면서 설명방법으로 단어 'as'와 'at'을 적었다. 우리는 정상언어의 문장구조를 보고 언어 사용자의 어휘습관과 문법습관을 구분할 수 있는데, 이 유형의 환자는 말하자면 문법습관에 장애가 생긴 경우이다.

제 3 유형의 환자는 사물의 이름에 힘들게 반응하며, 따라서 적당한 단어, 특히 사물의 이름을 찾는 데서 곤란을 겪는다. 이 환자의 발음

---

6) 이 환자는 '고친다'는 뜻을 가진 단어 'correct'를 'corret'로 잘못 발음하고 있다.

과 단어배열은 나무랄 데 없지만, 자기가 못 찾는 단어에 대해서는 에둘러 말하는 '천재적인' 재능을 발휘해야 한다. 그래서 이 환자는 '가위'를 '자르는 도구'라고 한다거나 '검은(색깔)'에 대해 '다른 사람들은 죽지 않았는데 죽은 사람들은 이 색깔을 차지한다'라고 한다. 이 환자는 예컨대 '가위'(scissors)를 '단추'(button)라고 말하는 식으로 잘못된 단어를 사용하기도 한다. 그가 잃어버린 단어는 주로 구체적인 사물의 이름이다. 이런 상태는 많은 정상인들이 어떤 선입견에 사로잡혀 있거나 혹은 극도의 흥분이나 피로감을 느낄 때 사람의 이름이나 사물의 명칭을 기억하지 못하는 상태가 확장된 것으로 보면 된다.

제4유형의 환자는 다른 사람들의 말에 정확하게 반응하지 못한다. 이 환자의 경우를 보면, 단어 하나하나를 발화하는 데는 전혀 지장이 없으나 이들 단어를 연결해서 제대로 된 말로 완결시키지 못한다. 이들 환자가 운동신경장애(apraxia)를 보인다는 사실은 매우 중요하다. 제 갈 길을 제대로 찾지 못하고, 가령 가고자 하는 길의 반대쪽에 서서 당혹스러워하는 수도 있다. 한 환자에 대한 보고를 보자. "당신이 하는 말을 전부 이해하지 못하는 것 같고, 또 그러다가는 내가 무슨 행동을 해야 할지 기억이 끊어지곤 합니다." 또 다른 환자는 이렇게 말한다. "식탁에 앉으면, 우유컵 같은 물건을 집고 싶은데 이게 곧바로 안 되고 한참 걸려요. 그러니까 겨냥이 안 된다고나 할까, 눈에 보이기는 하는데 제대로 집어낼 수 없는 거죠. 소금이나 후추, 숟가락을 집고 싶어도, 막상 하려고 하면 갑자기 손이 말을 안 듣는 거예요." 다음 환자의 답변에는 언어의 교란현상이 나타나고 있다. "아, 맞아요! 간호사와 수녀의 차이는 옷을 보면 알 수 있지요. 수녀는 푸른색이고, 간호사는 … 아, 멍해지네요, 보통 간호사의 복장은 흰색이고 푸른색에다가 …."

1861년, 브로카(Broca, 1824~1880)[7]는 두뇌 좌반구의 제3전방회

전부(*frontal convolution*) 손상이 실어증을 동반한다는 사실을 보여주었다. 그 이후로 브로카 중추와 기타 피질영역이 과연 언어활동의 특정한 중심으로 작동하는가 하는 문제를 놓고 논란이 지속적으로 이루어졌다. 그리하여 머리의 서로 다른 장애지점과 네 가지 실어증 유형 사이에 상관관계가 있다는 사실이 밝혀졌다. 피질영역의 기능을 구체적으로 확인해 보면 항상 특정 기관과 연관되어 있다. 예를 들어, 두뇌의 어느 한 영역에 손상을 입으면 오른쪽 발의 마비가 오고, 다른 영역에 손상을 입으면 망막의 좌측으로 들어오는 자극에 제대로 반응을 나타내지 못하는 등의 장애가 발생한다. 이제, 언어의 문제로 돌아가 보자. 언어는 매우 복합적인 활동으로, 여기서는 모든 종류의 자극이 고도로 특정화된 목구멍과 입의 움직임으로 이어진다. 사실, 이 두 가지 기관은 생리학적 의미에서 보면 '음성기관' 축에도 못 든다. 이들 기관은 인간과 말을 못하는 동물에서 생물학적 용도로 먼저 사용되고 있기 때문이다. 따라서 신경계의 손상은 언어에 간섭을 일으키며, 손상된 부위가 다르면 나타나는 (언어) 장애도 다르다. 그렇지만 피질의 각 지점은 단어나 통사 구성처럼 사회적으로 의미가 있는 구체적인 언어자질과 전혀 연관되어 있지 않다. 이는 '언어중추'를 찾으려는 다양한 종류의 연구결과와 명백히 상충되는 현상이다. 생리학자가 대뇌피질의 각 지점과, 언어와 관련된 구체적인 생체활동(이를테면 특수한 근육의 움직임이나 후두와 혀로부터 나오는 근육에 의한 자극의 전달작용 등) 사이의 상관관계를 찾을 때, 우리는 여기서 더 나은 결과가 나올 것으로 기대한다. 해부학적으로 정의된 신경계의 각 부분과 사회적으로 정의된 활동[8] 사이의 상관관계를 찾으려는 오

---

7) 프랑스의 외과의사 겸 인류학자. 인간의 뇌를 연구하여 '브로카 중추'라는 언어중추의 존재를 밝혔다.

8) 언어의 사회적 성격, 특히 훈련과 습관을 강조하는 표현이다.

류는 읽기와 쓰기를 통제한다고 알려져 있는 시각단어중추(*visual word-center*)를 찾으려는 생리학자들을 볼 때 뚜렷하게 드러난다. 그럴 바에야 어쩌면 전신전화나 자동차 운전, 현대적인 기기의 사용법 등을 담당하는 특정한 두뇌중추를 찾는 작업이 효과적일지도 모른다. 생리학적 견지에서 볼 때, 언어는 기능단위가 아니라 수많은 활동으로 구성되어 있으며, 그 수많은 활동을 광범위한 단일 습관의 복합체로 통합하는 작용을 일으키는 인자는 바로 한 개인이 살아오면서 생활에서 겪었던 반복된 자극이다. 9)

2.8. 인간의 반응을 연구하는 또 다른 방법은 인간의 반응을 집단 속에서 관찰하는 것이다. 일부 행동은 개인별로 편차가 크지만, 대규모 집단에서는 어느 정도 일정하다. 어떤 특정한 성인 미혼자가 향후 12개월 이내에 과연 결혼을 할 것인가, 또는 어떤 특정한 사람들이 자살을 감행할 것인가, 또는 어떤 사람이 감옥에 갈 것인가 하는 문제는 아무도 예측할 수 없다. 그러나 표본집단이 충분히 크고 수년에 걸친 누적자료(물론 사람들의 경제적 여건과 같은 다른 자료도 도움이 될 것이다!)가 주어진다면, 통계학자는 결혼과 자살, 유죄판결 등과 관련된 숫자를 예측할 수 있다. 만일 대규모 공동체의 언어발화를 기록하는 일이 가능하고 또 필요하다면, 우리는 '안녕하세요?', '사랑해', '오늘 오렌지 값이 얼마지?' 등과 같은 주어진 발화가 일정한 시일 동안에 몇 회나 출현할 것인가를 거의 정확하게 예측할 수 있다. 이러한 유형의 연구를 더 세부적으로 진행하면, 우리는 일상언어에서 끊임없이 일어나는 변화에 대해 많은 정보를 얻게 될 것이다.

그러나 대규모 집단의 인간행동을 연구하는 보다 간편한 또 다른

---

9) 대뇌 운동신경이라는 선천적 능력과 지능의 발달은 언어에 절대적으로 필요한 인자이다.

방법이 있다. 그것은 관습적인 행동에 대한 연구이다. 낯선 나라에 발을 들여놓으면, 우리는 우선 이미 제도화된 수많은 행동양식을 배우게 된다. 여기에는 화폐나 도량형의 단위체계도 있고, 도로규칙(미국과 독일에서라면 차량이 우측통행을 해야 하지만, 영국이나 스웨덴에서라면 차량이 좌측통행을 해야 하지 않는가!), 예절이나 식사시간 등이 포함된다. 여행자는 통계숫자를 모으지 않는다. 그래서 그때그때 조금씩 관찰한 내용을 모아 두었다가, 경험을 쌓아 나가면서 어느 정도 완성된 정보로 고치게 된다. 이런 점에서 언어학자는 행복하다고 할 수 있다. 한 집단의 각종 활동이 언어형태만큼 표준화가 잘된 경우도 흔치 않기 때문이다. 대규모 언어집단을 구성하는 사람들은 어휘형태와 문법구성이 저장되어 있는 같은 창고에서 내용물을 불러내서 자신의 발화재료로 삼는다. 그러므로 언어학자는 통계학에 기대지 않고도 주어진 언어습관을 기술할 수 있다. 언어학자가 양심적으로 작업하고 자기가 발견하는 모든 형태를 빠짐없이 기록하되, 보는 사람의 상식이나 다른 언어의 구조 혹은 심리학 이론에 호소하면서 이 작업을 회피해서는 안 된다는 것은 더 말할 나위도 없다. 언어학자는 무엇보다도 화자들의 언어습관에 대한 자신의 규범적 견해를 가지고 사실을 왜곡하거나 취사선택하지 말아야 한다. 이처럼 정확하고 객관적인 기술은 언어 연구를 위한 내면적 가치를 떠나서라도 심리학을 위한 주요한 자료로서 의미를 갖는다. 이때, 위험요소는 심리학의 유심론적 견해에 잠재되어 있다. 유심론의 견해에 치우치면 관찰자가 사실을 보고하는 대신, 순수하게 정신적 기준에 호소하게 될 위험이 있기 때문이다. 예컨대, "합성어라고 '느끼는' 단어의 결합에 오직 하나의 높은 강세가 놓인다(e. g. blackbird vs. black bird)"[10] 라고 말한

---

10) 전자는 합성명사(한 단어)이고 후자는 형용사와 명사가 결합된 명사구(두 단어)이다.

다면, 이런 진술은 엄격히 말해서 전혀 무의미하다. 우리에게는 화자가 무엇을 '느끼는가'를 판단할 수 있는 아무런 방법도 없기 때문이다. 관찰자의 임무는 무언가 눈에 보이는 기준을 가지고 진술하는가, 혹 그와 같은 기준이 없다면 단일한 높은 강세와 함께 발음되는 단어 결합의 목록을 제시하든가 해야 한다. 심리학에서 유물론적 가설을 받아들이는 연구자는 그러한 유혹에 절대로 빠지지 않는다. 원칙적으로 말하면, 인간 활동의 특정한 유형을 관찰하는 언어학과 같은 모든 과학에서 연구자는 마치 자신이 유물론의 신봉자인 것처럼 작업을 진행하지 않으면 안 된다. 이와 같은 기본자세에서 파생되는 실제 효용성이야말로 과학적 유물론을 지지하는 가장 강력한 고려사항인 것이다.

집단관찰에 입각해서 어떤 공동체의 언어습관을 진술하는 관찰자는 모든 공동체와 마찬가지로 해당 공동체의 언어에서 진행중인 변화에 대해 아무런 주장도 할 수 없다. 이들 변화는 오로지 상당한 시간의 경과를 두고 이루어지는, 순전히 통계에 근거한 조사방법에 의해서만 관찰될 수 있다. 우리는 바로 이런 수단을 확보하지 못했기 때문에 언어변화와 관련된 많은 문제에 대해 무지한 것이다. 그렇지만 이런 점에서도 언어과학은 행운아이다. 역시 집단관찰을 통해 수행되는 비교언어학과 언어지리학의 방법론이, 통계에서 얻을 수 있는 정보의 상당량을 제공하기 때문이다. 이런 문제에서 언어과학이 누리는 다행스러운 지위는 언어야말로 (특히 인간이 벌이는) 가장 간단하고 근본적인 사회활동이라는 사실에 기인한다. 그러나 다른 방향으로 생각해 보면, 언어변화의 연구는 단순한 사건, 곧 과거의 언어를 기록한 문자표기가 존재한다는 사실에 의해서도 큰 도움을 받을 수 있다.

2.9. 언어를 불러일으키는 자극은 모종의 다른 반응을 낳기도 한다. 이 가운데 일부는 외부에서 보이지 않는다. 이들 반응은 화자의 동료들에게 직접적인 중요성이 없는 근육과 분비선의 운동이기 때문이다. 또 사물의 전위(轉位)나 환치(換置)처럼 손을 사용해서 나타내는 중요한 반응도 있다. 이밖에도 직접적으로 중요하지는 않지만, 보이는 반응이 있다. 이들 반응은 사물의 윤곽을 바꿔놓지 않지만, 언어와 함께 상대방에게 분명히 자극으로 작용한다. 이들 반응은 이른바 몸짓으로, 표정과 흉내, 어조(특정 언어에 고유한 성조나 고저 등은 제외함), 별다른 생각이 없이 사물을 만지작거리는 동작(고무줄을 튕기는 따위) 등이 여기에 속한다.

몸짓은 모든 발화를 따라다닌다. 물론 종류나 정도에서는 개별 화자마다 차이가 있지만, 대체로 이런 몸짓은 사회적 규약으로 정해진다. 이탈리아 사람들은 영어권 화자들보다 더 많은 몸짓을 사용한다. 영어의 문화권에서는 특권계층에 속하는 사람들이 몸짓을 가장 적게 사용한다. 개인의 몸짓은 어느 정도 관습적이며 공동체에 따라 양상이 다르다. 작별인사를 할 때, 미국인들은 손바닥을 바깥으로 해서 흔드는 반면, 나폴리 사람들은 손등을 바깥으로 해서 흔든다.

대부분의 몸짓은 어디를 분명히 가리키거나 무슨 모양을 그리는 정도를 넘지 않는다. 평원이나 삼림에 거주하는 아메리카 인디언들은 이야기를 할 때 소박한 몸짓을 꼭 동반하는데, 이런 몸짓이 타인에게는 낯설지 모르지만 그들 사이에서는 충분히 이해가 가능하다. 바닥을 안으로 해서 엄지를 위로 세운 상태로 눈 밑에 손을 대면 염탐을 나타내고, 주먹을 손바닥에 부딪치면 발사를 나타낸다. 또 두 손가락은 사람이 걸어가는 모습을 나타내고, 네 손가락은 말이 달려가는 모습을 나타낸다. 몸짓이 상징적인 곳에서조차, 과거를 표시할 때 손으로 어깨 너머를 가리키는 것처럼 그 의미는 대체로 뚜렷하다.

경우에 따라 말 대신에 사용하는 몸짓 언어(*gesture language*)를 가진 공동체도 더러 존재한다. 그런 몸짓 언어는 나폴리의 하층민들, (침묵 서약을 한) 트래피스트(Trappist)[11] 수사들, 서로 다른 언어를 쓰는 부족들이 전쟁이나 교역으로 만나는 장소인 서부 평원의 인디언들, 농아들 사이에서 관찰된다.

이런 몸짓 언어가 통상적인 몸짓에서 발달한 형태일 뿐이며, 따라서 조금 복잡하거나 즉각적으로 이해가 안 되는 몸짓도 통상적인 언어관습에 근거하고 있음은 확실하다. 뒤를 가리키면서 지나간 시간인 과거를 뜻하는 것과 같은, 명백한 용법상의 이전은 아마도 '뒤'와 '과거'를 같은 단어가 지시하는 언어습관 때문일 것이다. 양자의 기원이 무엇이든, 몸짓은 너무도 오랫동안 언어의 지배세력하에 부차적인 기능을 수행해온 관계로 그 자체에 담긴 독자적인 특징의 흔적을 모두 상실하고 말았다. 언어가 너무 부족해 몸짓으로 보충할 수밖에 없는 부족이 있었다는 이야기는 그야말로 신화에 불과하다. 언어의 기원이라고 할 수 있는 동물의 음성산출은 우연히 소리를 만들어냈던 반응운동(횡격막의 수축이나 인후의 협착 등)에서 비롯되었다. 그렇지만 그 이후의 발달과정에서 언어가 항상 몸짓보다 앞섰다는 점은 확실하다.

만일 사람이 어떤 사물을 옮겨서 다른 사물에 흔적을 남기는 몸짓을 한다면, 그는 표시하기(*marking*)와 그리기(*drawing*)를 시작한 것이다. 이와 같은 종류의 반작용은 항구적인 표시를 남기는 가치를 지니며, 따라서 상당한 시간간격을 두고도 되풀이해서 자극으로 작용할 수 있고 장소를 옮겨 멀리 떨어진 사람들에게도 자극을 줄 수 있다. 이와 같은 이유 때문에 그림 자체의 심미적 가치와 별도로 여전히 우

---

11) 1664년 프랑스의 라 트라프(La Trappe) 지역에 창립된 가톨릭 수도회.

리 곁에 존재하는 그림에 주술적인 힘을 부여하는 부족들이 많다.

일부 지역에서는 그리기가 쓰기(표기)로 발달했다. 이 과정에 대한 상세한 논의는 앞으로 이루어지겠지만, 여기서 관심의 초점은 대강의 금을 긋는 행동이 언어에 종속되어 있다는 점이다. 다시 말해서 특정한 금[線]의 집합을 그리는 일이 특정한 언어형태의 발화에 동반자나 대체자로서 덧붙게 되었다는 것이다.

특정한 가시적 기호를 활용하여 특정한 언어형태를 상징화하는 기술은 언어활용에 놀라운 효율성을 가져다준다. 화자가 들을 수 있는 말의 길이와 들을 수 있는 시간은 매우 짧다. 반면에 표기된 기록은 어디로든 전달할 수 있고 언제까지든 보존할 수 있다. 한 번에 들을 수 있는 정보의 양보다 볼 수 있는 정보의 양이 훨씬 많으며, 눈에 보이는 형체가 있어야 이해가 쉽다. 그래서 우리는 도표와 수식 등의 장치를 통해 극히 복잡한 문제를 풀 수 있다. 멀리 떨어져 있는 사람들, 특히 과거에 살던 사람들의 언어자극은 문자를 통해 우리에게 전해지며 이로써 지식의 축적을 이룰 수 있는 것이다. 과학자는 선대 학자들의 연구결과를 참고하여 그네들이 해결하지 못했던 바로 그 지점부터 집중적으로 연구를 시작한다. 그리하여 과학은 항상 처음부터 다시 시작하는 대신, 연구성과를 차곡차곡 쌓아나가 발전의 속도를 높일 수 있는 것이다. 문자기록과 함께 고도로 전문적이고 천재적인 인물들의 언어반응을 더욱 대규모로 보존하게 되면서, 우리는 궁극적으로 우주만물에서 과거와 현재와 미래에 일어나는 모든 사건이 커다란 도서관의 서가로 (모든 독자가 볼 수 있는 상징적인 형태로) 환원되는 상황에 접근하게 될 것이다. 이와 같은 상황을 가정해 본다면, 문자로 기록한 문서를 원하는 수량만큼 찍어낼 수 있는 인쇄술의 발명이 (인류의 모든 생활양식에서 지난 수세기 동안 진행되었고 현재도 한창 진행 중인) 일대 혁명을 가져왔다는 것도, 그다지 놀라운 일은 아니다.

전신이나 전화, 축음기, 라디오 등과 같이, 말을 기록하고 전달하고 복제하기 위한 다른 수단의 중요성은 굳이 부연해서 설명할 필요가 없다. 배가 난파된 경우에 무선전신을 활용하는 데서 볼 수 있듯이, 이들이 한층 편리한 언어의 활용이라는 측면에서 갖는 중요성은 분명하다.

결과적으로 언어의 생명력을 높여주는 모든 '장치'는 간접적이지만 광범위한 효과를 갖는다. 어떤 즉각적 반응도 촉진하지 않는 언어행위조차 청자의 성향을 변경시켜 상당히 심층적인 반응을 유발할 수 있다. 예를 들어, 아름다운 시는 청자(독자)가 그 이후의 자극에 더욱 민감해지도록 만들 수 있다. 이처럼 인간의 반응이 세련되고 강력해지려면, 많은 양의 언어적 상호작용이 필요하다. 어떤 이름으로 부르든, 교육과 문화는 방대한 양으로 누적된 언어의 반복 및 활자화로 가능해진 것이다.

제3장

언어공동체

3. 1. 언어공동체란 언어를 수단으로 상호작용을 하는 집단을 가리킨다(2. 5절). 인간의 이른바 고등정신 활동은 모두 우리가 사회라고 부르는 개인들 사이의 긴밀한 조정에서 비롯되고, 이러한 조정은 다시 언어에 그 토대를 두고 있다. 그러므로 언어공동체는 가장 중요한 사회집단이라고 할 수 있다. 이를테면 경제집단이나 정치집단, 문화집단과 같이 다른 국면에서 나타나는 사회적 응집력은 언어공동체에 의해 형성된 집단의 결속력과 일정한 관계를 맺고 있지만, 양자가 항상 일치하는 것은 아니다. 특히 문화적 특질은 보통 언어의 영향력이 미치는 영역보다 훨씬 더 광범위하게 퍼져 있다. 백인들이 들어오기 전에, 고유한 언어를 사용하던 독자적인 인디언 부족은 개별적인 언어공동체를 이루는 동시에 개별적인 정치·경제단위를 형성했지만, 종교와 일반문화는 인근 부족들과 서로 유사한 공통 단위를 형성했다. 상황이 더 복잡해지면, 언어집단과 기타 집단 사이의 관련성은 점차 줄어들게 된다. 영어를 사용하는 사람들로만 구성된 언어공동체는 미국과 영국이라는 두 정치공동체로 나뉘어 있으며, 이들 두 공동체 각각은 다시 더 작은 집단으로 나뉜다. 미국과 캐나다는 정치보다 경제라는 기준에서 훨씬 탄탄하게 통합을 이루고 있다. 문화적으로 보면, 미국인들은 서유럽을 구심점으로 해서 이루어진 거대한 영

역의 일부라고 할 수 있다. [1] 반면에 이 가운데서 가장 좁은 단위인 미국이라는 정치집단에는 영어를 사용하지 않는 사람들도 포함되어 있다. 아메리카 인디언들과 남서부의 스페인어 화자들, 언어적으로 동화되지 않은 이민자들이 여기에 들어간다. 필리핀이나 인도처럼 식민지 경험으로 인해 해당 언어공동체가 외국의 언어공동체에 정치·경제적으로 의존하는 경우도 있다. 일부 국가에서는 전 국민이 지역적인 분리 장벽이 없이 함께 생활하면서도 대여섯 언어공동체로 나뉘어 있는 경우도 있다. 폴란드어 화자와 독일어 화자가 섞여 거주하는 폴란드의 한 도시를 보면, 종교적으로 전자는 가톨릭교도이고 후자는 유태교도인데, 1930년대 초반까지 양쪽 집단의 사람들은 굳이 서로 상대편의 언어를 이해하려는 노력을 기울이지 않았다.

다른 집단과 달리 생물학적 집단은 존립 자체를 언어에 의존하지 않는 관계로 지금까지 아무런 언급도 하지 않았다. 물론 혼인은 대부분 같은 언어를 말하는 사람들 사이에서 일어나며, 이에 따라 언어공동체도 항상 일종의 근친교배[1] 집단이라고 할 수 있다. 그러나 예외도 적지 않아서, 다른 언어 사용자들끼리 혼인하는 경우(이럴 때는 부부 중의 한 사람이 배우자의 언어를 습득하게 됨)와 이민자나 피정복민, 포로 등과 같이 언어집단 전체가 타국의 언어집단에 통째로 동화되는 경우(전자보다 훨씬 중요한 의미를 가짐)가 있다. 이와 같은 '예외' 사례는 무수하게 많아서, 만일 기록만 있다면 서너 세대 이전의 조상이 같은 언어를 사용했다고 말할 수 있는 사람은 거의 없을 것이다. 그렇지만 우리의 최대 관심사는 언어적 특질이 생물학적 의미의 유전현상을 보이지는 않는다는 사실이다. 태어날 때 울음을 터뜨린 아기는 시간이 지나면서 거의 대부분 옹알이 단계를 맞이하는데, 이 아기가

---

1) 생물학적 의미가 아니라 동일한 말을 사용하는 사람들끼리의 결혼과 출산이라는 뜻이다.

어떤 언어를 배우느냐 하는 문제는 전적으로 환경에 달려 있다. 입양으로 어떤 언어집단에 들어간 유아는 원래 거기서 태어난 유아들과 마찬가지로 그 집단의 언어를 배우게 된다. 차츰 말하기를 배워가면서, 이 입양아의 언어에서 원래 친부모가 사용하던 언어의 흔적은 전혀 보이지 않게 된다. 설령 후두나 입, 입술 등의 구조에 어떤 차이가 있다 하더라도, 이들 차이가 언어를 형성하는 행동에 영향을 미칠 정도는 분명히 아니다. 일반적으로 어린이는 자기 주변 사람들과 동일한 언어를 사용하게 된다. 말하기를 배우는 첫 번째 언어가 바로 그 사람의 모국어가 된다. 그 사람이 바로 이 언어의 모국어 화자이다.

3. 2. 언어공동체의 크기는 천차만별이다. 사용자가 고작 100명에 불과한 아메리카 인디언 부족과 같은 소규모 언어공동체가 있는가 하면, 현대의 교통과 통신이 발달하기 이전부터 상당히 큰 규모를 자랑해온 언어공동체도 있다. 서력기원의 초기 수세기 동안, 라틴어와 그리스어는 지중해 인근의 광활한 지역에 걸쳐 각각 수백만의 사용자가 있었다. 현대에 들어서 거대한 규모로 성장한 언어공동체도 더러 있다. 예스퍼슨[2]은 1600년과 1912년을 비교해서 유럽 주요 언어의 사용자 수를 다음과 같이 추정하고 있다(단위는 백만 명).

	영어	독일어	러시아어	프랑스어	스페인어	이탈리아어
1600년	6	10	3	14	8. 5	9. 5
1912년	150	90	106	47	52	37

어떤 지역 집단이 모여 단일 언어공동체를 이루는지는 항상 정확하

---

2) 덴마크의 언어학자이자 영어학자. ☞ 인명 약해 참고.

게 말할 수 있는 문제가 아니므로, 이런 통계자료의 가치 역시 그다지 확실치 않다. 1920년 무렵의 언어 사용자 수치를 조사한 테스니에르 (Tesnière)는 대략 4억에 이르는 사용자를 가진 중국어를 최대 언어집 단으로 보았지만, 사실 '중국어'라는 용어에는 상호이해가 어려운 언 어들까지 포함되어 있다. 이들 가운데 중국 북부에서 사용되는 언어3) 는 오늘날 다른 어느 언어보다 많은 모국어 화자를 거느리지만, 필자 로서는 그 정확한 숫자에 대한 아무런 정보도 갖고 있지 못하다. 중국 어 집단의 또 다른 언어인 광둥어는 아마도 가장 규모가 큰 언어공동 체의 하나로 꼽힐 수 있을 것이다. 어쨌든 (테스니에르의 추정 수치에 따르면) 1억 7천만을 모국어 사용자로 가진 영어가 2위가 된다. 3위인 러시아어에 대해, 테스니에르는 대러시아어(Great Russian, 8천만),4) 소러시아어(Little Russian, 우크라이나, 3천 4백만), 백러시아어(White Russian, 650만)5)를 구분했지만, 이들 언어는 영국영어와 미국영어의 차이 정도밖에 안 되는, 말하자면 상호이해가 가능한 변종이라고 말 할 수 있다. 러시아어의 경우와 마찬가지로 테스니에르는 제4위에 해 당하는 독일어도 독일어(8천만)와 유태-독일어(Judeo-German, 750만) 로 나누고 있다(나머지 언어의 수치에는 방언 차이가 포함되어 있지 않 다). 예스퍼슨이 제시한 9천만이라는 수치가 아마도 정확한 실상에 근접한 것으로 보인다. 테스니에르의 나머지 통계에는 거의 2천만에 육박하는 모국어 사용자를 거느리는 자바어가 빠져 있다. 이와 같은

---

3) 좁게 보면 북경어(Pekinese)를 가리키지만, 넓게 보면 관화(官話), 즉 표준 중국어(Mandarin)를 가리킨다.

4) 영국 사람들이 스스로를 대영제국(Great Britain)이라고 부르듯이, 모스크 바를 본거지로 하는 러시아 제국 사람들이 자긍심을 강조하여 부르는 명칭 이라고 한다. 역사적으로 키예프 공국의 뒤를 잇는 우크라이나를 소러시아 라고 부르는 데서도 그런 심리를 엿볼 수 있다.

5) 벨로루시 공화국의 언어를 가리킨다.

약간의 수정을 거쳐 나머지 언어에 대해 테스니에르가 제시한 수치를 살펴보면 다음과 같다. 스페인어 6천 5백만, 일본어 5천 5백만, *벵골어 5천만,[6] 프랑스어 4천 5백만, 이탈리아어 4천 100만, 투르크-타타르어 3천 9백만, *서힌디어 3천 8백만, 아랍어 3천 7백만, *비하르어 3천 6백만, 포르투갈어 3천 6백만, *동힌디어 2천 5백만, **텔루구어 2천 4백만,[2] 폴란드어 2천 3백만, 자바어 2천만, *마라티어 천 9백만, **타밀어 천 9백만, 한국어 천 7백만, *펀잡어 천 6백만, 안남어(베트남어) 천 4백만, 루마니아어 천 4백만, *라자스탄어 천 3백만, 네덜란드어 천 3백만, 체코슬로바키아어[7] 천 2백만, **카나리어 천만, *오리야어 천만, 헝가리어 천만.[3]

　이와 같은 수치가 정확하지 못한 또 다른 이유는 언어공동체 내부의 이질성에 있기도 하다. 네덜란드어와 독일어는 지리적으로 언어형태에서 단절을 보이지 않는다는 점을 감안하면 분명히 단일 언어공동체를 형성하고 있지만, 양극단을 취해 말을 들어보면 상호이해가 불가능하며, 정치집단〔한편에 플랑드르어(Flemish) 사용권역 벨기에[8]와 네덜란드가 있고, 다른 한편에 독일과 오스트리아, 독일어 사용권역 스위스[9]가 있음〕이라는 측면에서도 상호이해가 불가능한 표준 네덜란드-

---

6) [원주] * 표가 붙은 언어는 인도에서 사용되는 인도-유럽 제어이다. 이들 목록에 대략 천만의 사용자를 갖는 구자라트어(Gujerati)도 포함해야 할 것이다.
　　[원주] ** 표가 붙은 언어는 인도에서 사용되는 드라비다 제어이다.
7) 1918년에 오스트리아-헝가리 제국이 붕괴되어 독립하면서 체코와 슬로바키아의 두 공화국으로 이루어진 연방제를 채택하였으나 1948년에 공산화되었다가 1993년에 분리되었다.
8) 벨기에는 네덜란드어와 프랑스어, 독일어가 공용어로 사용되고 있다. 플랑드르어는 네덜란드어를 가리킨다.
9) 스위스에서는 독일어(60%)와 프랑스어(30%), 이탈리아어(8%), 레토로망스어(3%) 등 네 언어를 공식 언어로 사용한다.

플랑드르어(*Standard Dutch-Flemish*)와 표준 독일어를 공식 언어로 채택하고 있다. 반면, 투르크-타타르어와 (우리 목록에 들어 있는) 인도의 일부 언어들은, 극단적으로 다른 두 유형이 지리적으로 점이지대를 거쳐 연결되어 있지만 내부적으로는 커다란 차이를 드러내고 있다. 정확한 통계를 잡을 수 없는 그야말로 극복할 수 없는 마지막 난관은 바로 사람들의 외국어 습득에 있다. 외국어를 배우고 있는 사람이 얼마나 능숙하게 해당 외국어를 구사해야 그 외국어 공동체의 구성원이 될 수 있는가를 판단하는 기준이 있다면, 세계 전역에서 사용하고 연구하는 영어는 지금 여기 적힌 통계수치보다 훨씬 올라가야 할 것이다. 테스니에르는 말레이어의 경우에, 3백만 정도의 화자가 모국어로 사용하지만, 통상 등의 분야에서는 3천만 정도의 화자가 외국어로 사용하는 것으로 추산한다.

3.3. 위의 두 가지 경우에 정확하게 어떤 사람들이 동일한 언어공동체에 속하느냐를 결정하기 힘들거나, 결정하는 자체가 아예 불가능한 이유는, 우연이 아니라 바로 언어공동체 자체의 본성에서 비롯된다. 잘 관찰해 보면, 어느 두 사람도 정확히 똑같은 방식으로 말을 하지 않는다. 어쩌면 같은 사람도 때에 따라서 말이 달라진다. 비교적 동질적인 화자집단, 예컨대 미국 중서부[10]의 토박이 영어 화자들 안에서는 발화습관이 의사소통 욕구에 비해 훨씬 일정하다. 우리는 미국 남부인이나 영국인 아니면 영어를 잘하는 외국인이 미국 사회 한복판에 발을 들여놓았을 때 이러한 상황의 증거를 똑똑히 볼 수 있다. 그런 화자의 말은 미국인의 말과 매우 유사해서 의사소통에 조금도 장애가 되지 않지만, '악센트'나 '관용구'와 같은 부차적인 차이 때

10) 여기서 말하는 중서부란 오늘날 'Midwestern'으로도 불리는데, 이 지역의 말은 표준 미국영어에 해당한다.

문에 눈에 띄게 된다. 한편 미국 중서부 영어처럼 상대적으로 균등한 언어집단의 모국어 화자들 사이에서도 상당한 차이가 존재하기 마련이며, 따라서 지금까지 주변에서 보아왔듯이 언어공동체(이를테면 영어공동체) 전체를 놓고 보면 차이는 더욱 커진다. 이들 차이는 언어의 역사에서 대단히 중요한 역할을 한다. 비록 다른 주제의 연구를 위해 잠정적으로 무시하는 경우도 있겠지만, 언어학자는 원칙적으로 이들 차이를 조심스럽게 고려하지 않으면 안 된다. 언어학자는 이러한 작업을 수행할 때 과학적 탐구에 꼭 필요한 추상화라는 방법론을 활용하고 있지만, 그래도 그런 방식으로 획득한 결과는 다른 후속연구에 사용하기 전에 반드시 수정을 거쳐야 한다.

화자들 사이의 차이는 어떻게 보면 신체구조와 순전히 개인적인 습관의 문제이다. 우리는 옆집에 사는 친구를 목소리로 금방 알아보거나 전화선을 타고 넘어오는 목소리의 주인공을 어렵지 않게 알아낸다. 보통사람들보다 언어에 특별히 뛰어난 재능을 가진 사람들도 더러 있다. 이들은 보통사람들보다 많은 단어나 숙어를 기억했다가 상황에 따라 잘 활용하고, 듣기 좋은 방식으로 결합해서 말한다. 이와 같은 사례의 극단적인 경우로는 문학의 천재를 들 수 있다. 어떤 때는 언어관습이 특정한 화자에게 특정한 언어형태를 요구하기도 한다. 예를 들면, 군인이나 교육을 제대로 받은 하인, 학교에 다니는 아이들은 말을 트고 지낼 수 없는 사람들(상관이나 주인, 선생님)에게 공손한 말씨('sir'나 'ma'm' 등)를 쓰는 법을 배우게 된다. 일부 표현('Goodness gracious!'나 'Dear me!'[11] 등)은 주로 여성 화자가 사용하는 표현이다. 일부 공동체에는 성별에 따라 매우 다른 언어형태가 마련되어 있다. 이에 대한 고전적인 사례로는 카립(Carib) 인디언의 경

_____

11) '어머나', '이런'.

우를 들 수 있고, 최근에 확인된 사례로는 북부캘리포니아에 거주하는 야나(Yana) 인디언의 경우를 들 수 있다. 야나 인디언 언어의 보기를 보면 다음과 같다.

	남성 언어	여성 언어
'불'	ʼauna	ʼauh
'내 불'	ʼaunija	ʼauˀnichˀ
'사슴'	bana	baˀ
'회색곰'	tˀenˀna	tˀetˀ

야나 인디언 언어에 나타나는 두 집합의 차이는 상당히 복잡한 규칙을 동원해야 설명이 가능하다.

3.4. 공동체 내부에서 볼 수 있는 가장 중요한 언어 차이는 의사소통 밀집도의 차이에 기인한다. 유아는 주변 사람들과 똑같이 말하기를 배우지만, 이러한 배움에 종착점이 있다고 생각해서는 안 된다. 다시 말해서 어떤 사람이 말하기를 완전히 다 배웠다고 말할 수 있는 정확한 날짜와 시각이란 있을 수 없으며, 화자는 언어학습의 초기상태를 구성하는 그러한 말 배우기 과정을 계속적으로 진행하는 것이다. 언어습득 과정에 대한 우리의 논의(2.5절)는 여러 가지 측면에서 통상적인 언어과정을 느린 속도로 보여주는 슬로모션 영화에 비유할 수 있다. 여기서 무시해도 좋은 개인적 인자를 제외하면 모든 화자의 언어는 자신이 들은 다른 사람들의 말이 모두 혼합된 결과라고 할 수 있다.

한 언어공동체 안에 있는 모든 화자를 점으로 표시한 어마어마하게 큰 도표를 머릿속으로 상상해 보자. 그리고 어떤 화자든 문장을 발화할 때마다 화자를 표시하는 점에서 청자를 표시하는 점의 집합(청자는 혼자일 수도 있고, 여럿일 수도 있음)으로 화살표를 그려본다고 하자. 예를 들어, 70년이면 70년이라는 주어진 시간이 끝나게 되면, 이 도표에는 공동체 안에서 일어난 의사소통 밀집도가 여실히 표시되어 있을 것이다. 어떤 화자들은 대단히 밀접한 의사소통을 주고받았을 것이다. 그런 경우에는 한쪽에서 다른 여러 곳으로 화살표가 많이 날아갔을 것이고, 한 사람, 두 사람, 세 사람의 중간화자를 거쳐서 이들 화자와 청자를 연결하는 화살표 묶음도 있을 것이다. 이와 반대로 다른 사람들의 말을 거의 들어본 적이 없고 중간화자를 거친 기다란 화살표의 연쇄에 의해서만 연결된, 넓은 지역에 고립된 화자들도 있을 것이다. 만일 공동체 안에 거주하는 다양한 화자들 사이의 친소 관계를 설명하고자 하거나, (같은 이야기가 되겠지만) 주어진 두 화자에 대한 호감의 정도를 예측하고자 한다면, 그 첫 단계는 점과 점을 연결하는 화살표나 화살표 묶음을 계산하고 평가하는 작업이 될 것이다. 하지만 이 작업을 진행하다 보면 그런 계산과 평가가 그야말로 시작에 불과하다는 사실이 곧 드러나게 될 것이다. 예를 들어, 이 책의 독자도 길거리의 청소부에게서 들은 언어형태보다 유명한 연사에게서 들은 언어형태를 반복하게 될 가능성이 높기 때문이다.

우리가 상정한 도표는 애당초 작성 자체가 불가능한 것이었다. 가장 중요하면서도 도저히 극복이 안 되는 난점은 바로 시간이라는 인자이다. 지금 생존한 사람을 대상으로 작업을 시작한다고 해도, 우리는 지금 생존해 있는 사람 모두에게 단 한 번이라도 그 사람의 목소리가 미쳤던 모든 화자를 표시하는 점을 찍어야 하고, 또한 이 모든 화자가 단 한 번이라도 들었던 모든 목소리의 주인공을 표시하는 점을 찍어야 한다. 그러다 보면 그 화자는 알프레드 대왕까지 거슬러 올라갈 수도 있고, 또 역사의 초창기를 훌쩍 건너서 무한히 올라가다 보면 인류의 여명기까지 거슬러 올라갈 수도 있다. 결과적으로 우리의 언어는 전적으로 과거의 언어에 의존하고 있는 셈이다.

우리는 이러한 도표를 작성할 수 없기 때문에 그 대신에 간접적인 결과에 의존하여 가설의 도움을 받을 수밖에 없다. 한 언어공동체 내부에서 이루어지는 의사소통 밀집도는 그 편차가 개인적이고 개별적이다. 더욱이 동일한 하위집단에 속하는 사람들 사이의 의사소통은 그 집단 외부 사람들과의 의사소통보다 훨씬 빈번하게 발생하므로, 언어공동체는 다양한 체계를 가진 하위집단으로 나뉘어 있는 것으로 믿어진다. 화살표 체계를 일종의 연계망으로 본다면, 이들 하위집단은 이와 같은 구어 의사소통의 연계망에서 취약한 선으로 분리된다. 취약한 선, 곧 한 언어공동체에서 나타나는 언어의 편차는 단순히 지리적인 격리에 따른 지역적인 것이거나, 지역적인 것이 아니라면 흔히 말하는 사회적인 것이다. 미국(특히 미국 서부)이나 러시아처럼 언어공동체가 최근에 확장되어 성립된 국가에서는 지역적 편차가 비교적 작다. 반면에 근 천5백 년 가까이나 영어를 사용한 영국이나 근 2천 년 가까이나 라틴어(오늘날에는 프랑스어라 불림)를 사용한 프랑스에서처럼 단일 언어공동체의 역사가 오래된 국가에서는 지역적 편차가 상당히 크다.

3. 5. 우선 미국처럼 간단한 경우를 조사해 보기로 하자. 미국의 언어지도에서 가장 뚜렷하게 틈새가 벌어진 균열선은 사회적 계급에 의한 것이다. 재산, 가문, 교육 등에서 혜택을 받은 집안에 태어난 아이들은 보통 '좋은' 영어로 알려져 있는 말을 사용하는 토박이 화자가 된다. 언어학자는 선뜻 이런 말씨에 어정쩡한, 표준영어라는 명칭을 부여한다. 그다지 운이 좋지 않은 아이들은 '안 좋은' 혹은 '비속한' 영어의 토박이 화자가 된다. 물론 언어학자는 이런 말씨에 비표

준영어라는 명칭을 붙인다. 예를 들어, 'I have none, I haven't any, I haven't got any' 등은 표준('좋은') 영어이지만, 'I ain't got none'은 비표준('안 좋은') 영어이다.

미국영어에 나타나는 이와 같은 두 가지 주요 유형은 결코 동일하게 취급되지 않는다. 표준영어는 학교나 교회 혹은 공동체 전체가 공식적으로 관심을 갖는 모든 담화(이를테면 법정이나 상하원에서 사용되는 말)에 사용된다. (농담을 제외한) 모든 글쓰기는 표준형태에 근거하고 있으며, 또한 이들 표준형태는 문법서와 사전에 등재되는 한편, 영어를 배우고자 하는 외국인을 위한 교재에도 소개된다. 표준영어와 비표준영어 사용자 집단은 모두 표준형태를 '좋은' 혹은 '규범적으로 정확한' 용법이라고 부르고, 비표준형태를 '안 좋은' 혹은 '규범적으로 부정확한', '비속한' 용법으로 부르거나 아예 '영어가 아닌' 용법이라고 무시하는 데 동의한다. 표준영어 화자들은 굳이 비표준영어를 배우려고 애를 쓰지 않지만, 많은 비표준영어 화자들은 표준형태를 사용하려고 애를 쓴다. 당연한 일이겠지만, 재산이나 정치적 입지를 통해서 특권을 획득한 하층민 출신의 화자집단은 표준형태의 말씨를 배우려고 애를 쓴다. 눈에 확 뜨이는 한두 마디 실수(가령 'I seen it'이나 'I done it'[12] 등과 같은) 때문에 새롭게 획득한 지위가 위태로워지면 곤란하지 않겠는가![4]

표준어 내부에도 사소한 차이는 존재한다. 이런 경우에는 그 분기형태가 상류층과 하류층을 구분하는 척도가 된다. 예를 들어, 'laugh'나 'half', 'bath', 'dance', 'can't' 등의 단어를 발음할 때, 보편적인 'man'의 모음 대신 'father'의 /ah/-모음[13]을 사용하는 시카고 사람은

---

12) 완료시제를 구성하는 조동사(*have*)가 빠져 있다.

13) 'man'과 'father'의 모음은 [ɛ]과 [ɑ:]이다. 원문 'ah-vowel'에 보이는 h는 장음표기로 판단된다.

일종의 '상류계층' 영어를 사용한다는 평판을 듣는다. 그렇지만 이러한 경우에 대한 사람들의 태도는 제각기 다르다. 많은 시카고 사람들은 이 /ah/-형태를 어리석거나 가식이 섞인 발음으로 여긴다. 표준영어의 화자들은 다음과 같은 두 가지 형태 가운데서 어느 쪽이 '나은가'를 놓고 논쟁을 벌이는 일이 흔하다. (예) it's I : it's me, forehead : forrid. 그렇지만 '나은 용법'에 대한 정의조차 의견의 일치를 보지 못하는 상황에서, 이런 논쟁이 어떤 유익한 결론에 이르는 법은 결코 없다. 이 문제에 대해서는 앞으로 다시 한 번 다루게 될 것이다.

표준어 내부에서도, 의사소통 밀집도에 따르는 편차가 분명히 존재한다. 예를 들어, 부자나 '중산층'과 같은 상이한 경제계층은 사용하는 언어도 서로 다르다. 또 가문의 전통이나 학습여건에서 교육의 차이가 발생하기도 한다. 직업의 유형이 그다지 중요한 것은 아니지만, 그래도 전문성에 따라 이러한 차이가 다시 세분화된다. 다시 말해서 각종 기술자와 상인, 수공업자, 변호사, 의사, 과학자, 예술가 등도 사용하는 언어가 어느 정도 다르다. 운동경기나 취미활동에도 그 분야만의 특징적 어휘가 있다. 나중에 다시 다루게 될 연령집단이라는 인자는 엄청난 힘을 가졌으면서도 거의 눈에 띄지 않게 작용하는 관계로 속어를 애용하는 청년집단을 제외하면 현재 우리의 관심을 끄는 수준으로 모습을 드러내는 일이 좀처럼 없다.

미국 자체나 표준영어에서 가장 뚜렷하고 굳은 차이는 역시 지리적인 것이다. 미국에는 크게 보아서 다음과 같은 세 가지 유형의 표준영어 사용 지역이 있다. 뉴잉글랜드 지역, 중서부 지역, 남부 지역. 이 세 유형 내부에도 보다 작은 지역적 차이가 있다. 비교적 이른 시기에 사람들이 정착한 지역 출신의 표준영어 화자들은 동료 화자의 고향을 매우 좁은 행정단위까지 분간할 수 있다. 발음 문제에서는 특히 미국 표준영어의 범위가 넓다. 북부캐롤라이나와 시카고 사람들의 발음처럼 상당히 다른 발음도 똑같이 표준으로 수용된다. 다만 무대에서는 일정한 발음이 요구되는데, 미국의 배우들은 미국보다 영국 쪽에 가까운 유형의 영어를 사용한다. 영국에도 유사한 지역적 언어유형이 존재하는데, 이들 지역적 언어유형에는 동일한 가치가 부여되지 않는다. 영국에서는 남부의 사립학교[5]영어가 사회적으로 최상류층의 언어로 인정받는다. 여기서부터 분명히 표준어로 인정받는 방언[14]에 이르기까지 무수한 변이형은 언중이 가장 선호하는 언어유형에서 이탈한 만큼 그에 따른 지위도 하락하게 된다. 스코틀랜드나 요크셔, 랭커셔 등지 출신인 표준영어 화자에 대한 사회적인 대접은, 대체로 그 사람의 발음이 남부의 최상류층 화자의 발음과 얼마나 유사한가에 달려 있다고 해도 과언이 아니다. 미국에서는 그런 일이 드물지만 영국에서는 표준영어의 지역적 색채가 사회적 생활수준의 차이와 맞물려 있다.

3.6. 비표준어는 표준어보다 훨씬 광범위한 변이형을 보여준다. 비표준어 화자의 사회적 지위가 높을수록, 그의 말씨는 표준어에 가깝다. 그 상층부에는 간혹 비표준어 형태가 눈에 띌 뿐, 거의 표준어를 사용하는 경계인 화자[15]가 자리 잡고 있는데, 대체로 이런 화자의 발음에는 지역적 색채가 묻어나는 콧소리 억양이 강하다. 반면에 그 하층부에는 표준형태를 사용하느라고 굳이 가식을 부리지 않는 대다수의 농민계층 혹은 무산계층 화자들이 있다.

---

14) 한 나라의 언어를 구성하는 다양한 방언들 가운데 표준어의 지위를 얻은 방언을 말한다.

15) 방언 지도에서 서로 다른 두 등어선이 만나는 곳에 거주하는 제보자처럼, 이 화자가 거주하는 사회적 공간도 표준어와 비표준어의 점이지대라고 할 수 있다.

이처럼 연속적으로 점층적 변화를 보이는 경우 이외에도, 다양한 비표준어 화자집단에는 자기들만의 언어형태가 존재한다. 예를 들어, 어부나 목장 인부, 제빵사, 양조장 인부 등의 직업집단은 어떤 식으로든 그들만의 독특한 전문용어를 사용한다. 특히 다중(多衆)에게서 격리된 소수집단일수록 뚜렷하게 표시가 나는 다양한 언어 변이형을 사용하는 경향이 강하다. 예를 들어, 선원들은 전통적으로 그들만의 비표준어 영어를 사용하고, 부랑자나 범법자들도 그들만의 언어형태를 적잖게 사용하고 있다. 서커스 단원이나 유랑극단 단원들도 마찬가지이다. 비표준 독일어 화자들 가운데서 기독교도와 유태교도 및 일부 지역의 구교도와 신교도는 일반적으로 사용하는 언어형태가 상당히 다르다. 어떤 특수한 집단이 공동체의 나머지 구성원들과 사이가 원만하지 못하다면, 이 집단은 자기들의 특수한 언어(=은어)를 사용하는 경향이 있는데, 영어를 사용하는 집시족이 이런 경우에 해당한다. 여러 나라에서 범죄자들은 은어를 발달시켰다.

그러나 비표준어에서 찾아볼 수 있는 커다란 다양성은 역시 지리적인 것이다. 미국의 표준영어 화자에게서도 가끔씩 들리는 지리적인 언어 차이는 비표준어 화자의 말을 들을 때 훨씬 뚜렷하게 귀에 들어온다. 비교적 오랜 정착의 역사를 지닌 동부지역이라도 외진 곳일수록 이런 지역적 특색이 발음에 더욱 강하게 묻어나서, 이를 두고 지역 방언16)이라는 이름으로 기술할 수 있을 정도이다.

프랑스나 영국처럼 주민들의 정착이 이른 시기에 이루어졌던 언어 공동체에서는 지역 방언이 상당히 큰 역할을 한다. 그런 공동체에서는 비표준어가 (정확한 구획을 나눌 수 없고 일정하지도 않지만) 대체로

---

16) 한 나라 안에 존재하는 비교적 단위가 큰 방언권역 안에 존재하는 지역적 언어 편차를 의미한다. 이 용어는 흔히 말하는 '사투리'의 개념인데, 객관적 어감을 유지하기 위해 '지역 방언'으로 옮겼다.

한 나라 안에서 어디를 가든 최소한 상호이해가 가능한 준표준어와, 조금만 떨어진 곳에 살아도 거기 사는 화자가 다른 곳에 사는 화자의 말을 이해하지 못할 만큼 가는 곳마다 말이 다른 지역 방언(사투리)으로 나뉠 수 있다. 그런 나라에서 준표준어는 야심찬 소매상인이나 기능공, 도시 근로자들과 같은 '하위 중산층'의 언어에 속한다. 한편 지역 방언은 도시 빈민층과 농부들이 주로 사용한다.

지역 방언은 언어학자에게 대단히 중요한데, 그것은 지역 방언이 가진 엄청난 다양성을 언어자료 정리에 활용할 기회를 얻을 수 있을 뿐만 아니라, 지역 방언이라는 기반이 있어야만 표준어와 준표준어의 기원 내지 역사를 바르게 이해할 수 있기 때문이다. 특히 지난 2, 30년 동안 언어학자들은 방언 지리학이 숱한 문제를 해결할 수 있는 열쇠를 제공한다는 사실을 확실하게 깨달았다.

이런 분야에서 영국보다 훨씬 연구가 진척된 프랑스나 이탈리아, 독일 등지에는 두세 촌락을 한 집단으로 하여 저마다 독특한 지역 방언이 존재한다.[17] 보통 인접한 지역 방언들 사이의 차이는 작지만 분명히 눈에 띌 정도는 된다. 그래서 어떤 지역 주민들은 이웃사람들의 말씨가 어떻게 자신들과 다른지 쉽게 알아차리기 때문에, 이웃사람들의 특이한 말씨를 가지고 놀려대는 경우가 적지 않다. 개별 지역 간의 차이는 크지 않지만, 한쪽 방향으로 여행을 계속하다 보면 이런 작은 차이가 쌓이고 쌓여서, 한 나라 안에서 서로 반대편에 사는 화자들끼리는 서로 상대방의 말을 이해하지 못하게 될 수도 있다. 그렇지만 이들이 사는 곳에 정확하게 어떤 언어적 경계선을 긋기란 힘든 일이다. 이와 같이 점차적 변이를 보여주는 지리적인 구역을 방언구역이라고 부른다.

---

[17] 제 19장 참고.

동일한 방언구역 안에서 우리는 어떤 언어의 자질에 대해 다른 양상을 보이는 지역들 사이에 선을 그을 수 있는데, 이러한 선을 가리켜 등어선18)이라고 부른다. 만일 어떤 촌락에 독특한 언어 자질이 존재한다면, 이 자질에 근거한 등어선은 단순히 이 촌락만 둘러싸는 하나의 선이 될 것이다. 반면에 어떤 자질이 넓은 범위의 방언구역으로 확장되어 있다면, 이러한 자질에 근거한 등어선은 해당 방언구역을 두 부분으로 나누는 기다란 선으로 나타나게 될 것이다. 예를 들어, 독일에서는 북부 방언 화자들이 'bite'를 (마치 영어처럼) /t/-음으로 발음하지만, 남부 방언 화자들은 (마치 표준 독일어 'beiszen'처럼) /s/-음으로 발음한다. 이들 두 발음형태를 분할하는 등어선은 길고 불규칙한 선으로, 전체 독일어 사용 지역을 동서로 가로지른다. 영국 북부와 북동부에서는 'bring'의 과거시제 형태가 'brang'인 구역을 표시할 수 있다. 등어선의 집합이 표시된 방언구역 지도를 모은 방언지도집은 언어학자에게 중요한 연구수단이다. 19)

지역 방언에 대한 화자들의 태도는 나라마다 다르다. 영국에서는 지역 방언이 별다른 특권을 갖지 못한다. 상류층 화자는 굳이 지역 방언에 신경을 쓰지 않고, 사회적으로 성공한 지역 방언의 토박이 화자는 (그래 봐야 준표준어 화자밖에 안 되지만) 오히려 자기 말투를 버리려고 애쓴다. 반면에 독일에서는 19세기를 지나는 동안에 지역 방언에 대한 일종의 낭만적 취향을 발달시켰다. 자신의 사회적 지위에 대한 확신이 그다지 뚜렷하지 않은 중산층 화자들이 지역 방언을 회피하는 경향을 보이는 데 비해, 상류층에 속하는 일부 독일 사람들은 자기 고향의 지역 방언을 사용하는 습관을 오히려 자랑스럽게 생각한다. 독

---

18) 등어선(等語線)이란 동일한 언어형태를 보이는 지점을 이은 선을 뜻한다.
19) 한국에서도 대한민국 학술원에서 편찬한 《한국 언어 지도집》(*Language Atlas of Korea*, 성지문화사)이 1993년에 국문판과 영문판으로 간행되었다.

일어 사용권역에 속하는 스위스의 경우를 보면, 이러한 경향이 더욱 두드러진다. 그래서 표준 독일어에 익숙한 상류층 스위스 사람들조차 가정이나 마을에서 자신의 지역 방언을 의사소통 수단으로 사용할 정도이다.

3. 7. 복합적인 언어공동체에서 사용되는 주요한 언어유형은 대략 다음과 같이 분류할 수 있다.

(1) 문어 표준어: 대부분의 공식적 담화와 글쓰기에서 사용된다. (예: I have none.)

(2) 구어 표준어: 특권계층의 언어로 사용된다. (예: 'I haven't any' 또는 'I haven't got any.' 영국에서 사용되는데 반드시 남부 '사립학교'의 음성과 억양을 동반해야 함.)

(3) 지역 표준어: 미국에서 사용되는데, 대체로 '중산층'이 사용하는 (2)와 차이가 나지 않기 때문에 (2)와 상당히 가까우면서도 지역마다 약간씩 다르다. (예: 영국에서 'I haven't any' 또는 'I haven't got any'와 같은 형태가 '사립학교' 표준에서 벗어난 음성과 억양으로 발음되는 경우임.)

(4) 준표준어: 위의 (1), (2), (3)과 뚜렷하게 다른데, 유럽 각국에서는 '하위 중산층'이 사용하고, 미국에서는 (2)~(3) 유형을 제외한 거의 모든 화자들이 사용한다. 그렇게 두드러진 지역 차이는 없지만 지형에 따라 다소 다른 양상을 보인다. (예: I ain't got none.)

(5) 지역 방언: 아무런 특권도 갖지 못한 계층에서 사용된다. 미국에서는 경미하게 발달되었고, 스위스에서는 다른 계층도 가정언어로 사용한다. 실제 사용 양상은 마을마다 다르다. 변이가 극도로 심해서 동일 권역의 화자들 상호간이나 (2)~(4) 유형의 화자들과 의사소통이 불가능한 경우가 적지 않다. (예: a hae nane.[20])

3.8. 동일한 언어공동체 안에 나타나는 언어 차이에 대한 조사를 통해서, 우리는 한 언어공동체의 구성원들이 누구나 상대방의 말을 알아들을 수 있을 만큼 유사한 방식으로 말하기도 하고, 조금 거리가 떨어진 곳에 거주하는 사람들이 서로 상대방의 말을 알아듣지 못할 만큼 다른 방식으로 말하기도 한다는 사실을 확인할 수 있었다. 전자의 경우는 100여 명 남짓한 사람들이 모인 인디언 부족을 사례로 들 수 있고, 후자의 경우는 영어처럼 사용 지역이 멀고 널찍하게 펼쳐진 언어공동체를 사례로 들 수 있다. 예를 들어, 영어 사용권역에서는 미국인과 (영어의 방언을 말하는) 요크셔 사람이 서로 상대방의 말을 알아듣지 못한다고 한다. 그렇지만 실제로 이들 두 가지 경우를 정확하게 분간하기란 힘든 일이다. 서로 상대방의 말을 알아듣거나 알아듣지 못하는 양극단 사이에는 무수한 이해도 등급이 존재하기 때문이다. 미국 사람과 요크셔 사람이 서로 의사소통이 가능한가, 불가능한가 하는 문제는 당사자 두 사람의 지적 능력에 달려 있을 수도 있고, 외국어나 방언에 노출된 전반적 경험에 달려 있을 수도 있으며, 대화 순간에 각자가 보이는 열의에 달려 있을 수도 있고, 상황이 발화의 의미가치를 얼마나 분명하게 결정하느냐 하는 상황의존 정도에 달려 있을 수도 있다. 다시 한 번 말하지만, 방언과 표준어 사이에는 끝없는 점이지대가 존재한다. 그렇지만 양쪽 가운데 한쪽이나 아니면 양쪽 화자 모두가 상호이해에 도움이 되도록 양보할 수도 있다. 그리고 이런 식으로 서로 양보하다 보면 이들의 언어는 점차 표준어를 향한 방향으로 나아가게 될 것이다.

이런 상황 때문에 많은 언어공동체의 경계를 둘러싸는 분명한 선을 긋기란 쉽지 않다. 상호이해가 불가능한 두 언어가 서로 인접하는 경

---

20) 'I have none'의 변형된 발음으로, 스코틀랜드 방언형으로 보인다.

우를 생각해 보자. 미국 남서부의 영어와 스페인어가 그 좋은 사례인데, 여기 거주하는 사람들의 모국어는 영어 아니면 스페인어이다. (일단 논의의 편의를 위해 인디언이나 최근에 이민을 온 사람들의 언어는 제외하기로 한다.) 그러면 우리는 영어 화자들과 스페인어 화자들을 구분하는 가상의 언어 경계선을 그을 수 있다. 이 언어 경계선은 당연히 지형적으로 견고한 두 언어공동체 사이에 하나의 고정된 선으로 나타나지 않을 것이다. 영어를 사용하는 화자들의 거주지가 스페인어를 사용하는 화자들의 구역 안에 완전히 파묻히면 그곳은 언어의 섬[21]과 같은 모양이 될 것이다. 반대로 영어를 사용하는 공동체로 둘러싸인 스페인어 언어의 섬도 나타날 수 있을 것이다. 이렇게 되면 양쪽 집단의 식구들이나 개인들은 서로 상대방의 생활터전에서 살아가기 때문에 독립된 자그마한 언어 경계선으로 갇히지 않을 수 없다. 이제 이러한 경계선은 매우 불규칙한 선으로 이루어질 뿐만 아니라, 언어의 섬들을 둘러싸는 수많은 작은 폐쇄곡선으로 이루어지게 된다. 이들 언어의 섬 가운데 일부에는 오직 한 가족이나 한 개인만이 포함될 수도 있다. 이 언어의 경계선은 기하학적으로 복잡하고 나날이 불안한 모습을 보이면서도 어쨌든 분명한 자질을 나타낸다. 언어학자들은 영어와 스페인어가 서로 관련되어 있다는 사실을 입증하기에 충분한 유사성을 두 언어에서 찾아냈지만, 그와 같은 유사성과 친족관계의 문제는 현재 우리의 관심사가 아니다.

마찬가지 논리가 독일어와 덴마크어에도 적용될 수 있다. 유틀란트 반도[22] 너머에 자리 잡은 플렌스버그(Flensburg) 시(市) 북쪽으로 우리는 두 언어 사이의 경계선을 그을 수 있으며, 규모는 작지만 이 경계선을 통해 우리는 미국 남서부 영어와 스페인어 사이의 경계

21) 언어의 고도(孤島)라 불리기도 한다.
22) 독일 북부의 반도로 대부분 덴마크에 속해 있다.

선과 동일한 자질을 발견하게 될 것이다. 그렇지만 이 경우에는 두 언어가 매우 유사해서 그 이상의 가능성을 알려준다. 이들 두 언어는 서로 의사소통은 안 되지만, 대단히 밀접하게 닮아서 굳이 관련성을 확인하기 위해 언어조사를 수행할 필요도 없다. 만일 이들의 유사성을 실제로 비교해 본다면, 그 차이는 슬레스빅 지역에서 사용되는 독일어의 지역 방언[23]과 스위스에서 사용되는 독일어의 지역 방언 사이의 차이보다 절대 크지 않다. 서로 인접한 지역에서 사용되는 독일어와 덴마크어의 차이는 지역적으로 분화된 단일 언어공동체 내부에 존재하는 차이보다 작다. 다만 단일 언어공동체에는 중간에 개재한 점층적 변이형태가 존재하지만, 독일어와 덴마크어 사이에는 그러한 중간방언이 존재하지 않는다.

순전히 상대적인 이와 같은 차별성은 다른 경우에 더욱 선명하게 드러난다. 우리는 프랑스어와 이탈리아어, 스웨덴어와 노르웨이어, 폴란드어와 보헤미아어를 별개의 언어라고 말한다. 이들 언어공동체가 정치적으로 분리되어 있고 또한 각자 다른 표준어를 사용하고 있기 때문이다. 그렇지만 이런 경우에는 모두 그 접경지대의 지역적 언어형태 차이가 비교적 경미한 편이다. 즉, 이때 발견되는 차이는 이들 언어공동체 각각에서 내부적으로 발견되는 차이보다 절대 크지 않다는 것이다. 그렇다면 이런 문제를 제기할 수 있다. 인접한 언어형태들 사이의 차이가 과연 얼마나 커야 언어의 접경이라는 말이 성립할 수 있을까? 분명히 말해서 '차이가 실제로 꼭 이만큼'이라고 정확하게 가늠할 수는 없다. 어떤 경우에는 분명히 우리의 명명 습관이 언어적 조건에 들어맞지 않는 수도 있다. 지역 방언이라는 이름은 독일어라고 부르는 말과 네덜란드-플랑드르어라고 부르는 말 사이의 아

---

23) 표준 독일어인 고지독일어를 슐레스비히(Schleswig)라 하고, 북부 방언형을 슬레스빅(Sleswick)이라 한다.

무런 선도 정당화할 수 없다. 네덜란드와 독일어 구역은 언어적으로 하나의 단위이며, 그 간극은 일차적으로 정치적인 것이다. 따라서 정치단위가 각기 다른 표준어를 사용한다는 의미에서만 이 간극을 언어적 맥락에서 이해할 수 있다. 요컨대 언어공동체라는 용어는 상대적 가치만 가질 뿐이다. 언어집단이나 개인들 사이의 의사소통 가능성은 영(零)에서부터 지극히 미묘한 상호작용의 실현에 이르기까지 실로 다양하다. 물론 이러한 양극단의 사이에 들어갈 수 있는 중간등급의 가능성이 인류의 복지와 진보에 크게 기여한다는 사실은 분명하다.

3.9. 의사소통의 가능성을 높이면서 언어공동체의 경계선을 더욱 모호하게 만드는 또 다른 주요 인자는 외국어의 사용이다. 이와 같은 상황이 결코 현대적 문명의 성취인 것만은 아니다. 문명의 혜택을 비교적 덜 받은 아메리카 인디언의 일부 부족의 경우를 보면, 좋은 환경에서 자란 인디언들은 인근 부족의 언어를 하나 이상 말하는 경우가 적지 않다. 외국어 구사라고 하는 인자는 성격상 측정이 불가능하다. 그 숙달 정도라고 하는 것이 당장 실제 사용이 가능한 단계에서부터 실제 사용이 거의 불가능할 정도의 수박 겉핥기 단계에 이르기까지 천차만별이기 때문이다. 학습자가 의사소통할 수 있을 단계가 되면, 이 학습자는 해당 언어의 외국인 화자로 자리매김될 수 있다. 우리는 영어나 말레이어와 같은 일부 언어의 효용성이 일정 부분 외국인 화자들 덕분이라는 사실을 이미 확인한 바 있다. 인도에서 교육을 제대로 받은 계층 사람들에게서 보는 바와 마찬가지로, 영어는 서로 상대방의 모국어를 이해하지 못하는 외국인 화자들 사이에서 상호 의사소통의 수단으로 활용된다. 24)

24) 서로 다른 국가에서 서로 다른 언어를 구사하는 화자들의 경우 이외에, 같은 국가에서 2개 이상의 언어가 사용되는 경우, 곧 인도나 파키스탄, 캐나

일부 사람들은 자신의 모국어를 포기하고 외국어를 사용하기도 한다. 이러한 현상은 미국에 들어온 이민자들 사이에서 흔히 일어난다. 자기 나라 출신 주민들 주위에 정착하지 않고, 또 본국 사람들의 테두리를 벗어나 결혼한 경우라면, 이런 이민자들은 자기 모국어를 사용할 기회를 전혀 갖지 못한다. 특히 교육의 혜택을 비교적 적게 받은 사람들의 경우에 시간이 흘러 이런 상황이 더욱 진척되면, 아예 모국어를 완전히 잊어버리는 단계에까지 이를 가능성도 없지 않다. 이런 사람들도 누가 자기 나라 말을 하면 알아듣기는 하지만, 더 이상 자기 나라 말을 자유자재로 구사하지도 못하고 심지어 도무지 알아들을 수 없게 말하는 지경까지 된다. 이들은 말하자면 일종의 언어천이[25]를 겪은 것이다. 이들이 사용하는 유일한 의사소통 수단은 이제 영어이지만, 영어는 이들에게 당연히 모국어가 아닌 제 2 언어이다.

언어천이를 보여주는 또 하나의 흔한 사례는 이민자의 자녀들에게서 나타난다. (예컨대 미국으로 이민을 온) 부모는 대개 집에서 본국의 말을 사용하기 때문에, 이 본국의 말이 자녀들의 모국어가 된다. 그렇지만 자녀들은 문 밖에서 뛰놀거나 학교에 가기 시작하는 순간부터 (부모가 쓰는) 모국어를 거부하다가, 시간이 지나면서 마침내 극히 일부를 빼놓고는 모국어를 거의 다 잊고 영어만을 말하게 된다. 자녀들에게 영어는 성인 언어가 된 것이다. 일반적으로 자녀들은 이 성인 언어인 영어를 주변의 영어 모국어 화자들과 구분이 안 될 정도로 완

다 등의 국가에 거주하면서 서로 다른 언어를 사용하는 화자들도 여기에 해당한다. 이런 경우라면 모국어라는 용어 대신 모어라는 용어가 적절할지도 모른다.

25) '차츰차츰 옮겨져 속성이 바뀐다'는 '천이'(遷移)의 사전적 의미대로, 언어천이도 어떤 화자의 사용언어가 다른 언어로 바뀌는 현상을 말한다. 예컨대 이민 1세대는 모국어를 그대로 사용하지만 세대를 지나면서 차츰 이들은 이민국의 언어를 사용하게 된다.

벽하게 구사한다. 그렇지만 자기네 본국 말에서 묻어온 외국 말투가 약간 드러나는 경우도 있다. 자녀들은 원래의 모국어를 불완전하게 구사하거나 전혀 못하지만, 원래의 모국어를 들을 때 수동적인 이해는 어느 정도 가능하다. 웨일스에서 부모가 영어로 언어천이를 겪은 자녀들의 사례를 연구한 결과를 보면, 이러한 과정 때문에 자녀들의 언어발달이 지연되는 것으로 보인다.

3.10. 외국어 학습을 적극적으로 하다 보면, 이 (학습자) 화자는 주변의 진짜 모국어 화자들과 분간이 안 될 정도로 능숙하게 외국어를 구사하게 된다. 이러한 현상은 성인의 언어천이나 혹은 앞서 언급한 아동의 언어천이에서 심심치 않게 일어난다. 이처럼 외국어를 완벽하게 학습하면서도 모국어를 잊어버리지 않는다면, 이 화자는 두 가지 언어를 마치 모국어처럼 구사하는 이중언어 사용자가 된다. 아동기 초기를 넘기면, 외국어를 완벽하게 구사할 수 있는 충분한 기회나 시간여유가 없을 뿐만 아니라, 근육과 신경도 자유롭지 못하다. 그렇지만 이와 같은 유형의 이중언어 사용자는 일반적으로 예상하는 것보다 흔하다. 이민자들도 이중언어 사용자가 될 수 있고, 여행이나 외국어 연구, 혹은 이와 유사한 관계를 지속시키다 이중언어 사용자가 되는 수도 있다. 물론 어떤 외국인 화자가 진정한 이중언어 사용자가 되는 완벽한 외국어 구사의 정도를 정의하기는 매우 어렵다. 이때의 판단이란 상대적이기 때문이다.

이중언어 사용자가 제2 언어를 습득하는 일은 아동기의 초기에 더욱 흔하다. 이러한 현상은 해당 공동체가 언어의 경계지대 부근에 형성된 경우나 가족이 언어의 섬처럼 고립된 장소에서 사는 경우, 부모가 서로 다른 언어권 출신인 경우에 흔히 일어난다. 유럽의 유복한 가정에서는 자기 자녀들을 이중언어 사용자로 키우려고 아예 외국인 보모나 가정교사를 채용하는 부모도 적지 않다. 교육수준이 높은 독일어 사용권역의 스위스 사람들은 지역 방언과 아울러, 그와는 사뭇 다른 표준 독일어 모두를 사용한다는 의미에서 이중언어 사용자라고 할 수 있다. 미국에서는 교육수준이 비교적 높은 이민자들이 자녀를 이중언어 사용자로 키우는 데 성공하는 사례가 많다. 이와 같은 언어능력의 발달은 별다른 특권을 누리지 못하는 집단에서 일어나는 언어의 천이현상과 좋은 대조가 된다. 이 모든 경우에 두 언어는 확실히 이중언어 사용자의 삶에서 어느 정도 다른 역할을 한다. 보통 한 언어는 가정언어로만 사용되고, 다른 한 언어는 보다 광범위하게 사용되지만, 반대의 경우도 물론 없지 않다. 특히 예술가나 과학자 집단에서 이중언어 사용자를 많이 만나게 되는데, 이러한 사실은 아동의 일반적인 발달에 미치는 이중언어 구사의 긍정적인 효과를 암시한다고 할 수도 있지만, 동시에 이중언어의 구사가 통상적으로 아동기에 누렸던 유복한 환경의 결과에 불과함을 의미하는 증거일 수도 있다.

세계의 언어

4.1. 오늘날 지구상에서 사용되는 언어들 가운데 과학적 측면에서 제대로 실체가 밝혀진 언어는 많지 않다. 충분한 정보를 확보하지 못한 언어가 많으며, 정보 자체가 아예 없는 언어도 있다. 현재 사용되는 언어든 더 이상 사용되지 않는 언어든, 그 언어의 보다 앞선 단계는 표기기록을 통해 확인할 수 있겠지만, 이와 같은 표기기록으로 알수 있는 것은 과거 발화의 극히 일부일 따름이다. 일부 사어(死語)는 소수의 고유명사와 같은 빈약한 기록을 통해 그 흔적을 찾을 수 있지만, 그나마 해당언어를 사용하던 민족의 이름 정도가 그런 기록의 대부분이다. 사실, 엄청나게 많은 수의 언어는 아무런 흔적조차 없이 자취를 감추어버렸다. 현재 사용되는 언어 가운데서도 일부 언어, 특히 아프리카와 남아메리카의 언어는 기록을 해놓지 않으면 영원히 사라져버릴 운명에 처해 있다.

자료가 불충분한 상태에서 많은 언어들 사이에 존재하는 친족관계를 결정한다는 것은 불가능한 일이다. 피상적으로만 알려져 있는 언어를 다루는 언어학자에게 일반적으로 가장 큰 약점으로 작용하는 것은, 바로 그처럼 불충분한 증거자료에 기초하여 친족관계를 수립해야 한다는 점이다. 언어 간의 친족관계란 물론 여러 언어에 유사성이 존재하고 이들 언어가 고대의 단일한 언어(조어)에서 갈라져 나왔다는 가정하에서만, 유사성에 대한 설명이 가능하다는 의미이다. 그러한 유사성은 제1장에서 인용된 바와 같은 음성 대응관계로 나타난다. 그리고 이러한 대응관계는 광범위하고 정확한 자료의 기반 위에서만 유효하게 수립될 수 있다. 잘 알려져 있지 않은 언어일수록, 또 그 언어를 연구하는 학자가 전문적이지 못할수록, 언어의 친족관계에 대한 가설이 오류를 범할 위험성도 그만큼 높아진다. 심지어 가장 확실한 친족관계를 수립했다는 연구결과도, 정밀하게 검토해보면 증거자료가 불충분한 경우가 없지 않다.

4.2 북부 중국어[1]를 제외하면 모국어로 가장 널리 사용하는 언어는 아마도 영어일 것이다. 그러나 (북부 중국어를 계산에 넣는다 하더라도) 외국어(혹은 제2 언어) 화자라는 중요한 인자를 고려해 본다면, 가장 널리 사용되는 언어는 역시 영어이다. 영어를 모국어로 사용하는 사람의 수효는 1920년의 조사결과 약 1억 7천만 명으로 추산되었다(3.2절). 이들은 거의 대부분 '표준' 혹은 '준표준' 영어를 사용하며, 지역 방언들도 편차가 크지 않기 때문에 대부분의 경우에 서로 원만한 의사소통이 가능하다.

영어는 다른 게르만 제어와 확실하게 친족관계를 맺고 있지만, 동시에 다른 게르만 제어와 차이도 분명하게 드러내고 있다. 역사적으로 볼 때, 영어는 서기 5세기에 브리튼(Britain) 섬을 정복했던 앵글족과 색슨족 및 주트족과 같은 침입자의 언어로 이 섬에 전파되었다. 북해의 유럽대륙 연안에서 사용되는 게르만어와 영어 사이에 현저한 차이가 나는 것은, 바로 영어가 천5백 년 동안 대륙에서 떨어져 고립된 상태로 있었던 까닭으로 생각된다. 8, 9세기로 거슬러 올라가

---

1) 북경어를 포함하여 중국 북부에서 사용하는 중국어.

는 가장 오래된 영어의 표기기록을 보면, 위와 같은 우리의 추정이 틀리지 않았다는 사실을 알 수 있다. 이러한 기록에 등장하는 언어가, 대략 동시대로 추정되는 가장 오래된 (대륙의) 게르만어 기록과 매우 밀접하게 닮았기 때문이다. 영어의 분기과정은 하나의 방언구역이 화자들의 이주로 인해 여러 갈래로 나뉘는 양상을 보여주는 고전적인 사례라고 할 수 있다.

북해 연안의 섬과 해안가를 아우르는 프리슬란드2) 지역에서 35만 가량의 인구가 사용하는 프리슬란드어의 여러 방언과 영어 사이에는 매우 밀접한 유사성이 엿보인다. 이와 같은 유사성은 특히 13세기 후반으로 거슬러 올라가는 가장 오래된 프리슬란드어 자료에 더욱 뚜렷하게 나타난다. 이로 미루어볼 때, 영어는 (화자들이) 브리튼 섬으로 이주하기 이전에 매우 광범위하게 형성되어 있었던 앵글로-프리슬란드어(*Anglo-Frisian*) (잉베오넨어, 3) *Ingweonic*) 방언구역에서 갈라져 나온 한 계파라는 결론을 내릴 수 있다.

프리지아 제도 밖으로 눈을 돌리면, 유럽 본토(스칸디나비아 반도 제외)의 게르만어 사용권역에서는 언어의 차이가 만들어내는 예리한 균열이 거의 나타나지 않는다. 굳이 단층이라고 한다면, 독일을 동서로 가로지르는 굵은 등어선 다발[束] 정도이다. 이 등어선 다발의 북쪽에 거주하는 화자들은 영어의 'hope, bite, make' 등과 같은 단어에 상응하는 독일어 단어를 발화할 때 /p/, /t/, /k/ 음소를 사용하는 반면, 남쪽에 거주하는 화자들은 표준 독일어 'hoffen, beiszen, machen' 등을 발음할 때와 마찬가지로 /f/, /s/, /kh/ 음소를 사용

---

2) 북해 연안의 좁고 긴 섬 무리로 이루어진 지역. ☞ 지명 약해 참고.
3) 명사는 'Ingw(a)eonen' 혹은 'Ingv(a)eonen'이라고 적는데, 이곳에서 쓰이던 잉베오넨어는 고대 영어와 고대 프리슬란드어 및 고대 색슨어가 뒤섞인 서게르만어파의 한 언어이다.

한다. 여기서 북부 유형의 언어는 저지독일어(*Low German*)로 알려져 있고, 남부 유형의 언어는 고지독일어(*High German*)로 알려져 있다. 그러나 다양한 등어선이 모두 일치하지 않는 이상, 그러한 구분은 자의적인 정의에 근거한 것으로밖에 볼 수 없다. 그 정도의 차이는 이미 가장 오래된 영어의 기록과 거의 동시대로 거슬러 올라가는 각종 자료에도 나타난다. 남부 유형의 일탈된 발음이 5세기와 6세기에 남부에서 발생한 갖가지 언어변화 때문이라는 사실은 다양한 증거자료를 통해 확인된다. 앵글로-프리슬란드어와 대조되는 개념으로 사용하는 대륙 서부의 여러 게르만어 방언4)이 동쪽을 향해 비약적인 팽창을 시작한 것은 중세시대였다. 본토의 동부와 남동부에는, 폴란드나 러시아 지역에 남아 있는 이디시어(*Yiddish*)처럼, 특히 고지독일어 유형을 특징으로 하는 언어의 섬이 많이 있다. 대륙 서부의 게르만어는 오늘날 1억 명 이상이 사용하는 것으로 추정된다. 대륙 서부의 게르만어는 거대한 규모의 두 표준어로 발달했는데, 그 하나는 벨기에와 네덜란드에서 사용되고 저지독일어 유형의 서부 연안 방언들에 토대를 둔 네덜란드-플랑드르어이며, 다른 하나는 중세 팽창기에 확보된 동부 중앙지역의 방언들에 토대를 둔 신(新)-고지독일어(*New High German*)이다.

앵글로-프리슬란드어와 대륙 서부의 게르만어는 서로 밀접한 관련성을 유지하고 있기 때문에 서게르만어파로 불리기에 전혀 손색이 없다. 이와는 대조적으로 대륙의 북쪽에는 비교적 규모가 작은 북게르만어군(혹은 스칸디나비아어군)이 자리 잡고 있다. 이 북게르만어군 중에서도 아이슬란드어(*Icelandic*)는 아이슬란드가 식민화된 이후부터 천여 년 동안 노르웨이 서부에서 격리되어 있었던 관계로 북게르

---

4) 여기서 말하는 방언이란 한 언어의 지역 또는 사회적 차이를 가리키는 뜻이 아니라, 동일한 단일 조어에서 분기한 여러 개별 언어를 가리킨다.

만어군의 나머지 언어들과 그 모습이 뚜렷이 다르다. 아이슬란드어를 사용하는 인구는 대략 10만 명 정도로 추정되고 있다. 인구가 약 2만 3천 명인 페로 제도[5]의 언어는 아이슬란드어와 가깝다. 덴마크와 노르웨이, 스웨덴, 고틀란드(Gotland)[6] 및 핀란드 연안 일부 지역을 포함하는 이 지역의 나머지 언어는 뚜렷한 차이가 거의 없으며, 사용 인구는 모두 합쳐 천 5백만 명에 이른다. 북게르만어의 자료 중에 가장 오래된 것으로는 비문을 들 수 있는데, 그 일부는 서기 4세기 초반까지 거슬러 올라가는 것으로 추정된다. 가장 오래된 필사본은 12세기로 거슬러 올라가는데, 특히 일부 아이슬란드 문학의 경우에 그 텍스트의 언어화는 12세기보다 수백 년을 더 거슬러 올라가는 것으로 보인다. 현존하는 표준어로는 아이슬란드어, 덴마크어, 부크몰,[7] 노르웨이 란츠말어(Norwegian Landsmaal),[8] 스웨덴어가 있다.

이미 사어가 되어버린 게르만어, 즉 고트족, 반달족, 부르고뉴족,[9] 롬바르드족 등과 같은 종족의 언어에 관한 자료는 약간이나마 아직까지 남아 있다. 4세기에 대주교 울필라(Ulfila, 서기 311년~382년 무렵)는 성서의 일부를 서(西)고트족(Visigoths)의 고트어로 번역했는데, 그 중 6세기 필사본이 저 유명한 《은사본》으로 지금까지 전해지고 있다. 롬바르드족의 언어는 서게르만어의 일파였던 것으로

---

5) 대서양 북부의 섬 무리. ☞ 지명 약해 참고.

6) 스웨덴의 한 주를 이루는 발트 해의 섬.

7) Bokmal, Dano-Norwegian. 덴마크 문어를 점차적으로 개량하여 완성한 노르웨이의 2대 공용어의 하나이다.

8) 뉴노시크(Nynorsk)라고도 한다. 서부노르웨이의 방언과 고대 스칸디나비아의 언어에 바탕을 둔 인공언어로 1885년에 노르웨이의 두 가지 공용어 가운데 하나로 채택되었다. 27. 4절 참고.

9) 프랑스에서 보르도에 버금가는 와인의 명산지(프랑스어로는 'Bourgogne'라고 표기하고 영어로는 'Burgundy'라고 표기함)에 거주하던 게르만족의 일파이다.

보이는 반면, 고트어를 포함한 나머지 언어들은 스칸디나비아어 쪽에 가까웠으며, 따라서 보통 동게르만어의 일파로 분류된다.[10] 동게르만어를 사용하던 사람들은 18세기까지만 해도 크리미아 반도와 흑해 연안의 여러 지역에서 자신들의 언어를 그대로 보존하고 있었던 것으로 보인다.

지금까지 언급한 모든 언어는 외부적으로 다른 언어들과 뚜렷이 구별되면서 내부적으로 서로 밀접한 관련성을 가지므로 게르만어족[11]을 형성한다고 말할 수 있다. 이들 언어는 원시 게르만어(1.6절)로 불리는 선사시대 단일 언어에서 갈라져 나온 다양한 현대어이다.

4.3. 게르만어족의 친족관계는 대체로 유럽이나 아시아의 다른 언어 또는 어족처럼 피상적인 것이 아니라, 지난 100여 년 동안의 연구 결과로 인도-유럽어족을 구성하고 있다는 명백한 사실로 밝혀졌다 (1.6절).

게르만 제어의 서쪽에는 켈트어족에 속하는 것으로 보이는 언어가 나타난다. 아일랜드어는 8세기의 필사본 자료가 남아 있지만, 돌에

---

10) 다만, 영어와 프리슬란드어가 북게르만어와 공유하는 특성도 있고, 고지독일어가 고트어와 공유하는 특성도 있다.

11) 이 책에서는 대규모 언어집단을 지칭할 때 '(언어명) family of languages'와 '(언어명) family'라는 두 가지 표현을 혼용하고 있다. 이밖에도 이 책에서 언어집단을 가리키는 표현으로는 'group, sub-group, unit, branch' 등이 있다. 그런데 'Indo-European language family'와 'Germanic family'라는 표현에서 보듯이 위계가 분명한 두 언어집단을 동일한 용어(*family*)로 지칭한 것이나, 'Balto-Slavic sub-group'과 'Indo-Iranian group'이라는 표현에서 보듯이 동등한 위치를 점하는 두 언어집단을 각기 다른 용어(*sub-group vs. group*)로 지칭하는 것을 보면, 이들 용어가 전체 체계상의 엄격한 위계질서 하에 사용된 것으로는 생각되지 않는다. 여기서는 원저자의 인식을 반영하는 의미에서 'family'와 'group', 'sub-group'은 각각 '어족'과 '어군', '하위어군'으로 대응시켜서 옮기고, 'branch'와 'unit'는 '계파'와 '어파'로 옮겼다.

새겨진 일부 비문은 이보다 훨씬 이전의 자료로 추정된다. 아일랜드어의 사용인구는 40만 정도이며, 여기서 갈라져 나온 스코틀랜드 게일어(Scotch Gaelic)의 사용인구는 15만 정도이다. 그러나 영국과 아일랜드 사이에 있는 맨 섬의 언어인 맹크스어(Manx)[12]는 일종의 '가정(家庭)언어'로 그 사용인구가 불과 수백 명에 지나지 않는다. 켈트어족의 또 다른 계파로는 웨일스어(Welsh)와 브리타니어(Breton)를 들 수 있다. 이 두 언어의 사용인구는 대략 1백만 명 정도로 추정되며, 지금까지 남아 있는 자료로 볼 때 그 기원은 8세기로 거슬러 올라간다. 브리타니어는 프랑스 북서부 해안지방에서 사용하는 언어인데, 원래는 4세기 초반에 영국에서 전파된 언어로 보인다. 이 계파의 또 다른 언어로는 콘월어(Cornish)가 있다. 이 언어는 여러 가지 사료로 미루어 9세기의 언어로 추정되나, 1800년경에 사멸하여 지금은 사용되지 않는다. 남아 있는 사료나 지명 흔적으로 볼 때, 옛날에는 유럽 대부분의 지역, 즉 보헤미아, 오스트리아, 독일 남부, 이탈리아 북부 및 프랑스에서 켈트어를 널리 사용했던 것으로 보인다. 이 지역에서 사용되던 켈트어가 소멸의 길로 접어들어 결국 그 자리를 라틴어와 게르만어에 내주고 만 것은, 각각 로마의 정복과 게르만 민족의 대이동 때문이었다. 기원전 100년경에 사용하던 고대 켈트어의 흔적은 갈리아 지방의 비문에 일부 남아 있다.

게르만 제어의 북동쪽으로는 발트어족이 있다. 발트어족의 언어 가운데 지금까지 남아 있는 중요한 언어로는 리투아니아어와 라트비아어가 있는데, 그 사용인구는 각각 250만과 150만이다. 이 두 언어의 화자들은 16세기부터 기록을 남겨왔다. 그러나 이 두 언어는 국가의 정치적 독립과 더불어, 이제 각각 리투아니아와 라트비아에서 방

---

12) 맨 섬(Isle of Man)의 사람들이 사용하는 언어로 현재는 폐어(廢語)나 다름없다.

언의 지위를 벗어나 표준어로 격상되어 발전을 거듭하고 있다. 발트 어족의 또 다른 언어로는 고대 프로이센어(Old Prussian)가 있는데, 이 언어에 대한 자료는 15세기와 16세기의 것만이 남아 있다. 이 언어는 17세기에 완전히 사멸하고 말았다.

발트 제어의 남부와 게르만 제어의 동부 및 남동부에는 거대한 슬라브어족이 자리 잡고 있다. 중세시대 게르만족의 동진 팽창에 따라 서슬라브어 계파의 많은 언어가 자취를 감추게 되었다. 서슬라브어 계파의 언어들 중에 지금까지 언어의 섬으로 남아 있는 것은 루사티아어〔벤드어(Wendish), 소르비아어(Sorbian)〕뿐인데, 그 사용인구는 작센 북부(Upper Saxony)에 거주하는 3만여 명뿐이다. 또 하나의 서슬라브어 계파의 언어인 폴라브어(Polabian)는 18세기까지 존속했으나, 이제는 소수의 문헌자료만 남아 있을 뿐 완전히 사멸하여 게르만어로 된 지명에서나 그 자취를 찾아볼 수 있는 정도이다. 이러한 투쟁의 결과로, 살아남은 두 곳의 거대한 서슬라브어 방언구역은 특이한 지형학적 형상을 보여준다. 그래서 좁은 띠 모양의 언어의 섬이 폴란드어의 중심부에서부터 단치히를 향해 비스툴라 강을 따라 북쪽으로 펼쳐져 있고, 보헤미아어가 서쪽을 향해 마치 반도처럼 독일 영토 안으로 돌출해 있다. 14세기부터 기록을 남긴 폴란드어는 사용인구가 2천만 명에 달한다. 표준어를 기준으로 체코어와 슬로바키아어 방언권으로 양분되는 보헤미아어 지역은 천 2백만의 사용인구를 거느린다. 가장 오래된 기록은 13세기로 거슬러 올라간다. 동슬라브어 계파는 오로지 하나의 거대한 방언으로 구성되어 있는데, 그것은 사용인구 1억 천만을 거느리고 12세기까지 거슬러 올라가는 표기기록을 남긴 러시아어이다. 남슬라브어 계파는 친족관계가 전혀 없는 헝가리어를 가운데 두고 다른 슬라브어 계파들과 떨어져서 격리되어 있다. 남슬라브어는 사용인구 5백만 명인 불가리아어와 사용인구 천만 명인 세르보-크로아티아어 및 사용인구 150만 명의 슬로베니아어로 이루어져 있다. 슬라브어의 자료 중에 가장 오래된 것은 9세기경의 고대 불가리아어 자료인데, 최소한 1세기 뒤에 기록된 필사본으로 보존되어 있다. 그리고 10세기의 고대 슬로베니아어 자료가 드문드문 남아 있다. 발트어군과 슬라브어군 사이에서 비교적 가까운 유사성을 발견하고, 발트어와 슬라브어를 인도-유럽어족의 한 갈래인 발트-슬라브 하위어군으로 분류하는 학자들도 있다.

게르만 제어의 남부에는 로망스 제어가 존재한다. 이 가운데 포르투갈어와 스페인어, 카탈로니아어 권역의 사용인구가 1억 명(이들 세 언어는 각각 포르투갈과 스페인 및 카탈로니아[13]의 표준어임), 프랑스어 권역의 사용인구가 4천 5백만 명, 이탈리아어 권역의 사용인구가 4천만 명 이상, 스위스의 라딘어(*Ladin*)(레토-로망어, *Rhaeto-Romanic*) 권역의 사용인구가 약 1만 6천 명 정도이다(라틴어는 티롤 남부와 이탈리아 북동부에서도 사용된다). 이밖에 유고슬로비아의 달마티아[14] 지역에서 사용하던 달마티아어는 이미 소멸하였다. 달마티아어의 한 방언인 라구자어(*Ragusan*)는 15세기에 사라졌으며, 벨리오테어(*Veliote*)는 19세기까지 명맥을 유지하다가 사라졌다. 남슬라브어의 침입으로 서쪽 지역과 갈라진 흑해의 동쪽으로는 루마니아어 사용지역이 존재하는데, 루마니아어 사용인구는 약 천 4백만 명으로 추산된다. 물론 모든 로망스어는 고대 도시 로마의 방언이었던 라틴어의 후예이다.[15] 라틴어에 관한 자료 중에 가장 오래된 기록은 기원전 300년으로 거슬러 올라간다. 중세와 근대를 거치면서, 라틴어는 지금까지 문어와 식

---

13) 스페인 북동부의 소국. ☞ 지명 약해 참고.

14) 아드리아 해의 연안지방으로 지금은 크로아티아 공화국에 속한다.

15) 라티움(Latium) 지방의 라티니족(*Latini*)이 사용하던 말로, 이 가운데 로마에서 사용하던 말이 로마제국의 공용어로 광범위하게 확산되었다.

자층의 담론을 위한 인위적 표현수단으로 사용되고 있다. 이탈리아에서 발견된 고대 비문을 보면, 오스크어(Oscan)와 움브리아어(Umbrian)라는 라틴어의 자매어를 일부 확인할 수 있다. 이들 언어를 비롯하여 로마제국의 팽창기에 라틴어에 자리를 내준 다른 언어들도 모두 라틴어와 함께 이탈리아어족에 속한다. 이탈리아어와 켈트어는 특별한 유사성을 보이는 관계로 이들 두 언어가 인도-유럽어족 안에서 이탈리아-켈트 하위어군을 형성한다고 주장하는 학자들도 있다.

세르보-크로아티아의 남쪽이자, 아드리아 해(海)의 동쪽 지역에서는 알바니아어가 사용된다. 알바니아어에 관한 자료는 17세기부터 나타나는데, 사용인구는 150만이다. 알바니아어는 주변의 여러 언어에서 차용한 외래어로 어휘부를 가득 채우고 있지만, 형태론의 고유한 중핵(中核)을 보면 이 언어가 인도-유럽어족의 한 계파라는 사실을 잘 알 수 있다.

오늘날 그리스어를 사용하는 사람의 수효는 광범위한 세력을 가진 표준어와 많은 지역 방언을 포함하여 약 7백만 명에 이른다. 현대의 여러 방언은 거의 모두 서력기원이 시작된 직후 몇 세기 동안 널리 사용되면서 고대의 지역 방언을 대체한 표준어, 즉 코이너어(Koiné)에 뿌리를 두고 있다. 이들 고대 그리스의 여러 방언은 기원전 7세기부터 나오는 많은 비문과, 기원전 4세기부터 시작되는 파피루스 표기자료 및 (훨씬 후대에 필사본으로 전해졌음이 분명한) 문학작품 등을 통해 우리에게 알려져 있다. 특히 가장 오래된 서사시인 호머의 시편은 적어도 기원전 800년까지 거슬러 올라간다.

소아시아에 있는 인도-유럽어족의 한 계파로는 아르메니아어가 있는데, 현재의 사용인구는 3, 4백만 명 정도이다. 아르메니아어의 표기기록 중에 가장 오래된 것은 서기 5세기로 거슬러 올라간다.

아시아 지역에 자리 잡은 인도-유럽어족의 커다란 분파는 인도-이란어군이다. 인도-이란어군은 다시 이란어계와 인도어계로 나뉘는데, 오늘날 두 계파 사이의 차이는 상당히 크다. 그러나 현존하는 옛 자료로 볼 때 두 계파의 원시형태는 뿌리가 같았을 것이 분명하다.

현대 이란어에는 페르시아어(사용인구 약 7, 8백만 명에 이르는 품격 높은 표준어)와 카스피어군 및 쿠르드어가 있다. 동쪽으로는 파미르 고원 지방의 방언들과 아프가니스탄어(파슈토어, *Pushto*)¹⁶⁾(사용인구 약 4백만 명으로 추정) 및 발루치어가 있다. 멀리 서쪽으로 떨어져 고립된 인구 22만 5천 명의 코카서스 지역 오세트어(*Ossete*) 역시 이란어에 속한다. 이란어의 자료 중 가장 오래된 것은 고대 페르시아어로 다리우스 대왕¹⁷⁾과 그의 계승자들에 대해 기록한 암각비문(기원전 6∼4세기로 추정)¹⁸⁾과, 아베스타어(*Avestan*, 고대 페르시아어)로 쓰인 조로아스터교¹⁹⁾의 경전《아베스타》⁽¹⁾를 들 수 있다. 이 경전의 가장 오래된 부분은 기원전 600년경까지 거슬러 올라간다. (요즘 볼 수 있는《아베스타》필사본은 현대식으로 바꾸어 놓은 것으로 텍스트도 철자법의 극심한 변개를 겪었다.) 중간단계의 페르시아어에 대한 자료는 중세 페르시아어인 팔라비어(*Pehlevi*)를 제외하고는 거의 찾아볼 수가 없다. 그러나 최근에 중국의 투르키스탄(Turkestan)²⁰⁾에서 발견된

---

16) 푸슈토어, 파탄어 혹은 파크토어라고도 한다. 아프가니스탄의 국어는 '아프간 파르시'라고 하는 '다리어'와 '파슈토어'의 두 가지이다. 파슈토어는 원래 파슈토족이 쓰던 말인데, 파슈토족이 아프가니스탄과 파키스탄으로 나뉘는 바람에 현재는 '아프간 파슈토어'와 '파키스탄 파슈토어'로 양분되었다.

17) 아케메네스 왕조 시대, 페르시아 제국의 왕으로 재위기간은 기원전 522년부터 486년이다. 뛰어난 행정조직과 대규모 건축사업으로 유명하며, 수차에 걸쳐 그리스 정복을 시도했으나 실패했다.

18) 쐐기문자(설형문자)로 되어 있다. 17. 8절 참고.

19) 배화교(拜火敎). 여기서 'Parsee'라고도 철자되는 'Parsi'는 배화교 또는 배화교도의 별칭이다. 또한 고대 페르시아어를 파르시어(*Parsi*)라고 부르기도 한다.

여러 필사본 자료의 단편에 의해 파르티아어(*Parthian*), 소그드어(*Sogdian*), 사크어(*Sakian*) 등과 같은 중세 이란의 여러 언어에 대한 비밀이 일부나마 밝혀졌다.

인도-이란어군의 또 다른 하위 계파인 인도어는 사용인구가 무려 2억 3천만 명에 이르고, 분포 또한 인도의 대부분을 포함하는 수많은 방언구역에 걸친다. 이 가운데 중요한 언어로는 마라티어(*Marathi*, 사용인구 천 9백만 명), 구자라트어(*Gujerati*, 사용인구 천만 명), 펀잡어(*Panjabi*, 사용인구 천 6백만 명), 라자스탄어(*Rajasthani*, 사용인구 천 3백만 명), 서힌디어(사용인구 3천 8백만 명), 동힌디어(사용인구 2천 5백만 명), [21] 오리야어(*Oriya*, 사용인구 천만 명), 비하르어(*Bihari*, 사용인구 3천 6백만 명), 벵골어(*Bengali*, 사용인구 5천만 명) 등이 있다. 유랑민인 집시의 언어(로마니어, *Romani*)는 인도 북서부의 파이사치(*Paiçachi*) 지역에 뿌리를 두고 있다. 인도의 언어에 관한 자료 중에서 가장 오래된 것은 기원전 3세기에 만들어진 아소카 왕[22]의 비문인데, 여기에는 이른바 프라크리트어(*Prakrit*) 단계[2] (혹은 중세 인도어)

---

20) 투르키스탄('Turkistan'으로도 표기함)이란 '터키인의 땅'을 뜻하는 이란어로, 동·서 투르키스탄으로 구분된다. 동투르키스탄은 중국의 신장웨이우얼〔新疆維吾爾〕 자치구를 구성하고, 서투르키스탄은 카자흐스탄·키르기스스탄·타지키스탄·우즈베키스탄·투르크메니스탄·아프가니스탄 등으로 구성된다.

21) 언어학적으로는 파키스탄의 국어를 서힌디어, 인도의 국어를 동힌디어라고 한다. 통상적으로는 서힌디어를 우르두어, 동힌디어를 그냥 힌디어라고 한다. 원래 서힌디어와 동힌디어의 차이는 철자에 있었으나, 두 나라가 영국으로부터 독립한 뒤 자주성을 강조하는 바람에 이제 서힌디어는 오직 우르두어라고만 불리며 이슬람과 아랍적인 색채를 더욱 강하게 나타내고 있으나, 구어의 사용이라는 측면에서 보면 두 나라 사람들의 의사소통은 별로 어렵지 않다.

22) 인도 마가다국의 제3왕조인 마우리아 왕조의 제3대 왕으로 재위기간은 기원전 265년 무렵부터 238년이다.

에 속하는 수많은 인도어의 방언이 담겨 있다. 프라크리트어 단계의
인도어는 후대의 비문이나 필사본 자료에도 나타난다. 이들 중 마지
막으로 나타난 것이 불교경전의 결집에 사용된 팔리어(Pali)이다. 이
보다 오래된 인도어 단계인 산스크리트(어) 단계(혹은 고대 인도어)는
이상하게도 다소 뒤에 나오는 자료를 통해 우리에게 알려져 있다. 이
단계에 속하는 가장 오래된 자료로는 고대 찬가의 모음집인 베다가
있다. 가장 오래된 찬가집인《리그 베다》[23]에서 가장 오래된 텍스트
의 원본 창작연대는 늦춰 잡아도 기원전 1200년경으로 추정된다. 이
들 찬가는 브라만교 경전의 근간을 이룬다. 이와 다소 다른 고대 인
도어의 두 번째 유형이 브라만교의 찬가와 주문을 해설해 놓은 산문
자료인 브라흐마나 텍스트 및 파니니 문법서(1.5절)와 그 주석서[24]
등에 나타난다. 흔히 산스크리트어라고 불리는 이 인도의 고대어는
인도 북서부의 상류층에서 기원전 4세기경에 사용하던 언어이다. 표
준 방언이자 훗날 문학어 겸 학문어로 사용되던 산스크리트어는 점차
브라만교가 지배하는 인도 전역의 공식 언어로 자리 잡게 되었다. 비
문에서 기원전 150년 무렵에 처음으로 나타나기 시작한 산스크리트어
는 그 후로 몇 세기 지나지 않아 프라크리트어의 여러 방언을 완벽하
게 대체해버렸다. 그때부터 오늘날까지 파니니 문법서의 규칙에 따라
표기되는 산스크리트어는 엄청난 양의 예술과 학문을 표현하는 수단
으로 사용되고 있다.

---

23)《리그 베다》(Rigveda / Rgveda)는 흔히 베다라고 부르는 인도 고대 종교문
　　헌의 일부를 이루고 있는 시편으로, 고어체 산스크리트어로 기록되었다. 내
　　용은 이란 지역에서 인도로 들어온 인도-유럽어족 사이에서 유행한 성스러
　　운 자연신의 찬가를 담고 있다.
24) 기원전 4세기에 집대성된 파니니 문전(文典)은 기원전 3세기경에 내용이 보
　　완되고 수정되었다가, 기원전 2세기에 이르러 파탄잘리의 손으로 주석작업
　　이 이루어졌다.

지금까지 열거한 언어는 모두 지금도 사용되는 말인데, 이들 이외에도 원시 인도-유럽어에서 갈라져 나온 시대마다 각기 다른 형태의 후손 언어가 존재했을 것임은 분명하다. 이들 가운데 일부는 지금까지 살아남은 언어의 계파와 관련된 언어였을 것이고, 다른 일부는 반쯤 관련된 중간단계를 보여주는 언어였을 것이며, 또 다른 일부는 관련성이 매우 희박한 언어였을 것이다. 그러한 일부 언어에 대한 지식은 매우 피상적이다. 고대에 아드리아 해 근방에서는 일리리아 언어들이 사용되었다. 그 가운데 일리리아어는 극소수의 고유명사만 아는 상태이고, 베네트어(Venetic)는 기원전 4세기에서 기원전 2세기까지 거슬러 올라가는 비문을 통해 알려졌으며, 이탈리아 남부의 메사피아어(Messapian)는 기원전 450년에서 기원전 150년까지 거슬러 올라가는 비문을 가지고 있다. 발칸반도의 서부지역에서 사용되던 트라키아어(Thracian)에 관해서는 극소수의 이름과 단어 및 기원전 400년 무렵까지 거슬러 올라가는 단 한 개의 비문만을 확보하고 있을 뿐이다. 이 언어는 소아시아의 프리지아어와 밀접하게 관련되었던 것으로 보이는데, 이러한 사실은 기원전 8세기로 거슬러 올라가는 일련의 비문과 서력기원 초반으로 거슬러 올라가는 또 다른 일련의 비문을 통해 확인할 수 있다. 마케도니아어는 그리스어와 밀접하게 관련되었던 것으로 보인다.[25] 리구리아어(Ligurian, 현재의 리비에라[26] 주변에서 사용되던 언어)와 시칠리아에서 사용되던 시칠리아어는 이탈리아어와 가까웠던 것으로 보인다. 중앙아시아에서 사용되던 토카라어(Tocharian)는 중국의 투르키스탄에서 발견된 서기 6세기 필사본의

---

25) 고대 마케도니아의 언어로 그리스의 영향이 컸다. 마케도니아 제국의 공용어는 그리스어인 코이니어였다.

26) 프랑스 남부의 니스에서 이탈리아의 스페치아에 이르는 지중해 연안의 유명한 피한지(避寒地).

단편을 통해 알려져 있다. [27]

원시 인도-유럽어는 이밖에 다른 언어들과도 밀접하게 관련되었던 것이 틀림없다. 그러나 특이한 점은 한 가지 예외만 빼고, 이들 언어가 완전히 소멸했거나 아니면 친족관계를 밝힐 수 없을 만큼 크게 변화했다는 사실이다. 소아시아의 고대 언어 가운데 하나인 히타이트어 (Hittite)가 바로 그 한 가지 예외에 해당한다. 이 언어는 기원전 1400년 무렵부터 시작되는 쐐기문자(설형문자) 비문을 통해 알려져 있다. 거리상의 커다란 간극에도 불구하고 이들 언어 사이의 관련성에 근거하여, 우리는 원시 인도-유럽어의 선사(先史)를 재구하는 동시에, 원시 인도-히타이트 조어(祖語)의 일부 자질도 재구할 수 있다.

4.4. 인도-유럽어족의 다양한 언어는 현재처럼 매우 광범위한 지역으로 퍼져나가면서 계통적으로 무관한 많은 언어를 소멸시켰다. 피레네 산맥의 서부지역에 사는 인구 50만에 달하는 바스크족의 언어가 그 대표적인 사례이다. 바스크어로 쓰인 이 언어의 가장 오래된 자료는 16세기로 거슬러 올라간다. 바스크어는, 한때 프랑스와 스페인의 남부에서 사용되었지만 비문이나 지명을 통해서만 옛 모습을 알수 있는 고대 이베리아어의 유일한 생존형태이다.

지금은 소멸한 그와 같은 언어에 관한 정보는 매우 빈약하다. 라틴 사람들에게 강력한 영향력을 행사했던 이탈리아의 에트루리아인들(Etruscan)은 다른 주변 민족과 전혀 혈연관계가 없었는데, 기원전 6세기 초반부터 시작되는 풍부한 비문을 남겨 놓았다. 그리스 알파벳으로 표기된 이들 비문은 판독이 가능하지만 정확한 의미는 아직

---

27) 두 방언으로 나뉘는데, 인도의 브라흐미 문자로 표기되었다. 토카라어와 히타이트어의 발견으로 말미암아 과거에 동게르만어로 여겨졌던 이른바 사템 (Satem) 제어의 지리적 통념이 바뀌었다. 18.11절 참고.

까지 밝혀지지 않았다. 고대 라에티어(Rhaetian)로 된 비문은 이 언어가 에트루리아어의 한 계파였음을 보여준다. 렘노스(Lemnos) 섬에서 발견된 기원전 600년경의 비문과, 주로 소아시아의 사르디스[28]에서 발견된 기원전 4세기와 3세기의 비문들은 에트루리아어가 렘노스어(Lemnian) 및 리디아어(Lydian)와 관련이 있음을 보여준다. 이 가운데 리디아어 자료만이 해독되었다.

크레타 섬의 고대 유적지에서는 그리스 알파벳으로 쓰인 비문이 여럿 발견되었다. 이들 이외에도 기원전 4세기경의 것으로 추정되는 2개의 비문과 그보다 더 이전의 것으로 추정되는 〔프라이소스(Praisos) 마을에서 발견된〕 한 개의 비문은 해독이 불가능한 언어로 쓰여 있다. 크레타 섬에서는 이보다 훨씬 이전인 기원전 1500년 무렵에 쓰인 것으로 추정되는 비문도 발견되었는데, 그 안에는 그림문자[29]뿐만 아니라 여기서 파생된 보다 단순화된 문자체계도 들어 있다.

소아시아에서는 기원전 5세기에서 4세기에 이르는 리키아어(Lycian)로 된 비문이 광범위하게 나타나며, 이보다 축소된 범위에서 기원전 7세기의 카리아어(Carian)로 된 비문이 나타난다. 리키아어 비문은 그리스 알파벳으로 씌어졌는데 일부만 해독이 가능하다. 카리아어 비문의 표기도 동일한 문자로 씌어졌을 것으로 보이지만, 전혀 해독이 불가능하다. 시리아와 소아시아의 인접지역에서 다량으로 출토되는 기원전 1000년에서 기원전 550년경의 그림문자 비문은 지금까지 히타이트족의 것으로 추정되었다. 그러나 이들 미해독 비문이 히타이트족의 쐐기문자로 표기되고 또 히타이트족에 의해 제작되었다고 믿을 수 있는 확실한 근거는 희박하다(4.3절).

근동에서 바위나 진흙에 새겨진 쐐기문자 비문의 존재를 더듬어가

---

28) 고대 리디아의 수도.
29) '회화문자'(繪畫文字)라고도 한다.

면 상당히 오래전에 사어가 된 언어들과 만나게 된다. 즉, 메소포타 미아의 수메르어는 기원전 4000년, 페르시아의 엘람어(*Elamitic*)는 기원전 2000년, 메소포타미아 동부지역의 코세어(*Cossean*)[30]는 기원전 1600년, 메소포타미아 동부지역의 미타니어(*Mitanni*)는 기원전 1400년경, 〔터키 동부 반 호수(Lake Van) 근처에서 사용되었던〕 반어 (*Van*)는 기원전 9세기 내지 기원전 8세기까지 그 기원이 거슬러 올라간다. 그리고 소아시아의 히타이트 제국에 속했던 일부 민족의 언어도 해독이 불가능한 쐐기문자로 기록되어 있다.[31] 고대 페르시아어와 히타이트어에 대해서는 이미 다루었으므로(4.3절), 이제 셈어의 일종인 바빌로니아-아시리아어(*Babylonian-Assyrian*)에 대해 알아보기로 한다.

4.5. 오늘날 인도-유럽어족에 인접한 여러 어족 중에서 일부는 그 친족관계가 상당히 희박하다. 셈-햄어족과 핀-우그리아어족은 인도-유럽어족의 언어들과 일부 측면에서 유사한 것처럼 보이기도 하지만, 많은 노력에도 불구하고 아직까지 결정적 단서는 발견되지 않았다.

셈-햄어족에는 셈어, 이집트어, 베르베르어(*Berber*), 쿠시트어(*Cushite*) 등 4개의 계파가 있다. 이들 언어는 서로 닮은 점이 있지만, 그 친근관계는 소원한 편이다.

셈어 계파는 동(東)셈어와 서(西)셈어로 나뉜다. 지금은 소멸된 바빌로니아-아시리아어는 동셈어에 속하는데, 기원전 2500년경부터 쐐기문자로 바위나 진흙에 새긴 비문자료에서 그 흔적을 찾아볼 수 있다. 그러나 이 언어는 서력기원이 개막되기 이전에 아람어(*Aramaic*)

---

30) 코세어에 대한 자료는 19세기에 들어와 이란에서 발견되었다. 그러나 그 자료가 미미하여 코세어의 친족관계는 아직 밝혀지지 않았다.

31) 히타이트족은 '하티족'(*Hatti*)이라고도 한다.

에 그 자리를 내주고 말았다. 서셈어 계파는 다시 북(北)셈어와 남(南)셈어로 나뉜다. 북셈어의 흔적은 텔-엘-아마르나(Tel-el-Amarna)에서 발견된 기원전 1400년경으로 소급되는 쐐기문자판에 쓰인 가나안어(*Canaanite*) 단어와, 기원전 9세기의 저 유명한 메사 왕 비문[32]에 나오는 모아브어(*Moabite*)에서 찾아볼 수 있다. 기원전 9세기의 비문을 통해 처음으로 알려진 페니키아어는 페니키아뿐만 아니라 카르타고[33]의 페니키아 식민지에서도 사용되었다. 페니키아에서 사용되던 페니키아어는 서력기원 이전에 소멸했지만, 카르타고에서 사용되던 페니키아어는 그 뒤로도 수세기 동안 명맥을 유지했다. 이와 동시대의 비문과 구약성서 필사본을 통해 히브리어의 존재를 알 수 있는데, 이 구약성서에서 가장 오래된 부분은 기원전 1000년경으로 거슬러 올라가는 것으로 추정된다. 히브리어는 기원전 2세기에 아람어의 영향으로 소멸했지만, 중세 내내 문어의 형태로 남아 있었다. 최근에는 이것을 인공적으로 구어의 수준까지 복원하려는 노력이 시도되고 있다. 끝으로 아람어는 다수의 방언집단으로 이루어져 있는데, 기원전 8세기의 비문을 통해 처음으로 알려졌다. 엄청난 팽창의 소용돌이 속에서 아람인들은 서력기원이 개막되기 직전 수세기 동안 시리아와 아시아의 광활한 영토를 넘어 그리스와 싸우면서, 히브리어와 아시리아어를 포함한 많은 언어를 아람어로 대체해 나갔다. 아람어는 약 1000년 동안(기원전 300년~서기 650년경) 근동의 공식어이자 문어로서 주도적인 역할을 수행했다. 특히 아람어는 문어로서의 탁월한 특성을 가지고 아시아의 문자체계에 지대한 영향력을 행사했다. 그러나 아랍세계가 위세를 떨치기 시작하면서부터 아람어는 그 위상을 잃게 되어, 지금은 단지 20여만 정도의 화자만 사용하는 '고립된

---

32) 《열왕기 하》 3 : 4 참고.

33) 북아프리카에 있던 도시국가. ☞ 지명 약해 참고.

파편'으로 전락하고 말았다. 서셈어의 또 다른 계파인 남셈어는 아직도 명맥을 널리 유지하고 있다. 기원전 8세기에서 서기 6세기에 걸치는 비문을 통해 알려진 남아랍어는 아라비아 반도의 남부 연안과 소코트라(Sokotra) 섬에서 아직도 사용되고 있다. 가장 오래된 기록이 서기 328년의 비문에 나타나는 아랍어는 서기 7세기 무렵 이슬람교를 앞세운 아랍세계의 정복정책에 힘입어 비약적으로 세력을 넓혔다. 오늘날 아랍어를 사용하는 인구는 약 3천 7백만 명인데, 그보다 중요한 것은 수세기 동안 아랍어가 이슬람교의 성스러운 언어이자 문학어 및 공식어로 사용되어왔다는 사실이다. 아프리카 동부 해안(아비시니아,[34] Abyssinia)에서 사용되는 에티오피아어는 서기 4세기부터 나오는 비문에서 그 존재가 처음으로 알려졌다. 오늘날 이 지역에서 사용되는 이 어군에 속하는 언어로는 티그르어(Tigre), 티그리냐어(Tigriña), 암하라어(Amharic) 등이 있다.

셈-햄어족의 이집트어와 베르베르어, 쿠시트어 계파는 보통 햄어라는 이름에 포함된다.

이집트어는 기원전 4000년부터 신성문자[35] 비문에 기록되었는데, 후대에 이 언어에서 발달한 콥트어(Coptic)[36]가 기독교 시대에 필사 문학의 형태로 나타난다. 이집트어는 사멸하여, 17세기에 아랍어로 대체되었다.

셈-햄어족의 베르베르어 계파는 기원전 4세기 리비아어로 표기된 비문을 통해 고대부터 잘 알려져 있다. 오늘날의 베르베르어에는 투

---

34) 에티오피아의 옛 이름.
35) 이집트의 상형문자. 17. 2절 참고.
36) 성서를 콥트어로 번역하여 한때 유력한 언어가 되기도 했지만, 아랍어의 압력에 밀려 지금은 콥트교회에 속하는 기독교도의 종교어로서만 명맥을 유지하고 있다.

아레그어(*Tuareg*), 카빌어(*Kabyle*) 등의 언어가 속해 있는데, 이들 언어는 북아프리카에서 아랍어의 위세에도 눌리지 않고 아직까지 명맥을 유지하고 있으며 약 6, 7백만에 이르는 사용인구를 거느리고 있다.

셈-햄어족의 쿠시트어 계파는 이집트 남부에서 사용된다. 쿠시트어에는 다수의 언어가 포함되는데, 대표적인 것은 소말리어와 갈라어(*Galla*)이다. 특히 갈라어를 사용하는 인구는 약 8백만 명에 달한다.

4.6. 북아프리카에서 아랍어와 베르베르어 지역의 남쪽을 보면, 동쪽의 에티오피아어 지역과 쿠시트어 지역에서부터 서쪽의 기니 만(灣)에 이르기까지 많은 언어가 대륙을 가로질러 넓은 띠 모양으로 분포되어 있다. 약 5천만 명의 인구가 사용하는 이 광활한 지역의 언어들에 대해서는 알려진 것이 거의 없다. 언어학적 증거가 부족한 관계로 이 지역의 언어들이 모두 친족관계를 갖는다고 주장하는 학자도 있으며, 이 가운데 일부 언어가 햄어족이나 반투어족에 속한다고 주장하는 학자도 있다. 이 지역의 언어들 중에서 자주 언급되는 언어로는, 세네갈의 월로프어(*Wolof*)와 풀어(*Ful*), 기니 만 연안의 그레보어(*Grebo*), 에웨어(*Ewe*), 요루바어(*Yoruba*), 이 지역 중앙의 하우사어(*Haussa*) 등이 있다. 그리고 이 지역의 동쪽에는 카르툼37) 주변 넓은 지역의 누바어(*Nuba*)가 있고, 남쪽에는 딩카어(*Dinka*), 그보다 남쪽에는 마사이어(*Masai*) 등이 있다.

기니 만과 수단을 중심으로 한 지역의 남쪽에서는 광대한 반투어족을 볼 수 있다. 유럽세력이 침략하기 전만 해도, 반투어는 남서부의 일부 지역을 제외한 아프리카 모든 지역에서 사용되는 언어였다. 약 5천만 명에 달하는 아프리카인이 사용하는 반투어족 중에서 꽤 알려

---

37) 수단을 가리킨다.

진 것으로는 루간다어(*Luganda*), 스와힐리어(*Swahili*), 카피르어(*Kaffir*), 줄루어(*Zulu*), 테벨레어(*Tebele*), 수비야어(*Subiya*), 헤레로어(*Herero*) 등이 있다.

남서아프리카에서 반투어가 사용되지 않는 지역은, 유럽인의 침략 이전에 언어적으로 무관했던 두 언어, 곧 사용인구 약 5만의 부시먼어(*Bushman*)와 사용인구 약 25만의 호텐토트어(*Hottentot*) 지역에 속한다.

4. 7. 유라시아 대륙으로 눈을 돌리면, 인도-유럽어족의 동쪽에 해당하는 지역에서 거대한 핀-우그리아어족을 발견할 수 있다. 이 핀-우그리아어족은 다시 6개의 주요 계파로 나뉜다. 그 첫째가 핀-라프어파(*Finnish-Lapponic*)이다. 노르웨이와 스웨덴, 핀란드의 북부지역에서는 약 3만 명의 화자가 라플란드어를 사용하고 있다. 이 계파의 다른 언어들은 서로 가까운 언어집단, 이른바 핀란드어(혹은 발트-핀란드어)파를 형성한다. 발트-핀란드어파 중에서 가장 많은 화자들이 사용하는 언어는 핀란드어이다. 핀란드어에 관한 자료는 일찍이 13세기부터 단편적으로 기록되는데, 1544년부터는 인쇄된 책자의 형태로도 나타난다. 핀란드어는 약 3백만 명을 토박이 화자로 거느린다. 핀란드어와 거의 동등하게 오랜 기록의 역사를 갖는 에스토니아어의 사용인구는 약 1백만 명이다. 핀란드어와 에스토니아어는 각각 핀란드 공화국과 에스토니아 공화국의 표준어로 자리 잡았다. 발트어계의 다른 언어로는 카렐리아어(*Carelian*), 올로네트시아어(*Olonetsian*), 루디아어(*Ludian*), 베프시아어(*Vepsian*), 리보니아어(*Livonian*), 잉그리아어(*Ingrian*), 보티아어(*Votian*) 등이 있다. 이들 언어의 규모는 매우 작은 편으로 일부는 이미 소멸단계에 접어들었다. 러시아의 유럽지역과 아시아 지역에서 사용되는 핀-우그리아어족 계열의 4개 계파

는, 모르드빈어(*Mordvine*, 백만 명), 체레미스어(*Cheremiss*, 37만 5천 명), 페름어〔*Permian*, 42만 명의 보탸크어(*Votyak*)와 25만 8천 명의 지리안어(*Zyrian*)로 구성됨)〕 및 오브-우그리아어〔*Ob-Ugrian*, 사용인구 1만 8천 명의 오스탸크어(*Ostyak*)와 사용인구 5천 명의 보굴어(*Vogule*)로 구성됨〕이다. 핀-우그리아어족의 마지막 여섯째 계파는 헝가리어이다. 헝가리어는 9세기 말 외세의 침략에 의해 유럽 중앙부로 전파되었다. 라틴어 문헌에 산재한 단어를 제외하면, 헝가리어의 자료 중에서 가장 오래된 것은 13세기로 거슬러 올라간다. 헝가리어는 약 천만 명의 인구가 표준어로 사용하고 있으며, 지역 방언 또한 많다.

오스탸크(Ostyak) 지역의 동쪽에 위치한 예니세이[38] 강변에서는 약 18만 명이 사모예드어족의 언어를 사용하고 있다. 사모예드어는 사용되는 지역이 널리 산재된 관계로 지역에 따라 언어의 차이가 크다. 사모예드어족과 핀-우그리아어족 사이에 친족관계가 있다는 조사보고도 있다.

4.8. 터키어족〔투르크-타타르어족(*Turco-Tartar*) 혹은 알타이어족〕은 중세 말엽에 오스만 터키가 정복했던 소아시아에서부터 예니세이 강의 상류에 이르기까지 그 분포범위가 매우 광활하다. 터키어 계열의 언어로는 우리에게 친숙한 터키어, 타타르어, 키르기즈어, 우즈베크어, 아제르바이잔어가 있는데, 사용인구 3천 9백만에 달하는 이들 언어 사이에는 차이점이 별로 눈에 띄지 않는다. 터키어에 관한 자료 가운데 가장 오래된 것으로는 시베리아에서 출토된 몇 점의 비문(서기 8세기)과 터키어와 아랍어 어휘집(서기 11세기), 라틴어와 페르시아어, 터키어의 어휘집(서기 14세기) 등이 있다. 이 언어군에 속하는 다른 언어들과 격리되어 있으면서도 이들 언어와 많이 다르지 않은 언어는, 시베

---

38) 러시아 중부를 북류하여 북극으로 들어가는 강. ☞ 지명 약해 참고.

리아의 최북단에서 20만 명 이상이 사용하는 야쿠트어이다. 일부에서
는 투르크-타타르어가 몽골어뿐만 아니라 만주어와도 친족관계가 있
다고 주장하기도 하고, 또 다른 일부에서는 근거는 미약하지만 이 모
든 언어가 핀-우그리아어 및 사모예드어와 친족관계가 있다는 주장을
펴기도 한다(말하자면 우랄-알타이어족에 속한다는 주장이다).

　몽골 제어는 몽골의 투르크-타타르어 동쪽 대부분의 지역에서 사용
된다. 그러나 이 몽골부족의 유목과 약탈습관으로 인하여, 몽골어 공
동체도 아시아의 다양한 지역에서 산재한 모습으로 발견되며, 심지어
는 유라시아 지역에서 발견되기까지 한다. 몽골어의 사용인구는 대략
3백만 명으로 추산된다. 몽골어에 관한 가장 오래된 문자기록은 13세
기 칭기즈칸 시대의 비문에 나타난다.

　퉁구스-만주어족은 몽골어의 북쪽에 위치하여, 투르크-타타르어족을
야쿠트어 지역과 나머지 언어지역으로 양분한다. 퉁구스어의 사용인구는
대략 7만 명으로 추산되는데, 이들은 시베리아의 아주 넓은 지역에 흩어
져 산다. 만주어를 실제로 사용하는 인구의 수효는 명확하지 않다. 중국
에 사는 자칭 만주족이라는 사람들도 대부분 중국어만 사용할 따름이기
때문이다. 언어학자 데니(Deny)에 따르면, 그 숫자는 백만이 채 안 되리
라고 한다. 문학어 겸 공식어로서의 만주어는 1647년부터 인쇄된 상태로
나타나지만, 필사본의 전통은 그보다 훨씬 이전으로 거슬러 올라간다.

　규모가 매우 큰 인도-차이나어족(혹은 시노-티베트어족)은 세 갈래의
계파로 구성된다. 첫 번째 계파인 중국어는 사용인구가 무려 4억 명에
달한다. 중국어는 사용하는 지역이 너무 넓은 관계로, 지역에 따라 의
사소통이 불가능한 경우가 있을 정도로 방언 내지 언어도 많다. 중국
어는 다시 만다린어군(베이징〔北京〕어를 포함하는 북부 중국어, 난징〔南
京〕을 포함하는 중부 중국어, 쓰촨〔泗川〕에서 사용하는 서부 중국어)과 중
앙 연안어군〔상하이어(Shanghai), 닝포어(Ningpo), 항저우어(Hangkow)〕,

장시어군(Kiangsi group) 및 남부 중국어군〔푸저우어(Foochow), 아모이-스와토우어(Amoy-Swatow), 광둥-객가어(Cantonese-Hakka)〕 등으로 나뉜다. 중국어 자료 가운데 가장 오래된 것은 비문에 남아 있는데, 그 가운데 일부는 기원전 2000년까지 거슬러 올라간다. 그러나 중국어의 문자(한자)는 소리에 관한 정보를 거의 드러내지 않고 개별 단어마다 별개의 부호를 사용하는 표의문자이기 때문에, 남아 있는 해독가능한 자료로도 중국어의 실체가 어떤 것이었느냐에 대해서는 거의, 아니 전혀 알 수 없다. 그러므로 서기 600년 이전에 사용되던 중국어의 발음에 대해서는 알려진 것이 없다. 두 번째 계파인 타이어족에는 약 7백만 명이 사용하는 샴어(Siamese)가 포함된다. 샴어에 관한 가장 오래된 기록은 서기 1293년의 비문에서 찾아볼 수 있다. 세 번째 계파인 티베트-미얀마어(Tibeto-Burman)는 4개의 언어집단으로 구성되어 있다. 문자 그대로 티베트에서 사용하는 티베트어군이 가장 중요한 언어로, 그에 대한 기록은 9세기의 자료에 나온다. 인구 8백만 명이 미얀마에서 사용하는 미얀마어(Burmese) 역시 비슷한 위치를 점하는 언어이다. 이밖의 언어로는 비교적 작은 방언들로 구성된 두 언어집단이 있는데, 보도-나가-카친어(Bodo-Naga-Kachin)와 로-로어(Lo-lo)가 그것이다.

아시아의 북동쪽 끝자락에 위치한 북극지역의 하이퍼보르(Hyper-borean)어족은 추크치어(Chukchee)와 코르야크어(Koryak) 및 캄차달어(Kamchadal)로 구성되어 있다. 추크치어와 코르야크어의 사용인구는 각각 약 1만에 달하며, 캄차달어의 사용인구는 약 1천에 달한다.

예니세이 강 주변 지역에는 사용인구 약 1천 명의 예니세이-오스탸크어(Yenisei-Ostyak)와 지금은 거의 소멸한 것으로 추정되는 코티어(Cottian)가 있는데, 이들은 하나의 독립 어족을 이루고 있다.

동아시아의 언어들 중에는 친족관계가 밝혀지지 않은 언어가 여럿 있다. 사할린 섬의 북부지역과 아무르 강의 어귀에서 사용되는 길랴크어도 그런 언어들 중의 하나이다. 이외에도, 아이누어(*Ainu*), 일본어, 한국어가 있는데, 각 언어의 사용인구는 아이누어가 약 2만 명, 일본어가 5천 6백만 명, 한국어가 천 7백만 명이다.

4. 9. 유럽의 남동쪽으로 눈을 돌리면 코카서스 지역이 나오는데, 이곳의 언어분포는 매우 다양하다. 이란어(4. 3절)의 일종인 오세트어를 제외한 모든 언어는 보통 북코카서스어족과 남코카서스어족으로 나뉜다. 북코카서스어와 남코카서스어의 사용인구는 각각 1백만 명과 2백만 명에 달한다. 이들 언어 가운데 가장 널리 알려진 그루지야어(*Georgian*, 2010년 국명이 조지아로 변경됐음)는 남코카서스어에 속한다. 이들 언어의 문헌자료는 서기 10세기부터 나타나기 시작한다. 언어의 친족관계에 대한 전혀 새로운 정의와 이론에 근거해 러시아의 언어학자 마르(N. I. Marr)와 브라운(F. Braun)은 코카서스 제어를 한때 널리 퍼져 있던 야페테(Japhetic)어족의 잔존 형태로 보는데, 일부 특징들이 바스크어와 셈어 및 인도-유럽어들(특히 아르메니아어)에도 나타난다고 주장한다. 그러나 이들의 학설을 액면 그대로 받아들이기에는 증거가 충분하지 않다. 이에 대해서는 다음 자료를 참고할 수 있다. Materialy po jafetičeskomu jazykoznaniju, Leningrad, 1910-; Marr, N. I., Der japhetitische Kaukasus, Berlin, 1923(=Japhetitische Studien, 2); Marr, N. I., Etapy razvitija jafetičeskoj teorii, Leningrad, 1933(=Izbrannyje raboty, Ⅰ). (이상은 제14판 551쪽의 수정 보완 내용이다.)

인도 대륙에서 인도-아리안 제어의 남방에는 거대한 드라비다어족이 자리 잡고 있는데, 여기에는 수많은 군소어와 함께 타밀어(*Tamil*, 천 8백만 명), 말라얄람어(*Malayalam*, 6백만 명), 카나리어(*Canarese*, 천만 명으로 서기 5세기의 비문이 가장 오래된 자료로 남아 있음), 텔루구어(*Telugu*, 2천 4백만 명) 등을 표준 문학어로 사용하는 지역이 포함된다. 단일 드라비다어인 브라히어(Brahui, 17만 4천 명)는 나머지 언어들과 멀리 떨어진 발루치스탄39) 산악지대에서 사용된다. 이는 인도-아리안어와 이란어의 침입 이전에 드라비다어가 지금보다 훨씬 광범위한 지역을 차지하고 있었던 시기의 흔적으로 보인다.

인도의 문다어족(Munda family)은 사용인구가 3백만에 이르는데, 히말라야 산맥의 남쪽 줄기와 인도 중부의 초타 나그푸르40) 고원 지역으로 나뉘어 고립된 상태로 분포되어 있다.

몬-크메르어족은 니코바르 제도와 말레이 반도 일부 지역 등 동남아시아의 여러 곳에 산재해 있다. 가장 오래된 기록은 캄보디아어41)로 쓰인 비문인데, 서기 7세기까지 거슬러 올라간다. 현재 이 어족에는 거대한 문화어인 안남어(베트남어)가 포함되는데, 사용인구는 천 4백만 명이다. 문다어와 몬-크메르어족이 모두 말레이-폴리네시아어족[이른바 오스트로네시아어족(Austric family)을 형성함]에 속한다고 주장하는 일부 학자도 있다.

말레이-폴리네시아어족은 말레이 반도에서부터 태평양을 건너 이스터 섬42)에까지 산재한다. 말레이-폴리네시아어족은 다시 4개의 계파로 나뉘는데, 이 가운데 첫 번째 계파인 말레이어(혹은 인도네시아어)는 사용인구가 3백만 명에 이르고, 교역어와 문화어로 널리 사용되고 있다. 말레이어에는 동쪽 지역 큰 섬의 언어들, 즉 대만어(Formosan), 자바어(2천만 명), 순다어(Sundanese, 650만 명), 마두라어(Maduran, 3백만 명), 발리어(Balinese, 100만 명) 및 다수의 필리핀의 섬 언어인 비사야어(Bisaya, 275만 명)와 타갈로그어43)(150만 명)가 포함된다.

---

39) 파키스탄과 이란, 아프가니스탄의 접경 지역. 카스피 해 연안에 거주했던 발루치족은 점차 남하하여 지금의 지역에 뿌리를 내렸으나, 영국에 의해 이란과 파키스탄으로 양분되었다.
40) 인도 중앙부로 나그푸르 동쪽에 위치한다.
41) 원문에 철자가 'Cambogian'으로 되어 있는데, 중간의 'g'는 'd'의 오식으로 보인다.
42) 태평양 남동부의 섬. ☞ 지명 약해 참고.

그리고 좀더 멀리 떨어진 마다가스카르에서 사용되는 언어인 마다가스카르어44) (3백만 명)도 여기에 속한다. 말레이-폴리네시아어족의 두 번째 계파인 멜라네시아어에는 솔로몬 제도와 피지45)에서 사용되는 언어처럼 보다 규모가 작은 섬 집단에서 사용되는 언어들이 포함된다. 세 번째 계파인 미크로네시아어로는 길버트 군도,46) 마셜 군도, 캐롤라인 제도,47) 마리아나 군도 및 야프 섬48)의 언어가 있다. 마지막 네 번째 계파인 폴리네시아어에는 뉴질랜드 원주민의 언어인 마오리어를 비롯하여, 사모아어와 타히티어, 하와이어 및 이스터 섬의 언어 등을 비롯한 태평양 제도 동안(東岸)의 언어가 포함된다.

뉴기니와 그 주변 섬에서 사용되는 파푸아어족과 오스트레일리아의 언어들에 대한 친족관계는 아직 밝혀진 바가 없다.

4.10. 이제 아메리카 대륙이 남았다.

백인이 들어오기 이전까지 멕시코 북부에 살던 원주민 인디언의 숫자는 무려 150만 명에 달했던 것으로 추정된다. 그러나 지금 이 지역에서 아메리카 원주민의 언어를 사용하는 사람의 수효는 25만 명을 넘지 못한다. 영어가 급속도로 그 자리를 차지한 까닭이다. 지금까지 나온 연구자료는 극히 불충분하지만, 이곳에서 사용되던 25개에서 50개 정도로 추정되는 언어들 사이에는 친족관계가 전혀 없는 것으로 보인다. 이 지역의 대부분은 대규모 어족이 차지하고 있지만, 일부 지역 특히

---

43) 필리핀 루손 섬에 거주하는 원주민 언어로 필리핀의 공식어 가운데 하나다.
44) 아프리카 남동부의 섬인 마다가스카르(Madagascar) 공화국의 옛 이름은 그 언어를 가리키는 말라가시(Malagasy)였다.
45) 남태평양 서부의 피지 공화국. ☞ 지명 약해 참고.
46) 태평양 서부의 섬 무리. ☞ 지명 약해 참고.
47) 미크로네시아 연방과 팔라우 공화국을 이루는 섬 무리. ☞ 지명 약해 참고.
48) 미크로네시아 연방에 속하는 섬 무리. ☞ 지명 약해 참고.

퓨젓 사운드(Puget Sound) 주변과 캘리포니아 연안은 서로 무관한 소규모 언어공동체가 밀집되어 있었다. 이들 가운데 적어도 6개 어족은 완전히 소멸한 것으로 알려져 있다. 아직까지 명맥을 유지하는 몇몇 언어의 이름을 열거하면 다음과 같다. 아메리카 대륙의 북단에는 에스키모어가 남아 있는데, 이 언어는 그린란드에서부터 배핀 섬과 알래스카를 지나 알류샨 열도에 이르기까지 넓은 지역에 퍼져 있으면서도 제법 방언의 체계가 잘 짜여 있다. 알공키안어족은 아메리카 대륙의 북동쪽에 널리 분포하는데, 이 어족은 캐나다 동부 및 중부의 언어〔미크맥어(*Micmac*), 몬타냐어(*Montagnais*), 크리어(*Cree*)〕, 뉴잉글랜드의 언어〔페노브스코트어(*Penobscot*), 매사추세츠어(*Massachusetts*), 나티크어(*Natick*), 나라간세트어(*Narraganset*), 모히칸어(*Mohican*) 및 남쪽의 델라웨어어(*Delaware*)〕, 오대호(五大湖)의 언어〔오지브와어(*Ojibwa*), 포타와토미어(*Potawatomi*), 메노미니어(*Menomini*),[49] 사우크어(*Sauk*), 폭스어(*Fox*), 키커푸어(*Kickapoo*), 피오리아어(*Peoria*), 일리노이어(*Illinois*), 마이애미어(*Miami*) 등〕, 서부의 소수 고립어〔블랙풋어(*Blackfoot*), 샤이엔어(*Cheyenne*), 아라파호어(*Arapaho*)〕로 세분화할 수 있다. 아타바스카어족(*Athabascan family*)은 캐나다 북서지역 해안가의 거의 모든 지역 언어〔치페와이언어(*Chipewyan*), 비버어(*Beaver*), 도그립어(*Dogrib*), 사르시어(*Sarsi*) 등〕를 비롯해서 캘리포니아의 수많은 고립집단〔후파족(*Hupa*), 마톨족(*Matole*)〕의 언어 및 남부 거대 지역의 언어〔아파치어(*Apache*), 나바호어(*Navajo*)〕를 거느리고 있다. 이러쿼이어족(*Iroquoian family*)은 알공키안 원주민으로 둘러싸인 지역에서 사용되던 언어집단이었다. 이러쿼이어에는 휴런어〔*Huron* 혹은 와이언도트어(*Wyandot*)〕와 이러쿼이 유형의 언어〔모호크어(*Mohawk*), 오네이다어(*Oneida*), 오논다가어(*Onondaga*), 카유가어(*Cayuga*), 세네카어(*Seneca*), 투스카로라

---

49) 미국 위스콘신 주 남동부 화이트피시 만에 거주하는 아메리카 원주민의 언어.

어 (*Tuscarora*)]가 포함된다. 남쪽의 격리구역에서는 체로키어 (*Cherokee*)
가 사용되었다. 무스코기어족 (*Muskogean family*) 에는 초크토어 (*Choctaw*),
치카소어 (*Chickasaw*), 크리크어 (*Creek*) 와 세미놀어 (*Seminole*) 가 있다.
수어족 (*Siouwan*)[50]에는 다코타어 (*Dakota*), 테톤어 (*Teton*), 오글랄라어
(*Oglala*), 아시니보인어 (*Assiniboine*), 칸사어 (*Kansa*), 오마하어 (*Omaha*),
오세이지어 (*Osage*), 아이오와어 (*Iowa*), 미주리어 (*Missouri*), 윈네바고
어 (*Winnebago*), 만단어 (*Mandan*), 크로우어 (*Crow*) 등이 있다. 유토-
아즈텍어족 (*Uto-Aztecan*) 에는 가능성이 높은 친족관계에 근거하여 세
갈래의 계파가 있는 것으로 추정되는데, 피만어족 (*Piman family*, 캘리
포니아 만의 동부) 과 쇼쇼니어족 [*Shoshonean family*, 캘리포니아 남부 및
동부의 유트어 (*Ute*), 파이우트어 (*Paiute*), 쇼쇼니어 (*Shoshone*), 코만치어
(*Comanche*), 호피어 (*Hopi*) 포함] 및 고대문명을 이룩한 아즈텍어를 포
함하는 멕시코의 나와틀어족 (*Nahuatlan family*) 이 여기에 속한다.

아메리카 대륙의 다른 지역에서 사용되는 인디언 언어의 사용인구
에 대한 자료는 정확하게 나와 있는 것이 없다. 최근에 나온 자료로
보면, 멕시코에 450만 명, 페루와 브라질에 각각 3백만 명, 남아메
리카에 약 850만 명 정도가 인디언 언어를 사용하는 화자로 추산된
다. 사용되는 언어의 수효와 그 친족관계가 제대로 밝혀지지 않았지
만, 멕시코와 중앙아메리카에는 20여 개의 언어가 존재했으며, 남아
메리카에는 80여 개의 언어가 독립적으로 존재했던 것으로 보인다.
나와틀어 이외에도 유카탄 반도에는 고대문명을 계승한 마야족의 언
어들이 있다. 남아메리카에서 주목할 만한 언어로는 한때 서인도 제
도 북서부에서 널리 쓰이던 아라와크어 (*Arawak*) 와 카립어, 브라질
연안지역에서 쓰이던 투피과라니어 (*Tupi-Guarani*), 칠레에서 쓰이던
아라우칸어 (*Araucanian*), 잉카문명[51] 의 언어였던 케추아어를 들 수

---

50) 수 부족의 언어.

있다. 아즈텍 문명과 마야문명에서는 이미 문자를 발명하여 사용했
다. 그러나 대부분이 상형문자인 관계로 일부만 해독할 수 있을 뿐
이며, 이런 자료에만 의지해서 고대의 언어형태를 알아내기란 불가
능하다.

---

51) 케추아어는 문명어로 지금도 스페인어와 함께 페루에서 사용되고 있다.

제5장

음 소

5. 1. 우리는 제 2장에서 언어행위에 나타나는 연속적인 세 가지 사건을 구분한 바 있었다. (가)는 화자의 상황이고, (나)는 화자가 언어음을 발화하고 이 언어음이 청자의 고막을 울리는 사건이며, (다)는 청자의 반응이다. 이들 세 가지 유형의 사건 가운데서 (가)와 (다)에는 화자에게 말을 하게 하는 모든 상황과 아울러, 청자가 그 말에 대한 반응으로 수행하는 모든 상황이 포함되어 있다. 요컨대 (가)와 (다)는 우리가 사는 세계를 이룬다. 반면, 언어음인 (나)는 우리가 주어진 상황에 반응하거나(만일 언어음이 없었다면 우리에게 아무런 영향도 미치지 못했을 것이다!) 혹은 상황에 더욱 정확하게 대처할 수 있도록(만일 언어음이 없었다면 상황에 맞지 않는 반응을 보였을 것이다!) 힘을 실어주는 수단에 불과하다. 원칙적으로 언어 연구자는 오직 실제 언어 (나)에만 관심을 갖는다. 화자의 상황과 청자의 반응인 (가)와 (다)에 대한 연구는 인간 지식의 총체라 할 수 있다. (이건 사실 우리가 거의 전지전능한 존재라는 뜻이지만) 만일 우리에게 모든 화자의 상황과 모든 청자의 반응에 대한 정확한 지식이 있다면, 우리는 이들 두 가지 사실 (가)와 (다)를 주어진 언어발화 (나)의 의미로 등록해서, 다른 모든 영역의 지식과 언어의 연구를 반듯하게 떼어놓을 수 있을 것이다. 언어의 발화 자체가 때때로 화자의 상황과 청자

의 반응에서 일정한 역할을 수행할 수 있다는 사실이 사태를 복잡하게 만들지만, 이러한 난점이 그다지 심각한 것은 아니다. 이상적으로 말한다면 언어학은 두 가지 주요한 탐구영역으로 구성되어 있는데, 그 하나는 음성학이고 다른 하나는 의미론이다. 음성학에서는 의미를 고려하지 않고 언어사건을 연구하되, 오로지 화자의 음성산출운동[1]과 음파[2] 및 청자의 고막을 두드리는 작용[3]만을 조사한다. 의미론에서는 이들 (음성학적) 자질과 의미자질 사이의 연관성을 연구하여, 특정한 유형의 언어음이 특정한 유형의 상황에서 발화되어 청자가 특정한 유형의 반응을 수행하도록 한다는 사실을 보여준다.

그러나 실제로 우리가 사는 이 세계에 대해 우리가 아는 지식은 매우 불완전해서, 어떤 언어음의 의미에 대해 정확한 진술을 할 가망은 거의 없다. 발화를 일으키는 상황 (가)와 청자의 반응 (다)에는 과학으로 정복할 수 없는 많은 내용이 담겨 있다. 설령 지금 외부세계에 대해 알고 있는 것보다 훨씬 많이 안다고 해도, 우리는 화자와 청자의 성향을 고려하지 않을 수 없을 것이다. 우리는 주어진 상황에서 어떤 사람이 말을 할 것인지 안 할 것인지, 말을 한다면 이 사람이 어떤 단어를 사용할 것인지를 전혀 예측할 수 없다. 또한 이 사람이 주어진 언어에 어떻게 반응할 것인지도 예측할 수 없다.

우리의 관심사는 분명히 각 개인이 아니라 공동체 전체이다. 우리는 예컨대 '사과'라는 단어를 발화하는 사람의 세세한 신경과정까지 파고들지 않고, 대체로 공동체의 모든 구성원에게 '사과'라는 단어가 과일의 한 종류임을 의미한다는 사실을 확인하는 선에서 그치게 된다. 그러나 이 문제를 다루려고 정밀한 노력을 기울이기 시작하면,

---

1) 조음음성학.
2) 음향음성학.
3) 청음음성학 / 청취음성학.

공동체의 일치가 절대 완벽하지 않으며 개개인이 독특한 방식으로 언어형태를 사용한다는 사실이 드러나게 된다.

5.2. 언어 연구는 발화의 의미에 관심을 기울이지 않는 한, 특별한 가설이 없이도 수행될 수 있다. 이와 같은 언어 연구의 단계는 음성학(실험음성학)이라고 알려져 있다. 음성학자는 화자의 음성산출 운동을 연구하거나(생리음성학) 그 결과로 나온 음파를 연구한다(물리/음향음성학). 청자의 고막운동과 관련된 연구는 아직 적절한 수단을 갖추지 못했다.

생리음성학은 내부의 관찰에서부터 시작된다. 예컨대 후두경(喉頭鏡)[4]은 관찰자가 타인이나 자신의 성대를 볼 수 있는 장치이다. 이런 용도로 사용되는 다른 장치와 마찬가지로, 후두경은 정상적인 언어에 간섭을 일으키기 때문에 매우 제한된 국면의 관찰에만 도움이 될 수 있다. 엑스레이는 그 한계가 극복될 수 있는 경우에만 유용하다. 예를 들면 얇은 금속 조각을 혀의 위쪽 표면에 나란히 놓으면 혀의 위치를 촬영할 수 있다. 다른 장치들도 발음기관의 운동을 사진으로 촬영하는 데 사용된다. 예컨대 안료를 덧칠한 인공구개를 구강 안으로 밀어 넣어 보자. 화자가 어떤 음을 발음하고 나면, 혀가 인공구개와 접촉한 자리는 안료가 벗겨져 있기 때문에 금방 알아볼 수 있다. 이러한 장치에서는 대체로 공(bulb)을 화자의 일부 음성기관, 예컨대 울대뼈 등에 붙인다. 이 장치의 기계구조는 (발음기관의) 움직임을 펜촉의 상하운동으로 변환시켜, 기다란 종이에 기록하게 되어 있다. 이 기록지가 일정한 속도로 움직이는 까닭에 펜촉의 상하 운동은 종이 위에 파상(波狀)의 선으로 나타나게 된다. 이 기록장치는 카

이모그래프5)라고 부른다. 음향음성학에서는 음파의 모양을 다룬다. 이와 같은 기록은 축음기 레코드판 형태로 우리에게 익숙하다. 아직까지 음성학자는 그런 기록에 담긴 음성 특질의 대부분을 분석하는 단계까지 이르지 못했다. [1]

언어음에 관한 정보의 상당량은 지금까지 개괄한 수단에 의한 것이다. 그러나 실험음성학은 언어음을 의미와 관련시키는 문제에서 우리에게 그다지 큰 도움을 주지 못한다. 실험음성학에서는 언어음이 실제 의사소통 상황에서 어떻게 쓰이느냐 하는 문제를 고려하지 않고, 언어음을 오로지 근육의 운동 내지 공기 중에서 일어나는 교란현상으로 연구할 따름이다. 여기서 우리는 언어음이 무한히 복합적이고 무한히 다양하다는 사실을 알게 된다.

아무리 짧아도 모든 발화는 연속적이다. 말은 중단 없이 연속된 일련의 운동과 음파이다. 정밀한 연구를 위해 우리가 얻은 기록을 제아무리 잘게 연속된 토막으로 분절한다 해도, 항상 그보다 더 잘게 분절하는 미세분석이 가능하다. 언어음의 발화는 수학자가 말하는 이른바 연속체이다. 언어음의 발화는 임의로 정하면 정하는 만큼의 계기적인 부분으로 구성된 것으로 볼 수 있기 때문이다.

언어음의 발화는 무한히 다양하다. 일상의 경험상 사람마다 말소리6)가 다르다는 사실을 우리는 잘 알고 있다. 그래서 목소리만 가지고도 그 주인공을 알아낼 수 있는 것이다. 음성학자는 어떤 두 발화도 정확히 동일하지 않다는 사실을 밝혀냈다.

언어가 제 역할을 다할 수 있는 것은 연속적인 발화 집합에 담긴

---

5) '운동기록기'나 '파동기록기'로 번역하기도 한다. 근육의 수축, 심장의 박동 따위를 기록하여 음파의 진동을 정지상태에서 면밀하게 관찰할 수 있도록 고안된 기계장치이다.
6) 소리맵시.

유사성 덕분이다. 일상생활에서 우리가 '동일한' 언어형태로 구성되었다고 기술하는 발화(예: '배가 고프다'는 문장에 대한 연속적인 발화들)에는 '동일한' 이 언어형태들의 모든 발화에 보편적이고 항상 일정한 음파의 자질7)이 분명히 담겨 있다. 이와 같은 가정이 성립해야만 일상적인 언어 사용양상을 설명할 수 있다. 그렇지만 발화내용에 담긴 의미를 무시하는 한, 음성학자는 항상 일정한 이들 자질을 확인할 길이 없다. 예컨대 두 가지 다른 고저로 발음되는 /man/이라는 음절을 나타내는 발화기록을 갖고 있다고 가정하자. 이들 발화에 사용된 언어가 영어라면, 우리는 둘 다에 동일한 언어형태, 즉 'man'이라는 단어가 포함되어 있다고 말할 것이다. 그렇지만 그 언어가 중국어라면 두 기록은 각기 다른 언어형태를 나타낼 수도 있다고 말할 것이다. 중국어에서는 고저(성조)의 차이가 서로 다른 의미와 관련되어 있기 때문이다. 예컨대 고조이면서 상승조로 발음되는 /man/은 '속이다'〔瞞〕는 뜻이고, 하강조로 발음되는 /man/은 '늦다'〔漫〕는 뜻이다. 의미에 관심을 기울이지 않는 한, 우리는 발화된 두 형태가 '동일한지' 아니면 '상이한지' 판단할 수 없다. 따라서 (의미를 고려하지 않는) 음성학자는 어떤 자질이 의사소통에 의미가 있고 어떤 자질이 의미가 없는지 알려줄 수 없다. 어떤 언어나 방언에서 의미가 있는 자질이 다른 언어나 방언에서 무의미한 경우도 충분히 가능하다.

5. 3. 서로 다른 고저를 가진 /man/이라는 음절에 대한 두 발화가 영어에서는 '동일한' 언어형태이지만, 중국어에서는 '상이한' 언어형

---

7) 생성음운론에서 널리 사용되는 '자질'이라든가 '변별자질'과 같은 용어가 이미 여기서 등장하고 있다. 용어가 동일하다고 해서 용어가 의미하는 구체적인 언어학적 내용까지 완전히 동일한 것은 아니지만, 이 책에 나오는 같은 용어 'feature'는 일관되게 '자질'로 번역했다.

태라는 사실을 통해, 우리는 언어의 쓰임새가 어떤 음성 자질을 (유의미한 자질로) 가려내고 다른 모든 자질을 무시하는 습관적이고 인습적인 반응에 의존하고 있음을 알 수 있다. 모든 발화의 음성 자질은 실험실에서 기록될 수 있는 바와 같이 이 발화에 담긴 '총체적 음향 자질'이다. 총체적 음향 자질의 일부는 무의미하며(비변별적이며), 그 나머지 일부만 의미와 연관되어 의사소통에 필수적으로(변별적으로) 나타나게 된다. 음성의 변별적 자질과 비변별적 자질의 차이는 전적으로 화자들의 발음습관에 달려 있다. 한 언어에서 변별적인 자질이라도 다른 언어로 넘어가면 비변별적인 자질이 될 수 있다.

의미를 알아야만 발화의 변별적 자질을 알아낼 수 있기 때문에, 순수한 음성학 차원에서는 변별적 자질의 확인이 불가능하다. 우리는 영어의 두 형태 /man/과 /men/의 차이가 변별적이라는 사실을 알고 있다. 일상생활에서 두 형태가 각기 다른 상황에서 사용되기 때문이다. 언어학 이외의 과학에서는 ('man wants but little here below'와 같은 문장에서처럼 /man/을 한 개인 이상의 의미로 사용하는 경우[8]에) 이 차이를 정확한 술어로 정의할 수 있다. 그렇지만 이 차이는 순수하게 음성적인 관찰만으로는 절대 인식될 수 없다. 위에 말한 두 형태의 모음 차이는 다른 언어에서라면 비변별적인 자질이 될 수도 있다.

한 언어의 변별적 자질을 알아내려면, 순수한 음성학적 토대를 떠나야 한다. 그렇지 않으면 과학이 엄청나게 발달해서 언어형태의 의미를 구성하는 모든 (화자의 발화) 상황과 (청자의) 반응을 확인할 수 있는 수준이 되어야 한다. 우리 자신의 언어인 경우에는 어떤 언어형태들이 '동일한지' 아니면 '상이한지'를 알려주는 스스로의 일상 지식에 의지한다. 그래서 우리는 다양한 고저로 발음되는 단어 /man/이

---

8) 여기서 '인간'은 집합적 의미를 갖는 총칭적 술어로 사용되고 있다. 16.1절 참고.

영어에서 여전히 '동일한' 한 단어이고, /man/과 /men/(또는 /pan/과 /pen/)이 '상이한' 두 단어라는 사실을 알게 된다. 낯선 언어의 경우라면, 우리는 시행착오를 통해 이런 확인과정을 거치거나 그 언어를 아는 화자를 통해 의미를 알아내야 한다.

유의미한[9] 언어음에 대한 연구는 음운론 또는 실용음성학이다. 음운론에서는 의미를 고려한다. 언어음의 의미는 특히 심리학과 생리학을 포함한 과학의 모든 분야가 완벽에 가깝게 발달했을 때라야만 과학적으로 정의를 내릴 수 있을 것이다. 그때까지 음운론은 물론, 의미와 관련된 언어 연구의 모든 단계는 다음과 같은 일종의 가정, 즉 언어학의 근본가정에 의존할 수밖에 없다. 어떤 언어공동체에서든 일부 발화의 집합은 형태와 의미가 동일하다.

5.4. 관련실험을 통해 어느 정도 자료를 축적해보면, 한 발화형태의 유의미 자질이 그 수효에서 제한적이라는 사실을 알게 된다. 이런 점에서 유의미한 자질은, 연속적인 전체 단위를 구성하고 원하는 수효만큼 잘게 분석할 수 있는 총체적 음향 자질과 좋은 대조가 된다. 영어에서 변별적 자질을 확인하려면, 어떤 음성 자질이 의사소통에서 "상이하게" 활용되는가를 판단하기만 하면 된다. 예를 들어, 'pin'이라는 단어를 대상으로 이 명제를 점검해 보자. 관련된 단어를 몇 차례 큰 소리로 발음해 보면, 다음과 같은 유사점과 차이점이 드러나게 된다.

(1) 'pin'은 'fin, sin, tin' 등과 동일한 소리로 끝나지만, 이들 단어와 상이하게 시작한다. 이런 유사점은 운문에서 각운을 사용하

---

9) '의미가 있는', '의미를 가진', '유의미(한)'은 모두 원문 'significant'의 번역이다. 문맥에 따라 적절한 번역 어휘를 골라서 사용했다.

는 전통 덕분에 그다지 낯설지 않다.

(2) 'pin'에는 소리 /in/이 담겨 있지만, 시작부분에 무언가 다른 소리가 덧붙어 있다.

(3) 'pin'은 'man, sun, hen' 등과 동일한 소리로 끝나지만, 이들 사이의 유사점은 앞서 언급한 (1)과 (2)에 비해서 훨씬 떨어진다.10)

(4) 'pin'은 'pig, pill, pit' 등과 동일한 소리로 시작하지만, 이들 단어와 상이하게 끝난다.

(5) 'pin'은 'pat, push, peg' 등과 동일한 소리로 시작하지만, 이들 사이의 유사점은 앞서 언급한 (4)에 비해서 훨씬 떨어진다.

(6) 'pin'은 'pen, pan, pun' 등과 동일한 소리로 시작하고 끝나지만, 중간부분의 소리가 다르다.

(7) 'pin'은 'dig, fish, mill' 등과 다른 소리로 시작하고 끝나지만, 중간부분의 소리는 모두 동일하다.

  이런 식으로 우리는 이 단어의 세 부분 중의 어느 하나를 다른 소리와 교체함으로써 'pin'과 부분적으로 유사한 일련의 형태를 찾아낼 수 있다. 우선 하나를 교체하고 나서 다시 다른 하나를 교체해도 마찬가지로 부분적 유사점을 확인할 수 있다. 첫째 부분을 교체하고 나서 둘째 부분을 교체하면, 'pin-tin-tan'과 같은 일련의 집합이 나온다. 첫째 부분을 교체하고 나서 셋째 부분을 교체하면, 'pin-tin-tick'과 같은 일련의 집합이 나온다. 둘째 부분을 교체하고 나서 셋째 부분을 교체하면, 'pin-pan-pack'과 같은 일련의 집합이 나온다. 물론 세 부분을 모두 교체하면, 'pin-tin-tan-tack'에서 보듯이 아무런 유사점도 남지 않는다.

  이 이상의 교체실험은 불가능하다. 그렇다면 우리는 이 단어의 변별적 자질이 더 이상 나눌 수 없는 3개의 단위라는 결론을 내릴 수

---

10) (1)과 (2)에서는 음절말 자음뿐만 아니라 모음까지 동일하다.

있다. 이들 각각의 단위는 다른 결합체에서도 나타나지만, 유사성에 근거한 분석은 더 이상 불가능하다. 이들 3개의 단위 각각은 변별적인 음성 자질(*sound-feature*)로서 음소라는 최소단위가 된다. 이제 우리는 단어 'pin'이 세 음소로 구성되었다고 말할 수 있다. 첫째 음소는 'pet, pack, push' 등을 비롯한 많은 단어에서 출현하고, 둘째 음소도 'fig, hit, miss' 등을 비롯한 많은 단어에서 출현하며, 셋째 음소 역시 'tan, run, hen' 등을 비롯한 많은 단어에서 출현한다. 단어 'pin'의 경우에 영어의 표기체계는 세 음소를 각각 세 글자(p, i, n)로 표상하고 있지만, 그렇다고 이런 표기관습이 썩 좋은 안내자는 아니다. 예를 들어, 'thick'라는 단어를 보면, 첫 번째 음소 /θ/가 2개의 글자(th)로 표시되고, 세 번째 음소 /k/ 역시 2개의 글자(ck)로 표기되기 때문이다.

조금만 연습을 해보면, 연구자는 'pin', 'apple', 'mop' 등과 같은 경우에서 보듯이, 한 음소가 단어의 서로 다른 위치에 출현하더라도 제대로 알아차릴 수 있다. 유사점과 차이점을 구별할 수 있을 만큼 단어에 대한 지식이 풍부하지 못한 경우도 있다. 예를 들어, 'then'이라는 단어는 분명히 세 음소로 구성되어 있지만, (특히 철자법의 영향 하에서는) 이 단어의 첫째 음소가 'thick'의 첫째 음소와 동일했던가, 상이했던가에 의문을 품을 수도 있다. 그러나 'thigh'와 'thy', 'mouth'와 'mouthe'[11]의 짝이 떠오르기만 하면 앞서 의문을 가졌던 두 단어의 첫째 음소는 서로 다르다는 사실을 알게 된다.

5.5. 어떤 발화의 총체적 음향 자질 가운데 일부는 연속적인 발화에서 인식이 가능하고 또 언제나 비교적 일정한 모양으로 반복해서

---

11) 여기서 'mouthe'로 철자된 단어는 동사로서, 현대 영어에서는 명사와 동일하게 'mouth'로 철자된다. 이 단어의 흔적은 'mouther' 등의 명사에 남아 있다.

나타나는 변별적 자질이다. 이들 변별적 자질은 다발로 나타나는데, 그 각각의 다발을 음소라고 부른다. 화자는 음소의 자질들(다발)이 음파에서 드러나도록 음성산출 운동을 조절하는 훈련을 받았으며, 또한 이들 자질에만 반응하고 자신의 귀에 도달하는 총체적 음향 자질의 나머지는 무시하는 훈련을 받았다.

비변별적 자질을 동반하지 않고 순수한 상태로 변별적 자질들만을 발음하려는 노력은 무모하다. 예컨대 어떤 영어단어는 (그 단어만 놓고 볼 때) 변별적 고저 체계가 없다. 즉, 영어에서 임의의 단어를 발화할 때 나타나는 고저 자질은 모두 비변별적이다. 'man'과 같은 단어를 고저 자질이 없이 발화하기란 불가능하다. 어떤 발화에서든 그 안에 들어 있는 단어에는 상승조, 하강조, 고조, 중조, 저조 등이 얹히기 마련이다. 한 언어의 음소는 소리(sound)가 아니라, 화자가 실제 언어음의 흐름에서 발음하고 인식하도록 훈련받은 소리의 자질들일 따름이다. 이는 운전자가 빨간 신호를 보고 멈추도록 훈련을 받은 것과 마찬가지이다. 이때 이런 실제 신호와 동떨어진 '붉은색'이란 있을 수 없지만, 신호의 종류가 등(燈)이냐 깃발이냐 하는 문제와는 전혀 무관하다.

사실, 처음 접하는 언어(외국어)를 정밀하게 조사해 보면, 비변별적 자질들이 광범위하게 나타나고 변별적 자질들이 비교적 경미한 불변성을 보임을 알 수 있다. 메노미니 인디언은 '물'을 뜻하는 단어 /nipēw/[12]를 발음하는 경우에, 어떤 때는 중간 자음을 /p/처럼 소리 내고 어떤 때는 /b/처럼 소리 내는 것으로 보인다. 이 인디언의 언어에서 음소적인 (따라서 필수적인) 자질은 코로 기류가 빠져나가지 않는 상태에서 이루어지는 단순한 양순폐쇄이다. 영어에서처럼 유성

---

12) 이 철자는 원저자가 발음을 그대로 전사한 것이다. 인디언 언어를 표기할 고유의 문자가 존재하지 않기 때문이다.

음 /b/와 무성음 /p/를 구분하는 자질을 포함한 그 이외의 모든 자질들은 비변별적이다. 반면에 자음 앞에서 가볍게 내뿜는 숨[13]과 인후에 갇힌 가벼운 공기[14] (이런 자질들은 물론 영어 화자의 귀를 벗어날 것이다) 는 이 인디언 언어에서 전적으로 다른 두 음소를 낳는다. 이들 각각은 단순한 /p/-/b/ 음소와 좋은 대조를 보인다.

마찬가지로 아무런 사전 지식이 없는 중국인 연구자는 영어의 단어들이 고저체계와 무관하게 동일한 의미를 갖는다는 사실이 대단히 곤혹스러울 것이다.

부분적으로는 비변별적 자질이 상당히 관습적인 취급을 받는다. 외국인 화자가, 다른 사람이 이해할 수 있도록 음소가치를 재생산(발음) 하면서 비변별적 자질을 영어 토박이 화자의 습관에 맞게 분배하지 못했을 때, 영어 화자들은 그 사람이 영어를 썩 잘하면서도 아직 외국어투가 남아 있다고 말한다. 예를 들면, 영어에서는 'pin, tin, kick' 등과 같은 단어의 초성 음소를 발음할 때 폐쇄가 개방된 직후에 기식(氣息)이 동반되지만,[15] 'spin, stick, skin' 등의 단어처럼 음소 /s/가 선행하는 경우에는 기식성이 사라진다.[16] 그런데 이런 차이는 영어에서 변별적이지 않기 때문에, 이런 차이를 제대로 재생하지 못하는 외국인 화자의 말이라고 해서 영어의 화자가 이 말을 알아듣지 못하는 것은 아니다. 그렇지만 그 사람의 말은 영어 화자들에게 조금 어색하게 들린다. 프랑스 사람들도 이 점에서는 마찬가지이다. 프랑스어에서는 영어의 폐쇄음 /p/, /t/, /k/를 닮은 음소들이 언제나

---

13) 유기음(기식음)을 가리키는 듯하다.

14) 성문폐쇄음(후두폐쇄음)을 가리키는 듯하다.

15) 이때 나오는 기식성(氣息性)은 국어의 유기음보다 약하지만 평음보다 강하다고 한다. 한편 이 음성 자질(aspiration) 자체는 '기식' 또는 '기식성'으로 옮기고, 이 음성 자질을 갖는 음은 관례에 따라 '유기음'으로 옮겼다.

16) 결과적으로 기식성이 없는 무기음(無氣音)으로 발음된다.

무기음으로 발음되기 때문이다. 반면에 의사소통에 어려움을 느끼지 않을 정도로 프랑스어를 잘하는 영국인이나 미국인은 폐쇄음 /p/, /t/, /k/를 발음할 때 기식성을 덧붙여서 오히려 프랑스 사람들의 귀에 거슬리게 들릴 것이다.

비변별적 자질의 분포양상은 다양하다. 미국영어의 대다수 유형에서, 'water'나 'butter' 등의 단어에 나타나는 음소 /t/는 혀끝(설첨)이 윗니뿌리 밑17)의 돌출부(치조18))에 순간적으로 닿는 조음작용으로 발음되는 수가 많다. 영어 화자의 습관에서는 이렇게 조음된 음도 충분히 /t/-음소를 산출할 수 있다.19) 영국에서는 이런 변이형태가 알려져 있지 않기 때문에 음소 /d/의 변이형태로 해석될 가능성이 높다. 그래서 미국인 화자가 '물'(*water*)을 달라고 할 때 영국인들은 제대로 알아듣지 못하는 상황이 발생할 수도 있다.

일반적으로 비변별 자질은 무수히 변이할 수 있다. 한 음소는 해당 언어의 다른 모든 음소와 구분된다. 따라서 우리는 대부분의 경우에 'pen'과 같은 단어의 모음(/e/)을 발음할 때 절대로 'pin'이나 'pan'과 같은 단어의 모음에 속하는 방식으로 발음하지 않는다. 이들 세 가지 유형의 모음은 모두 엄격하게 구분되어 있기 때문이다.

5. 6. 한 언어나 방언에서 음소적인 구분이 다른 언어나 방언으로 가면 달라진다는 사실과, 상이한 음소들 사이의 경계선이 서로 다른 언어나 방언들 사이에서 다르게 나타난다는 사실은, 외국어나 방언을 듣거나 혹은 말하려고 할 때 아주 뚜렷하게 드러난다. 우리는 방금 앞에서 미국영어가 영국에서 제대로 통하지 않을 가능성이 있는

---

17) 윗잇몸 부분이므로 얼굴을 정면으로 보면 밑이 된다.
18) '치경', '잇몸'으로 부르기도 한다.
19) 단타음.

사례를 살펴보았다. 미국영어에서 'fob, bomb, hot' 등의 단어에 나타나는 모음은 영국영어에서 'far, balm, pa' 등의 단어에 나타나는 모음과 훨씬 가깝다. 일부 미국영어에서는 사실상 이들 두 집합의 단어에 나타나는 모음이 동일하다. 더욱이 남부 출신 영국인은 'far'와 같은 단어에서 /r/-음을 이미 상실했다. 내가 'Comedy Theatre'(코미디 극장)까지 가 달라고 했을 때 런던의 택시기사는 내 말을 잘 알아듣지 못했다.[20] 깜빡 잊고 그만 'comedy'의 첫 음절 모음을 미국영어식으로 발음했더니, 그 택시기사가 이 모음을 'car'의 모음 음소처럼 받아들였던 것이다. 결과적으로 나는 현실세계에 존재하지도 않는 'Carmody Theatre'까지 가자고 우겼던 셈이다.

외국어나 방언을 발음하려고 할 때, 우리는 외국어나 방언의 음소를 자신이 사용하는 말에 있는 유사한 음소로 대치하는 경향이 있다. 자기 나라 말의 음소와 외국어의 음소가 일치하는 경우에는 제대로 된 발음을 할 수 있지만, 그렇지 않은 경우에는 발음상의 오류를 범하게 된다. 예를 들면, 영어단어 'ma'm'의 모음을 가지고 프랑스어 단어 'même'을 발음하는 미국인 화자의 발화를 들어보면, 프랑스어 고유의 발음처럼 들리는 경우도 있지만 대부분의 경우에는 모음의 발음이 어색해서 프랑스어권 사용자에게 낯선 발음으로 들리게 된다.

그런 경우에 위기를 모면하게 하는 것은 모국어 화자의 상보적 부정확성(*complementary inaccuracy*)이다. 외국어의 언어음을 들을 때, 우리는 마치 자신이 쓰는 말의 음소와 음향적으로 유사한 자질들이 일부 포함되어 있는 것처럼 그 언어음에 반응한다. 그런데 이때 양자 사이의 틈새가 우리를 혼란에 빠트리기 때문에, 우리는 외국인이 조금 불분명하게 말한다거나 낯선 '어투'로 말한다고 하면서도, 그 차이

---

20) 저자 블룸필드 자신의 영국 여행 체험을 이야기하고 있다.

가 어디에 있는가는 잘 알지 못한다. 앞서 든 사례를 다시 보면, 프랑스 사람은 미국인이 'même'라는 단어를 발음할 때 자기가 사용하는 프랑스어 발음에 나타나지 않는 모음 음성이 묻어나와도 대체로 이 발음을 알아듣는다. 그러나 우리의 '발음 번역'이 외국어 음소에서 너무 벗어나고, 특히 외국어의 다른 특정 음소와 근접하게 되면, 우리의 발음은 제 기능을 발휘하지 못하게 되고 만다. 예를 들어, 프랑스어 'même'를 소리 낸다고 발음한 미국인들이 사용하는 'ma'm'의 변이형 일부는 알 수 없는 말이 되어버린다. 프랑스 사람들은 이 발음을 'lame'와 같은 단어를 발음할 때 나타나는 다른 음소21)로 받아들이기 때문이다.

이러한 혼란은 외국어의 두, 세 음소가 모국어 음소 하나와 닮았을 때 더욱 심각해진다. 우리는 유아기의 언어학습을 통해서 모국어에서 음소적 역할을 하지 않는 모든 차이22)를 무시하라는 훈련을 받았다. 영어 화자는 메노미니 인디언 말의 두 단어 [a'käh] (정말로 그렇다)와 [ahkäh] (주전자) 및 [akähsemen] (자두)의 앞부분 사이에서 어떠한 차이도 느끼지 못할 것이다. 이들 가운데서 첫째 형태를 보면 인후가 가볍게 막혔다가(위에서 ' 기호로 표시한 성문폐쇄음이 발생한 다음에) 영어 음소 /k/를 닮은 음소가 발음된다. 둘째 형태를 보면 숨이 한 번 뿜어져 나오다가(위에서 h로 표시한 유기음이 발생한 다음에) 영어 음소 /k/를 닮은 음소가 발음된다. 셋째 형태에는 이들 음성 자질이 하나도 없다.23) 영어의 화자는 유아 시절부터 자음 앞에서 발생하는 인후의 막힘(성문폐쇄)이나 숨의 분출(기식성)에 반응하지 않

---

21) '날, 조각'을 뜻하는 이 프랑스어 'lame'의 모음은 /a/이다.

22) 변이음 차이, 곧 비변별적 차이를 말한다.

23) 메노미니 인디언 언어의 이와 같은 자음 대립 양상은 마치 한국어 자음의 3지적 상관을 분석한 느낌이 들 정도로 한국어 자음체계와 닮아 있다.

도록 훈련을 받아왔다. 그래서 만일 옆에 있는 친구가 가끔씩 이런 발음을 해도 전혀 관심을 기울이지 않는다.

메노미니 인디언 화자는 영어의 음소 /t/와 /d/ 사이의 차이를 분간하지 못한다. 그래서 영어단어 'bat'와 'bad'가 그에게는 모두 같은 단어로 들린다. 이는 예컨대 메노미니 인디언이 영어단어 'Swede'(스웨덴 사람)를 자기 말로 번역할 때 이 단어를 'sweet'인 것으로 이해하고 〔sayēwenet〕(친절한 사람)로 발음하는 데서도 그대로 드러난다. 영어의 /t/와 /d/ 모두를 닮은 메노미니어 음소는 하나이며, 따라서 메노미니 언어의 화자는 이 음소의 변이음으로 영어의 /t/-음소영역에 들어오는 음성을 발화하기도 하고, 영어의 /d/-음소영역에 들어오는 음성을 발화하기도 한다. 그렇지만 그는 유아 시절의 훈련으로 이들 음성의 차이(/t/와 /d/)는 무시해버린다.

외국어를 말할 때 우리는 이런 경우에 서너 개의 외국어 음소를 우리말의 한 음소로 대치한다. 24) 이렇게 되면 외국어 토박이 화자는 우리의 음소를 마치 자기네 말의 음소인 것처럼 인식해서 그 음소에 반응한다. 25) 그래서 독일 사람은 영어단어 'tin'과 'thin'의 초성 음소 차이를 듣지 못하는데, 그것은 이 두 음소가 독일어 음소의 하나와 닮았기 때문이다. 독일 사람은 영어를 말할 때 이 독일어 음소를 사용한다. 영어 화자는 독일 사람의 말을 들을 때 그 음소를 마치 영어의 /t/-음소처럼 인식하고 반응한다. 어쨌든 독일 사람이 영어단어 'tin'과 'thin'을 구분하지 못한다는 영어 화자의 결론은 정당하다. 마찬가지로 영어 화자는 독일어를 들을 때 독일어의 상이한 두 음소가 영어단어 'cat'의 초성 자음 음소와 동일한 것으로 인식해서, 결과적

---

24) 이를테면 한국어의 /ㅈ/으로 영어의 /z/, /dz/, /ž/ 등을 발음하는 경우이다.

25) '반응한다'는 말의 원문은 'respond'이다. 저자는 언어행위를 일관되게 자극과 반응으로 보고 있으므로, 이런 용어를 사용하는 것으로 생각된다.

으로 독일어에서 아주 다른 일부 단어집합을 습관상 구분하지 못하고 만다.

한편 외국어의 서너 개 음소를 대치하는 자국어의 한 음소가 음향적으로 (서너 개 음소의) 중간 정도 음성 자질을 갖기도 한다. 이때 외국어 토박이 화자의 귀에는 음성을 임의로 바꾸는 것처럼 들리게 된다. 예를 들어, (알자스[26] 지방 사람들을 포함한) 많은 독일어 화자들은 영어의 두 음소 /p/와 /b/에 대하여 음향적으로 이들 두 음소의 중간적인 특성을 보이는 한 음소만을 가지고 있어서, 영어를 발음할 때 두 음소에 대해 이 한 음소를 사용한다. 영어의 'pie'와 같은 단어를 독일 사람들이 (중간음소를 사용해서) 발음하면 영어 화자들은 이 발음이 음소 /b/ 쪽으로 벗어난 데 대해서 깜짝 놀라고 마치 영어 단어 'buy'를 들은 것처럼 반응한다. 반면에 영어단어 'buy'와 같은 단어를 독일 사람들이 (중간음소를 사용해서) 발음하면 영어 화자들은 이 발음이 음소 /p/ 쪽으로 벗어난 데 대해서 깜짝 놀라고 마치 영어 단어 'pie'를 들은 것처럼 반응한다. 따라서 영어나 프랑스어의 화자들에게는 독일 사람들이 음소 /p/와 /b/를 모두 발음할 수 있지만, 이상하게도 양자를 고집스럽게 바꾼다는 인상을 주게 된다.

자기 언어에서 아무런 역할도 하지 못하는 자질을 다른 언어가 유의미하게 사용하는 경우에는 문제가 가장 크게 발생한다. 중국어를 듣는 영어 화자들은 중국어의 모든 음절에서 유의미하게 사용되는 상대적인 음조(성조) 체계를 이해하고 재생하도록 훈련받지 않는 한, 중국어를 제대로 이해하거나 중국인들이 알아듣도록 중국어를 말할 수 없다. 영어 화자는 처음에 이런 차이에 제대로 반응하지 못한다. 왜냐하면 유아 시절부터 영어 화자는 'man'과 같은 단어의 연속적인 발

---

26) 프랑스 북동부의 주로 주도는 스트라스부르이다. ☞ 지명 약해 참고.

화에 나타나는 고저체계의 차이에 주목하도록 훈련받지 않았던 반면, 중국어 화자는 유아 시절부터 그와 같은 고저체계에 나타나는 각종 고저유형에 반응하도록 훈련받았기 때문이다.

우리말에 하나 이상 존재하는 일반적 음향유형에 오직 하나의 외국어 음소만이 배당되어 있을 때, 우리의 귀에는 외국인이 합리적인 구분 없이 서로 다른 음성을 사용하는 것처럼 들리게 된다. 그래서 메노미니 인디언이나 알자스 지방 사람들이 사용하는 한 음소(영어의 /p/와 /b/에 대응됨)가 영어 화자에게 어떤 때는 /p/로 들렸다가 어떤 때는 /b/로 들렸다가 하는 것이다.

일부 사람들은 외국어 음성의 청취와 재생에 소질을 가지고 있다. 우리는 그런 사람들을 가리켜 모사를 잘하는 사람이라거나 '좋은 귀'[27]를 가진 사람이라고 한다. 그렇지 않은 대부분의 사람들은 외국어를 충분히 듣거나 세심한 지도를 받아서 차차 제대로 이해하고 발음하는 법을 배우게 된다. 실용음성학자는 모든 종류의 낯선 음성을 구별하고 재생하는 뛰어난 '감식능력'을 획득하는 수가 있다. 이런 점에서 언어학 작업에는 모종의 위험성이 분명 도사리고 있다. 많은 종류의 음성을 분간하는 방법을 터득한 음성학자는 새롭든 친숙하든 어떤 언어와 접했을 때 자신이 분간하도록 배운 (이 언어에서 비변별적이고 전혀 무관하더라도) 자질을 모두 기록하려고 한다. 그래서 중국어를 연구하면서 (보통 'pin, tin, kick' 등과 같은 단어의 첫 머리에서 보는) 기식화한 /p/, /t/, /k/ 음소들 사이의 차이라든가 이와 유사하면서도 기식성 자질이 없는 음성(프랑스어 화자들이 발음하거나 혹은 영어의 'spin, stick, skin' 등의 단어에서 보는 /p/, /t/, /k/ 음소의 발음)을 듣는 법을 배운 음성학자는, 음성을 들을 때마다 기식화 여부를 표시함으로써 영어에 대한 자신의 기록을 축적한다. 그러나 실제

---

27) 다른 표현으로 'fine ear', 'keen ear'라고도 한다.

로 기식성의 존재 여부는 그가 들은 음성의 의미와 아무런 관련이 없다. 이런 절차를 거부하는 주된 이유는 일관성의 결여 때문이다. 음성학자의 전문적 능력은 개인 차이가 심하고 또한 '우연적'이다. 음성학자는 자신이 관찰한 언어에서 분간이 되는 모든 음향적 자질을 듣는다. 그런데 제아무리 '정확한' 기록이라 해도 음성학자의 기록은 무수히 많은 비변별적 음성 자질을 무시하게 되기 마련이다. 따라서 그 기록에 나타나는 음성 자질은 우연적이고 개인적인 인자에 의해 선택될 수밖에 없다는 것이다. 만일 음소적(변별적) 자질과 비변별적 자질을 혼동하지 않는다면, 자신이 들을 수 있는 모든 음향 자질을 기술하는 언어학자의 작업에는 아무런 문제가 없다. 언어학자는 자신이 듣는 비변별적 자질이 개인적인 감식능력의 우연성에 의존하고, 또 가장 정교한 설명도 기계가 기록한 값에 전혀 근접할 수 없다는 점을 잊어서는 안 된다.

오직 두 가지 종류의 언어학적 기록만이 과학적으로 의미를 갖는다. 하나는 음성실험실에서 산출되는 것과 같은 총체적 음향 자질에 대한 기계적 기록이고, 다른 하나는 해당언어에서 변별적이지 못한 모든 자질을 무시하는 음소 차원에 대한 기록이다. 음향학의 지식이 현재수준보다 훨씬 높게 발달하기 전까지는, 후자의 기록만이 발화의 의미를 고려하는 모든 연구에 유효하게 사용될 수 있다.

사실, 실험음성학자는 다른 정보를 통해서 자신이 연구하는 언어음의 음소적 자질을 익히 아는 경우가 많으며, 그렇기 때문에 자신의 문제를 정리하고 기술할 때 순수하게 음향적인 술어를 사용하지 않고 오히려 자신이 실험음성학에서 빌려온 술어를 사용한다.

5.7. 관찰한 결과를 기록하기 위해서는 기록의 대상이 되는 언어에 존재하는 하나의 음소에 대해 하나의 기호를 배당하는 표기부호 체계

가 필요하다. 그러한 부호의 집합이 바로 음성기호이며, 이런 기호로 표시한 언어음의 기록이 음성전사(또는 간단히 줄여서 전사)이다.

하나의 음소에 하나의 부호를 배당하는 원리는 영어의 전통적인 자모식 표기법이 추구하던 방식이다. 그러나 영어의 철자체계는 그런 원리를 언어학 연구에 충분할 정도로 구현하고 있지 못하다. 영어에서는 'son'과 'sun'의 철자를 다르게 적지만, 이들 두 단어를 이루는 음소들은 전부 동일하다. 반면에 명사 'lead'와 동사 'lead'를 같은 철자로 적지만, 이들 두 단어를 이루는 음소들은 상이하다. 'oh, owe, so, sew, sow, hoe, beau' 등의 단어는 말음이 모두 동일한 음소로 끝나지만 각기 다른 철자로 적고 있다. 그런가 하면 'though, bough, through, cough, tough, hiccough' 등의 단어는 말음이 각기 상이한 음소로 끝나지만 동일한 글자 결합(-ough)으로 적고 있다. 영어의 자음 글자 'x'는 잉여적인데, 그것은 이 글자가 /ks/(tax) 또는 /gz/(examine)와 동일한 음소결합을 표상하기 때문이다. 또 영어의 자음 글자 'c'도 잉여적인데, 이 글자 역시 /k/(cat) 또는 /s/(cent)와 동일한 음소를 표상한다. 영어단어 'jam'의 초성 자음을 적기 위한 글자 'j'가 있으면서도, 동일한 음소를 글자 'g'(gem)로 나타내기도 한다. 시카고에서 사용하는 표준영어에는 32개의 단순 기본음소가 있다. 따라서 26개의 자모를 갖춘 영어의 철자체계는 음성기록에 역부족이다. 그래서 일부 음소에 대해서는 두 글자의 결합형(이중자〔二重字〕)을 사용하기도 한다. (예) 'thin'의 초성 자음을 적기 위한 '-th-', 'chin'의 초성 자음을 적기 위한 '-ch-', 'shin'의 초성 자음을 적기 위한 '-sh-', 'sing'의 종성 자음을 적기 위한 '-ng'. 이처럼 글자의 결합에 이르면, 일관성 문제는 더욱 지키기 어렵게 된다. 'then'의 철자를 보면, (앞서 'thin'의 초성 자음을 적기 위해서 사용했던) '-th-' 결합이 여기서는 다른 음소를 나타내고 있는가 하면, 'hothouse'를 보면 보통 독립적인 두 글자 't'와 'h'로 표기되는 두 음소를 나타내고 있기 때문이다. 나아가서 'Thomas'에서는 '-th-' 결합이 통상 't'로 표기되는 하나의 음소 값을 갖고 있다. 또한 'singer'에서는 '-ng-' 결합이 ('sing'에서 보듯이) 단일 음소를 나타내지만, 'finger'에서는 이 음소에 더해서 ('go'에서 보듯이) 통상 'g'로 표기되는 음소까지 나타내고 있다. 전통적인 자모식 표기법은 스페인어와 보헤미아어, 폴란드어, 핀란드어 등과 같은 소수 언어의 경우에만 정확하다.[28] 이들 언어의 철자체계는 자국 언어의 음소체계를 작성한 언어학자들에 의해 기틀이 잡혔거나 개선되었다.

5.8. 전통적인 표기체계가 완전하지 못하고 모든 음소를 적을 만큼 충분한 부호가 (이른바 '라틴') 알파벳에 마련되어 있지 않은 관계로, 학자들은 많은 음성기호를 고안해냈다.

이러한 기호체계의 일부는 전통적 표기관행과 완전히 다르다. 그 가운데서 벨(Alexander Melville Bell)의 가시언어[2]가 가장 잘 알려져 있는데, 그 까닭은 주로 음성학자 헨리 스위트(1845년~1912년)[29]가 실제 이 기호를 사용했기 때문이다. 이 알파벳의 부호는 다양한 음소를 발화할 때 포착되는 음성기관을 단순화하고 도식화해서 만들어졌다. 그러나 '가시언어'는 쓰기가 어렵고 인쇄에 비용이 너무 많이 든다.

역사적인 전통에서 벗어난 또 다른 기호체계는 예스퍼슨의 비(非)자모식 표기법이다. 여기서는 그리스 문자와 아라비아 숫자로 이루어진 전체 부호의 집합에 지표(指標)로 사용되는 라틴 문자[30]를 붙

---

28) 철자식 발음이 가능한 언어들이다. 17.6절과 27.4절 참고.

29) 영국의 음성학자. ☞ 인명 약해 참고.

30) 이 지표는 주로 조음점을 표시한다.

여서 개별 음소 전부를 표기한다. 그리스 문자는 음성기관을 표시하고 아라비아 숫자는 개구도를 지시한다. 예를 들어, α가 양순을 지시하고 0이 폐쇄를 지시하므로, α0은 영어의 /p/, /b/, /m/처럼 발화 시에 두 입술(양순)이 폐쇄되는 모든 음소의 표기에 사용된다. 예를 하나 더 들면, 영어단어 'man'에 나타나는 /m/은 이 표기체계에서 α0 δ2 ε1로 나타나는데, 여기서 δ2는 입천장(구개)의 뒷부분이 내려갔 다[31]는 의미이고 ε1은 성대가 진동한다는 의미이다. 이와 같은 표기 규약 체계가 갖는 장점은 분명하지만, 역시 발화 전체를 기록하기 위한 것은 아니다.

대부분의 음성기호는 전통적 알파벳을 수정한 것이다. 이들 음성 기호는 통상적인 자모를 사용하되, 부족한 부분을 소문자나 그리스 알파벳 문자, 관습적인 자모 문자의 변형, 작은 구분기호(예: ā와 ä) 등의 장치로 보완하고 있다. 이러한 유형의 알파벳은 상당수 있는데, 예컨대 아프리카 언어의 표기에 사용되는 렙시우스[32] 기호와 스웨덴어 방언 표기에 사용되는 룬델(Lundell) 기호, 독일어 방언 표기에 사용되는 브레머(Bremer) 기호 및 아메리카 인디언 언어의 표기에 사용되는 '미국인류학회'의 기호 등이 여기에 속한다. 이 책에서는 '국제음성학회'의 국제음성기호를 사용하기로 하는데, 이 기호체계는 엘리스(Ellis)와 스위트, 패시(Passy), 다니엘 존스[33] 등이 개발했다. 이 표기체계의 개략적인 모습은 대부분의 사전에 '발음해설'이라는 표제하에 실려 있다. 일부 언어에서는 이와 유사한 표기장치가 전통적 표기법에서 발달하기도 했는데, 독일어 철자법에서 모음 글자 위에 두 점을 찍는다든가(ä, ö, ü), 보헤미아어 철자법에서 구분기호

---

31) 뒤따르는 모음이 저모음(개모음)이므로 일종의 역행동화를 일으켰다.

32) 독일의 이집트학자. ☞ 인명 약해 참고.

33) 영국의 음성학자. ☞ 인명 약해 참고.

를 붙인다든가(영어 ch에 해당하는 č, 영어 sh에 해당하는 š) 하는 등의
방식이 여기에 속한다. 러시아와 세르비아의 알파벳은 몇 개의 보충
문자를 가지고 그리스 문자를 보완한 것이다.

원칙적으로 모든 음성기호(알파벳)에는 거의 우열이 없는데, 그것
은 무슨 언어를 기록하든 10여 개의 기호를 가지고 개별 음소에 대하
여 하나씩 기호를 부여하면 충분하기 때문이다. 그러나 실제 운용 면
에서 보면, 모든 음성기호는 심각한 결점을 안고 있다. 음성기호가
창안되었을 때는 아직 음소의 원리가 명확하게 인식되기 이전이었다.
그래서 이들 음성기호의 창안자들은 자신의 기호체계가 모든 언어에
존재하는 다양한 모든 음향 자질에 각각 독자적인 기호를 배당할 수
있도록 풍부하고 유연하게 만들려고 했다. 오늘날 이런 기록은 분명
히 음파에 대한 (모두 다 다른 발화로 기록될 수밖에 없는) 기계적 기록
에 불과하다는 사실이 이미 밝혀졌다. 그리하여 실제로는 음소의 원
리가 스며들었던 것이다. 우리는 보통 개별 음소에 대해 하나의 부호
를 적지만, 이들 부호는 음향가치에 대한 '정확한' 기록이라는 목표하
에 구분기호를 할당받아 고도로 세분화되었다. 이런 방식으로 구분
된 음성 변이형들은 결국 음성학자들이 우연히 주목한 형태에 불과했
다. 스위트는 '가시언어'와 함께 사용할 목적으로 라틴 알파벳에 근거
하여 비교적 단순한 기호체계를 개발했는데, 그는 이 로마자 발음기
호를 로믹(Romic)이라고 불렀다. 음소의 원리에 대한 이해가 어느 정
도 분명해지자, 스위트는 로믹 발음기호를 대폭 단순화해도 무방하
다는 사실을 깨닫게 되었다. 이런 맥락에서 스위트는 개별 음소에 대
해 하나의 부호를 배당한 단순화된 형태를 사용했는데, 그는 이를
'간략 로믹'(Broad Romic)이라고 명명했다. 그렇지만 스위트는 이보다
훨씬 복잡한 형태인 '정밀 로믹'(Narrow Romic)이 더욱 '정확하고' 따
라서 과학적인 목적에 더욱 적합하다고 믿었다.

이와 같은 스위트의 로믹에서 바로 국제음성학회의 음성기호가 태동했는데, 이 국제음성기호 체계는 라틴 부호(자모)와 이를 보완하는 다수의 인공 글자와 소수의 구분기호로 구성되어 있다. 이 책에서는 이 기호체계를 조금 다듬어서 사용하는데, 관례에 따라 음성기호로 적힌 모든 내용을 각괄호 안에 넣을 것이다.

5.9. 국제음성기호가 기반으로 삼는 원리는 통상적인 자모 글자에다가 해당 글자가 주요 유럽 언어에서 갖는 음가의 근삿값을 부여해서 기본 발음기호로 사용하고, 어떤 한 가지 유형의 음소 수효가 통상적인 자모의 수효를 초과할 때마다 인공적인 표지부호(*sign*)나 구분기호를 가지고 (통상적인 자모 글자로 된) 이들 기본 발음기호를 보완하는 것이다. 그러므로 만일 어떤 언어에 일반적인 유형에 속하는 영어의 /t/-음소가 하나만 있다면, 이 음소가 음향적으로 영어의 /t/에 가깝든지 아니면 프랑스어의 /t/에 가깝든지 간에, 보통의 글자 〔t〕로 표기한다. 그런데 그 언어에 이 일반적인 유형의 음소가 2개 있다면, 둘 중의 하나만 〔t〕로 표기하고 나머지 하나는 대문자를 써서 〔T〕로 표기하든가, 이탤릭체를 써서 〔*t*〕로 표기하든가 아니면 또 다른 유사한 장치를 써서 표기할 수밖에 없다. 만일 어떤 언어에 일반적인 유형인 영어의 /e/-음소(*pen*)가 2개 있다면, 둘 중의 하나는 보통의 글자 〔e〕로 표기하고 나머지 하나는 보충기호를 써서 〔ɛ〕(pan 〔pɛn〕)로 표기한다.

국제음성학회에서 일찍이 1912년에 형식화한 이 원리는 학회 회원들에게조차 냉대를 받았다. 그것은 대부분의 연구자들이 음소의 원리가 아직 밝혀지지 않았던 당시의 전통에서 벗어나지 못했기 때문이다. 그래서 대부분의 표기자는 영어의 음소표기에 이상한 부호를 사용했는데, 이것은 영어의 음소가 가장 유사한 프랑스어의 음소와 다르다는 사실을 인식했기 때문이다. 예를 들어, '물'을 뜻하는 프랑스어 단어 'eau'〔o〕의 음소표기를 위해 기호〔o〕를 이미 사용했기 때문에 이 글자는 영어단어 'son'의 모음 표기에 사용할 수 없다. 이 영어의 모음 음소는 프랑스어의 모음 음소와 동일하지 않기 때문이다. 이런 점과 함께 기타 다른 이유 때문에, 이 책에서는 (원리 자체를 거부하는 것은 아니지만) 국제음성학회의 음성기호 용법에서 어느 정도 벗어나는 표기방식을 채택하게 될 것이다.

서너 개의 언어나 방언을 논의하는 경우에, 해당언어나 방언은 각자 독립된 음소의 관점에서 기록되어야 한다. 이들 언어나 방언 사이의 차이는 가능한 한 기술되는 것이 타당하겠지만, 각종 부호의 간섭을 용인해서는 안 된다. 따라서 자신이 시카고의 표준영어와 런던의 영어 사이에서 발견되는 음소 차이를 정확하게 기술할 수 있다고 생각하는 음성학자가 설령 있다고 해도, 이들 두 음소 집합을 표기할 때 이상한 부호를 사용한다고 해서 (이들 두 집합의 음소에 대한) 자기주장의 가치가 향상되는 것은 결코 아니다. 만일 그가 이들 음소 집합에 대해 '기묘한' 부호를 사용한다면 그럴수록 문제는 더욱 복잡하게 꼬이고 만다. 그 음성학자도 언젠가는 보통의 글자들이 다른 언어의 다른 음소를 기록하는 데 사용되어왔다는 사실을 알게 될 것이기 때문이다.

하나의 음소에 하나의 부호를 배당하는 원리는 중의성의 위험이 없을 때만 수정될 수 있다. 중의성이 발생할 위험이 없을 때, 엄격한 일대일 대응의 원리에서 벗어나는 것이 (독자를 혼란에 빠트리거나 인쇄비용을 증가시키는) 가외의 부호 사용을 줄일 수 있다면, 그러한 방법도 바람직하다. 일부 언어에서는 영어의 폐쇄음처럼〔p, t, k〕가 기식성을 띠고 실현되는데, 이러한 음성은 기식성 없이 실현되는 프랑스어의 음성〔p, t, k〕와 음소적으로 구분된다. 그런데 이때 만일 이 언어에 〔h〕로 표상되는 음소가 없거나 그런 음소가 있어도 〔p, t, k〕 다음에 출현하는 일이 없다면, 기식성을 동반한 전자의 음소에 대해서 복합부호 〔ph, th, kh〕를 사용하는 것이 안전하고 경제적이다.[34]

5. 10. 언어를 기록하는 문제가 복잡한 것은 복수 음성기호 체계가 존재하고 실제 적용과정에서 일관성이 떨어진다는 사실뿐만 아니라, 음성전사와 함께 두 가지 다른 장치가 빈번하게 사용된다는 사실에서 연유하기도 한다.

이런 장치 가운데 하나가 바로 전통적인 자모식 표기법에 나오는 형태인용[35] 방식이다. 이런 현상은 기록대상 언어가 라틴 글자를 사용하는 경우에 흔히 일어난다. 작가는 자신의 글을 읽는 독자가 발음을 알고 있다고 생각하거나 아니면 독자가 고어의 경우에 미처 발음에까지 신경을 쓰지는 않으리라고 생각한다. 인용은 통상적인 철자법에 익숙한 독자들에게 도움이 되는 경우가 적지 않다. 그렇다고 해도 다음과 같이 전사를 덧붙이는 편이 더 낫다. (예) 프랑스어 eau 〔o〕. 고어의 경우라도 발음에 관한 추측을 덧붙이는 것이 유용할 때가 많다. (예) 고대 영어 geok 〔jok〕(재갈). 보헤미아어나 핀란드어처럼 관용적인 철자법이 완전히 표음식(*phonetic*)[36]인 경우에만 전사표기를 무시할 수 있다. 라틴어의 경우라면 장모음 위에 장음부호(*macron*) 표시를 한 인용(예: amāre '사랑하다')만으로도 충분하다. 우리가 아는 한 라틴어 철자법은 장모음과 단모음의 구분만 제외하면

---

34) 위첨자를 사용하여 표기하는 방식과 좋은 대조가 된다. 그렇지만 한국어의 경우처럼 /h/가 별도의 음소로 존재하는 경우에는 이런 방식의 표기가 곤란하다.

35) 여기서 말하는 인용은 표기형태를 그대로 가져오는 것이다. 남의 말을 '인용'한다고 할 때와는 다른 의미이다.

36) 철자와 발음이 일치하는 표기법을 말한다.

표음식 표기법이기 때문이다.

라틴어 이외의 알파벳을 사용하는 언어는 인용이 그다지 효과적이지 못하다. 러시아어보다는 덜하지만 그리스어의 경우에는, 인용이 관용적으로 허용되지만 여러 모로 바람직하지 않다. 일부 호화 출판물에는 히브리어나 아랍어, 산스크리트어의 인용을 대비해서 이들 언어의 활자까지 준비되어 있다. 여기서 그럴 만한 이유가 있는 유일한 예외는 중국어나 고대 이집트어의 문자처럼 표기부호에 음성적인 술어(음가)로 표상될 수 없는 의미가치가 담겨 있는 경우이다.[37]

라틴 알파벳 이외의 다른 글자를 가진 표기체계를 사용하는 언어들에 대해서는 전사법 대신 전자법이 채택되는 경우가 많다. 전자법에서는 원래의 알파벳 글자 각각에 대해 라틴 알파벳(또는 자모의 결합이나 모종의 인공기호)을 하나씩 배정한 다음에, 라틴 글자를 읽는 방식으로 읽어서 표기를 발음으로 재생하게 된다. 그런데 유감스럽게도 언어가 다르면 전자법도 달라진다. 예를 들어, 산스크리트어를 전자법으로 표기할 때는 라틴어 자음 글자 'c'를 사용해서 영어의 'chin'과 같은 단어의 초성 음소와 유사한 음소를 가리키는 산스크리트어 글자를 전자하지만, 슬라브어 알파벳을 전자법으로 표기할 때는 동일한 라틴어 자음 글자 'c'를 사용해서 영어단어 'hats'에 나오는 /ts/ 결합을 닮은 음소를 가리키는 슬라브어 글자를 전자하게 된다. 언어학에서는 대체로 음성전사를 사용하는 것이 바람직하다.

5.11. 자기 언어의 음소목록을 작성하는 일은 (영문에서 사용하는 자모식 표기법의 지원을 받지 않더라도) 그다지 어렵지 않다. 적절한 수효의 단어를 가지고 앞서 영어단어 'pin'을 가지고 실행했던 것처럼

---

37) 표의문자. 17.2절 참고.

모든 개별 음소를 확인하기만 하면 된다. 상이한 언어들에서 나타나는 단순 기본음소의 수효는 대략 15개에서 50개까지 다양하다. 시카고에서 사용되는 표준영어에는 32개의 음소가 있다. 복합음소는 의미와 단어구조에 관한 한, 독립적인 단위로 행동하는 단순 음소들의 결합형태이다. 따라서 영어의 'buy'와 같은 단어에 나오는 이중모음은 'far'와 같은 단어에 나오는 모음 음소와 'yes'와 같은 단어의 초성 음소의 결합으로 볼 수 있다. 표준영어에는 그러한 복합음소가 8개 있다.

부차음소를 확인하는 일은 조금 어렵다. 이들 부차음소는 독자적으로 나타나는 단순 유의미 언어형태의 일부가 아니라, 둘 이상의 언어형태가 결합하여 더욱 큰 형태가 된다든가 아니면 언어형태들이 일정한 방식, 특히 문장으로 사용되는 경우에만 나타난다. 따라서 영어에서는 몇 개의 단순 언어 요소가 결합해서 둘 이상의 음절로 된 하나의 단어를 형성할 때, 부차음소인 강세를 사용해서 어느 한 음절을 다른 음절보다 크게 발화하도록 지시한다. 예를 들어, 영어단어 'foretell'을 발음할 때 영어 화자는 'fore-'보다 '-tell'을 더욱 크게 소리 내지만, 'foresight'를 발음할 때는 '-sight'보다 'fore-'를 더욱 크게 소리 낸다. 영어의 명사 'contest'는 1음절에 강세를 받지만, 동사 'contest'는 2음절에 강세를 받는다. 영어의 고저 자질은 질문(*at four o'clock?*)과 답변(*at four o'clock*)의 대조에서 보듯이 주로 문장 끝에서 부차음소로 나타난다. 다른 많은 언어와 마찬가지로 중국어에서 음조 자질을 기본음소로 사용하고 있음은 주목할 만하다. 부차음소는 기본음소보다 관찰하기가 더욱 힘들다. 부차음소는 단순 형태들의 결합이나 특정한 사용환경에서만 출현하기 때문이다(예: 'John?'과 'John'을 대조해 보라).

지금까지 개괄한 원리를 활용하면, 누구든 표기체계에 익숙해져서 자신의 언어를 체계적으로 전사할 수 있게 될 것이다. 이 책에서는 특별한 언급이 없는 한 시카고에서 통용되는 표준영어의 발음에 따라, 영어의 전사법을 예시해 보기로 한다. 이를 위해서 단순 기본음소를 위한 부호 32개와 부차음소를 위한 부호 9개를 사용했다.

(단순) 기본음소

〔a〕	alms	〔amz〕	〔i〕	pin	〔pin〕	〔r〕	rod	〔rɑd〕
〔ɑ〕	odd	〔ɑd〕	〔j〕	yes	〔jes〕	〔s〕	sod	〔sɑd〕
〔b〕	big	〔big〕	〔ǰ〕	gem	〔ǰem〕	〔š〕	shove	〔šov〕
〔č〕	chin	〔čin〕	〔k〕	cat	〔kɛt〕	〔t〕	tin	〔tin〕
〔d〕	dig	〔dig〕	〔l〕	lamb	〔lɛm〕	〔θ〕	thin	〔θin〕
〔ð〕	then	〔ðen〕	〔m〕	miss	〔mis〕	〔u〕	put	〔put〕
〔e〕	egg	〔eg〕	〔n〕	knot	〔nɑt〕	〔v〕	van	〔vɛn〕
〔ɛ〕	add	〔ɛd〕	〔ŋ〕	sing	〔siŋ〕	〔w〕	wag	〔wɛg〕
〔f〕	fan	〔fɛn〕	〔o〕	up[38]	〔op〕	〔z〕	zip	〔zip〕
〔g〕	give	〔giv〕	〔ɔ〕	ought	〔ɔt〕	〔ž〕	rouge	〔ruwž〕
〔h〕	hand	〔hɛnd〕	〔p〕	pin	〔pin〕			

복합 기본음소

〔ai〕	buy	〔baj〕	〔ij〕	bee	〔bij〕	〔ɔj〕	boy	〔bɔj〕
〔aw〕	bough	〔baw〕	〔juw〕	few	〔fjuw〕	〔uw〕	do	〔duw〕
〔ej〕	bay	〔bej〕	〔ow〕	go	〔gow〕			

---

38) 현재의 발음은 〔ʌp〕처럼 표시한다. 통상적인 음성기호와의 차이에 대해서는 6.11절에 예시되어 있는 자료를 참고하면 된다.

162

부차음소

〔"〕 기본부호 앞에서 가장 큰소리 강세 표시. That's mine! 〔ðɛt s "majn!〕

〔'〕 기본부호 앞에서 보통소리 강세 표시. forgiving 〔for'giviŋ〕, I've seen it 〔aj v'sijn it〕

〔ˌ〕 기본부호 앞에서 작은 소리 강세 표시. dining-room 〔'dajniŋ ˌruwm〕, Keep it up 〔ˌkijp it 'op〕

〔ˌ〕 기본부호 〔l, m, n, r〕 중의 하나 밑에서 가벼운 강세를 표시해서, 해당음소를 앞뒤 음소보다 크게 발음하게 만든다. coral 〔'kɑrl̩〕, alum 〔'ɛlm̩〕, apron 〔'ejprn̩〕, pattern 〔'petrn̩〕 [39]

〔.〕 기본부호 뒤에서 서술문을 하강음조(억양)로 끝낸다. I've seen it 〔aj v 'sijn it.〕

〔¿〕 기본부호 뒤에서 설명의문문 [40] 을 상승-하강음조(억양)로 끝낸다. Who's seen it? 〔'huw z' sijn it¿〕

〔?〕 기본부호 뒤에서 판정의문문을 상승음조(억양)로 끝낸다. Have you seen it? 〔hɛv juw 'sijn it?〕

〔!〕 기본부호 뒤에서 감탄문의 음조(억양) 체계를 인위적으로 조작한다. It's on fire! 〔it s ɑn 'fajr!〕, Seven o'clock?! 〔'sevn̩ o" klak?!〕

〔,〕 기본부호들의 사이에서 휴지(休止)를 표시하는데, 상승음조(억양)가 앞에 오는 수가 많다. 이 휴지는 문장의 연속성을 보장해 준다. John, the older boy, is away at school 〔'jan, ðij' owldr' bɔj, iz éwej et' skuwl.〕

---

39) [원주] 이 형태를 부차기호가 없는 Carl 〔karl〕이나 elm 〔elm〕 등과 대조해 보라. 음소 〔l, m, n, r〕이 앞뒤의 음소보다 크게 들릴 때(따라서 성절음을 이룰 때)는 언제나 이들 음소부호 밑에 부차기호 〔ˌ〕를 표기하는 것이 관용적이며 동시에 불필요한 혼란도 피할 수 있다. 그렇다고 해서 이런 경우에 다음과 같은 강세 증가가 필요한 것은 아니다. (cf.) bottle 〔'bɑtl̩〕, bottom 〔'bɑtm̩〕, button 〔'botn̩〕, bird 〔'brd〕. 7.10절 참고.

40) 의문사를 동반하는 의문문.

제6장

음소의 유형

6. 1.　앞서 제5장에서 개관한 일반원리는 관찰자[1] 자신이 사용하는 언어의 음성구조를 분석하는 데 도움을 줄 수 있지만, 생소한 언어를 이해하는 초보단계라면 그다지 큰 도움이 되지 못한다. 생소한 언어를 듣는 관찰자의 입장에서 보면 자기 언어나 자기가 학습한 다른 언어에 나타나는 음소의 총체적 음향 자질은 포착할 수 있지만, 이들 자질이 현재 관찰하는 언어에서 과연 유의미한가는 알아낼 방도가 없다. 더욱이 관찰자는, 자기 언어나 자기가 연구한 언어에서는 무의미하지만 새로운 언어에서는 유의미한 음향 자질을 제대로 포착하지 못한다. 음향 자질을 기록하려고 관찰자가 기울이는 최초의 노력에는 무의미한 차이[2]가 포함되어 있는 반면, 정작 필수적인 차이는 반영되지 못할 수 있다. 이 단계에서는 기계적인 기록도 도움이 되지 않는다. 기계적인 기록은 총체적 음향 자질을 등록할 뿐, 어떤 자질이 유의미한 것인가를 알려주지 못하기 때문이다. 주어진 일련의 발화가 과연 의미상으로 동일한가 혹은 상이한가를 알아내야만, 관찰자는 비로소 음소적 차이를 포착하는 방법을 배울 수 있다. 의미

---

1) 이 책에는 'observer'라는 표현이 자주 등장하는데, 최대한 객관적인 연구태도를 견지하려는 저자의 입장이 반영된 것으로 보인다.

2) 변이음 차원의 자질.

분석이 과학의 영역 안으로 들어오지 못하는 한, 언어에 대한 분석과 기록은 일종의 기술 혹은 실용적 기능으로 남게 될 것이다.

만일 다양한 언어에서 변별적인 언어음성에 대한 지식을 미리 알고 있다면, (지금까지 전혀 예측하지 못했던 새로운 차이가 새로운 언어에 나타날 수 있는 가능성은 항상 열려 있지만) 경험적으로 볼 때 연구자는 이러한 기능을 보다 쉽게 획득하게 된다. 이와 같은 정보는 음성기관의 작동에 대한 대략적인 기술의 형태를 취할 때 가장 손쉽게 획득할 수 있다. 이러한 대략적 기술은 곧 실용음성학의 내용을 이루게 된다. 총체적 음향 자질 가운데 어떤 음향 자질이 주어진 언어에서 유의미한가를 찾아내고 나면, 유의미한 자질에 대한 관찰자의 기술은 기계적인 기록으로 예시될 수 있다. 3)

6. 2. 우리에게는 언어만을 위한 특별한 기관이 존재하지 않는다. 언어음은 숨을 쉬고 음식을 먹는 데 사용되는 기관에 의해 산출된다. (1) 대부분의 언어음은 날숨을 방해해서 생성된다. 이에 대한 예외는 흡착음이다. 4) 우리는 보통 안됐다는 애도의 감정을 나타내는 비언어적 신호 혹은 말(馬)을 모는 신호로 혀를 치조에 바짝 대고 끌끌 찬다. (소설가는 혀 차는 소리를 'tut, tut!'으로 표현한다.) 일부 아프리카 언어에서는 구강의 여러 부위에서 형성되는 다양한 흡착음을 언어

---

3) 여기서 다루는 주된 내용은 제목에 나타나 있듯이, 음소의 분류이다. 그런데 저자는 음성학적 지식을 음소분류의 기반으로 삼고 있어서, 마치 음성분류작업을 진행하는 것처럼 비친다. 물론 필요한 곳에서 '변별적 / 비변별적'이라는 수식어를 붙이는 것을 보면, 저자가 음소와 변이음(변이형)의 구분을 인식하고 있음은 분명하다. 집필 당시 저자의 인식을 그대로 살린다는 뜻에서 되도록 기호와 부호는 바꾸지 않았다. 이와 같은 사정은 '음성구조'라는 제목하에 음운구조를 다루는 제8장에서도 동일하다.
4) 흡착음은 허파에서 나오는 기류가 아니라, 구강에 남아 있던 기류로 생성된다.

음으로 사용한다.

6.3. 날숨이 처음으로 만나는 방해작용은 후두에서 일어난다. 후두는 기관(氣管)의 상부에 자리 잡은 연골조직으로, 밖에서 보면 울대뼈로 드러나 보인다. 후두 안에는 오른쪽과 왼쪽에 조개 모양으로 생긴 근육 돌기가 두 개 형성되어 있는데, 이를 성대라고 부른다. 공기가 지나가는 이들 돌기 사이의 문을 성문이라고 한다. 통상적인 호흡에서는 성대가 이완되어 있어서, 공기가 자유롭게 성문을 드나들 수 있다. 후두의 뒤쪽에는 성대가 피열(披裂)[5]에 붙어 있는데, 이 부분은 유동적인 연골조직으로 된 두 개의 경첩이다. 미묘한 근육의 조절작용 덕분에 성대와 피열은 다양한 움직임을 보인다. 정상적으로 숨을 쉴 때가 가장 크게 벌어진 위치가 되고, 입을 크게 벌리고 공기를 한껏 머금을 때가 가장 단단하게 닫힌 위치가 된다. 이 두 가지 경우가 극단적인 위치이다. 언어가 다양하므로 중간위치의 성문을 활용하는 방법 또한 다양하다.

이들 위치 가운데 하나는 발성(voicing)을 위한 것이다. 발성과정에서는 성대가 단단하게 합쳐져서, 공기가 순간적으로만 통과하게 된다. 이때 기류는 성문을 통과하면서 성대를 진동시킨다. 진동수는 대략 1초에 80회에서 천 회에 이르기까지 다양하다.[6] 외부공기로 전달되는 이들 진동은 우리의 귀에 악음(樂音)으로 들리는데, 이를 성(聲, voice)이라고 부른다. 이 성(聲)이 모든 언어음에서 중요한 역할을 수행하는 것은 아니다. 영어에서는 유성음과 무성음을 구분한다. 만일 손가락을 울대뼈에 갖다 대거나, 손바닥으로 양쪽 귀를 꽉 막은

---

5) 방패 연골, 반지 연골, 모뿔 연골 등과 함께 후두의 뼈대를 이룬다.
6) 귀로 들을 수 있는 소리의 범위는 진동수와 관련이 있다. 일반적으로 가청 주파수는 초당 천 사이클이 아닌 2만 사이클로 알려져 있다.

다음에 〔v〕나 〔z〕와 같은 유성음을 발음해 보면, 성(聲)이 떨림으로 느껴질 것이다. 반면에 〔f〕나 〔s〕와 같은 무성음은 이와 같은 울림을 수반하지 않는다. 모든 언어에는 고정된 자질 중에 성(聲)이 결여된 음소가 적어도 몇 개씩 있는 것처럼 보인다. 대부분의 무성음을 발화하는 동안에는 성문이 정상적인 호흡을 할 때처럼 활짝 열려 있다.

다양한 조절작용은 유성음의 공명도뿐만 아니라, 음의 강약과 고저도 변화시킬 수 있다. 공명도의 조절작용에는 '머리소리〔頭聲〕 음역'(head register)과 '가슴소리〔胸聲〕 음역'(chest register), '막음소리' (muffled sound), [7] '쇳소리'〔金屬聲〕(metallic sound) 등이 있는데, 이들은 아직까지 생리학적으로 분석되고 있지 못하다.

호흡과 발성의 중간위치 가운데 몇 가지는 언급할 필요가 있다. 만일 성대가 너무 벌어져서 음성이 순수하게 들리지 않고 성문을 통과하는 공기의 마찰음이 묻어난다면, 이때 우리는 중얼거림소리(murmur)를 얻게 된다. 영어에서는 간혹 무강세 모음이 성(聲) 대신 중얼거림소리로 발음되는 수가 있다. 음소의 자격을 갖는 중얼거림소리는 보헤미아어에 나타나는데, 보헤미아어에서는 이 음성이 관습적인 철자법에 따라 〔h〕 부호로 전사된다. 성문이 좀더 열려 있다면, 발성이 멈춰지고 오직 (성대) 마찰소리만이 남게 된다. 이 (성대) 마찰소리는 'hand' 〔hɛnd〕에서 보듯이 영어 음소 〔h〕로 나타낸다. 또 다른 중간위치는 속삭임소리이다. 이때는 연골성문(cartilage-glottis), 즉 피열 사이의 공간만 열리고 나머지 성대부위는 접촉상태를 유지하고 있다. 우리가 보통 '속삭인다'고 할 때는 이 속삭임소리가 음성으로 대

---

7) 원문의 'muffled'라는 표현으로 미루어 '목도리'(muffle)로 입을 씌우고 내는 것과 같은 발음을 뜻하는 표현으로 보인다. 따라서 똑똑하게 들리지 않는 소리이다. 유성폐쇄음의 (폐쇄) 지속부에서 이 소리가 들린다고 한다. 6.5절 참고.

치되고 무성음이 정상적으로 말할 때처럼 산출되는 것이다.

성대의 진동으로 산출되는 음파는 외부 공기에 이를 때까지 통과하는 통로의 모양과 탄력성에 따라 변조된다. 성대를 관악기의 혀(reeds) 부분과 비교해 보면, (비강〔鼻腔〕까지 포함하는 경우도 있지만) 입안, 즉 성대에서 입술에 이르는 전체 공간(腔)을 공명상자로 간주할 수 있다. 구강 안의 모양을 바꾸거나, 입이나 코로 통하는 출구를 막거나, 아니면 이 부분의 근육을 조이거나 풀게 되면, 외부로 나가는 음파를 다양하게 조절할 수 있다.

악음과 대조되는 소음(騷音)은 불규칙한 음파의 결합으로 이루어져 있으며, 성문과 혀, 입술로 생성된다. 〔a, m, l〕 등과 같은 일부 유성음은 순수한 악음, 즉 소음에서 비교적 자유로운 음이지만, 〔v, z〕 등과 같은 다른 유성음은 소음과 유성 악음의 혼합으로 이루어져 있다. 〔p, f, s〕 등과 같은 무성음은 소음으로만 이루어져 있다.

6.4. 날숨은, 정상적인 호흡동작에서 후두를 떠날 때 코로 빠져나간다. 그러나 대개의 발음과정에서는 연구개를 들어 올려서 출구, 곧 비강을 막는다. 연구개는 입천장(구개)의 뒷부분으로, 움직일 수 있는 부드러운 조직이다. 연구개의 끝에는 목젖이 달려 있는데, 이 부분은 작고 둥근 돌출조직으로 입안의 중앙에 매달려 있는 모습을 밖에서도 볼 수 있다. 거울 앞에 서서 코와 입을 통해서 조용히 숨을 들이쉰 다음에 또렷하게 모음 〔a〕를 발음해 보면, 연구개가 위로 올라가는 모습이 보일 것이다. (특히 목젖이 보이면 연구개의 상승도 분명하게 보인다.) 연구개가 올라가면, 그 끝이 기도(氣道)의 뒷벽에 걸쳐져 코로 빠져나가는 기류의 출구를 막는다. 대부분의 언어음은 순수한 구강음이다. 이때는 연구개가 완전히 올라가서 공기가 비강을 통해 빠져나갈 수 없다. 연구개가 완전히 올라가지 않는다면, 일부 기

류가 코를 통해서 빠져나가는데, 이때 생성되는 언어음은 특이한 공명을 갖는다. 그런 음성을 비음화된 음성이라고 한다. 영어에는 순수한 구강음과 비음화된 음성 사이의 차이가 변별적이지 않다. 영어 화자들은 가끔씩 비음 〔m, n, ŋ〕의 전후에서 모음을 비음화하는데, 특히 피곤할 때나 긴장이 풀어졌을 때 이런 비음화 현상이 두드러진다. 그러나 일부 언어에서는 비음화된 음성(대체로 모음임)이 비음이 없는 유사한 음성과 구분되는 독립적인 음소로서의 지위를 누린다. 통상적인 비음화 부호는 (폴란드어의 전통적인 철자법에서처럼) 글자 아래에 작은 갈고리표지(hook)를 붙이거나, (포르투갈어 철자법과 국제음성학회의 기호에서 그렇듯이) 글자 위에 물결표지(tilde)를 붙이거나, (인쇄 편의상 이 책에서 채택한 방법처럼) 글자 뒤에 위첨자 〔ⁿ〕 지표를 붙이는 등의 수단으로 표시한다. 프랑스어에는 4개의 비음화 모음이 이들에 상응하는 순수한 구강모음과 구분되는 독자적인 음소로 존재한다. (예) bas 〔bɑ〕(양말) vs. banc 〔bɑⁿ〕(긴 의자).

연구개가 올라가지 않아서 공기가 입으로 빠져나가는 구강출구가 어떤 식으로든 막히게 되면, 정상적인 호흡에서처럼 모든 기류가 코를 통해서 빠져나가게 된다. 이러한 경우에 생성되는 음성이 바로 비음이다. 영어에는 비음이 셋 있다. 〔m〕은 두 입술이 닫힌 비음이고, 〔n〕은 혀가 치조에 밀착된 비음이며, 〔ŋ〕는 혀의 뒷부분〔舌背〕이 입천장에 밀착된 비음이다. 이들 비음은 공명의 자질을 갖는 순수한 악음인데, 이때 공명이란 구강과 비강의 상이한 공간 모양이 악음에 부여한 특징을 말한다. 그러나 일부 언어에서는 무성 비음을 음소로 이용한다. 이들 무성 비음은 기류의 가벼운 마찰소음에 의해 귀에 들리는 것이 아니라, 전후 음성과의 대조나 혹은 음성기관이 위치를 바꾸는 동안에 산출되는 비변별적 활음(과도음)의 간섭에 의해 귀에 들리는 것이다.

170

비음화의 효과를 알아보려면 다음과 같은 실험이 유효하다. 즉, 명함처럼 딱딱한 종이를 수평으로 든 다음, 한쪽 끝은 윗입술에 밀착시키고 다른 쪽 끝은 차가운 판유리에 (직각으로) 밀착시킨다. 그 상태에서 모음 〔a〕와 같은 순수한 구강음을 발음해 보면, 명함 아래쪽 판유리에만 습기가 서린다. 이번에는 〔aⁿ〕과 같은 비음화된 음성을 발음해 보면, 명함 아래위 양쪽으로 판유리에 습기가 서린다. 마지막으로 〔m〕과 같은 순수한 비음을 발음해 보면, 명함 위쪽으로만 판유리에 습기가 서린다.

6.5. 아래턱과 혀와 입술을 다양하게 움직이면 구강의 모양이 변화된다. 그리고 인후와 입의 근육을 단단하게 조이거나 느슨하게 풀어주면 공명효과에 영향을 미칠 수 있다. 이런 수단을 통해서 모든 언어는 음소의 자격을 갖는 수많은 악음을 산출한다. 예를 들면, 〔a〕-palm 〔pam〕, 〔i〕-pin 〔pin〕, 〔u〕-put 〔put〕, 〔r〕-rubber 〔robr̩〕 등의 음소가 이런 악음에 속한다. 이런 악음들 가운데 일부는 혀가 입천장에 실질적으로 닿았으면서도 양쪽이나 한쪽에 충분한 공간이 형성되어 기류가 심한 마찰소음을 내지 않고 빠져나갈 수 있다. 이런 음성을 설측음이라고 하는데, 영어의 'little' 〔litl〕에서 보는 〔l〕이 여기에 속한다. 웨일스어와 아메리카 인디언 언어에 나타나는 무성 유음은 기류의 마찰소음이 무성 비음보다 귀에 훨씬 잘 들린다.

혀와 입술을 적절하게 움직이면 입안에서 소음을 만들어낼 수 있다. 이들 기관(또는 성문)의 위치를 조절하여 아주 좁은 통로만 남도록 하면, 밖으로 빠져나가는 기류(呼氣)는 마찰소음을 산출하게 된다. 이런 소음의 자질을 갖는 음소가 마찰음이다. 마찰음은 보통 〔f〕와 〔s〕와 같은 무성음이거나 혹은 〔v〕와 〔z〕와 같은 유성음이다. 마찰의 강도가 다양하게 나타날 수 있기 때문에, 이 마찰음과 〔i〕 또는

〔1〕과 같은 악음 사이의 실질적인 경계선도 존재하지 않는다. 특히 유성 마찰음의 변이형은 언어마다 다르게 나타나는데, 그 폐쇄도 역시 각각 다르다.

혀나 입술(또는 성문)의 위치를 조절하여 출구를 막으면 폐쇄된 성문 아래로 기류가 모이게 되는데, 이때 갑자기 폐쇄상태를 개방하면, 기류가 순간적으로 '뻥' 하는 가벼운 폭발음을 내면서 분출된다. 이런 방식으로 조음된 음성이 바로 폐쇄음 또는 파열음인데, 영어의 무성음 〔p, t, k〕와 유성음 〔b, d, g〕가 여기에 속한다. 폐쇄음의 두드러진 자질은 보통 파열인데, 폐쇄작용(내파, *implosion*)이나 짧은 폐쇄 지속시간 자체도 이 음소의 자질이 될 수 있다. 예를 들어, 영어에서는 어말 〔p, t, k〕가 파열을 생략하는 수도 있다. 이들 변이형은 (갑작스런 음성의 정지나 묶음8)의 순간으로) 앞뒤 음성과의 대조에 의해서 듣거나 혹은 혀와 입술이 움직이는 동안에 발생하는 전이음을 통해서 들을 수 있다. 유성 폐쇄음의 폐쇄가 이루어지는 동안에는 이 음성의 '막음소리' 효과도 들을 수 없다.

입술과 혀와 목젖은 탄력성이 있기 때문에 접촉과 개방을 순간적으로 반복하면 진동이 일어날 수 있다. 그런 전동음은 많은 언어에 출현한다. 영국영어의 'red'나 'horrid' 등에 나타나는 '굴림소리'〔捲舌音〕 /r/이 바로 이런 전동음에 속한다.

우리는 주요한 음소의 유형을 다음과 같은 순서로 정리할 수 있다.

　〔가〕 소음
　　⑴ 폐쇄음
　　⑵ 전동음
　　⑶ 마찰음

---

8) 휴지(休止, *pause*)와 동일한 의미이다.

(나) 악음

    ⑷ 비음

    ⑸ 설측음

    ⑹ 모음

6.6. 폐쇄음은 거의 모든 언어에서 음소로 출현한다. 영어에서는 이들 세 가지 유형의 음소를 조음점에 따라 구분한다. 〔p, b〕는 두 입술이 폐쇄되는 순음(정확하게 말하면 양순음)이고, 〔t, d〕는 혀끝(설첨)이 윗잇몸의 돌출부(치조/치경)에 접촉되어 폐쇄되는 치음(정확하게 말하면 치조음/치경음이자 학문적으로 말하면 치은음〔齒齦音〕)이며, 〔k, g〕는 혀의 뒷부분(설배)이 연구개에 밀착되어 폐쇄되는 연구개음(예전에 후음이라고 잘못 불렀음)이다.

치음과 연구개음은 혀의 유연성으로 인해 다양한 변이형을 만들어 낸다. 접촉(폐쇄)은 혀의 끝부분(설첨적 조음)에 의해 이루어질 수도 있고, 혀 언저리의 비교적 넓은 부분, 즉 설단(blade, 설정적 조음)에 의해 이루어질 수도 있다. 또한 접촉은 윗니의 가장자리(치간 위치)에서 이루어질 수도 있고, 윗니의 뒷면(후치 위치)에서 이루어질 수도 있으며, 윗니의 치조 뒷면(치은 위치)에서 이루어질 수도 있고, 구개의 돔 부분(반설음〔反舌音〕 또는 반전음〔反轉音〕[9] 또는 학문적으로 전도음〔顚倒音〕 조음 위치)에서 이루어질 수도 있다. 따라서 돔 위치에서 설첨적 조음작용(혀끝이 입천장의 거의 최고점에 닿는 상태)이 일어나면, 미국영어에서 치은음 〔t, d〕와 함께 비변별적 변이음이 산출된다. 프랑스어에서는 영어의 〔t, d〕에 대단히 가까운 음성이 치은음이 아니라, 후치음(혀끝이나 혓바닥이 치아의 뒤에 닿는 상태)으로 발

---

[9] 원문의 'cerebral'은 '두뇌의'라는 뜻이지만, 여기서는 산스크리트어 문법학자들의 용법에 준하여 'cacuminal', 'domal'의 뜻으로 사용되었다.

음된다. 산스크리트어를 비롯하여 현대 인도의 일부 언어에서는 후치음 〔t, d〕와 반설음(보통 해당글자 아래 점을 찍거나 이탤릭체로 전사하는데, 이 책에서처럼 대문자 〔T, D〕로 전사하기도 함)이 독자적인 음소이다.

마찬가지로 상이한 접촉점을 갖는 혀의 뒷부분(설배적 조음)도 입천장의 상이한 부분에 닿을 수 있도록 조절이 가능하다. 보통 전방 (*anterior*) 혹은 경구개 위치와 후방(*posterior*) 혹은 연구개 위치 및 목젖 위치가 구분된다. 영어에서는 연구개음 〔k, g〕가 특정한 음 앞에서 'kin, give' 등의 단어에서 보듯이 정상보다 앞으로 나아간 위치10)에서 조음되거나, 'cook, good' 등의 단어에서 보듯이 정상보다 뒤로 물러난 위치11)에서 조음된다. (이상의 발음은 'calm'이나 'guard' 등의 〔k, g〕 발음과 좋은 대조가 된다.) 그러나 이들 변이형은 변별적이지 않다. 헝가리어와 같은 일부 언어에서는 경구개음 유형과 연구개음 유형이 독립적인 음소인데, 전자인 무성 경구개 폐쇄음은 〔c〕로 전사되고 후자인 무성 연구개 폐쇄음은 〔k〕로 전사된다. 아랍어에서는 무성 연구개 폐쇄음 〔k〕와 무성 목젖 폐쇄음 〔q〕가 각각 독립적인 음소이다.

성문 또는 후두 폐쇄음은 성대를 단단히 붙인 다음에 일정한 기압이 형성되었을 때 기류를 분출시키는 방법으로 산출된다. 이 음성은 긴장상태에서 말을 할 때 어두의 강세 모음 앞에서 생성되기도 한다.12) 독일어에서는 이러한 발음이 정상적이다. 음소의 자격을 갖는

---

10) 뒤에 오는 전설모음 /i/의 위치에 동화된 조음이다.

11) 뒤에 오는 후설모음 /u/의 위치에 동화된 조음이다.

12) 이와 관련된 고전적인 용례로는 "It's ʔabsolute true!"와 같은 발화를 들 수 있다. 또한 영어에서 음소 /t/의 변이음으로 출현하기도 한다. (예) beaten 〔ˈbiʔn〕. Ladefoged(1975: 46), *A Course in Phonetics*, University of California.

성문 폐쇄음은 예컨대 덴마크어와 같은 많은 언어에 출현하는데, 여기서는 'hun'〔hun〕(그 여자)과 'hund'〔hun?〕(개) 사이에 변별적 차이가 존재한다.

　무성과 유성의 차이와 별도로 폐쇄를 형성하는 방법은, 기압의 정도와 입술이나 혀의 동작 강도에 따라서 다양한 단계로 나눌 수 있다. 이 압력과 동작은 연음(*lenes*)일 경우에 부드럽고, 경음(*fortes*)일 경우에 힘차다. 연개방음(軟開放音, *solution-lenes*)의 경우에는 개방이 비교적 서서히 이루어져서 파열효과가 미약하다. 무성 폐쇄음의 발음에는 상당량의 무성 기식이 뒤따르거나 혹은 앞설 수 있다. 마찬가지로 유성 폐쇄음의 발음에도 무성 기식이나 중얼거림소리가 뒤따르거나 혹은 앞설 수 있다. 일부 아프리카 언어의 폐쇄음 〔gb〕결합에서 보듯이 폐쇄는 두 위치에서 동시에 이루어질 수도 있다. 많은 언어에는 성문 폐쇄음이 폐쇄음 〔p, t, k〕의 폐쇄 개방과 동시 혹은 직전, 직후에 일어나는 성문음화한 구강 폐쇄음이 있다. 영어에서는 무성 폐쇄음이 기식화한 경음이지만, 다른 유형은 비변별적 변이형으로 출현한다. 특히 'spin, stone, skin' 등의 단어에서 보듯이 〔s〕다음에 나오는 비기식화 연음 유형이 대표적이다. 영어의 유성 폐쇄음은 연음이다. 어두나 어말에서 이들 유성 폐쇄음은 조음과정 내내 유성화하지 않는다. 프랑스어에서는 무성 폐쇄음 〔p, t, k〕가 경음인데, 비변별적 변이형으로 동시 조음되는 성문 폐쇄음이 따라 나오기도 하지만, 기식화하는 일은 없다. 프랑스어의 유성 폐쇄음 〔b, d, g〕는 영어보다 훨씬 유성성이 강한 연음이다. 북경 중국어에서는 기식화 무성 폐쇄음과 비기식화 무성 폐쇄음이 상이한 음소이다. (예) 〔pha〕 vs. 〔pa〕. 한편 유성 폐쇄음은 오로지 비기식화 무성 폐쇄음의 변이형으로만 출현한다. 많은 남부 독일어 방언에서는 무성 비기식화 경음과 연음이 구분되는데, 각각 〔p, t, k〕와 〔b, d, g〕로 전사할 수 있다. 유성 변이형은 변별적이지 못하다. 산스크리트어에는 네 가지 유형의 폐쇄음이 있는데, 각각 무성의 비유기(비기식) 폐쇄음 [p] 와 유기(기식) 폐쇄음 [ph] 및 유성의 비유기(비기식) 폐쇄음 [b]와 유기(기식) 폐쇄음 [bh]이다.

6. 7. 가장 보편적인 전동음은 혀끝이 치조를 빠른 속도로 수차례 두드리는 설첨 전동음이다. 이 음이 영국영어와 이탈리아어, 러시아어를 비롯해서 많은 언어에 나타나는 '굴림소리' /r/이다. 보헤미아어에서는 이 유형의 두 음소를 구분하는데, 하나는 강한 마찰을 수반한다.13) 목젖이 위로 올라간 설배에 닿아서 진동을 일으키는 목젖 전동음은 덴마크어에서 나타나는데, 프랑스어와 독일어, 네덜란드어 및 영어의 변종(일명 '노덤브리아14) 사투리' burr)에서 흔한 발음으로 자리 잡고 있다. 노르웨이어나 스웨덴어와 함께 이들 언어에서는 목젖 전동음과 설첨 전동음이 동일 음소의 지리적 변이형으로 출현한다. 전동음을 전사하는 음성기호는 [r]인데, 만일 해당언어에 전동음의 음소가 더 있는 경우에는 [R]을 쓰면 된다.

만일 혀끝이 단 한 차례 움직여서 구개나 치조에 신속하게 한 번만 접촉하게 되면, 탄설음이 조음된다. 미국영어의 중서부 유형에서는 치조 위치에서 나는 유성 탄설음이 'water, butter, at all' 등의 단어에서 보듯이 [t]의 비변별적인 변이형으로 출현한다. 상이한 유형의 탄설음은 노르웨이와 스웨덴의 방언에 나타난다.

---

13) 스페인어에서도 전동음이 독자적인 음소로 구별된다. (예) pero '그러나' vs. perro '개'.

14) 영국 동북부 지역의 방언으로, 여기서 'burr'는 목젖을 진동시켜 내는 소리이다.

6.8. 영어에서 마찰음이 조음되는 위치는 폐쇄음이 조음되는 위치와 서로 다르다. 순치음 〔f, v〕의 짝은 기류가 윗니와 아랫입술 사이를 겨우 빠져나가면서 만들어진다. 치음 〔θ, ð〕의 짝('thin'〔θin〕 : 'then'〔ðen〕)은 설단 부위가 윗니와 스치듯이 닿으면서 생성된다. 영어의 치은(치조) 마찰음 〔s, z〕의 짝은 소음(쉿소리, *hiss*) 내지 치찰음이다. 다시 말해서 이때는 혀가 수축되어 가장자리가 불룩 솟고 중심부에 좁은 통로만 남은 상태에서, 그 좁다란 틈새를 통해 공기가 치조와 치아를 급속히 스치기 때문에 결과적으로 울림이 있는 〔s〕나 〔z〕 소리가 나게 된다. 이 위치에서 여러 각도로 혀를 조금 빼 보면 (영어의 경우에는 뒤로 뺀다), 공기가 치조와 치아에 붙는 시간이 조금 완만해지면서, 출구를 찾기 전에 약간의 소용돌이를 일으키는 것처럼 보인다. 영어에서는 이와 같은 '쉿' 소리(*hush*)나 비정상적 치찰음도 독립적인 음소이다. (예) shin 〔šin〕, vision 〔vižṇ〕.[15] 이들 음소가 조음되는 각각의 위치는 유성과 무성의 짝을 가진다. 두 입술의 간극이 좁혀지는 양순 마찰음을 비롯한 다른 많은 변이형은 일본어에서 무성 변이형으로 나타나고 스페인어에서 유성 변이형으로 나타난다. 프랑스어에서는 '쉿' 소리가 후치음으로 발음되기 때문에, 영어 화자의 귀에는 혀짧배기소리(*lisp*)처럼 들리게 된다. 〔ž〕가 없는 독일어에서는 〔š〕 음을 낼 때 입술을 쭉 내밀어서 강하게 소용돌이치듯이 발음한다. 스웨덴어에는 영어 화자에게 상당히 이상하게 들리는 〔š〕가 있는데, 이 음은 개구도가 아주 크다.

영어에는 설배 마찰음이 없지만, 다른 언어에서는 이들 설배 마찰음이 설측음 유형을 포함해서 매우 다양한 위치에 출현한다. 독일어

---

15) 국제음성기호에서는 (로마자 이외의) 다른 문자를 사용한다. 여기에 사용된 '장자음 s'와 '장자음 z' 문자는 보헤미아어의 전통 철자법과 많은 전자법 체계에 사용된다.

에는 무성 경구개 마찰음이 있는데, 이 음은 혀의 가운뎃부분이 올라가서 입천장의 최고점에 닿으면서 발음된다. 이 무성 경구개 마찰음에는 비변별적 변이형으로 연구개 유형이 있는데, 이 변이형은 영어의 연구개 자음 〔k, g, ŋ〕이 조음되는 위치에서 나는 무성 마찰음이다. 독일어의 관습적 전사방식에서는 2개의 부호가 사용되는데, 'ich'〔iç〕('I')에서 나는 경구개 변이형은 〔ç〕로 표시하고 'ach'〔ax〕('oh')에서 나는 연구개 변이형은 〔x〕로 표시한다. 그렇지만 이들 두 변이형의 출현이 앞에 오는 음소에 달려 있는 관계로 부호는 하나만 있어도 충분하다. 동일한 위치에서 조음되는 유성 마찰음 〔ɣ〕는 독일어 발음의 일부 유형에서 폐쇄음 〔g〕의 변이형으로 출현한다. 네덜란드어와 현대 그리스어에는 이들 유성 마찰음이 독립된 음소로 출현한다. 목젖 마찰음은 덴마크어에서 목젖 전동음의 변이형으로 출현하고, 다른 언어에서는 독립된 음소로 출현한다.

영어에는 'hit'〔hit〕, 'when'〔hwen〕, 'hew'〔hjuw〕 등의 단어에서 보듯이, 무성 성문 마찰음 〔h〕가 있는데, 이때 마찰은 살짝 개방된 성문 사이를 공기가 지나가면서 이루어진다. 보헤미아어에는 이와 유사한 음이 있는데, 마찰과 함께 유성의 진동(중얼거림소리)이 일어난다. 아랍어에서는 성문 마찰음의 유성음('ayin)과 무성음('거친 h')이 짝으로 출현한다.[16] 이들 음의 전형적인 특징 자질은 인후근육의 조임(긴장)으로 알려져 있다.

마찰음의 조음방법은 폐쇄음만큼 다양하지 않다. 조음방법에 의한 변이형을 구분하는 언어 가운데 프랑스어는 영어보다 훨씬 완벽하게 마찰음 〔v, z, ž〕를 유성화한다. 일부 언어에는 (성문 폐쇄음이 같이 나오거나 전후에 나오는) 성문음화한 마찰음이 있다.

---

16) 아랍어 알파벳의 18번째 글자인 ع와 6번째 글자인 ح이 각각 표상하는 음성을 말한다. 후자가 무성의 성문 마찰음이다.

6. 9. 비음의 조음 위치는 폐쇄음과 유사하다. 영어에서는 〔m, n, ŋ〕이 폐쇄음과 동일하게 세 가지 위치에서 발음된다. 동일한 원리로 프랑스어 화자들도 비음 〔n〕을 〔t, d〕처럼 치아 뒤에서 (후치음으로) 발음한다. 반면에 프랑스어에는 연구개 비음이 없는 대신, 17) 위로 올라간 혀의 가운뎃부분이 입천장의 최고점에 닿아서 폐쇄가 이루어지는 경구개 비음18)이 있다. (예) signe 〔siɲ〕. 산스크리트어와 현대 인도의 여러 언어에서는 폐쇄음으로 발음되는 치음 〔n〕과 반설음 〔N〕을 구분한다.

6. 10. 영어의 설측음 〔l〕은 치은 위치에서 발음되는 설첨음이다. 어말에서 영어 화자는 혀의 가운뎃부분이 극도로 내려가는 비변별적 변이형을 사용한다. (예) less vs. well. 독일어와 프랑스어의 〔l〕은 혓바닥이 조금 올라간 상태로 발음된다. 그렇지만 음향적 인상은 두 언어에서 상당히 다르다. 더욱이 프랑스어에서는 접촉이 치아 뒤에서 일어난다. 이탈리아어에는 치음과 구별되는 경구개 설측음이 있는데, 이 음은 설배가 입천장의 최고점에 닿되 공기가 한쪽 혹은 양쪽으로 자유롭게 빠져나가도록 통로를 만들어놓은 상태에서 발음된다. (예) figlio 〔ˈfiʎo〕(아들). 일부 아메리카 인디언 언어에는 조음점과 성문화, 비음화 등의 인자에서 차이가 나는 설측음 집합이 있다. 특히 접촉이 광범위할 때 무성 설측음은 마찰성을 띠게 된다. 또한 접촉점이 미세할 때 유성 설측음은 모음과 합류된다. 예를 들어, 폴란드어의 두 설측음 음소 가운데 하나는 우리 귀에 거의 반모음 〔w〕처럼 들린다. 반면에 중서부 미국영어의 모음 〔r〕(예: red 〔red〕, fur 〔fr〕, far 〔far〕)은 설측음에 매우 가깝다. 이때 설첨은 전도음 위치까

---

17) 보통 연구개 비음이라고 생각하는 음이 프랑스어에서는 비모음으로 실현된다.
18) 한국어에서도 /i, j/ 앞에 오는 /ㄴ/은 구개음화한 변이음으로 발음된다.

지 올라가되 접촉은 일어나지 않는다. 설측음의 전사에는 다른 언어의 전동음을 위한 기호와 동일한 기호 〔r〕을 사용하는데, 〔red〕에 나타나는 미국영어와 영국영어의 전동음이 동일한 음소의 지리적 변이형인 관계로 이런 전사방식은 매우 편리하다.

6.11. 모음은 폐쇄나 마찰, 혀나 입술의 접촉을 포함하지 않는 음성의 총체이다. 모음은 보통 유성음이지만, 일부 언어에서는 상이한 모음의 특질이 변별적이어서 성대가 느리게 진동하는 '막음소리' 모음이나 '중얼거림소리' 모음과, 피열조직 사이의 마찰이 성대 진동을 대신하는 '속삭임소리' 모음을 구별하기도 한다.[19]

모든 언어는 최소한 서너 개의 상이한 모음을 구분한다. 이들 음소 사이의 차이는 대체로 혀의 위치 차이와, 음향적으로 배음(倍音)의 분포 차이로 보인다.[20] 그렇지만 이와 같은 원리에 대해서는 이론이 많다. 필자는 앞으로 일반적으로 용인된 틀에 입각해, 혀의 위치[21]를 기준으로 모음을 기술하고자 한다. 이러한 기술태도를 견지하면 혀의 위치가 여러 언어의 음성 및 문법구조에서 제시하는 모음의 분

---

[19] [원주] 모음과 대조되는 다른 음성(폐쇄음, 전동음, 마찰음, 비음, 설측음)은 자음이라는 이름으로 불릴 때가 있다. 학교문법에서는 '모음'과 '자음'이라는 용어를 일관성 있게 사용하지 않는다. 그래서 이들 용어가 음성보다 문자를 가리킬 때가 더 흔하다. 개별 언어를 기술할 때는 이들 용어를 적절한 방식으로 사용하면서 '유성음/공명 자음(성절음)'이나 '반모음' 같은 용어로 보충하면 편리하다. 다음에 나오는 제7장에서도 이런 방식이 사용될 것이다.

[20] 이 진술의 전후 어구는 사실 동일한 내용의 반복이다. 혀의 위치 차이는 공명강의 차이를 만들고 공명강의 차이는 모음의 발음과정에서 다시 배음의 차이를 낳기 때문이다. 전반부는 생리·조음음성학적 설명이고 후반부는 음향음성학적 설명이다.

[21] 여기서 말하는 혀의 위치는 혀의 상대적인 높이와 혀의 전후 위치를 모두 포함한 개념이다.

180

류 결과와 일치하는 장점을 확보할 수 있다. 모음 음소의 구분에 관여하는 다른 인자는 혀와 기타 근육의 긴장도와 이완도 및 입술의 나아감 또는 물러남[22] 등이다.

미국영어의 중서부 유형에서는 9개의 모음 음소를 구별한다. 이 가운데서 이미 논의한 바 있는 [r]은 반설적(反舌的)인 혀의 위치를 갖는다는 점에서 특이하다.[23] 나머지 8개 모음은 이른바 2계열 4서열 체계를 형성하고 있다. 이들 모음 음소는 위치와 관련해 짝을 지어 출현한다. 개별 짝은 혀의 가운뎃부분이 입천장의 최고점을 향해 올라간 상태에서 조음되는 전설모음과, 혀의 뒷부분이 연구개를 향해 올라간 상태에서 조음되는 후설모음으로 구성되어 있다. 이들 네 짝은 혀와 입천장의 근접 정도가 각기 다르다. 여기서 다음과 같은 4등급의 높이가 나온다. 고(high), 중고(higher mid), 중저(lower mid), 저(low). 고모음이나 저모음 따위의 용어 대신에 개모음이나 폐모음 따위의 용어를 사용하는 학자들도 있다. 이상의 분류를 통해 우리는 다음과 같은 체계도를 얻을 수 있다.

	전설	후설
고모음	i	u
중고모음	e	o
중저모음	ɛ	ɔ
저모음	a	ɑ

---

22) 이들 인자에 대한 구체적인 설명과 용례는 6.13절에 상세하게 나온다. 〔훈민정음〕의 기록에 보이는 구장(口張)과 구축(口縮)이라는 술어와 유사하다는 점을 지적할 수 있다.

23) 다른 모음들과 달리 반설음(반전음)인 이 모음 [r]을 발음하려면 혀가 뒤집히게 된다.

〔보기〕 in, inn 〔in〕, egg 〔eg〕, add 〔ɛd〕, alms 〔amz〕, put 〔put〕, up 〔op〕, ought 〔ɔt〕, odd 〔ɑd〕.

이들 음소는 많은 비변별적 변이형을 갖는데, 그 가운데 일부는 주변 음소에 의존적이다. (이에 대해서는 앞으로 다루게 된다.)

영국 남부의 영어도 이와 동일한 체계를 갖지만, 'odd'〔ɔd〕나 'up'〔ɑp〕 등의 발음에서 보듯이 모음의 폐쇄 정도가 미국영어와 정반대라는 점에서 후설모음 음소의 분포가 다르다고 할 수 있다. 그러나 영국영어를 전사하는 규약은 국제음성기호의 원리를 따르는 이 책의 부호체계를 따르지 않고 (사실 불필요하지만) 독자들에게 일부러 영어와 프랑스어 모음의 차이를 일깨우려는 의도를 가진 '기묘한' 부호체계를 따르고 있다. 24)

	시카고 발음(IPA)	영국영어 발음(IPA)	영국영어 발음(실용 표기)
inn	in	in	In
egg	eg	eg	ɛg
add	ɛd	ɛd	æd
alms	amz	amz	ɑːmz
put	put	put	put
odd	ɑd	od	ɔd
ought	ɔt	ɔt	ɔːt
up	op	ɑp	ʌp

앞서 중서부 미국영어에서 〔r〕로 전사한 제9모음 음소(예: bird 〔br̩d〕)는 남부 영국영어와 뉴잉글랜드 영어, 남부 미국영어 등에서

---

24) 표에서 IPA는 '국제음성기호'의 약자이다.

일정한 형태로 대응되지 않는다. 영국영어는 모음 앞에 설첨 전동음을 갖는데, 이 음은 〔r〕로 전사된다(예: red 〔red〕). 중서부 미국영어에서라면 모음 다음에 〔r〕이 나타나는 자리에, 영국영어에서는 모음의 특질 변동25) (어떤 경우에는 음장이 달라짐) 만 일어나는데, 이런 변동은 쌍점(:)으로 표시한다. (예) part 〔pɑ:t〕, form 〔fɔ:m〕. 미국 중서부에서는 이 모음 〔r〕의 앞뒤에 아무런 모음도 오지 않지만, 영국영어에서는 전설과 후설의 중간 위치에서 조음되는 혼합 모음(*mixed vowel*) 을 사용한다. 이 모음은 〔ə:〕 또는 〔ə〕로 전사된다. (예) bird 〔bə:d〕, bitter 〔'bitə〕.

6.12. 미국영어의 일부 중서부 유형에서는 〔a〕와 〔ɑ〕의 구별이 없다. 그런 모음체계를 사용하는 화자들의 발음은 'alms'의 모음이나 'odd'의 모음이나 (필자의 귀에) 모두 동일한 〔a〕로 들린다. 그렇지만 이들 화자의 음소체계에서 이 모음 음소의 혀 위치는 '전설'도 아니고 '후설'도 아니다. 정확히 말하면 이 모음 음소의 기술에는 혀의 전후 위치가 전혀 중요하지 않은 것이다. 이 화자의 발음에는 저모음이 오직 하나만 있기 때문이다. 조금 특이한 성격을 갖는 〔r〕 모음을 제외하고 이와 유사한 체계가 이탈리아어에서 나타나는데, 우리는 이 체계를 7모음 체계라고 부른다.

---

25) 원문에는 'modification'으로 나오는데, 모음이 갖는 제반 자질에 약간의 수정작용이 가해지는 과정을 가리킨다. 이 용어의 번역에 대해서는 제 7장의 제목에 대한 각주를 참고할 수 있다. 여기서는 내용을 감안하여 그냥 '변동'으로 옮겼다.

	전설	전후 위치 무관	후설
고모음	i		u
중고모음	e		o
중저모음	ɛ		ɔ
저모음		a	

이탈리아어에서 보기를 들면 다음과 같다.

(예) si 〔si〕('예'), pesca 〔'peska〕(고기잡이), pesca 〔'pɛska〕(복숭아), tu 〔tu〕(당신), pollo 〔'pollo〕(병아리), olla 〔'ɔlla〕(항아리), ama 〔'ama〕('loves').[26]

일부 언어의 모음체계는 이보다 더 단순한데, 스페인어나 러시아어의 5모음 체계가 그러하다.

	전설	전후 위치 무관	후설
고모음	i		u
중모음	e		o
저모음		a	

스페인어에서 보기를 들면 다음과 같다.

(예) si 〔si〕('예'), pesca 〔'peska〕(고기잡이), tu 〔tu〕(당신), pomo 〔'pomo〕(사과), ama 〔'ama〕('loves').

이보다도 더 단순한 3모음 체계가 나타나는 타갈로그어와 같은 언어도 더러 있다.

---

26) 마지막 어형은 동사의 삼인칭 단수 활용형.

	전설	전후 위치 무관	후설
고모음	i		u
저모음		a	

모음체계에 존재하는 음소의 수효가 적을수록, 각 음소의 비변별적 변이형이 들어설 여지는 더욱 많아진다. 예를 들어, 스페인어의 중모음에 속하는 음소들(/e/와 /o/)은 중고 높이에서부터 중저 높이에 이르기까지 다양하게 발음되는 것으로 (영어 화자의 귀에) 들린다. 그런데 그러한 음향 자질은 그 차이에 따라 음소가 달라지는 이탈리아어에서도 동일하게 나타난다. 러시아어의 모음도 광범위한 변이형의 음역대를 갖는데, 이는 주로 앞뒤에 오는 음소에 달려 있다. 특히 러시아어 단어의 발음 〔sin〕(아들)에 나타나는 전설 고모음의 한 변이형은 영어 화자의 귀에 대단히 이상하게 들린다. 왜냐하면 이 변이형을 발음할 때는, 혀가 (영어) 전설 고모음의 여하한 변이형보다도 더욱 멀찍이 뒤로 물러나기 때문이다. 이렇게 볼 때, 타갈로그어의 3모음 체계는 개별 음소에 엄청난 (변이형의 실현) 영역을 허용하는 셈이다. 위에서 〔i〕와 〔a〕로 표시된 타갈로그어 음소의 변이형들은 미국영어의 고모음 위치에서부터 중저모음 위치에 이르는 전 영역에 걸쳐 실현된다.

6. 13. 입술의 상이한 위치는 미국영어의 모음에서 아무런 역할도 하지 않는다. (사소한 예외가 있지만, 이는 앞으로 다루게 될 것이다.) 그러나 많은 언어에서는 상이한 모음의 특질에 변화를 줄 수 있다. (이와 같은 모음 특질의 변화과정에서) 전설모음은 입술이 물러나고(입 언저리까지 후퇴하여 입술 모양이 편평해지고), 후설모음은 입술이 내밀어져서 둥근 모양을 띠게 된다. 27) 일반적으로 모음의 높이가 높아질

수록 입술의 작용이 발음에 더욱 많이 반영된다. 이런 자질은 대부분의 유럽 언어에 나타나며, 또한 이들 언어와 영어의 모음 구분에 기여한다. 유럽 제어에도 물론 결정적 차이가 있다. 스칸디나비아 제어, 특히 스웨덴어에서는 후설모음의 원순성이 다른 유럽 제어보다 훨씬 두드러진다. 'bo'〔boː〕(거주하다)에서 보듯이, 스웨덴어의 모음〔o〕는 대략 독일어나 프랑스어의 모음〔o〕정도의 혀 위치를 갖는다. (예) 독일어 so〔zoː〕(그래서), 프랑스어 beau〔bo〕(아름답다). 그런데 스웨덴어의 모음〔o〕는 독일어나 프랑스어의 고모음〔u〕의 경우와 동일한 극단적인 원순성을 보여준다. (예) 독일어 du〔duː〕(당신), 프랑스어 bout〔bu〕(끝). 그래서 영어 화자의 귀에는 이 모음이 마치〔o〕와〔u〕의 중간음처럼 들리게 된다.

위에서 언급한 언어들은 입술의 위치를 음소의 구분에도 활용한다. 그 가운데서 가장 보편적인 구분은 통상적인 전설모음(물러난 입술 위치)과 원순 전설모음(후설모음에 상응하는 입술 위치) 사이의 구분이다. 따라서 프랑스어에는 미국영어의 분포와 유사한 8모음 음소 이외에 3개의 원순 전설모음이 있다.

	전설		후설
	평순	원순	(원순)
고모음	i	y	u
중고모음	e	ø	o
중저모음	ɛ	œ	ɔ
저모음	a		ɑ

---

27) 결과적으로 기본모음이 평순모음이던 전설모음은 원순모음의 짝을 더 갖게 되고, 기본모음이 원순모음이던 후설모음은 평순모음의 짝을 더 갖게 된다.

〔보기〕

fini 〔fini〕 'done', été 〔ete〕 '여름', lait 〔lɛ〕 '우유', bat 〔ba〕 'beats', [28]
rue 〔ry〕 '거리', feu 〔fø〕, '불', peuple 〔pœpl〕 '사람들',
roue 〔ru〕 '바퀴', eau 〔o〕 '물', homme 〔ɔm〕 '인간, 남자',
bas 〔bɑ〕 '낮다'.

위의 표에 나온 모음들에 4개의 비음화 모음(6. 4절)이 변별적 음소로 추가된다. (예) pain 〔pɛⁿ〕 '빵', bon 〔boⁿ〕 '좋다', un 〔œⁿ〕 '1', banc 〔baⁿ〕 '긴 의자'. 더욱이 프랑스어에는 음장만 짧은 〔œ〕 모음의 변이형이 있는데, 이 모음은 〔ə〕로 전사된다. [29] (예) cheval 〔šəval〕 '말'.

부호 〔y, ø〕는 덴마크어의 전통 철자법 체계에서 취한 것으로, 독일어와 핀란드어의 철자법에서는 움라우트 부호(ü, ö)로 이 음소를 전사한다.

거울 앞에서 입술의 위치를 바꿔보는 연습을 하면, 원순 전설모음을 발음하는 법을 터득하게 된다. 입술이 입 언저리까지 물러난 상태에서 나오는 〔i, e, ɛ〕 유형의 전설모음과 입술을 둥글게 내민 상태에서 나오는 〔u, o, ɔ〕 유형의 후설모음 발음법을 익힌 다음, 〔i〕를 발음하고 혀의 위치를 그대로 유지하면서 모음 〔u〕를 발음할 때처럼 입술을 둥글게 만들어 본다. 그러면 원순 전설모음 〔y〕가 발음될 것이다. 마찬가지 방식으로 〔e〕에서 〔ø〕를 생성하고, 〔ɛ〕에서 〔œ〕를 생성할 수 있다.

이보다 더욱 세분화한 구분을 위해 원순 후설모음과 대비되는 평순 후설모음을 도입하기도 한다. 이와 같은 추가 인자는 터키어에서 3차

---

28) 동사 'battre'(때리다)의 현재 삼인칭 단수 활용형.

29) 이 모음에 대해서는 8. 6절 참고.

원 모음체계를 만든다. 이 체계에서는 각각의 모음 음소가 전설모음 또는 후설모음, 고모음 또는 저모음, 원순모음 또는 평순모음의 어느 하나가 된다.

	전설		후설	
	평순(비원순)	원순	평순(비원순)	원순
고모음	i	y	ï	u
저모음	e	ø	a	o

6. 14. 모음 산출에 관여하는 또 하나의 인자는 긴장되거나 또는 이완된[30] 근육의 위치이다. 영어 화자의 귀에는 긴장 유형의 모음이 보다 명쾌하고 정확하게 들린다. 영어의 모음은 모두 이완모음이기 때문이다. '긴장된'이나 '이완된'이라는 용어 대신에 '좁은'(*narrow*)과 '넓은'(*wide*)이라는 용어를 쓰는 학자들도 있다. 음향적으로 프랑스어 모음의 가장 큰 자질은 긴장성에 있다. 이탈리아어와 영어가 동일한 수효의 변별 자질을 가지면서도, 양 언어의 모음이 매우 다른 것은 입술의 작용과 더불어 상대적인 긴장성이라는 인자 때문이다.

긴장성과 이완성은 독일어와 네덜란드어의 음소 구분에도 활용된다. 독일어와 (독일어보다 덜하지만) 네덜란드어에서는 긴장모음이 이완모음보다 지속시간[31]이 길다. 늘어난 음장과 함께 긴장성을 쌍점 부호로 표시하면, 이들 언어의 모음 체계는 다음과 같다.

---

30) 원문에는 '긴장된'(*tense*)의 대립 짝으로 'loose'라는 용어가 보이지만, 보통 은 'lax'라는 용어가 널리 쓰인다.

31) 모음의 음장(*length*)을 가리킨다.

	전설		전후 위치 무관	후설
	평순	원순		(원순)
고모음	i: i	y: y		u: u
중모음	e: e	ø: ø		o: o
저모음			a: a	

독일어에서 보기를 들면 다음과 같다.

〔보기〕

ihn 〔i:n〕 'him', in 〔in〕 'in', Beet 〔be:t〕 '꽃밭', Bett 〔bet〕 '침대', Tür 〔ty:r〕 '문', hübsch 〔hypš〕 '예쁘다', König 〔ˈkø:nik〕 '왕', zwolf 〔tsvølf〕 '12', Fusz 〔fu:s〕 '발', Flusz 〔flus〕 '강', hoch 〔ho:x〕 '높다', Loch 〔lox〕 '구멍', kam 〔ka:m〕 'came', Kamm 〔kam〕 '빗'.

상이한 언어의 모음 음소들 사이에서 발견되는 차이는 아직 충분히 밝혀지지 않았다. 더욱이 같은 언어에서 하나의 동일한 음소가 (유사한 음향효과를 갖는) 여러 음성기관의 상이한 작용을 통해서 생성될 수도 있을 것이다. 그러한 경우에 한 기관의 일탈(이를테면 상이한 혀의 위치 등이 정상에서 벗어나는 현상)은 다른 기관의 상이한 작용(이를테면 후두의 작용 등)으로 보상되는 것으로 생각된다.

초분절음소

7.1. 제6장에서는 음성기관의 기본적인 움직임만을 기술했는데, 실제로는 이 기본적인 움직임도 다양한 방식으로 바뀔 수 있다. 그러한 '분장'[1]의 종류는 다음과 같다. 음이 지속되는 시간의 길이(장단). 음이 발화되는 크기(강약). 음의 음악적 높이(고저). 특징적인 동작과 직접 관련되지 않은 음성기관들의 위치. 음성기관의 위치이동 방법. 기본음과 '분장음' 사이의 이러한 구분은 음성학적 설명에 편리하지만, 언어의 음성구조에서 항상 관찰자의 눈에 띄는 것은 아니다. 많은 언어는 '분장음'의 일부 자질을 기본음의 자질과 거의 대등한 차원에서 활용하고 있다. 예를 들어, 음조 자질은 중국어에서 기본음소

---

1) 이 장의 제목을 포함하여 원문에는 'modification'이라는 용어가 나온다. 내용상으로는 음소가 실제 발화로 실현되는 과정에서 덧붙는 각종 음성 자질을 가리키는 듯한데, 이를 번역할 용어가 마땅치 않다. '변용'이라는 말도 생각할 수 있지만, 여기서는 원어의 의미를 최대한 반영한다는 뜻에서 '분장'(扮裝)으로 옮겼다. 물론 이는 편의적인 용어이고, 언어학적인 술어는 아니다. 구체적인 음성 사실을 가리킬 때는 되도록 이 번역어의 사용을 삼가고 문맥에 맞게 언어학 술어로 바꾸어서 표현했다. 그래서 이 제7장의 제목도 이와 같은 사정을 감안해서 다루는 내용에 맞추어 '초분절음소'로 옮겼다. 한편 이 용어는 제10장에서 다시 둘로 나뉘어 'modulation'과 'modification'으로 나타난다. 여기서도 내용에 맞추어서 각각 '음조변동'과 '음성변이'로 옮겼다.

로 사용되고, 음장은 독일어에서 기본음소를 구분하는 자질로 사용된다. 반면에 대부분의 언어에서는 이들 '분장' 자질의 일부를 부차음소, 즉 기본적인 언어형태의 일부가 아니라 그런 기본적인 언어형태의 결합이나 특정한 용법을 표시하는 음소로 활용하는 정도에서 그치고 있다.

7. 2. 음장(장단 / 길이 혹은 음량)은 음성기관이 일정한 (조음) 위치를 줄곧 지키는 시간을 가늠하는 상대적인 길이이다. 일부 언어에서는 언어음의 두세 가지 음장 차이를 구별한다. 앞서 6. 14절에서 살펴본 바와 마찬가지로, 독일어에서는 긴장모음이 이완모음보다 더 길다. 이 음장의 차이는 긴장성의 차이보다 훨씬 두드러진다. 음장은 해당 음소를 표시하는 기호 다음에 쌍점(:)을 찍어 나타낸다. 예를 들어, 독일어에서 모음에 음장을 갖는 'Beet'〔be:t〕(꽃밭)는 'Bett'〔bet〕(침대)와 대조된다. 만일 길이의 단계가 2등급 이상이라면, 단점(短點)이나 다른 표지부호(sign)가 사용될 수 있다. 음장을 표시하는 또 다른 수단은 같은 부호를 2회 쓰는 것이다. 이 수단은 핀란드어의 철자법에 반영되어 있다. 핀란드어에서는 장모음 〔a〕와 장자음 〔p〕를 갖는 단어를 'kaappi'(찬장)처럼 표기한다.

미국영어에서는 모음의 음장이 변별적이지 않다. 'pan, palm, pod, pawn' 등에 나타나는 저모음과 중저모음은 'pin, pen, pun, pull' 등에 나타나는 다른 모음보다 음장이 길다. 더욱이 영어의 모든 모음은 다음에 무성음이 올 때보다 유성음이 올 때 음장이 더 길다. 따라서 'pan, pad'의 〔ɛ〕가 'pat, pack'의 〔ɛ〕보다 길고, 'pin, bid'의 〔i〕가 'pit, bit'의 〔i〕보다 길다. 이들 차이는 물론 변별적이지 않다. 이들 차이는 모음의 높이와 뒤따르는 음소에 의존적이기 때문이다.

음장 문제를 다루면서 상대적 길이(지속시간)를 나타내는 임의적

단위, 즉 모라를 설정하는 것이 편리할 경우가 있다. 만일 어떤 단모음이 1모라만큼 지속된다면, 동일한 언어의 장모음은 이를테면 1.5모라나 2모라만큼 지속된다고 기술할 수 있다는 것이다.

프랑스어에서는 장모음과 단모음의 차이가 조금 특이한 방식으로 나타난다. 장모음은 오로지 한 단어의 마지막 자음이나 자음군 앞에서만 출현한다. 따라서 프랑스어에서 장모음이 출현했다는 것은 다음에 오는 자음이나 자음군으로 단어가 끝난다는 뜻이다. 더욱이 이 위치에서 모음의 음장은 무엇보다도 전적으로 음소 자체의 성질에 따라 결정된다. 비음화 모음 〔ɑⁿ, ɛⁿ, oⁿ, œⁿ〕과 모음 〔o, ø〕는 이 위치에서 언제나 장음이다. (예) tante 〔tɑⁿt〕(아주머니), faute 〔foːt〕(잘못). 나머지 모음은 마지막 자음이 〔j, r, v, vr, z, ž〕 등이라면 언제나 장음이다. (예) cave 〔kaːv〕(저장실), vert 〔vɛːr〕(초록의). 이 두 가지 규칙이 적용되지 않는 경우에만, 모음의 음장이 변별적인 역할을 한다. (예) bête 〔bɛːt〕(짐승) vs. bette 〔bɛt〕(홍당무).

장자음(長子音)은 영어에서 구와 합성어에 출현한다. (예) pen-knife 〔ˈpen ˌnajf〕, eat two 〔ˈijt ˈtuw〕. 합성어가 아닌 한 단어 내부에서는 'meanness' 〔ˈmijnnes〕 vs. 〔ˈmijnes〕의 용례에서 보듯이, 〔nn〕이 통상적인 발음의 한 변이형으로 출현한다. 합성어가 아닌 단일어들 사이에서 자음의 음장을 구분하는 현상은 이탈리아어와 핀란드어를 비롯한 여러 언어에서 정상적이다. (예) 이탈리아어 fatto 〔ˈfatto〕(done) vs. fato 〔ˈfato〕(운명). 스웨덴어와 노르웨이어의 자음은 강세를 받는 단음절 모음 뒤에서만 항상 길게 발음된다. 따라서 이들 언어에서는 자음의 음장이 변별적이지 않다. 네덜란드어에는 장자음이 없다. 그래서 동일한 자음들이 하나의 구를 형성할 때도, 오직 한 모라의 자음만 발음되기 때문에 'dat' 〔dat〕(that) 와 'tal' 〔tal〕(숫자) 로 이루어진 구는 〔da ˈtal〕처럼 발음된다.

7. 3. 강세(강도/세기 혹은 강약/크기)[2]는 비교적 큰 음파의 진폭으로 이루어진다. 강세는 호흡수를 높인다거나, 성대의 틈새를 더욱 좁혀서 유성음화를 진행한다거나, 근육을 더욱 역동적으로 활용하여 구강 내부에서 조음작용을 하는 등의 수단을 통해서 발음된다. 영어에는 강세의 증가에 따른 세 가지 부차음소가 있다.[3] 가장 높은 강세(highest stress)〔"〕는 일반적으로 대비나 반박을 위한 (발화에 들어 있는) 강조(emphatic) 형태를 두드러지게 드러낸다. 높은 강세(high stress) 혹은 보통 강세(ordinary stress)〔'〕는 통상적으로 각 단어의 한 음절에 나타난다. 낮은 강세(low stress) 또는 이차 강세(secondary stress)〔ˌ〕는 합성어와 긴 단어의 한 음절이나 그보다 많은 음절에 나타난다.[4] 구에서는 일부 단어의 가장 높은 강세가 낮은 강세로 대체되거나 아예 완전히 생략되어버린다. 강세와 관련된 용례는 다음과 같다.

This is *my* parking-place〔'ðis iz "maj 'parkiŋ ˌplejs!〕
It *isn't my* fault and it *is your* fault〔it "iz ɳt "maj 'fɔlt en It "iz "yuwr 'fɔlt.〕[5]

---

2) 앞으로 제시되는 소리의 세 가지 요소인 '길이'와 '크기'와 '높이'를 가리키는 용어로는 본문에 표시했듯이 다수의 후보가 있는데, 가장 널리 통용되는 것을 번역어로 선택해 각각 '음장'과 '강세'와 '음조'로 옮겼다. 물론 각 용어의 짝을 맞추는 방안, 이를테면 '음장-음장-음조'나 '장단(길이)-강약(크기)-고저(높이)' 등으로 옮기는 것도 고려할 수 있다.

3) 아래의 용례에서 보듯이 이 책에서는 문장 차원의 강세와 단어 차원의 강세가 혼용되고 있다.

4) '가장 높은 강세'는 문장 차원에서 가장 중요한 단어에 주어지는 강세이고, 나머지 둘은 단어 차원에서 해당 음절에 주어지는 강세이다. 앞서 제5장의 말미에서 보았듯이, 이들 세 가지 강세는 각각 '가장 큰소리 강세'(loudest stress), '보통 강세'(ordinary stress), '작은 소리 강세'(less loud stress)라고 부르기도 한다.

insert 〔동사〕〔in'sr̩t〕, 〔명사〕〔'insr̩t〕

I'm going out 〔aj m ͺgowiŋ 'awt.〕

Let's go back 〔'let s ͺgow 'bɛk.〕

business-man 〔'biznes ͺmɛn〕

gentleman 〔ǰentl̩mn̩〕

dominating 〔'dɑmi ͺnejtiŋ〕

domination 〔ͺdɑmi'nejšn̩〕

　이와 같은 체계는, 게르만어 전체는 물론, 이탈리아어와 스페인어 및 슬라브어, 중국어 등과 같은 기타 많은 언어에서도 유사하다. 이처럼 강세를 활용하는 언어에서 강세는 언어형태의 결합을 표시한다. 구에 속하는 각각의 단어에 높은 강세를 하나 배당하고 강세가 없거나 낮은 강세를 갖는 단어를 예외로 남겨 두는 것이 전형적인 경우이다. 그러나 이러한 유형에 속하는 일부 언어는 두 음절 이상의 간단한 언어형태(예: 분석이 불가능한 단어)를 포함하는데, 이들 형태는 강세의 위치로 구분할 수 있다. 러시아어 〔'gorot〕(도시)와 〔mo'ros〕(서리)는 모두 단일 형태로 접두사나 접미사가 포함되어 있지 않으며, 따라서 이들 언어에서는 강세 위치가 기본음소의 가치를 갖는다.

　다른 언어에서는 (음성) 크기의 정도를 비변별적 자질로 활용한다. 메노미니어에서는 한 문장 안에서 일어나는 강세 변화가 상당히 심해 마치 영어처럼 들리지만, 이러한 강세 변화는 전적으로 기본음소에 따라 결정되므로 의미와 무관하다. 프랑스어에서는 강세의 분포가 일종의 '감정표현' 역할만 한다. 보통 구절의 끝이 나머지 위치보다 더 큰데, 가끔씩 강조를 위한 발화에서 다른 음절이 특별히 크게 발음되기도 한다. 그렇지만 음절이 여럿 연속된 경우에도 강세의 변동

---

5) 이탤릭체로 표시된 부분이 문맥상 대비되어 있고, 따라서 강세를 받는 요소이다.

은 거의 느껴지지 않는다.

7. 4. 강세를 활용하는 언어들 사이에서도 강세를 적용하는 방법상
의 차이가 발견된다. 영어에는 비변별적 변이가 일어나서, 강세를 받
지 않는 단어나 음절의 모음이 '약화된' 형태로 나타난다. 이 모음은
상대적으로 짧은 데다가 이완된 근육으로 조음되기 때문에 발음이
'중얼거림소리'처럼 되며, 이때 혀의 위치가 일정한 지점, 즉 중고 위
치를 향하는 경향이 있다. 약화의 정도는 발화에 따라 다르고, 표준
영어의 사회·지리적 유형 차이에 따라 편차가 심하다. 음성학자들
은 특수한 부호를 사용해서 약화된 모음을 표시하는 경우가 많은데,
그 차이가 변별적이지 않고 단순히 무강세 위치에 좌우되기 때문에
이러한 표기는 불필요하다. 무강세 모음은 강세 모음의 변이형으로
(강세 모음보다) 더 짧고 더 이완되어 있는 모음이다. 'test'〔test〕의
완전한 모음 〔e〕와 'contest'〔ˈkɑntest〕의 약화된 모음 〔e〕를 비교해
보라. 이 약화된 〔e〕는 'glasses'〔ˈglɛsez〕와 'landed'〔ˈlɛnded〕 등에서
보듯이 미국영어에도 나타난다. 이 모든 경우에 영국영어에서는 고
모음을 사용하는 것으로 보인다. 마찬가지로 우리는 'seen and unseen'
〔ˈon'sijn〕에 나타나는 완전한 모음 〔o〕를 'undo'〔on'duw〕에 보이는 약
화된 변이형과 비교할 수 있다. 이 약화된 모음 〔o〕는 'cautious'〔ˈkɔšos〕
와 'parrot'〔pɛrot〕 등의 용례에도 나타난다.
기타 사례에서는 약화된 음절이 실제로 음소의 탈락이나 모음 음소
의 대치현상을 보여준다. 일반적으로 다양한 약화 단계는 나란히 존
재한다.

concert 〔ˈkɑnsr̩t〕	*concerted* 〔konˈsr̩ted〕
address (명사) 〔ˈɛdres〕	*address* (동사) 〔eˈdres〕
relay 〔ˈrijlej〕	*return* 〔reˈtr̩n〕
vacate 〔ˈvejkejt〕	*vacation* 〔vejˈkejšn̩, veˈkejšn̩〕
protest (명사) 〔ˈprowtest〕	*protest* (동사) 〔prowˈtest, proˈtest〕
rebel (명사) 〔ˈrebl̩〕	*rebel* (동사) 〔reˈbel〕
atom 〔ˈɛtm̩〕	*atomic* 〔eˈtɑmik〕
maintenance 〔ˈmejntn̩n̩s〕	*maintain* 〔mejnˈtejn, mn̩ˈtejn〕

위의 용례를 보면, 다양한 약화의 등급이 품사에 따라 달리 나타나
는데, 발화의 속도와 문체(격식성과 친숙도 여부 등)에 따라 채택 여
부가 결정되기도 한다. 여기에는 지역적 차이나 사회적 차이도 있다.
미국영어에서는 'dictionary'〔ˈdikšn̩ˌerij〕, 'secretary'〔ˈsekreˌtejrij〕 (cf.
secretarial 〔ˌsekreˈtejrijl〕) 처럼 발음하지만, 영국영어에서는 보다 약화
된 형태를 사용하여 〔ˈdikšn̩ri, ˈsekitri〕처럼 발음한다. 반면에 'Latin'
〔ˈlɛtn̩〕, 'Martin'〔ˈmartn̩〕 등과 같은 형태에서는 이러한 약화 단계가
뚜렷하게 영국의 준표준영어로 되어 있다. 표준적 발음형태는 〔ˈlɛtin,
ˈmaːtin〕이다.

강세를 변별적 자질로 활용하는 모든 언어가 무강세 모음을 약화시
키는 것은 아니다. 영어를 제외한 게르만 제어는 무강세 음절의 모음
을 강세 음절의 모음과 매우 유사하게 발음한다. 독일어 'Monat'〔ˈmoːnat〕
(달), 'Kleinod'〔ˈklajnoːt〕 (보석), 'Armut'〔ˈarmuːt〕 (가난) 등에 나타
나는 무강세 모음은 'hat'〔hat〕 (has), 'Not'〔noːt〕 (고초), 'Mut'〔muːt〕
(용기) 등에 나타나는 강세 모음과 매우 비슷하다. 이들 언어에서는
오직 하나의 짧은 모음 〔e〕만이 강세를 받지 않을 때 약화된 변이형
으로 출현한다. 예를 들어, 독일어 'hatte'〔ˈhate〕 (had) 혹은 'gebadet'

〔geˈbaːdet〕(bathed) 등에서 모음 〔e〕는 'Bett'〔bet〕(침대)와 같은 형태보다 길이가 짧고 혀가 덜 올라간 데다가 덜 전진한 상태이다.[6) 'baden'〔ˈbaːden〕(목욕하다)과 같은 형태에서는 둘째 음절이 음향적으로 영어 'sodden'〔ˈsɑdn̩〕의 둘째 모음과 유사하고, 독일어 'denn' 〔den〕(그때)의 모음과 아주 다르다. 음성학자들은 이와 같은 약화현상을 〔e〕의 무강세 형태를 전사하는 〔ə〕를 사용해서 'hatte'〔ˈhatə〕, 'baden'〔ˈbaːdən〕(혹은 〔ˈbaːdn̩〕) 등으로 표기하기도 한다. 그러나 강세 표지만 가지고도 약화현상을 지시하는 데 모자람이 없으므로 이와 같은 전사법은 불필요하다.

이 밖에 이탈리아어와 스페인어, 보헤미아어, 폴란드어 등 강세를 활용하는 언어는 무강세 모음에 해당하는 아무런 특정 변이형도 가지고 있지 않다. 예를 들어, 영어의 'restitution'〔ˌrestiˈtuwšn̩〕을 이탈리아어의 'restituzione'〔restituˈtsjone〕와 비교해 보라. 보헤미아어에서는 'kozel'〔ˈkozel〕(염소)과 같은 단어의 모음 〔e〕가 'zelenec'〔zelenets〕(상록수의)의 모음만큼 완전하게 발음된다.

7.5. 강세를 활용하는 언어에서 보이는 또 다른 차이점은 (소리) 크기가 증가하기 시작하는 지점과 관련이 있다. 영어에서는 만일 한 단어의 첫째 음절이 강세를 갖는다면, (소리) 크기의 증가가 정확히 그 단어의 처음부터 일어난다. 따라서 다음과 같은 단어 쌍에서 보는 것과 같은 차이가 발생한다.

a name 〔e ˈnejm〕	*an aim* 〔en ˈejm〕
that sad 〔ðɛt ˈsɑd〕	*that's odd* 〔ðɛt s ˈɑd〕
that stuff 〔ðɛt ˈstof〕	*that's tough* 〔ðɛt s ˈtof〕

---

6) 자연상태에서 관찰해 보면 혀는 위로 올라가면서 동시에 앞으로 나아간다.

이와 동일한 발음습관은 독일어와 스칸디나비아어에 널리 퍼져 있다. 사실, 독일어는 강세의 시작이 대단히 두드러져서 가끔씩 강세 단어나 요소의 첫 모음 앞에서 (비변별적) 성문 폐쇄음의 형태를 띠기도 한다. (예) ein Arm 〔ajn 'arm〕(팔), Verein 〔fer-'ajn〕(연합 / 'ver-'는 무강세 접두사임).

반면에 강세를 활용하는 다른 많은 언어에서는 강세의 시작점이 전적으로 기본음소의 특징에 따라 조절된다. 예를 들어, 네덜란드어에서는 강세 음절 모음 앞에 자음이 하나 있을 때, 단어 경계나 기타 의미 인자들과 상관없이 이 자음의 소리 크기[7]가 항상 크다. 예를 들어, 'een aam'(1암 = 40갤론)과 'een naam'(이름)이 모두 〔e'na:m〕으로 실현된다. 또한 'het ander oog'(다른 쪽 눈)와 같은 구는 〔e'tande'ro:x〕로 실현된다. 이와 동일한 발음습관은 이탈리아어와 스페인어 및 슬라브 제어에도 널리 퍼져 있다.

7.6. 음조(고저/높이), 즉 악음의 진동수 차이는 영어를 비롯해서 모름지기 다른 대부분의 언어에서 부차음소로 활용된다. 실제 음조의 음향 형태는 가변적이며, 또한 일부 지역적인 변이도 존재한다. 'Thank you!'와 같은 어구에 나타나는 영국인의 상승음조(억양)[8]는 미국인의 귀에 대단히 놀랍게 들리고, 또한 일부 평서문에 나타나는 영국인의 상승음조(억양)는 미국인에게 마치 판정의문문처럼 들리게 만든다. 더욱이 미국인 화자는 거칠게 말하거나 비꼬며 말할 때 또는 급하게 말하거나 다독이며 말할 때, 명랑하게 말할 때, 감정표현을

---

7) 이 음성 자질(*loudness*)은 음의 '강약'을 결정하는데, 이를 두고 보통 목소리가 '크다(시끄럽다)거나 작다(조용하다)'고 말한다.

8) 용례에서 보듯이 문장 차원의 어조 내지 억양(*intonation*)을 기술하고 있다. 이런 경우에는 '억양'을 괄호 안에 표기했다.

위한 의사소통에 음조 자질을 아주 널리 활용한다. 영어와 유럽 여러 언어에서는 음조가 일종의 음향 자질인데, 이들 언어에서는 비변별적이지만 사회적으로 효과를 미치는 몸짓과 같은 표현적 변이가 진정한 언어적 구분(변별성)에 매우 가깝게 접근해 있다. 이러한 맥락에서 볼 때, 사회적으로 효과를 미치면서도 비변별적인 패턴에 대한 탐구는 (아직 시작도 되지 않은 상태이지만) 음조와 상당한 관련을 맺고 있다고 할 수 있다. 마찬가지 이유로 음조 자질이 영어에서 부차음소로서의 진정한 위상을 차지하는 경우를 정의하기란 쉽지 않다.

문장의 끝(이에 대한 정의는 앞으로 내리게 될 것이다)이 항상 특수한 음조 분포로 표시된다는 것은 분명하다. 영어 화자는 'It's ten o'clock, I have to go home'과 같은 단어의 연쇄체를 오직 끝에만 문말 음조(억양)를 주어서 단일한 문장으로 발화하거나, 문말 음조(억양)를 'clock'과 문장 끝에 각각 하나씩 주어서 두 문장(It's ten o'clock. I have to go home.)으로 발화한다. 문말 음조(억양)가 실현되고 나면 화자는 한동안 휴지를 두거나 말하기를 그친다.

문말 음조(억양)의 영역에서 우리는 네댓 가지 음소적 차이를 구분할 수 있다. 평서문인 'It's ten o'clock'은 의문문인 'It's ten o'clock?'과 다르다. 의문문은 하강음조(억양)가 아니라 상승음조(억양)로 끝난다. 같은 의문문이더라도, 'It's ten o'clock?'이나 'Did you see the show?'와 같은 판정의문문과 'What time is it?'이나 'Who saw the show?'와 같은 설명의문문 사이에는 음조(억양) 체계의 차이가 있는데, 특별한 단어나 구로 대답해야 하는 설명의문문은 문장의 끝을 덜 올린다. 전사를 할 때는 물음표(의문부호)를 거꾸로 세워서(〔¿〕) 설명의문문의 음조(억양)를 지시하기도 한다. 양자의 차이는 설명의문문과, 이 설명의문문에 대답이 필요한가 아닌가를 묻는 판정의문문 사이의 대조에서, 뚜렷하게 드러난다. 즉, 'Who saw the show?'〔huw 'sɔ ðe 'sowʔ̧]는 '(쇼를 본) 사람이 누군가'를 묻고 있지만, 〔'huw 'sɔ ðe 'sow?〕는 '누군가가 그 쇼를 보았다는데 그것이 사실인가?'라는 뜻이다.

　이들 세 가지 유형의 문말 음조(억양)는 다음 보기에 나란히 나타난다. 만일 누군가가 "I'm the man who-who-"라고 말한다면, 이 말을 듣고 있던 상대방은 'Who took the money'〔'huw 'tuk ðe 'monij.〕처럼 평서문의 문말 음조(억양)를 가지고 그 사람이 다음 말을 잇게 도와줄 것이다. 이 말은 설명의문문 'Who took the money?'〔'huw 'tuk ðe 'monij̧〕와 좋은 대조가 된다. 이 설명의문문에 대해, 이 말이 질문임을 확인하고 싶어 하거나 이 말을 의례적인 인사로 삼아서 대화를 시작하려는 상대방은 'Who took the money?'〔'huw 'tuk ðe 'monij?〕('I'll tell you who took it …')처럼 판정의문문으로 대답할 수 있다.

　나아가 이 세 가지 유형의 문장은 화자가 강한 자극에 반응하고 있을 때 모두 음조와 강세에 관해서 왜곡될 수 있는 것으로 보인다. 우리는 감탄 음조(억양)에 대해 하나의 부차음소(〔!〕)를 설정할 수 있다. 그리고 이 유형 안에서 발생하는 다양한 변종(이를테면 분노의 음조/억양, 놀라움의 음조/억양, 누구를 부르는 음조/억양, 비웃음의 음조/억양 등)이 비변별적이고 감정표현을 닮은 변이형이라고 생각할 수 있다. 감탄 음소는 위의 세 가지 문말 음조(억양) 음소 모두와 함께 출현한다. 어떤 질문에 대한 대답으로서의 'John'〔'jan.〕을 청자(존)의 출석이나 관심을 요구하는 부르는 말로서의 'John!'〔'jan!〕과 대조해 보라. 마찬가지로 단순한 의문('거기 존이니?')으로서의 'John?'〔'jan?〕을 감탄부호를 동반한 같은 의문문 'John?!'〔'jan?!〕'('존이 아니었음 좋겠다!')과 대조해 보라. 마지막으로 'Who was watching the door〔̧〕'는 긴급상황이나 재난이 닥쳤을 때 들을 수 있는 감탄이 섞인 'Who was watching the door〔̧!〕'와 대조가 된다.

　영어에서 다섯 번째 음조 부차음소로서 우리는 휴지 음조 또는 중지 음조 〔,〕를 설정할 수 있는데, 이 부차음소는 문장 안의 휴지 앞에서 일어나는 음조로 구성되어 있다. 이 휴지 음조는 문말 음조(억양)와 대조적으로 사용되는데, 해당 문장이 그 지점에서 끝나지 않고 있다는 사실을 알려준다. (이 휴지 음조가 없다면 해당 구절로 문장이 종결되었을 것이다.) (예) I was waiting there 〔,〕, when in came the man. John 〔,〕 the idiot 〔,〕 missed us. (대조: John the Baptist was preaching.) The man 〔,〕 who was carrying a bag 〔,〕 came up to our door. 이 이야기에는 오직 한 사람만 나온다. 이 문장을 다음 문장과 비교해 보자. (cf) 'The man who was carrying a bag came up to our door.' 비교된 문장에는 네댓 사람이 이야기에 나온다는 의미가 함축되어 있다. [9]

7.7. 영어에서는 강세와 음조가 모두 부차음소로 사용되지만, 기능상으로는 양자 사이에 약간의 차이가 있다. 강세는 둘 또는 그 이상의 언어요소가 합쳐져서 하나의 형태를 이룰 때만 나타난다. 예를 들어, 'John'과 같은 단일한 단어에는 변별적인 강세 자질이 실리지 않는다. 강세의 변별적 자질을 들으려면 구나 합성어 또는 최소한 둘 또는 그 이상의 부분[10]으로 이루어진 단어(예: contest)를 취해야

---

9) 관계대명사의 제한적 용법과 계속적 용법의 차이로 설명할 수도 있다. 다음 예문에서 관계대명사가 제한적 용법으로 사용된 (가)는 '연필이 여러 자루 있는데 그 가운데 내 것이 싸다'는 뜻인 반면에, 관계대명사가 계속적 용법으로 사용된 (나)는 '내 연필이 한 자루 있는데, 그 연필이 싸다'는 뜻이다.
   (가) The pencil which is mine is cheap.
   (나) The pencil, which is mine, is cheap.
10) 원문에도 'parts'로 되어 있는데, 언어학적 술어는 아닌 듯하다. 바로 아래에 용례로 제시된 'contest'는 'con-'과 '-test'로 나뉘는데, 이들을 지칭하는 적당한 술어가 마땅치 않았을 것이다. 굳이 언어학의 술어를 빌려 말한다면 '형태소' 정도가 될 것이다.

한다. 반면에 음조 음소는 모든 발화에 나타나는데, 심지어 한 단어가 발화되는 경우에도 나타난다. (예) John! John? John. 한편 영어의 음조 음소는 원칙적으로 어떤 특정한 단어나 구에 붙지 않고, 음조가 없으면 구별할 수 없는 형태에 첨가되어 다양한 의미 차이를 일으킨다.

많은 언어는 단어와 (둘 이상의 요소로 이루어진) 구에서 음조를 부차음소로 사용하는 방법이 영어와 다르다. 예를 들어, 스웨덴어와 노르웨이어에서 두 음절로 된 단어는 영어와 마찬가지로 각각의 음절에 보통의 고조 강세를 하나씩 갖지만, 강세 음절이 상이한 두 가지 음조체계로 구분된다. 강세는 상승음조를 동반해서 노르웨이어 〔'bøner〕(농부들)나 〔'aksel〕(어깨) 등의 용례처럼 영어의 높은 강세와 동일한 음향 인상을 줄 수도 있고, 하강음조를 동반해서 〔ˇbøner〕(콩들)나 〔'aksel〕(굴대) 등의 용례처럼 변별적 차이를 드러낼 수도 있다. 이러한 변별적 단어 음조는 부차적인 음소, 즉 음조와 강세의 사용에서 스웨덴어와 노르웨이어가 여러 모로 영어와 아주 흡사하다는 사실 때문에 더욱 주목을 끈다.

일본어는 2개의 상대적인 음조(평조, 고조)를 구분한다고 알려져 있다. 예를 들어, 〔hana〕(코)는 두 음절에 모두 평조를 갖고, 〔'hana〕(시작)는 첫째 음절에 고조를 가지며, 〔ha'na〕(꽃)는 둘째 음절에 고조를 갖는다. 단어 강세를 부차음소로 갖지는 않는다.

다른 언어에서는 음조 자질이 기본음소로 사용된다. 북경 중국어는 4개의 음조를 구분하는데,[11] 다음 보기와 같이 이를 숫자로 표시할 수 있다.

---

11) 여기서 말하는 음조란 통상 성조(*tone*)라고 불린다. 그리고 4개의 음조란 성조소(*toneme*)가 넷이라는 의미로 이해된다.

〔¹〕 수평 고조 〔ma¹〕 '모'(母)
〔²〕 상승 고조 〔ma²〕 '마'(麻)
〔³〕 상승 저조 〔ma³〕 '마'(馬)
〔⁴〕 하강 저조 〔ma⁴〕 '모'(侮)

　　광둥어는 6개의 음조 단위를 갖는다고 알려져 있다. 사실, 음조의
기본음소는 리투아니아어와 세르비아어 및 고대 그리스어 등 상당히
많은 언어에서 조금 단순한 유형으로 나타나고, 일부 아프리카 언어
들에서는 대단히 복잡한 유형으로 나타난다.
　　미국영어에서 강세 모음에 얹히는 음조의 비변별적 변이형을 갖는
다는 사실은 주목할 만하다. 'map'나 'mat'처럼 무성음 앞에서는 음조
체계가 단순하지만, 'mad'나 'man'처럼 유성음 앞에서는 통상적으로
뚜렷한 큰소리(loud) 강세 아래서 상승-하강음조 체계를 갖는다. 12)

　　7.8. 일단 음소가 형성되는 과정에 대한 일정한 개념을 획득하고
나면, 음소가 산출되는 과정에서 이루어지는 다양한 '분장'을 관찰할
수 있다. 예를 들어, 영어의 음소 〔k, g〕는 혀 뒷부분(설배)이 연구
개를 막아서 형성된다. 그런데 (이 조음과정을) 세밀하게 관찰해 보
면, 다음에 오는 음소가 전설모음(예: kin 〔kin〕, keen 〔kijn〕, give
〔giv〕, gear 〔gijr〕)일 때는 폐쇄가 앞쪽으로 나와서 이루어지고, 다음
에 오는 음소가 후설모음(예: cook 〔kuk〕, coop 〔kuwp〕, good 〔gud〕,
goose 〔guws〕)일 때는 폐쇄가 뒤쪽으로 들어가서 이루어진다는 사실
을 알 수 있다. 이들 위치는 보통 정상위치라고 부르는 다음 단어의
폐쇄 조음점과 좋은 대조가 된다. (cf) car 〔kar〕, cry 〔kraj〕, guard

---

12) 이는 유성자음 앞의 모음이 길어지고 이로 인해 어말 음조가 첨가된 것으로
　　분석할 수 있다.

〔gard〕, gray 〔grej〕. 또한 영어 음소 〔h〕는 다음에 오는 모음의 조음 위치에서 형성된다. 이들 변이형의 집합은 다음에 오는 음소에 전적으로 의존하기 때문에 변별적이지 않다. 이러한 차이가 변별적인 언어에서는 이들 변이형을 '분장'의 결과라고 불러서는 안 된다. 왜냐하면 이 경우에는 이들의 차이가 음소의 필수적인 자질이기 때문이다. 반면에 소음(騷音)의 산출과정에서 작용하는 성(聲)의 관여 여부나 비음화의 존재 여부, 모음의 산출과정에 작용하는 입술의 원순음화와 평순음화 등은 '분장'이라고 불러도 좋다. 그렇지만 일부 언어에서 음소적이지만 다소 낯선 자질을 이러한 방식으로 처리하는 것은 여러모로 편리한 장점을 갖는다.

이 가운데 가장 중요한 것은 구개음화이다. 자음이 조음되는 동안 혀와 입술은 해당 음소의 주요 자질과 상충하지 않는 한, 〔i〕나 〔e〕와 같은 전설모음의 위치를 갖게 된다. 예를 들어, 영어에서는 〔k〕와 〔g〕가 전설모음 앞에서 비변별적 구개음화를 겪게 된다고 말할 수 있다. 구개음화는 특히 일부 슬라브 제어에서 변별적 자질로 일어난다. 또한 러시아어에서는 대부분의 자음 음소가 평자음(*plain*)과 구개음화 자음(*palatalized*)의 변별적 차이로 짝을 이루어 출현한다. 구개음의 전사에는 다양한 장치가 마련되어 사용되고 있다. 해당 부호 위에 점이나 곡선, 갓머리부호(ˆ)를 찍기도 하고, 해당 음소 다음에 지표 (i)나 악센트 표지를 붙이기도 하고, 이탤릭체 음성기호를 사용하기도 한다. (여기서는 인쇄의 편의를 위해 이탤릭체 음성기호를 사용하기로 한다.) 러시아어의 〔*pat*〕(5)와 같은 단어에서는 두 자음을 조음하는 동안에 입의 가장자리가 뒤로 물러나고 혀가 전설모음 조음 위치까지 올라간다. 〔*t*〕음소의 경우에는 물론 혀의 끝(설첨)과 가장자리가 윗니의 뒤쪽에서 폐쇄를 일으키는 동안, 혀의 날(설단)이 경구개를 향해 올라간다는 뜻이다. (예) 〔*dada*〕(아저씨), 〔*nana*〕(간호사). 그래서 〔bit〕(way of being) 과 〔biƒ〕(to be) 및 〔bit〕(to beat) 와 같은 단어들에서는 이러한 차이가 변별적 특징으로 사용되고 있다.

일부 언어에서는 연구개음화한 자음을 구분하기도 하는데, 이때는 혀가 후설모음을 조음할 때처럼 뒤로 물러난다. 만일 자음을 조음하는 동안에 입술이 둥글어졌다면, 이런 자음은 순음화한 음이라고 한다. 순음화-연구개음화한 자음에서는 두 가지 '분장'이 함께 나타난다.

7.9. 음성기관이 정지상태에서 음소의 형성 동작에 들어가거나, 한 음소의 형성에서 다른 음소의 형성으로 넘어가거나, 아니면 음소의 형성 동작에서 정지상태로 돌아가는 방법은 다양한 모습의 전이를 보여준다. 이 '전이'라는 용어는 차이가 변별적이지 않을 때 비교적 정확하지만, 차이가 변별적일 때는 음소의 필수 자질 가운데 일부를 기본적 자질이라 부르면서 나머지 일부를 전이적 자질이라 부를 수 없다.

영어에서 'bay, day, gay' 등의 단어를 발음할 때는 묵음(silence)에서 유성 폐쇄음으로 넘어가면서 점차적으로 유성화 작용을 시작하고, 'ebb, add, egg' 등의 단어를 발음할 때는 유성음에서 묵음으로 돌아오면서 점차적으로 유성화 작용을 줄인다. 이러한 전이방법은 프랑스어와 대조되는데, 프랑스어에서는 이 위치에서 발음되는 (유성) 폐쇄음이 처음부터 끝까지 완전히 유성화한다. 묵음에서 강세 모음으로 넘어갈 때 영어 화자는 보통 점진적인 유성화 운동을 시작하는 반면, 북부 독일어 화자는 성문을 닫은 다음에 갑자기 완전한 유성화 운동을 시작해서 (비변별적) 성문 폐쇄음을 낸다. 이따금씩 영어 화자가 독일어 화자처럼 유성화 운동을 시작하거나, 반대로 독일어 화자가 영어 화자처럼 유성화 운동을 시작하는 경우가 있지만, 이는 모두 비변별적 변이형이다. 프랑스어와 남부의 준표준어에서는 비변별적인 제3의 유성 개시 운동 변이형이 존재하는데, 이 변이음에서는 성문이 〔h〕위치를 통과한다. 표준영어와 독일어에서는 이 (변이형) 전이방법이 변별적이다. (예) heart 〔hart〕 vs. art 〔art〕. 모음에서 묵음으로 넘어갈 때 앞에서 언급한 언어는 부드러운 착활음13)을 사용하지만, 이 밖의 다른 언어는 〔h〕위치를 통과하거나 성문 폐쇄음으로 급격하게 조음을 끝낸다. 또 다른 언어들에서는 이러한 (전이방법) 차이가 음소적이다. 무성 폐쇄음에서 유성음, 특히 모음으로 넘어갈 때, 화자는 유성화 작용을 파열과 동시에 시작할 수도 있고, 한순간 늦춰서 시작할 수도 있다. 어느 경우든 유성화 작용은 부드럽게 시작되거나 성문 폐쇄음으로 시작된다. 이와 같은 차이는 앞서 6.6절에서 논의했던 바와 같이 일부 언어에서 음소적이다. 구개음화한 자음의 전후에는 전설모음을 닮은 활음이 나타날 수 있고, 마찬가지로 연구개음화한 자음은 후설모음의 성격을 갖는 활음14)을 동반할 수 있다.

자음의 연속에서 나타나는 주요한 전이 자질은 폐쇄전이와 개방전이의 차이인 것으로 보인다. [1] 영어에서는 폐쇄전이를 이용한다. 한 폐쇄음에서 다른 폐쇄음으로 넘어갈 때, 영어 화자는 첫째 폐쇄음의 폐쇄를 개방하기 전에 둘째 폐쇄음의 폐쇄를 시작한다. 예를 들어, 'actor'〔ɛktr〕와 같은 단어에서는 〔k〕의 폐쇄 개방을 위해 혀의 뒷부분(설배)이 연구개에서 떨어지기 전에 혀끝(설첨)이 〔t〕의 조음을 위하여 치조에 닿는다. 프랑스어에서는 개방전이를 이용한다. 예를 들어, 'acteur'〔aktœr〕와 같은 단어에서는 혀끝이 〔t〕의 조음을 위해 치아에 닿기 전에 〔k〕의 폐쇄가 개방된다. 이와 유사하게 영어의 폐쇄음과 마찰음의 결합은 'Besty, cupful, it shall' 등에서 보는 것처럼

---

13) 후-전이음(後轉移音)이라고도 한다.
14) 각각 /y/와 /w/를 가리킨다.

폐쇄전이를 갖는다. 이때 폐쇄음이 개방되기 전에 음성기관이 가능한 한 빠르게 다음 마찰음의 조음위치로 움직이므로 폐쇄음의 파열은 불완전하다. 이런 현상은 프랑스어의 개방전이와 대조가 되는데, 프랑스어에서는 마찰음의 조음이 시작되기 전에 폐쇄음이 완전히 파열된다. (예) cette scène [sɛt sɛːn] (이 장면), étape facile [etap fasil] (쉬운 단계), cette chaise [sɛt šɛːz] (이 의자). 이와 동일한 전이방식의 차이는 동일한 자음 음소가 연속해서 두 번 나타나는 이른바 중자음(重子音)에서도 찾아볼 수 있다. 영어에서는 'grab-bag' [grɛb ˌbɛg], 'hot time' [hɑt ˈtajm], 'pen-knife' [pen ˌnajf] 등과 같은 단어가 [bb, tt, nn] 연쇄에 대해 단 한 번의 폐쇄만을 보여준다. 이 폐쇄는 단일 자음의 폐쇄보다 다만 지속시간이 조금 더 길 뿐이다. 중자음은 내파(영어의 경우에 약한 파열)와 외파(영어의 경우에 강한 파열) 사이의 강세 차이로 표시되기도 한다. 프랑스어에서는 'cette table' [sɛt tabl] (이 탁자)처럼 유사한 집합이 보통 두 번의 개방, 즉 두 자음 단위 각각을 위한 폐쇄와 파열을 보여준다.

만일 위와 같은 두 가지 유형의 전이가 한 언어에 존재한다면, 그 차이는 음소적 구분으로 활용될 수 있다. 예를 들어, 폴란드어는 'trzy' [tši] (3)의 사례에서 보듯이 프랑스어처럼 대체로 개방전이를 갖는데, [t]와 [š]의 결합은 폐쇄전이를 통해서 하나의 독립된 음소로 나타나기도 한다. 'czy' [či] ('whether')에 나타나는 이 음소는 음성기호 [č]로 전사된다. 이 음소 [č]의 구개음화한 변이형으로는 [č́]가 있는데, 이 변이형은 별개의 음소이다. (예) ci [č́i] (to thee).

위에서 본 마지막 보기는 복합음소를 보여준다. 복합음소는 둘 또는 둘 이상의 음소 연속을 닮은 음성이지만, 어떤 점에서는 그런 연속과 구분되는 독립적인 음소로 활용된다. 영어의 경우처럼 많은 복합음소는 폐쇄음과 마찰음 또는 폐쇄음과 다른 개방 자음(*open consonant*)[15]

의 결합으로 구성된다. 이런 유형의 음소를 파찰음16)이라고 부른다. 모든 자음 집단이 폐쇄전이를 보이는 영어에서는 이런 복합음소가 음소 자질로 사용되지 않는다. 그렇지만 'church'〔črč〕와 'judge'〔ǰoǰ〕에서 보듯이 〔č〕와 〔ǰ〕라는 2개의 파찰음 음소가 존재한다. 이들 파찰음은 항상 구개음화되어 실현되는데, 〔t〕와 〔š〕의 결합(예: beet-sugar〔ˈbijt ˌšugr〕, it shall〔it ˈšæl〕)과 〔d〕와 〔ž〕의 결합(예: did Jeanne〔did ˈžan〕)을 이들 두 파찰음 음소와 구별해주는 자질이 바로 구개음화 자질이다. 17)

7. 10. 모음과 뚜렷한 악음의 연속을 다루는 방법은 상당히 다양하며, 많은 유형의 전이가 여러 언어에서 변별적이다. 음성의 연속에서는 어떤 음성이 다른 음성들보다 더욱 강하게 들리기 마련이다. 이와 같은 공명도 차이는 모음과 모음성 음성의 전이효과에서 주요한 역할을 한다. 그래서 다른 조건(특히 강세)이 같다면, 〔a〕와 같은 저모음이 〔i〕와 같은 고모음보다 더 공명도가 높다. 모든 모음은 자음보다 공명도가 높고, 비음과 전동음, 설측음은 폐쇄음이나 마찰음보다 공명도가 높다. 좁은 통로로 기류가 집중되는 치찰음〔s, z〕는 다른 마찰음보다 공명도가 높다. 마찰음은 폐쇄음보다 공명도가 높고, 유성음은 무성음보다 공명도가 높다. 따라서 모든 음소의 연속체에는 공명도의 오르내림 현상이 나타나기 마련이다. 예를 들어,〔tatatata〕와 같은 연쇄를 보면 모음〔a〕자리가 자음〔t〕자리보다 공명도가 높다.

---

15) 구강 내에서 폐쇄가 없이 개방된 마찰음을 가리킨다.

16) 폐찰음(廢擦音)이라고도 한다.

17) [원주] 음성학자들은 영어의 파찰음을 't'와 '긴-s'(s의 아랫부분을 길게 밑으로 늘인 모양, ʃ) 및 d와 '긴-z'(ʒ)를 인접시키거나 작은 곡선으로 연결해서 표시하기도 한다.

다음의 보기에서는 4단계의 공명도가 숫자로 구분되어 있다.

Jack   caught   a   red   bird.
〔ǰɛk   kɔt   e   red   brd〕
314   414   1   213   323.

일부 음소는 분명히 바로 앞서거나 뒤따르는 음소(또는 묵음)보다 공명도가 높다. 이것은 위의 보기에서 숫자 1로 표시된 음소와 숫자 2로 표시된 음소(red의 〔r〕이 아닌 bird의 〔r〕)에 해당된다. 그러한 음소는 공명도의 정점(*crest of sonority*), 즉 성절음인 반면, 다른 음소는 비성절음이다. 그러므로 음소 〔e〕('red'의 〔e〕)와 〔r〕('bird'의 〔r〕)은 성절음이지만, 다른 〔r〕('red'의 〔r〕)과 〔d〕('red'의 〔d〕)는 비성절음이다. 발화는 성절음만큼의 음절(또는 자연 음절) 수효를 갖는다고 한다. 음절 공명도의 오르내림은 모든 언어의 음성구조에서 중요한 역할을 한다.

모든 언어에서는 일정한 음소들만 성절음으로 나타나지만, 이론상으로는 어떤 음이라도 주변 음보다 높은 공명도를 가질 수 있다. 침묵을 요구하는 감탄사 'pst!'〔pst!〕, 'sh!'〔š!〕 등은 〔s〕와 〔š〕를 성절음으로 사용한다는 점에서 통상적인 영어단어와 다르다. 실제로 어떤 언어에서든 대부분의 음소는 영어의 〔p, t, k〕처럼 비성절음으로만 사용된다. 우리는 이들 음소를 자음이라고 부른다. 수적으로 적은 다른 음소들은 영어의 〔e, o, a〕처럼 오직 성절음으로만 출현한다. 우리는 이들 음소를 모음이라고 부른다. 대부분의 언어에서는 제3의 유형, 즉 성절음 위치와 비성절음 위치에 모두 출현하는 중간 음소 집단이 있다. 우리는 이들 음소를 공명 자음이라고 부른다. 예를 들어, 미국영어의 중서부 유형에서는 〔r〕이 'bird'〔brd〕에서는 성절음으로 나타나고 'red'〔red〕에서는 비성절음으로 나타난다.

단어에 나타나는 어떤 공명 자음이 성절음이냐 비성절음이냐 하는 것은 언어마다 결정방법이 다르다. 만일 공명 자음의 성절성 여부가 전적으로 주변 음소에 달려 있다면(예: bird vs. red), 그 차이는 비변별적이다. 그리고 전사문제에서도 하나의 부호만 있으면 된다. 그러나 많은 경우에 공명 자음의 성절성 여부는 임의적으로 결정되고, 또한 음소적 차이를 이룬다. 예를 들어, 'stirring'〔striŋ〕의 〔r〕은 성절음이지만, 'string'〔striŋ〕의 〔r〕은 비성절음이다. 또한 'pattern'〔pɛtṛn〕의 둘째 음절에서는 〔r〕이 성절음이지만, 'patron'〔pejtṛn〕의 둘째 음절에서는 〔r〕이 비성절음이고 〔n〕이 성절음이다. 그러한 경우에는 두 음소를 표시할 독자적인 기호가 필요하다. 유감스럽게도 이 점에서 영어의 전사체계는 일정하지도 않고 일관성도 없다. 일부 경우에는 상이한 기호를 사용한다. 그래서 〔i, u, y〕는 일반적으로 성절음에 사용되고, 〔j, w, ɥ〕는 이에 상응하는 비성절음에 각각 사용된다. 그러나 많은 전사자들은 〔i, u, y〕 기호를 비성절음의 출현에도 사용한다. 〔i, u, y, e, o, a〕의 기호 위나 아래에 작은 곡선을 그려 넣어서 비성절적 기능을 지시하는 또 다른 전사방법도 있다. 한편 성절기능을 나타내기 위해서 보통 〔r, l, m, n〕 기호에 점이나 원 또는 (해당 기호 아래) 수직선을 그려 넣는다.

공명 자음[18]의 성절적 기능수행 여부가 주변 음소(휴지 포함)에 의해 결정된다면, 그 분포는 자연스럽다. 예를 들어, 표준 독일어에서는 음소 〔i, u〕가 다른 모음의 앞 또는 뒤에 있을 때만 비성절음이고,

---

18) 이 부류(*sonants*)는 영어에서 비음(연구개음 제외)과 유음을 아우르고 있다. 한국어라면 유성자음이라는 용어를 써서 나타낼 수 있지만, 폐쇄음과 마찰음에도 유성과 무성의 대립이 존재하는 영어에서는 이 부류를 지칭할 적당한 술어를 찾기가 어려워, '공명 자음'으로 옮겼다.

다른 모든 경우에 성절음이다. 비성절음 〔u〕는 오직 〔a〕 다음에서만 출현하고(예: Haus 〔haws〕), 비성절음 〔i〕는 〔a〕 다음(예: Ei 〔aj〕)과, 〔o〕(또는 〔ø〕) 다음(예: neu 〔noj, nøj〕) 및 모음과 〔u〕 앞(예: ja 〔ja:〕, jung 〔juŋ〕)에서 출현한다. 모음 다음에 나오는 변이형은 뚜렷하게 저모음화되고, 성절음 앞에 나오는 비성절음 〔i〕는 협착된 상태[19]로 발음되기 때문에 뚜렷한 마찰소리를 일으킨다. 그러나 이들 차이는 변별적이지 않다. 전통적으로 음성학자들은 전자를 〔i, u〕로 전사하고, 후자를 〔j〕로 전사한다.

공명 자음의 성절적 기능수행 여부가 주변 음소에 따라 결정되지 않을 때, 이 차이는 음소적이다. 일부 언어에서는 약한 강세를 활용해서 공명음을 성절음으로 만든다. 영어에서는 성절 강세가 부차음소의 기능을 수행한다. 중서부 미국영어에서는 'stirring' 〔ˈstriŋ〕('string' 〔striŋ〕과 대조) 이나 'erring' 〔ˈriŋ〕('ring' 〔riŋ〕과 대조)과 같은 경우에 강세 음절에서 〔r〕이 성절음이 된다. 무강세 음절에서는 'butter' 〔ˈbotr̩〕, 'bottle' 〔ˈbatl̩〕, 'bottom' 〔ˈbatm̩〕, 'button' 〔ˈbotn̩〕 등의 발음에서 보듯이, 공명 자음 〔r, l, m, n〕이 자연적인 분포에 의해 성절음이 되는 수가 있지만, 그렇지 않은 경우에는 성절적 가치가 음절 강세의 활용에 의해 결정된다. 그래서 성절 강세는 성절음 〔r〕을 선행하는 〔r〕(예: error 〔ˈerr̩〕, bearer 〔ˈbejrr̩〕) 또는 성절음 〔r〕(예: stirrer 〔ˈstrr̩〕) 로부터 구분되도록 두드러지게 나타낸다. 또한 성절 강세는 다음 보기와 같이 연속된 공명 자음 가운데 어느 음이 성절음인가를 결정하기도 한다.

---

19) 조음자와 조음점의 접근 정도를 간극에 따라 나누면, '접촉'(일반 자음), '협착'(마찰음), '근접'(반모음), '원격'(일반 모음)이 된다. 여기서는 마찰소리와 관련된 내용이므로 '협착'이 된다.

apron 〔'ejpr̩n̩〕	*pattern* 〔'pɛt̞r̩n〕
pickerel 〔'pikr̩l̩〕	*minstrel* 〔'minstr̩l〕
coral 〔'kɑrl̩〕	*Carl* 〔karl̩〕
char'em 〔'čar m̩〕	*charm* 〔čarm〕
maintenance 〔'mejntn̩n̩s〕	*penance* 〔'pɛnn̩s〕

성절 강세는 다음 보기와 같이 심지어 자신보다 더 개방된 음소 앞에 오는 공명 자음 〔r, l, m, n〕까지 성절음으로 만들기도 한다.

battery 〔'bɛtr̩ij〕	*pantry* 〔'pɛntrij〕
hastily 〔'hejstl̩ij〕	*chastely* 〔'čejstlij〕
anatomy 〔e'nɛtm̩ij〕	*met me* 〔'met mij〕
botany 〔'bɑtn̩ij〕	*chutney* 〔'čotnij〕

그렇다면 이 유형의 영어에서 성절 강세는 부차음소의 자격을 갖는다고 할 수 있다. 만일 성절성의 가치가 주변 음소의 특징에만 기인하는 모든 경우에 성절음 〔r, l, m, n〕의 아래에 표시한 작은 수직 획을 생략한다면, 이 획은 기타의 경우에 일관성 있게 성절 강세를 표시하는 표지부호의 역할을 하게 될 것이다.

일부 언어에서는 성절 강세를 이용해서 자연스러운 공명도 관계를 역전시키기도 한다. 예를 들어, 독일 남부 방언은 성절음 〔i, u, y〕와 비성절음 〔a〕(예: 〔liab〕 'dear', 〔guat〕 'good', 〔gryan〕 'green')를 갖는다.

또 다른 분포의 유형은 공명 자음의 성절음 기능과 비성절음 기능을 드러내기 위한 조음 차이의 활용이다. 이러한 분포는 보통 성절음보다 심한 폐쇄를 가진 비성절음의 변이형을 형성하는 데서 나타난다. 영어에서는 공명 자음20) 〔i〕와 〔u〕가 모음 앞뒤에서 비성절음으로 나타나는데, 이들 비성절음을 〔j〕와 〔w〕로 전사하면 'yes'〔jes〕, 'say'〔sej〕, 'buy'〔baj〕, 'boy'〔bɔj〕 및 'well'〔wel〕, 'go'〔gow〕 'now' 〔naw〕가 된다. 이들 용례에서 〔j, w〕의 비성절적 기능은 공명도를 통해 충분히 알 수 있다. 왜냐하면 상대적으로 개구도가 큰 모음이 이들의 앞뒤에 오기 때문이다. 그러므로 발음을 만들면서 나오는 실제 변이형은 여기서 비변별적이다. 모음 다음에 오는 〔j, w〕, 특히 〔aj, ɔj, aw〕는 개구도가 대단히 크며, 이때의 〔a〕도 정상적인 〔a〕와 매우 다르다. 모음 앞에서 나는 〔j〕는 성절음 〔i〕보다 훨씬 높고 전설화한 혀 위치를 가지며(예: yes), 〔w〕는 모음 앞에서 성절음 〔u〕보다 높은 혀 위치를 가지며 약간 입술을 오므린 상태로 조음된다(예: well). 이러한 차이는 영어에서 음소적 차이로 활용된다. 기능이 설령 자연스러운 공명도에 따라 결정된다고 해도, 상대적으로 닫힌 비성절 모음 〔j, w〕와 상대적으로 열린 모음 〔i, u〕는 구분된다. 예를 들어, 영어 화자는 〔uw〕(ooze 〔uwz〕)와 〔wu〕(wood 〔wud〕), 〔ij〕(ease 〔ijz〕)와 (희귀한) 〔ji〕(속어 yip 〔jip〕) 사이의 차이를 구분한다. 더욱이 영어에는 'yeast'〔jijst〕, 'woo'〔wuw〕 등에서 보듯이 〔jij, wuw〕 유형도 있다. 음소 집단 〔i, u, r〕의 상이한 두 음소가 강세 음절에서 만날 때, 첫째 음소는 비성절음이 된다. (예) you 〔juw〕, yearn 〔jr̩n〕, win 〔win〕, work 〔wr̩k〕, rid 〔rid〕, roof 〔ruf, ruwf〕. 그러나 무강세 음절에서는 'hire'〔hajr〕와 'higher'〔'hajr̩〕, 'pair'〔pejr〕 'payer'〔'pejr̩〕 및 'sore'〔sowr〕와 'sower'〔'sowr̩〕의 짝이 서로 구분된다. 이와 같은 '분장'에 힘입어서 상응하는 성절적 공명음과 음소적으로 구분되는 비성절적 공명음을 반모음이라고 부른다.

---

20) 실제로는 반모음 〔j, w〕를 가리킨다.

마찬가지로 프랑스어에서도 고모음 〔i, u, y〕가 비성절음일 때 (성절음일 때보다) 더욱 뚜렷한 근접상태와 긴장도로 발음하고(예: hier 〔jɛːr〕 '어제', oie 〔wa〕 '거위', ail 〔aːj〕 '마늘', huile 〔ɥil〕 '기름'), 이들 유형을 독립된 반모음 음소로 취급하여 'oui' 〔wi〕 (yes)와 'houille' 〔uːj〕 (무연탄)를 구분하고, 'fille' 〔fiːj〕 (딸)에서 보듯이 연속체 〔ij〕를 사용한다.

7. 11. 모음과 공명 자음은 함께 결합해서 이중모음으로 알려져 있는 복합음소를 이루거나, 결합되는 요소가 셋일 때 삼중모음을 이룬다. 음소의 연속이 복합음소로 간주될 수 있느냐 아니냐는 전적으로 해당언어의 음성구조에 달려 있다. 영어에서 〔je〕 (yes)나 〔we〕 (well)와 같은 연속체는 여느 자음과 모음의 연쇄와 마찬가지로 두 음소로 취급되지만,[21] 모음과 반모음의 결합은 복합음소로 취급된다. 그러한 결합양상은 모두 7개가 있으며, 여기에 반모음과 모음과 반모음의 결합으로 이루어진 삼중모음이 하나 있다.

see 〔sij〕	seeing 〔'sijiŋ〕
say 〔sej〕	saying 〔'sejiŋ〕
buy 〔baj〕	buying 〔'bajiŋ〕
boy 〔bɔj〕	boyish 〔'bɔjiš〕
do 〔duw〕	doing 〔'duwiŋ〕
go 〔gow〕	going 〔'gowiŋ〕
bow 〔baw〕	bow 〔'bawiŋ〕
few 〔fjuw〕	fewer 〔'fjuwr̩〕

21) 이 시활음(on-glide)과 단모음의 연쇄를 상향 이중모음으로 보기도 한다. 단, 이 경우에 이 책의 원저자는 반모음을 자음으로 간주하고 있다.

다음 제8장의 음성구조를 보면, 이들 복합음소의 집합이 단일한 모음 음소와 동일한 역할을 한다는 사실을 알 수 있다. 위에서 언급한 구성요소, 특히 〔a, j, w〕의 특이한 비변별적 음성변이는 이중모음으로 출현하기도 하지만, 이는 (음성) 자질 자체가 구조적 특이성에서 비롯된 것이므로 그 중요성도 부차적이라고 할 수밖에 없다. 미국영어의 대부분 유형에 존재하는 이중모음의 또 다른 비변별적 특이성은 〔r〕 앞에서 일어나는 분기형 음이다. 이 위치에서 이중모음은 긴장성을 갖는 동시에 길게 발음되는 특징이 있다.

gear 〔gijr〕	*sure* 〔šuwr〕
air 〔ejr〕	*oar* 〔owr〕
fire 〔fajr〕	*hour* 〔awr〕

일부 발음에서는 이들의 변이형이 단순 모음과 다르게 나타난다.

Mary 〔'mejrij〕	*wore* 〔wowr〕, *hoarse* 〔howrs〕
merry 〔'merij〕	*horse* 〔hors〕
marry 〔'mɛrij〕	*war* 〔wɔr〕

그러나 발음에 따라 이러한 차이가 없거나 거의 나타나지 않는 경우도 있다. 그러한 유형에는 일부 이중모음이나 일부 단일 모음이 〔r〕 앞에 출현하지 않는다.

이중모음은 성절 모음과 비성절 모음을 독립적인 음소로 취급하지 않는 언어에도 나타난다. 독일어에서는 〔aj〕(Eis 〔ajs〕), 〔oj〕(neu 〔noj〕, 〔aw〕(Haus 〔haws〕) 결합이 구조상 단위음소로 취급된다. 영어에서와 같이 이들 (이중모음의) 구성요소는 정상적인 형태와 크게 다르다. 비성절음들은 고모음이라기보다 중모음에 가까운 특질을 가지고, 특히 〔oj〕는 일부 발음에서 〔øɥ〕와 같은 원순 전설모음들의 결합과 유사한 변이형들로 나타난다.

성절음 부분이 앞서는 영어나 독일어와 같은 언어의 이중모음을 하강 이중모음이라고 부르는데, 이러한 유형은 비성절음 부분이 앞서는 상승 이중모음과 대조를 이룬다. 예를 들어, 프랑스어에서는 'fier' 〔fjɛːr〕(자랑스러운)의 〔jɛ〕와 'moi' 〔mwa〕(I)의 〔wa〕와 같은 결합을 구조적으로 이중모음으로 취급한다. 스페인어의 〔je, we〕도 마찬가지이다.

일부 언어는 성절 모음과 비성절 자음으로 이루어진 복합음소를 갖는다. 리투아니아어에서는 음소 〔l, r, m, n〕이 절대 성절음이 되지 못하지만, 〔al, ar, am, an〕과 같은 결합형은 구조와 악센트의 관점에서 〔a〕 또는 〔aw〕와 나란히 이중모음으로 취급된다.

7. 12. 음절 형성[22]은 음소들의 상대적 크기(강약)와 관련된 문제이므로, 크기의 조정으로 강화되거나 취소될 수 있다. 강화 습관은 거의 대부분의 언어에 널리 퍼져 있다. 강세가 비변별적인 프랑스어에서는 해당 음절의 성절음에 강세를 약간 실으면 그 음절이 강화된다. 만일 어떤 성절음 앞에 비성절음이 하나만 있다면, 강세의 증가는 이 비성절음에서 시작된다. 만일 어떤 성절음 앞에 비성절음이 둘이라면, (음소) 집단의 종류에 따라 각기 다르게 처리된다. (예) pertinacité 〔pɛr-ti-na-si-te〕(옹고집) vs. patronnesse 〔pa-trɔ-nɛs〕 (여주인). 이와 같은 미세한 강세 증감의 분포는 전적으로 기본음소

---

22) '음절화' 혹은 '음절 구분'과 동일한 개념이다.

의 특성에 따라 결정되므로 비변별적이다. 그러한 강세 증감효과는 우리의 귀에 재잘거리거나 윙윙거리는 빠른 소리를 전달해 준다. 이와 동일한 습관은 강세를 활용하는 많은 언어, 예컨대 이탈리아어와 스페인어, 폴란드어, 보헤미아어 및 러시아어에까지 널리 퍼져 있는데, 이들 언어는 변별적 강세를 가질 뿐만 아니라 무강세 모음을 약화시키기도 한다. 예를 들어, 이탈리아어 단어 'pertinacia'〔per-ti-ʹna-ča〕(옹고집)와 'patronessa'〔pa-tro-ʹnes-sa〕(여주인)를 보면, 음절이 강세의 증감에 따라 구분되어 있음을 알 수 있다.

영어를 비롯한 다른 게르만어는 강세의 오르내림을 가지고 무강세 음절을 표시하지 않는다. 'dimity'〔dimitij〕나 'patroness'〔pejtrones〕와 같은 단어에서는 강세가 첫째 음절의 최고점 다음에 떨어질 따름이다. 자연적인 공명도를 보면 정점이 셋이기 때문에 음절도 분명히 셋이다. 그러나 한 음절이 어디서 끝나고 다음 음절이 어디서 시작되는지는 말할 수 없다. 'pertinacity'〔pr̩tinɛsitij〕나 'procrastination'〔pro͵krɛstiʹnejšn̩〕등과 같은 발음형에서는 강세 음절의 시작이 강세의 시작으로 분명하게 표시된다. 그러나 다른 음절 경계는 어떤 방식으로도 표시되지 않는다.

강세의 분포는 음소의 자연적인 공명도와 무관한 공명도의 정점을 만들어낼 수 있다. 영어에서는 음소〔r, l, m, n〕이 주변 음소들보다 더욱 크게 들리고, 따라서 약간의 강세 증가 덕분에 성절음이 될 수 있다.

강세 분포가 자연적인 공명도 관계까지 극복하는 경우도 있다. 〔dzd〕와 같은 결합에서는 〔z〕가 〔d〕보다 공명도가 크고, 〔kst〕와 같은 결합에서는 〔s〕가 폐쇄음들보다 공명도가 크다. 그러나 영어에서는 'adzed'〔ɛdzd〕, 'text'〔tekst〕, 'step'〔step〕등과 같은 형태에 실리는 단일한 높은 강세가 매우 커서 이들 사이의 작은 공명도 차이를 매몰시켜버린다. 이런 방식으로 강세를 이용하는 일부 언어는 대단히 두드러진 악음의 공명도조차 매몰시킨다. 예를 들어, 러시아어 화자는 강세를 이용해 다음의 단어를 한 음절로 발음한다. (예) 〔lba〕(이마의), 〔rta〕(입의) / cf. 폴란드어 trwa 〔trva〕(it lasts), msza 〔mša〕(덩어리).

제8장

음성구조

8. 1. 제6장과 제7장에서 본 언어음의 기술은 단지 '우연한' 관찰에 기인한 것일 따름이다. 이러한 기술은 화자의 움직임을 기반으로한다.[1] 아마도 정제된 생리학적 관찰이 이루어진다면, 이 가운데 오류로 밝혀질 내용도 없지 않을 것이다. 그런데 무엇보다 중요한 문제는 관찰된 차이와 변이(이를테면 프랑스어와 영어의 무성 폐쇄음〔p, t, k〕 사이의 차이)가 어떤 고정된 원리(언젠가는 음향음성학에서 그 해답이 나올지도 모른다!)에 의해 선택되지 않고, '좋은 귀'를 가진 관찰자가 관찰대상 언어에서 그러한 차이와 변이를 모두 듣는 '행운'이 있어야만 만족스러운 결론을 얻을 수 있다는 점이다. 독일 남부 방언이나 미국 원주민 언어에 대한 관찰을 통해 표준영어에서 수집된 무성 폐쇄음의 변이유형이 늘어난 것[2]과 마찬가지로, 새로운 방언에 대한 연구는 틀림없이 음성학자가 들을 수 있는 음소적 차이의 목록을 늘려줄 수 있을 것이다. 우연한 관찰은 그 정확성을 믿기 어렵고, 사용된 술어도 막연해진다. 실용음성학자들이 가진 기술(技術)은 언어 연구자에게 대단히 유용하지만, 이 기술에 과학적인 가치를 부여하기

---

[1] 조음음성학에 기반을 둔 언어음의 기술을 말한다.

[2] 앞서 제5장에서, 메노미니어에서 성문 폐쇄음과 유기음의 음소적 지위를 확인한 바 있었다.

는 힘들다.

　이러한 이유 때문에 주어진 언어의 일반적인 음향효과를 분석하는 작업은 현재 우리의 능력범위를 넘어선다. 우리는 다만 그 피상적 효과만을 설명할 수 있을 뿐이다. (영어 화자의 귀에 특이하게 들리는) 이탈리아어의 '재잘거림'이 음절 분할에 기인하는 현상이라고 판단한다든가, 네덜란드어의 후음이 목젖 전동음(6.7절)과 연구개 마찰음(6.8절)의 용법으로 추정할 수 있다는 등의 결론이 바로 그러한 피상적 효과에 의한 설명이다. 그러나 일반적으로 그와 같은 조음기반(調音基盤)에 대한 관찰은 애매해질 수밖에 없다. (프랑스어나 독일어에 비해) 영어에서는 발음할 때 턱을 더 당긴다. 미국영어의 중서부 유형에서는 혀끝을 올리는 경향을 보인다. (영어에 비해) 독일어와 프랑스어에서는 턱을 더 내고 근육을 더욱 역동적으로 이용한다. (독일어에서는 이러한 움직임이 대규모로 일어나고, 프랑스어에서는 소규모인데다가 특히 입의 앞부분에서 더욱 정교하게 일어난다.) 덴마크어에서는 근육을 중간선3) 쪽으로 물린다. 조음기반에 대한 그러한 관찰은 외국어나 모국어의 발음을 흉내 내거나 이해하는 데 도움이 될 수 있겠지만, 과학적 기술로는 모호하거나 부정확하다. 보다 정확하고 믿을 만한 진술을 위해서는 아마도 실험음성학의 성과를 더 기다려봐야 할 것이다.

　그러나 언어에 대해 중요한 것은 음성이 어떻게 들리느냐가 아니다. 화자의 운동과 공기의 교란, 청자의 고막진동(2.2절) 자체는 아무런 의미가 없다. 핵심은 화자의 자극(2.2절의 〔가〕)을 청자의 반응(2.2절의 〔다〕)에 연결하는 데 기여하는 언어의 쓰임새이다. 이 연관성은 앞서 5.4절에서 본 바와 같이 오직 음소라고 부르는 비교적 적은 수효의 음향 자질 집합에 의존하고 있다. 언어가 제대로 역할을

---

3) 오른쪽과 왼쪽의 중간 정도일 것이다.

다하려면, 무엇보다도 개별 음소가 서로 다른 음소와 분명하게 구분되어야 한다. 이와 같은 음소들 상호간의 변별성을 제외한다면, 변이형의 다양성이나 음향 자질 따위는 전혀 중요하지 않다. 어떤 신호체계를 개발했다고 하자. 만일 이 체계의 신호 하나가 어떤 언어의 개별 음소 하나를 대치할 수 있도록 고안되었다면, 그 언어는 모든 기본적인 값에 대해 뚜렷한 차이를 보이는 이 신호체계로 대치될 수 있다. 그러한 대치가 실제로 이루어지는 작업이 바로 '정확한' 음성전사인데, 정확한 음성전사 체계에서는 각 음소에 대해 하나의 신호와 하나의 음성기호를 대응시킴으로써 정확성과 관련성의 요구를 만족시키고 있다. 영어에서 사용하는 전통적인 자모식 표기법도 불완전하나마 실용적인 목적으로 그러한 대치작용을 이용하는 셈이다. 결국 음소의 중요성은 음파의 실제 형상 자체에 있는 것이 아니라, 이 형상이 같은 언어의 다른 모든 형상 집합과 어떻게 변별적 차이를 보이느냐에 있는 것이다.

이러한 이유로 음향학의 지식은 아무리 완벽하더라도 그 자체로는 언어의 음성구조를 알려줄 수 없다. 그러므로 항상 의미라는 잣대를 이용해서 어떤 총체적 음향 자질이 화자에게 '동일한가' 혹은 '상이한가'를 알아내야 한다. 이에 대한 유일한 안내자는 화자의 상황과 청자의 반응이다. 변별적 자질과 비변별적 자질을 구분하지 못한다면, 어떤 형태를 취하든 언어기술은 주어진 언어의 구조에 대해 아무런 정보도 알려줄 수 없다. 이러한 맥락에서 본다면, 기계에 의한 기록은 최소한 음향적 사실을 왜곡하지 않는다는 장점을 갖고 있다. 의욕적인 음성학 전문가의 '정확한' 수기(手記) 데이터는 무관한(비변별적) 음향적 차이를 강조하는 경향이 있는데, 이들 차이는 관찰자가 반응하도록 학습한 여건에서 비롯된 것이다. 이러한 기반에 서면, 전적으로 다른 음소구조를 갖는 언어들에서 '음'(sounds)의 동일한 집합을 발견하는 작업도 절대 불가능하지 않다. 예를 들어, (가)와 (나)의 두 언어에 모두 7개의 유사한 모음 '음'이 존재한다고 하자. 그렇지만 (나) 언어에는 7개의 상이한 음소가 존재하는 반면, (가) 언어에는 〔ɛ〕와 〔ɔ〕가 〔a〕의 비변별적 변이형으로 존재하고 〔e〕와 〔o〕가 각각 〔i〕와 〔u〕의 비변별적 변이형으로 존재할 수 있다. 두 언어에는 모두 두 가지 유형의 음장이 나타나지만, (가) 언어(이를테면 독일어)에서는 이 차이가 음소적인 데 비해서 (나) 언어에서는 비변별적인 변이형의 집합으로만 나타날 수 있다. 두 언어는 모두 평폐쇄음과 유기(기식) 폐쇄음을 보여주는데, (가) 언어에서는 이들 두 유형의 폐쇄음이 각각 음소인 데 비해서, (나) 언어에서는 비변별적인 변이형 집합으로만 나타날 수 있다. 두 언어에는 모두 유성 마찰음 계열이 있는데, (나) 언어에서는 이들이 모두 각각 독립된 음소인 데 비해서, (가) 언어에서는 모음 간 폐쇄음의 변이형으로만 나타날 수 있다.

주어진 언어에서 오직 음소만이 언어의 구조, 즉 기능과 관련을 맺는다. 비변별적 자질에 대한 기술도 물론 큰 관심사가 될 수 있지만, 그러려면 지금까지 축적된 양보다 훨씬 방대하고 완벽한 자료가 확보되어야 할 것이다.

8. 2. 그러므로 한 언어의 음소목록은 비변별적 자질을 배제해야 한다. 그와 같은 목록은 일반적으로 실용음성학적 분류체계에 기반을 두고 있다.

미국영어(시카고)

폐쇄음/무성	p		t			k	
유성	b		d			g	
파찰음/무성				č			
유성				ǰ			
마찰음/무성		f	θ	s	š		h
유성		v	ð	z	ž		
비음	m		n			ŋ	
설측음			l				
반전음			r				
반모음			j	w			
모음/고모음			i	u			
중고모음			e	o			
중저모음			ɛ	ɔ			
저모음			a	ɑ			
부차음소							
강세	" ' ˌ						
성절 강세			'				
음조(억양)	. ¿ ? ! ,						

비록 비변별적 자질을 모두 배제했다 하더라도 이러한 목록은 해당 언어의 구조와 무관하다. 왜냐하면 이 목록에 나타난 음소들은 개별 음소가 해당언어에서 수행하는 역할에 따라 묶이지 않고, 개별 음소의 생리·조음적 특징에 대한 언어학자의 관념에 따라 묶였기 때문이다. 예를 들어, 위의 목록을 아무리 자세히 들여다보아도, 비음 가운데 〔m〕과 〔n〕은 'bottom' 〔ˈbɑtm̩〕과 'button' 〔botn̩〕에서 보듯이 경우에 따라 무강세 음절에서 성절음으로 쓰이지만, 제3의 비음 〔ŋ〕은

그런 경우가 없다는 사실을 알기란 불가능하다. 또한 〔l〕은 'bottle' 〔ˈbɑtl̩〕에서 보듯이 무강세 음절에서만 성절음으로 쓰이는 데 비해서, 〔r〕은 'learner' 〔ˈlr̩nr̩〕에서 보듯이 강세와 무관하게 성절음으로 쓰이고 있다는 사실도 알려주지 못하고 있다. 이밖에 위의 목록은 어떤 모음과 반모음이 만나서 복합음소를 형성하는지도 알려주지 못하고 있다. 이상과 같은 구조적인 사실을 보여주기 위해서는 다음과 같은 보완 목록을 작성해야 한다.

    Ⅰ. 기본음소
      A. 자음(항상 또는 가끔씩 비성절음)
        1. 순수 자음4) (항상 비성절음) : 〔p, t, k, b, d, g, č, ǰ, f, θ, s, š, h, v, ð, z, ž, ŋ〕
        2. 공명 자음 (가끔씩 성절음)
          a. 반자음 (주변음과 성절 강세에 의해 성절음 여부가 결정됨)
            (1) 자음성 공명 자음5) (무강세 음절에서만 성절음) : 〔m, n, l〕
            (2) 모음성 공명 자음6) (강세 음절에서도 성절음) : 〔r〕
          b. 반모음 (조음방법에 의해서도 성절성 여부가 결정됨, 이중모음 형성)
            (1) 비성절음 : 〔j, w〕
            (2) 성절음 : 〔i, u〕
      B. 모음 (항상 성절음)
        1. 이중모음과 삼중모음, 복합음소 : 〔ij, uw, ej, ow, aj, aw, ɔj, juw〕

---

4) 원문에는 'mutes'로 되어 있는데, 바로 옆의 설명을 보면 성절음을 형성하지 못한다는 특징이 제시되어 있다. 그래서 '순수 자음'으로 옮겼다.
5) consonantoids.
6) vocaloids.

2. 단순 모음 : 〔e, o, ε, ɔ, a, ɑ〕

Ⅱ. 부차음소
  A. 성절 강세 (반자음에 적용) : 〔ˌ〕
  B. 형태 강세 (유의미 형태에 적용) : 〔ˮ〕, 〔ˈ〕, 〔ˌ〕
  C. 음조(억양) (발화의 말미와 관련됨)
    1. 어중 : 〔ˌ〕
    2. 어말 : 〔.〕, 〔¿〕, 〔?〕, 〔!〕

8.3. 영어의 구조에서 음소가 수행하는 역할은 사실상 위의 표보
다 훨씬 다양하다. 이들 음소 가운데 정확히 동일한 역할을 하는 두
음소는 절대 없다.

모든 발화에는 정의상 최소한 하나의 성절 음소가 포함되어 있으므
로, 주어진 언어의 음성구조를 기술하는 가장 간단한 방법은 어떤 비
성절 음소나 비성절 음소 집단(자음군)이 다음의 세 가지 위치에 출
현하는가를 진술하는 것이다. 어두(*initial*) 위치는 발화의 최초 음절
앞이고, 어말(*final*)은 발화의 최종 성절음 다음이며, 어중(*medial*)은
성절음 사이다.[7]

이런 점에서 영어의 이중모음과 삼중모음은 단순 모음과 동일한 역
할을 한다. 우리가 이중모음과 삼중모음을 음소의 연속이 아닌 복합
음소로 취급하는 것도 바로 이와 같은 사실에 기인한다.

구조상으로 특이한 행동을 보이는 개별 음소나 음소군에는 편의상
번호를 붙이기로 한다.

어두의 비성절음을 보면, 우선적으로 발화의 첫 머리에 출현하지

---

7) 여기서는 발화를 기준으로 위치를 논의하고 있지만, 이를 단어로 해석해도
  무리가 없으므로 어두(語頭), 어말(語末), 어중(語中)이라는 용어로 옮겼
  다. 단어도 양끝에 휴지가 놓일 수 있는 최소 자립형식이기 때문이다.

않는 두 음소가 눈에 띈다. 이들 두 음소는 (1) 〔ŋ, ž〕이다. 프랑스어 이름 'Jeanne'〔žan〕과 같은 외래어 형태는 무시하기로 한다.

어두에 출현하는 비성절 음소 가운데 여섯 음소는 어두 자음군의 구성요소로 참여하지 않는다. 이들 여섯 음소는 (2) 〔v, ð, z, č, ǰ, j〕이다.

어두 자음군은 모두 다음과 같은 비성절음 중의 하나로 시작한다. (3) 〔p, t, k, b, d, g, f, θ, s, š, h〕. 여기서 우리는 생리·조음음성학적 기술과 구조적 분류 사이의 상관성을 발견하게 된다. (3)은 폐쇄음과 무성 마찰음 집단을 정확히 포용한다.

만일 자음군의 첫째 자음이 (4) 〔s〕라면, 뒤따르는 음소는 (5) 〔p, t, k, f, m, n〕 집합에 속한 구성요소 가운데 한 음소이다. (예) spin, stay, sky, sphere, small, snail.

(3)의 모든 자음 및 (4) 〔s〕와 (6) 〔p, t, k〕의 결합은 아래와 같은 제약하에 (7) 〔w, r, l〕 집합에 속한 구성요소 가운데 하나를 앞설 수 있다.

(8) 〔w〕는 (9) 〔p, b, f, š〕 다음에 오지 않고, (4) 〔s〕와 (10) 〔t〕의 결합 다음에 오지 않는다. 실재하는 자음군은 다음과 같다. (예) twin, quick, dwell, Gwynne, thwart, swim, when 〔hwen〕, squall.

(11) 〔r〕은 (12) 〔s, h〕 다음에 오지 않는다. 그러므로 (12)와 관련된 자음군은 다음과 같은 단어의 첫 머리이다. (예) pray, tray, crow, bray, dray, gray, fray, three, shrink, spray, stray, scratch.

(13) 〔l〕은 (14) 〔t, d, θ, š, h〕 다음에 오지 않고, (4) 〔s〕와 (15) 〔k〕의 결합 다음에 오지 않는다. 따라서 (13)과 관련된 자음군은 다음과 같은 단어의 첫 머리이다. (예) play, clay, blue, glue, flew, slew, split.

8. 4. 이제 어말 자음군으로 넘어가 보자. 어말 자음군은 우선 동일한 음소가 인접한 두 위치에 출현할 수 없다는 일반규칙에 따른다. 따라서 〔ss〕, 〔tt〕와 같은 어말 자음군은 없다. 이 규칙은 어두 자음군에도 적용되어 어두 자음군의 기술에도 그대로 사용된다. 그러나 어중 자음군에는 적용되지 않는다.

모음과 〔j〕 또는 〔w〕의 결합을 앞서 복합음소(이중모음)로 보았기 때문에, 어말 비성절음이나 자음군 구성요소로서의 결합을 논의할 때 반모음은 계산에 넣지 않는다. 그러므로 만일 이들의 용례(예: say 〔sej〕, go 〔gow〕)를 배제한다면, (16) 〔h, j, w〕가 어말 비성절음이나 어말 자음군의 구성요소로 출현하지 않음을 알 수 있다. 나머지 비성절음은 모두 이 위치에 출현한다.

영어의 어말 자음군은 비성절음 둘, 셋 혹은 넷으로 구성되어 있다. 각각의 자음군은 핵심 어말(*main final*) 자음으로 구성되는데, 앞에 선어말 요소가 올 수도 있고, 그 앞에 다시 제2의 선어말 요소가 올 수도 있다. 그리고 핵심 어말 자음은 뒤에 후어말 요소가 올 수 있다. 그리하여 다음과 같은 여섯 가지 가능성이 나온다.

	후어말 요소 없음	후어말 요소 있음
핵심 어말 단독	bet 〔-t〕	bets 〔-ts〕
선어말 + 핵심 어말	test 〔-st〕	tests 〔-sts〕
제2선어말 + 선어말 + 핵심 어말	text 〔-kst〕	texts 〔-ksts〕

후어말 위치에 나타나는 자음은 (17) 〔t, d, s, z〕이다. 'test'나 'text'와 같은 형태에서 우리는 〔-t〕를 핵심 어말 자음이라고 부른다. 그 뒤에 다른 자음(후어말 요소)이 덧붙을 수 있기 때문이다. 그러나 'wished' 〔wišt〕와 같은 형태에서는 〔-št〕를 후어말 자음이라고 부른

다. 왜냐하면 자음군 〔-št〕는 더 이상의 자음이 덧붙은 어떤 자음군과도 나란히 나타나지 않기 때문이다. 따라서 〔-šts〕와 같은 자음군은 없다.

후어말 요소의 출현은 다음과 같은 세 가지 중요한 제약하에 이루어진다. 후어말 요소 (18) 〔t, s〕는 핵심 어말 자음 (19) 〔p, t, k, č, f, θ, s, š〕 다음에 오는 유일한 음소 집합이다. 이와 동일한 후어말 요소는 다른 어떤 음성 뒤에도 나타나지 않는다. 후어말 자음 (20) 〔t, d〕는 핵심 어말 자음 (21) 〔č, ǰ, s, z, š, ž〕 다음에 오는 유일한 음소 집합이다. 〔h〕의 부재만 제외한다면, 집합 (19)는 생리·조음 음성학으로 분류된 무성음의 집합과 일치하고, 집합 (21)은 생리·조음 음성학적으로 분류된 파찰음과 치찰음 집합을 포함하고 있다. 이들 제약은 핵심 어말 자음을 다음과 같은 여섯 부류로 나눈다.

(21)이 아닌 (19)의 자음은 〔t, s〕가 뒤따를 수 있다. (예) 〔p〕 - help, helped, helps.

(19)와 (21)의 자음은 〔d, z〕가 뒤따를 수 없다. (예) 〔b〕 - grab, grabbed, grabs.

(19)와 (21)의 자음은 오직 〔t〕만이 뒤따를 수 있다. (예) 〔č〕 - reach, reached.

(19)가 아닌 (21)의 자음은 〔d〕가 뒤따를 수 있다. (예) 〔ǰ〕 - urge, urged.

(21)이 아닌 (19)의 〔t〕는 동일 음소의 중복 출현을 허용하지 않는 규칙에 의해 오직 〔s〕만이 뒤따를 수 있다. (예) wait, waits.

(19)와 (21) 어느 쪽에도 속하지 않는 〔d〕는 위와 마찬가지 규칙에 의해서 오직 〔z〕만이 뒤따를 수 있다. (예) fold, folds.

이제 선어말 자음으로 넘어가 보자. 핵심 자음 (22) 〔g, ð, ž, ŋ, r〕은 선어말 요소를 동반하지 않고, 자음 집합 (23) 〔b, g, č, ǰ, v, š)는 선어말 요소로 참여하지 않는다. 나머지 결합은 다음과 같은 하위제약 조건에 따른다.

선어말 요소 (24) 〔l, r〕은 핵심 어말 자음 (25) 〔z〕 다음에 오지 않는다. 따라서 이들의 결합은 다음 보기에 나타나는 바와 같다. (예) harp, barb, heart, hard, hark, march, barge, scarf, carve, hearth, farce, harsh, arm, barn; help, bulb, belt, held, milk, filch, bilge, pelf, delve, wealth, else, Welsh, elm, kiln.

선어말 자음 (25) 〔n〕은 오직 핵심 어말 자음 (27) 〔t, d, č, ǰ, θ, s, z〕 앞에서만 나타난다. (예) ant, sand, pinch, range, month, once, bronze.

선어말 자음 (28) 〔m〕은 오직 핵심 어말 자음 (29) 〔p, t, f, θ〕 앞에서만 나타나며(예: camp, dreamt, nymph), (30) 〔θ〕와의 결합은 제2선어말 자음 (11) 〔r〕과 함께 나타난다. (예: warmth).

선어말 자음 (31) 〔ŋ〕은 오직 (32) 〔k, θ〕 앞에서만 나타난다. (예) link, length.

선어말 자음 (4) 〔s〕는 오직 (6) 〔p, t, k〕 앞에서만 나타난다. (예) wasp, test, ask. (10) 〔t〕 앞에 오는 (4) 〔s〕는 제2선어말 자음 (15) 〔k〕가 그 앞에 올 수 있다. (예) text.

선어말 자음 (33) 〔ð, z〕는 오직 핵심 어말 자음 (28) 〔m〕 앞에만 온다. (예) rhythm, chasm.

선어말 자음 (10) 〔t〕는 오직 핵심 어말 자음 (28) 〔θ, s〕 앞에만 올 수 있다. (예) eighth 〔ejtθ〕, Ritz (후어말 자음 〔t〕가 덧붙은 속어 ritzed 〔ritst〕와 비교해 보라.) 핵심 어말 자음 (4) 와의 결합은 제2후어말 자음 (11) 〔r〕과 함께 출현한다. (예) quartz.

선어말 자음 (35) 〔d〕는 오직 (36) 〔θ, z〕 앞에서만 나타난다. (예) width, adze.

선어말 자음 (37) 〔p, k〕는 오직 핵심 어말 자음 (18) 〔t, s〕 앞에서만 나타난다. (예) crypt, lapse, act, tax. 이들 두 음소 가운데서 핵심 어말 자음 (4) 〔s〕 앞에 오는 선어말 자음 (15) 〔k〕는 제 2선어말 자음 (31) 〔ŋ〕과도 함께 나타난다. (예) minx. (후어말 자음 〔t〕가 붙은 속어 'jinxed'〔jiŋkst〕와 비교해 보라.) 나머지 〔p〕는 제 2선어말 자음 (28) 〔m〕과 함께 나타난다. (예) glimpse, tempt.

선어말 자음 (38) 〔f〕는 오직 (10) 〔t〕 앞에서만 나타난다. (예) lift.

영어의 어중 비성절음은 어말 자음과 어두 자음의 모든 결합으로 구성되는데, 이는 비성절음이 하나도 없는 모음충돌(*hiatus*)에서부터 (예: saw it 〔'sɔ it〕), 동일한 음소의 반복(예: that time 〔-t t-〕, 'ten night'〔-n n-〕)을 포함한 자음군(예: 'glimpsed strips'〔-mpst str-〕)에 이르기까지 다양하다.

8.5. 38개 비성절음의 기능적 집합을 검토해 보면, 이러한 분류가 영어의 모든 비성절적 음소를 정의하는 데 충분하다는 사실을 알게 된다. 마찬가지로 거의 모든 성절음 음소도 자신이 영어의 구조에서 수행하는 역할에 따라 정의될 수 있다. 상이한 유형의 표준영어는 성절적 음소의 분포도 다르므로, 몇 가지 유형적 자질만을 언급하기로 한다.

반자음 가운데서 오직 〔r〕만이 강세 음절에 나타나는데, 이 〔r〕은 〔r〕 앞에 절대 나타나지 않는다. 성절적 반모음 〔u〕는 어두 위치에 오지 못하고 어중에서도 오직 〔t, k, d, s, š, l〕 앞에만 온다는 점에서 다른 반모음과 구별된다. (예) put, took, wood, puss, push, pull. 반모음 〔u〕는 〔f, m〕 앞에서도 나타나지만(예: roof, room), 이 위치에서는 〔uw〕라는 보다 품격 있는 변이형이 나타나기도 한다. 〔i〕와 〔u〕는 어말 위치에 오지 못한다.

모음 가운데서 〔ε, ɑ〕는 (이중모음의 구성요소로) 반모음 앞에 오지 못하고, 〔ɔ〕는 〔w〕 앞에 오지 못한다. 〔ɔ〕와 〔a〕만이 어말 위치에 출현한다. (예) saw, ma. 모음 〔a〕는 〔ž, m, r〕 앞에만 오고(예: garage, calm, far), 어중 〔ð〕 앞에 온다(예: father). 음소 〔i, e, ε, a〕는 다른 모음이 뒤따를 때만 〔r〕 앞에 나타난다. (예) spirit, herring, marry, sorry. 모음 〔o〕는 〔r〕이 선어말 자음일 때만 〔r〕 앞에 나타난다. (예) horn, horse, north. 많은 발음유형에서 〔or〕 결합만 완전하게 공백으로 남아 있다. 모음 〔ɔ〕는 오직 〔w〕가 앞에 올 때만 〔r〕 앞에 나타난다. (예) war, dwarf. 모음 〔a〕는 〔g〕 앞에서 〔ɔ〕의 조금 희귀한 변이형으로만 나타난다. (예) log, fog.

　이중모음 가운데서 오직 〔ij, ej, ow〕만이 〔rs〕 앞에 나타난다. (예) fierce, scarce, course. 선어말 자음 〔r〕의 다른 결합형 앞에서 허용되는 유일한 이중모음은 〔ow〕뿐이다. (예) cord, fork, torn. 소수의 방언 발음형에는 〔ej〕가 나타난다. (예) laird, cairn. 선어말 자음 〔l〕 앞에서 허용되는 유일한 이중모음 집합은 〔ij, aj, ow〕인데, 앞의 두 유형은 〔d〕가 뒤따를 때만 나타난다. (예) field, mild, old, colt. 선어말 자음 〔n〕 앞에서는 〔aj, aw〕만이 어느 정도 자유롭게 나타난다. (예) pint, mount, bind, bound. 〔ɔj, ej〕는 〔t〕가 뒤따를 때 나타난다. (예) paint, point. 이중모음은 〔ŋ〕 앞에서 나타나지 않는다.

　삼중모음 〔juw〕는 어두 자음 다음에 나타난다는 점에서 〔j〕와 모음 또는 이중모음(yank, year, Yale)의 정상적인 결합과 다르다. 삼중모음은 〔p, k, b, g, f, h, v, m, n〕 다음(예: pew, cue, beauty, gules, few, view, muse, new)과, 〔sp, sk〕 자음군 다음(예: spew, skew)에 나타난다. 〔n〕 다음에는 〔juw〕 대신에 덜 품위 있는 변이형 〔uw〕가 나타난다. 그러나 〔juw〕는 〔t, d, θ, s, l, st〕 다음에 품위 있는 발음으로 나타나는데, 〔uw〕가 가장 보편적인 변이형이다. (예)

tune, dew, thews, sue, lute, stew.

우리는 앞으로 언어의 문법구조가, 연속의 기반에서 정의가능한 (음소) 분류체계를 보완하는 기능을 수행하고 있다는 사실을 보게 될 것이다(13.6절).[8]

8.6. 구조적 패턴[9]은 언어마다 다르게 나타난다. 이를 토대로 우리는 상이한 유형의 복합음소를 확인하게 된다. 예를 들어, 독일어는 전반적으로 영어와 유사한 구조적 틀을 갖고 있지만, 뚜렷한 차이도 일부 갖고 있다. 유성의 폐쇄음과 마찰음 〔b, d, g, v, z〕가 어말에 출현하지 않는다는 점이 바로 그 차이점이다. 초성 자음은 파찰음 결합인 〔pf, ts〕만 복합음소로 처리하면 간단하게 기술될 수 있다. (예) Pfund 〔pfunt〕(파운드), zehn 〔tse:n〕(10), zwei 〔tsvaj〕(2). 이중모음은 〔aj, aw, oj〕 셋뿐이다. 구조기술의 편의상 이중모음을 〔ai, au, oi〕로 전사하는 음성학자도 있는데, 그것은 이러한 모음의 연쇄로 전사해도 양자가 변별적 차이를 보이지 않기 때문이다. 프랑스어 체계는 특별한 자음군뿐만 아니라 보다 일반적인 측면에서도 영어와 상당히 다르다. 이중모음은 〔jɛ, wa〕에서 보듯이 상향 이중모음이다. 가장 큰 차이는 모음 〔ə〕의 용법으로, 이 모음의 출현은 주로 음성 패턴에 따라 좌우된다. 따라서 이 모음은 기본음소라기보다 부차음소의 역할을 한다고 할 수 있다. 모음 〔ə〕는 만일 이 모음이 없으면 (프랑스어에서) 허용되지 않는 자음군이 발생할 가능성이 있는 모든

---

8) 형태음소론의 연구를 가리키는 표현으로 생각된다.

9) 특정 언어의 형태소 구조조건(*morpheme structure condition*)을 가리키는 것으로 이해된다. 한자어를 활용해 '정형성'(定型性) 정도로 옮길 수도 있겠지만, 그보다는 외래어가 우리에게 익숙할 것으로 보여 '패턴'으로 옮겼다. 여기서 원어 'pattern'의 의미를 존중한다면, 그 뜻은 '반복적으로 출현하는 유형' 정도가 된다.

자리에 출현한다. 그래서 'le chat' 〔lə ʃa〕(고양이)에는 이 모음이 나타난다. 〔lʃ〕는 프랑스어에서 허용되지 않는 자음군이기 때문이다. 그러나 'l'homme' 〔l ɔm〕(그 사람)에는 이 모음이 나타나지 않는다. 아무런 자음군도 발생하지 않기 때문이다. 그런데 이 모음이 'cheval' 〔ʃəval〕(말)에 나타나는데, 그것은 〔ʃv〕자음군이 어중에서 허용되지만 어두에서는 허용되지 않기 때문이다. 따라서 'un cheval' 〔œⁿ ʃval〕(말 한 마리)은 가능한 발음이다. 어중 자음군은 대부분의 경우에 두 자음 음소에 국한된다. 그래서 자음군 〔rt〕는 'porte' 〔pɔrt〕(운반하다, 삼인칭 단수)에서 보듯이 어말 자음군으로 허용된다. 그러나 초성 자음이 뒤따르면 〔ə〕가 삽입된다. (예) porte bien 〔pɔrtə bjɛⁿ〕(잘 운반한다). 이와는 전혀 다른 체계가 크리어와 같은 언어에 나타나기도 한다. 음성구조상 이 언어의 음소는 다음과 같은 5개의 집합으로 묶인다. (1) 모음 〔a, a:, e:, i, i:, u, o:〕(이들 모음은 성절음 음소로만 사용됨). (2) 네 가지 유형의 자음: 폐쇄음 〔p, t, k〕(파찰음 〔č〕포함), 마찰음 〔s, h〕, 비음 〔m, n〕, 반모음 〔j, w〕. 어두에 가능한 구조는 다음과 같다. ① 자음이 하나도 없는 경우가 가능하다. ② 하나의 자음이 가능하다. ③ 폐쇄음과 마찰음과 비음 중의 하나와 반모음의 결합이 올 수 있다. 어중에 가능한 구조는 다음과 같다. ① 하나의 자음이 가능하다. ② 폐쇄음과 마찰음과 비음 중의 하나와 반모음의 결합이 올 수 있다. ③ 마찰음과 폐쇄음의 결합이 가능하다. ④ 마찰음과 폐쇄음과 반모음의 결합이 가능하다. 어말에 가능한 구조는 자음 하나로 된 구조뿐이다. 이와 유사한 패턴을 보이는 폭스어에서는 어말 자음을 허용하지 않으며, 따라서 모든 발화는 단모음으로 끝난다.

영어는 특히 자음군이 풍부하게 발달되어 있는 사례에 속하지만, 독일어와 같은 다른 언어들에서 자음군을 발견하는 것도 그다지 어려운 일은 아니다. 독일어에서는 〔pf-, pfl-, pfr-, ts-, tsv-, šv-, kn-, gn-〕이 어두 자음군이다. (예) Pflaume 〔'pflawme〕 (자두), schwer 〔šve:r〕 (무거운), Knie 〔kni:〕 (무릎). 러시아어에도 자음군이 있다. (예) 〔tku〕 (I weave), 〔mnu〕 (I squeeze), 〔ščí〕 (양배추 국), 〔lščú〕 (I flatter). 영어에 생소한 어말 자음군은 독일어의 'Herbst' 〔herpst〕 (가을)나 러시아어의 〔boršč〕 (사탕무 국) 등에 나타난다.

8. 7. 일단 의미 차이를 일으키는 최소 단위로 음소를 정의했다면, 우리는 개별 음소를 정의할 때 개별 음소가 (언어형태의) 구조적 패턴에서 수행하는 역할을 기준으로 활용할 수 있다. 특히 구조적 패턴은 다른 음소들의 연속체와 닮았으면서도 단일 음소의 역할을 수행하는 복합음소를 확인하는 데 도움이 되고, 아주 미세한 음향 차이 (이를테면 영어의 〔r, l, m, n〕에 떨어지는 성절 강세라든가 성절음 〔i, u〕에 비해 더욱 강한 비성절음 〔j, w〕 등)가 독립된 음소를 낳을 수 있음을 확인하는 수단이 될 수 있다.

이렇게 정의한 일련의 음소는 신호행위 (*signalizing*)의 단위이다. 한 언어의 유의미 형태는 기본음소와 부차음소의 배열로 기술될 수 있다. 만일 대규모 언어자료를 확보할 수 있다면, 우리는 개별 음소와 음소 결합의 상대적인 출현빈도를 계산할 수 있다. 이러한 작업은 지금까지 언어학자들의 외면을 받았으며, 음소 자체와 (음소를 표기한) 문자를 구분하지 못하는 일부 아마추어 학자들이 극히 피상적으로만 수행했을 뿐이다. 조사대상 자료에 나오는 음소의 총수를 100%로 하면, 최근에 조사된 영어가 보여주는 각 자음 음소별 출현빈도는 다음과 같다.

음소 〔r, l, m, n〕의 수치에는 성절기능으로 출현한 빈도도 포함되었다. 〔j〕와 〔w〕의 수치에는 이중모음이나 삼중모음의 구성요소로 출

236

현한 빈도가 배제되었다. 모음 음소의 출현빈도 계산은 손쉽게 읽을
수 없을 만큼 혼란스러워 도표에 표시하지 않았다. 대체로 〔e〕 모음
이 8% 이상으로 가장 많이 사용되었으며, 그다음이 〔ij〕와 〔ε〕로 6%
와 3.5%를 보였다. 음소 집단에 관한 수치는 이용이 불가능했다.

n	7.24	ð	3.43	p	2.04	g	0.74
t	7.13	z	2.97	f	1.84	j	0.60
r	6.88	m	2.78	b	1.81	č	0.52
s	4.55	k	2.71	h	1.81	ǰ	0.44
d	4.31	v	2.28	ŋ	0.96	θ	0.37
l	3.74	w	2.08	š	0.82	ž	0.05

이러한 수치를 통해서 우리는 한 언어의 음소가 역할10) 면에서 매
우 상이한 모습을 보이고 있음을 알 수 있다. 또한 언어들 사이에는
유사점도 존재한다. 폐쇄음으로 유성 〔b, d, g〕와 무성 〔p, t, k〕두
가지 유형을 사용하는 언어에서는 무성 유형의 폐쇄음(예: 〔t〕)이 유
성의 짝(예: 〔d〕)보다 높은 빈도를 보인다. 이 문제에 대해서는 보다
깊은 연구가 이루어져야 할 것이다.

8.8. 우리는 지금까지 언어음을 연구하는 세 가지 방법을 살펴보
았다. 음성학(엄밀한 의미에서 실험음성학)은 언어음에 대한 순수한
음향적 기술 내지 생리·조음적 기술을 가능하게 한다. 실험음성학
에서는 오직 총체적 음향 자질만을 드러낼 뿐이다. 실제로 실험음성
학자는 연구의 편의상 자신의 지식이 음소의 특징으로 인정하는 일부
(음향) 자질만을 선별해 낸다. 실용음성학은 과학이 아니라 일종의

---

10) 기능부담량.

기술 내지 기능이다. 실용음성학자는 음소 단위에 대한 자신의 일상적 인식을 솔직하게 수용하여, 화자가 음소를 발음하는 방법을 알려준다. 음운론이라는 술어는 이와 같은 두 가지 형태의 음성학과 대조되는 의미로 사용되는 경우가 많다. 음운론에서는 음소의 음향 자질에 전혀 관심을 기울이지 않고, 단지 음소를 구분 단위로 받아들일 뿐이다. 음운론에서는 개별 음소를 정의할 때, 일련의 언어형태가 형성하는 구조에서 이 음소가 어떠한 역할을 수행하느냐를 기준으로 삼는다. 실용음성학과 음운론이 모두 의미에 대한 지식을 전제로 하고 있다는 점은 반드시 기억해야 한다. 의미에 대한 지식이 없다면, 우리는 음소의 자질을 확인할 수 없을 것이다.

언어에 대한 기술은 개별 음소를 정의하고 어떤 음소의 결합 연쇄가 출현하는가를 진술하는 음운론에서 시작된다. 한 언어에 출현하는 음소의 결합은 모두 이 언어에서 발음이 가능하며, 이는 음성형태를 이룬다. 예를 들어, 영어에서 〔mnu〕의 결합은 발음이 불가능하지만, 〔men〕의 결합은 발음이 가능하며, 따라서 이 형태는 영어의 음성형태가 된다.

주어진 언어의 음운론이 해명되었을 때, 남은 과제는 이 언어에서 가능한 음성형태에 의미가 부가되는 양식에 대한 기술이다. 이러한 언어기술 국면을 의미론이라고 부른다. 일반적으로 의미론은 문법론과 어휘론으로 나뉜다.

의미를 가진 음성형태는 언어형식이다. 따라서 영어의 모든 문장과 단어와 구는 언어형식이며 의미를 담은 음절(예: 'maltreat'의 〔mɛl〕, 'Monday'의 〔mon〕)도 언어형식이다. 나아가서 'hats, caps, books' 등의 복수형태에 나타나서 '둘 이상'을 뜻하는 음소 〔s〕처럼 유의미 형식이 단 하나의 음소로 구성될 수도 있다. 다음 제9장에서는 의미와 언어형식의 연관관계에 대해 연구하게 될 것이다.

제9장

의 미

9.1. 의미를 고려하지 않고 말소리(언어음)만을 연구한다면 그 결과는 추상적인 것이 되고 만다. 말소리(언어음)는 실제적인 사용현장에서 갖가지 신호로 발화되기 때문이다. 우리는 앞에서 언어형식의 의미를 두고, 화자가 해당 언어형식을 발화하는 상황과 그 언어형식이 청자에게서 불러일으키는 반응으로 정의한 바 있다.[1] 화자의 상황과 청자의 반응은 대단히 밀접한 관련을 맺고 있는데, 그것은 우리 모두가 화자든 청자든 어느 한쪽으로 치우치지 않고 동등하게 행동하도록 배우기 때문이다.

화자의 상황 → 말 → 청자의 반응

위와 같은 연쇄관계에서 앞쪽에 나타나는 화자의 상황은 보통 청자의 반응보다 간단한 양상을 보이며, 따라서 우리는 일반적으로 화자의 자극이라는 관점에서 의미를 논하거나 의미에 대한 정의를 내리게 된다.

사람이 발화하도록 자극하는 상황에는 사람이 사는 이 세상의 모든

---

1) 2.3절 참고.

사물과 사건이 포함된다. 그러므로 한 언어의 언어형식에 대한 의미를 과학적으로 정확하게 정의하려면, 화자가 속한 세계의 삼라만상에 대해 과학적으로 정확한 지식을 갖고 있지 않으면 안 된다. 그러나 인간이 가진 실제적인 지식의 범위는 극히 미미하다. 언어형식의 의미는, 우리가 갖고 있는 과학적 지식과 이 의미가 연결될 때 비로소 정확하게 정의할 수 있다. 예를 들어, 광물의 이름은 화학과 광물학의 용어로 정의할 수 있다. 그래서 영어단어 'salt'의 통상적인 의미는 '염화나트륨'(NaCl)이다. 마찬가지로 식물이나 동물의 이름은 식물학이나 동물학의 전문용어를 활용해서 정의를 내릴 수 있다. 그러나 '사랑'이나 '미움'과 같은 단어는 그런 단어와 관련된 상황이 정확하게 분류되지 못했기 때문에 의미에 대한 정확한 정의가 불가능하다. 이처럼 의미의 정의가 어려운 단어도 어휘체계의 상당부분을 차지한다.

더욱이 어느 정도 과학적인 (그러니까 보편적으로 인정받고 정확한) 분류체계가 확립된 영역에서조차, 언어의 의미는 이러한 분류체계와 일치하지 않는 경우가 적지 않다. 고래는 독일어에서 '물고기'(*Walfhish* 〔val-fiš〕)이며, 박쥐도 '생쥐'(*Fledermaus* 〔fleːder-maws〕)이다. 물리학자는 빛의 스펙트럼을 4천 옹스트롬에서 7천 2백 옹스트롬에 걸치는 상이한 파장을 가진 광파의 연속체로 보고 있지만, 언어에서는 스펙트럼의 상이한 색채변이 단계를 정확한 기준 없이 대단히 자의적으로 구분하여 '보라, 파랑, 초록, 노랑, 주황, 빨강' 등의 의미를 배당한다. 그러므로 가리키는 이름이 같아도 언어가 달라지면 실제 의미하는 색채의 파장도 달라질 수 있다. 친족관계는 단순한 문제처럼 보이지만, 다양한 언어에서 사용되는 친족 호칭어 체계는 분석하기가 여간 어려운 문제가 아니다. [1]

그러므로 의미에 대한 진술은 언어의 연구에서 취약한 부분으로,

인간의 지식이 현재 상태보다 훨씬 더 높은 수준으로 진보하지 않는 한 여전히 답보상태를 면치 못할 것이다. 실제 연구에서는 언어형식의 의미를 되도록 다른 과학의 용어로 정의한다. 그래도 정의가 불가능하다면, 다음의 두 가지 임시방편적 수단을 활용한다. 하나는 '행동시범'이다. 만일 사과란 단어의 의미를 모르는 사람이 있다고 할 때, 우리는 이 사람한테 반복적으로 사과를 건네주거나 손으로 사과를 가리키면서 그 의미를 가르칠 수 있으며, 그렇게 되면 이 사람은 마침내 '사과'라는 단어의 의미를 깨닫고 이 단어를 사회적인 관습대로 사용하게 될 것이다. 이러한 행동시범은 어린이들이 언어의 용법을 배울 때 필수적으로 거치는 과정이다. 다른 하나의 수단은 '에두른 표현'(circumlocution)[2]인데, 이는 흔히 사전에서 볼 수 있는 것처럼 해당단어와 동일한 상황에 들어맞는 개괄적인 표현으로 해당단어를 정의하는 방법이다. 예를 들어, '사과'라는 단어가 무슨 뜻인지 몰라서 그 뜻을 물어온 사람이 있다고 할 때, "말루스과 나무의 둥글거나 타원형의 잘 알려진 이과(梨科) 과실로 육질은 무르지 않고 껍질은 얇다. 크기나 모양, 색깔, 산도(酸度) 등은 종류마다 다르다"라고 설명해주는 방법이다. 다른 나라 사람이 물어보았다면, 그 사람이 사용하는 언어로 번역해주면 된다. 예를 들어, 프랑스 사람 같으면, '사과'라는 단어 대신에 'pomme'〔pɔm〕라고 해주면 된다. 이러한 정의방법은 2개 국어 병용사전에서 쉽게 찾아볼 수 있다.

9.2. 어떤 언어형태를 발화하도록 만드는 상황은 대단히 다양하다. 철학자의 말처럼 어떤 두 가지 상황도 절대 같을 수 없다. 누군가가 여러 달에 걸쳐 '사과'라는 단어를 발화했다고 할 때, 발화된 단

---

2) '완곡어법'으로 번역되는 'euphemism'과 구별하기 위해 '에두른 표현'으로 옮겼다.

어는 동일해도 사용시기가 다르다면 의미 또한 다른 것이다. 크기나 모양, 색깔, 향기, 맛 등이 다르더라도 동일한 '사과'라는 단어로 지칭할 수 있기 때문이다. '사과'라는 단어의 경우처럼 호의적인 여건을 보면, 언어공동체의 모든 구성원은 비교적 정의가 손쉬운 자질을 제공하는 특정 상황(여기서는 '사과'라는 사물)에서 언제나 해당 언어형태를 사용하도록 어렸을 때부터 교육을 받아왔다. 하지만 이러한 경우에서조차 우리의 용법은 결코 일정하지 않으며, 언어형태의 의미 또한 그다지 명쾌하지 못하다. 그렇지만 우리는 해당 상황의 비변별적 자질(이를테면 특정한 어떤 사과의 크기나 모양, 색깔 등)과 이 언어형태(사과)의 발화를 유발하는 모든 상황에 공통적으로 타나나는 변별적 또는 언어적 의미(의미론적 자질) 사이의 차이를 구분하지 않으면 안 된다.

우리의 연구가 일차적으로 형식(혹은 형태)과 의미의 변별적 자질에 국한되는 관계로, 앞으로는 '언어(학)적'이라거나 '변별적'이라는 등의 용어를 생략하고, 간단히 형식(형태)과 의미라는 용어를 사용하는 한편, 비변별적 제반 자질의 존재도 무시하기로 한다. 형식(형태)이란 흔히 그 의미를 드러낸다고 한다.

9. 3. 설령 어떤 언어에 존재하는 모든 형태의 의미에 대해 정확한 정의를 확보한다 해도, 우리는 또 다른 난관에 부딪히게 된다. 모든 상황에서 가장 중요한 인자는 화자의 몸 상태이다. 여기에는 유전적이거나 선천적인 요인은 물론이고, 발화순간에 이르기까지 화자 자신이 겪은 언어적 경험과 다른 다양한 경험에서 연유하는 신경계의 성향도 포함된다. 외부상황을 이상적으로 일정하게 유지하고 여기에 상이한 화자들을 집어넣을 수 있다고 해도, 우리는 여전히 화자 개인이 가져온 '장치'를 측정하지 못할 것이며, 따라서 개별 화자가 무슨

언어형태를 발화할지, 아니면 아예 아무런 언어형태도 발화하지 않을지 전혀 예측할 수 없는 것이다.

완벽한 정의를 확보한다 해도, 화자가 다양한 발화를 행하는 동안에 처한 상황이 우리가 정의한 상황과 전혀 다르다는 사실을 목격할 수 있다. 사람들은 사과가 현장에 없는 상황에서도 곧잘 사과라는 단어를 입에 올린다. 우리는 이러한 경우를 실제 사물에서 유리된 부재 표현이라고 한다. 부재표현이 많고 또한 중요하다는 사실은 분명하다. 갓난아기가 자기 인형을 달라고 '졸라대는' 장면을 기억해보자 (2.5절). 언어의 중계는 언어에서 대단히 중요한 용법이다. (갑)이라는 화자가 사과를 보고 나서, 사과를 전혀 본 적이 없는 (을)이라는 화자에게 사과 이야기를 하고, 화자 (을)은 이 이야기를 다시 화자 (병)에게, 화자 (병)은 다시 화자 (정)에게 이야기를 이어서 전달하는 경우를 상정해 보자. 어쩌면 모두가 사과를 보지 못한 상태에서 마침내 제5의 인물이 사과가 있는 곳으로 가서 사과를 먹어 치우게 될지도 모른다. 다시 말해서 우리는 전형적인 자극이 전혀 없는 경우에도 언어형식을 발화할 수 있다. 굶주린 거지가 어느 집 문전에서 '배가 고픕니다'라고 구걸하면, 그 집의 안주인이 음식을 내다 준다. 이런 장면이 바로 '배가 고픕니다'라는 언어형식이 사전에 실린 원래의 의미 그대로 실현된 경우이다. 그런데 잠이 올 때마다 '배가 고프다'고 칭얼대는 아이가 있다고 가정해보자. 아이가 '배가 고프다'고 칭얼댈 때면 엄마는 그 의미를 알아채고 아이를 달래서 재울 것이다. 이것이 바로 부재표현의 보기이다. 만일 이 아이와 엄마 이외의 제3자가 '배가 고프다'는 언어형식의 의미를 묻는다면, 모두들 사전적 의미 그대로 이 언어형식을 정의할 것이다. 거짓말이나 풍자, 익살, 시, 소설 등은 모두 언어만큼이나 역사가 깊고 광범위하게 사용된다. 어떤 어형의 사전적 의미를 아는 사람은 부재표현에서도 해당 어형을 적절하게 사용할 수 있다. 그래서 우리말 사전이나 외국어 소사전에서는 사전적 의미만을 풀이해 놓아도 유용한 것이다. 부재표현의 용법은 원래의 가치(의미)에서 비교적 일정한 방식으로 파생되었기 때문에 특별한 논의가 필요하지 않다. 그러나 그와 같이 실제 상황에서 유리된 용법의 발화가 늘어날수록 특정한 화자가 특정한 상황에서 발화하는 언어형식에 대한 불확실성도 따라서 증가한다.

9.4. 유심론을 믿는 사람들은 의미를 정의하며 부딪히게 되는 난관을 회피할 수 있다고 믿는다. 화자가 어떤 언어형식을 발화할 때, 그 화자의 내면에서 사고와 개념, 이미지, 감정, 행동의지 등과 같이 비신체적인 과정이 해당 언어형식의 발화에 앞서 나타나며, 청자 쪽에서도 음파를 듣는 순간 그 음파와 상응하거나 상관된 심리적 과정을 경험하게 된다고 믿기 때문이다. 그러므로 이와 같은 유심론자의 관점에서 본다면, 언어형식의 의미는 언어형식의 발화 및 청취와 관련하여 모든 화자와 청자의 내면에서 일어나는 독특한 심리적 사건으로 정의할 수 있다. '사과'라는 단어를 발화한 화자는 사과에 대한 심리적 이미지를 이미 마음속에 갖고 있으며, 이 단어가 청자의 마음속에도 이와 유사한 이미지를 불러일으킨다는 것이다. 유심론자에게 언어란 곧 관념, 감정 혹은 의지의 표현이다.

기계론자는 이와 같은 해결책을 받아들이지 않는다. 기계론자는 심리적인 이미지나 감정과 같은 개념이 다만 신체의 다양한 운동을 표현하기 위한 통속적 용어에 불과할 뿐이며, 그러한 신체의 운동을 언어와 관련하여 대략 다음과 같은 세 가지 유형으로 나눌 수 있다고 믿는다.

⑴ 여러 사람에게 동일하게 나타나면서 사회적 중요성을 갖는 대규모 과정은 '배고파'(화났어, 놀랐어, 미안해, 반가워, 머리가 아파 등)

와 같은 관습적인 언어형태로 표출된다.

(2) 사람마다 다르고 직접 사회적 중요성을 갖지 않는 미미하고 극히 가변적인 소규모의 근육 수축과 내분비선의 분비작용은 관습적인 언어형태로 표출되지 않는다.

(3) 발성기관의 소리 없는 운동(2.4절의 '말로 하는 생각' 참고)은 언어운동을 대신하지만 다른 사람들에게는 감지되지 않는다.

이때 기계론자는 (1)에서 일어나는 과정을 화자가 다른 어느 누구보다도 잘 관찰할 수 있는 사건으로 간주한다. 그러므로 부재표현(졸릴 때 배가 고프다고 말하면서 칭얼대는 아이)의 의미와 같은 다양한 의미 문제가 여기서도 다른 경우에 못지않게 상당히 복잡하게 발생한다. 기계론자는 (2)에서 일어나는 과정을 교육이나 기타의 경험을 거치면서 흔적처럼 남은 사적(私的)인 습관으로 간주한다. 그러므로 화자는 이런 습관을 이미지나 감정 등이라고 생각하는데, 이런 습관은 화자에 따라 다를 뿐만 아니라 발화 장면에 따라서도 달라진다. "나에게는 사과에 대한 심리적 이미지가 있었다"라고 말하는 화자는 "과거 어느 때인가 사과라는 자극과 연관이 있었던 어떤 유형의 불분명한 내면의 자극에 반응했다"라고 말하는 것이다. 기계론자는 (3)에 나타난 유사 발성(sub-vocal)에 의한 발화를 실제적 발성에 의한 발화 습관의 변종으로 인식하는 것으로 보인다. 그래서 어떤 화자가 귀에 들리지 않게 모종의 발화운동(말로 하는 생각)을 수행했다고 확신할 때도, 우리는 그 화자가 동일한 언어형태를 귀에 들리게 발화했을 때와 똑같은 문제에 직면하게 된다. 요컨대 이렇게 되면 '심리적 과정'이 기계론자에게는 그저 신체활동을 나타내기 위한 통상적인 이름에 불과한 것처럼 보인다는 것이다. 한편 이러한 신체활동은 (가) 화자의 상황으로 보는 의미의 정의 안에 있거나, (나) 발화행위와 너무 소원한 관계에 있어서 화자의 상황에서 무시해도 좋을 정도의 인자이든가, 아니면 (다) 발화행위의 단순한 재생산에 불과하다.

이와 같은 견해 차이가 언어와 기타 인간활동의 요체에 대한 관점에서 결정적인 역할을 수행하고, 유심론자의 용어가 의미에 대한 우리의 논의에 크게 의지하고 있다고 해도, 실질적으로 양측의 논쟁은 언어의 의미 문제와 별로 관련이 없다. 유심론자가 심리적 과정으로 간주하지만 기계론자가 전혀 별개의 과정으로 보는 (발화)사건은 모든 경우에 오로지 한 사람에게만 영향을 미친다. 우리는 누구나 자신의 내면에서 그러한 사건이 일어나면 사건에 반응하지만, 그러한 사건이 다른 사람의 내면에서 일어나면 (해당 사건에) 반응할 방도가 전혀 없다. 다른 사람의 심리적 과정 내지 내면적 신체활동은 발화행위나 기타 관찰이 가능한 행위를 통해서만 우리에게 알려지기 때문이다. 그렇기 때문에 실제로는 유심론자도 기계론자처럼 실제 상황을 고려하여 의미를 정의한다. 따라서 유심론자는 '사과'를 "익히 알려진 단단한 육질을 가진 … 과일의 이미지"로 정의하지 않고, 기계론자와 마찬가지로 '사과'의 정의에서 '이미지'라는 표현을 빼고, 자신을 제외한 모든 화자에 대하여 화자가 '사과'라는 단어를 사용했다는 사실이나 혹은 보다 분명한 화자의 발화("사과에 대한 심리적 이미지를 갖고 있었다")로부터 그러한 이미지가 존재하고 있었다는 사실을 유추한다. 결국 기계론자든 유심론자든 모든 언어학자는 연구 현장에서 화자의 상황과 아울러 (더 덧붙이고 싶다면) 청자의 반응이라는 관점에서 의미를 정의한다.

9. 5. 언어적 의미는 비언어적 행동의 의미보다 훨씬 구체적이다. 인간의 활동은 상당부분 몸짓(예: 무언가를 가리키기)이나 물건의 취급(예: 어떤 물건을 타인의 손에 쥐어주거나 땅바닥에 내팽개치기), 접촉(예: 팔꿈치로 슬쩍 찌르거나 어루만지기), 음성을 동반하지 않는 비언

어적 소리(예: 손가락을 꺾어서 소리를 내거나 손뼉을 치기)나 음성을 동반하는 비언어적 소리(예: 웃거나 울기) 등과 같은 수단에 의해 언어 없이도 이루어질 수 있다. 우리는 특히 호소, 분노, 명령, 내키지 않는 어조 등과 같은 언어음의 비언어적(비변별적) 자질에 대해 언급하지 않으면 안 된다. 이와 같은 방식의 언어행위도 인간의 가장 효과적인 신호체계인 언어 자체에 버금가기 때문이다. 그러나 대부분의 경우에 언어형태는 비언어적 수단으로 달성할 수 있는 것보다 더욱 정확하고 구체적이며 미묘한 협동을 가능하게 해준다. 이러한 사정은 다음과 같은 몇 토막의 말만 들어도 충분히 알 수 있다. "4피트 3.5인치."—"여덟 시까지 나한테서 연락이 없으면 나 빼고 가."—"암모니아를 담은 작은 병이 어디 있지?" 이에 대한 명백한 예외, 즉 정교하게 체계화된 몸짓이나 귀머거리나 벙어리의 수화, 암호, 문자의 사용, 전신 등과 같은 언어행위는 사실상 언어의 파생물일 따름이다.

대다수 단어의 의미를 정의하고 그 불변성을 시험할 방법이 없기 때문에, 우리는 언어가 가진 구체적이고 안정된 특징을 언어 연구의 전제로 삼아야 한다. 즉, 우리는 언어를 일상생활에서 다른 사람들과 맺는 관계로 가정하는 것이다. 우리는 이러한 전제를 '언어학의 근본가정'(5.3절)이라고 부를 수 있을 것이다. 이는 다시 말해서 다음과 같다.

> 어떤 공동체(언어공동체)에는 형식과 의미의 측면에서 동일한 발화가 존재한다.

이러한 명제를 편리하게 활용하려면 합리성을 희생해야 한다. 비언어적 의사소통 양식은 직접 신체적 움직임에 의존하거나, 그렇지 않으면 사회적 상황에서 직접 발생한다. 그러나 언어형식과 의미의 관계는 전적으로 자의적이다. '말'(馬)을 영어에서는 'horse'라고 하지만, 독일어에서는 'Pferd'〔pfeːrt〕, 프랑스어에서는 'cheval'〔ʃəval〕, 인디언 크리 부족의 언어로는 〔misatim〕이라고 한다. 그러므로 어떤 언어의 음성이든 모두 비합리적(=자의적)이다.

이러한 근본가정은 모든 언어형식에 변치 않는 하나의 특정한 의미가 있다는 사실을 뜻한다. 만일 일련의 언어형태가 음소적으로 다르다면, 우리는 그 언어형태의 의미 역시 다르다고 가정한다. 예를 들어, 'quick, fast, swift, rapid, speedy' 등과 같은 일련의 언어형태 각각은 의미의 불변적이고 관습적인 자질에서 서로 다르다는 것이다. 간단히 말해서, 실제적인 동의어란 존재하지 않는다는 뜻이다. 역으로 만일 일련의 언어형태가 의미적으로 다르다면(다시 말해 언어적 의미가 다르다면), 설령 음성형태가 똑같아도 실제로는 이들이 '똑같은' 언어형태가 아니라는 뜻도 이 근본적인 가정에 포함되어 있다. 예를 들어, 영어에서는 동일한 음성형태〔bejr〕가 서로 다른 세 가지 의미 'bear'(나르다, 낳다), 'bear'(곰), 'bare'(벌거벗은)와 함께 나타난다. 마찬가지로 음성형태〔pejr〕는 두 개의 명사 'pear'(배)와 'pair'(짝) 및 한 개의 동사 'pare'(껍질을 벗기다)를 나타낸다. 물론 이밖에도 더 많은 사례를 들 수 있다. 음성형태가 동일하면서 의미만 다른 일련의 상이한 언어형태를 동음이의어라고 한다. 의미를 확실하게 결정할 수 없는 관계로, 다양한 용법으로 사용되는 어떤 주어진 음성형태가 언제나 동일한 의미를 갖는지 아니면 동음이의어의 집합을 나타내는 지도 항상 쉽게 결정되는 것이 아니다. 예를 들어, 영어의 'bear a burden', 'bear troubles', 'bear fruit', 'bear offspring' 등에서 나타나는 'bear'라는 동사는 단일 어형으로 간주될 수도 있고, 둘 또는 그 이상의 의미를 갖는 동음이이어의 집합으로 간주될 수도 있다. 마찬가지로 'charge the cannon with grapeshot', 'charge the man with larceny', 'charge the gloves to me', 'charge him a stiff price' 등에서 볼 수 있는 'charge'라는 동사도 대여섯 가지 방식으로 분류될 수 있다. 그리고 'the infantry will charge the fort'에 나타나는 'charge'는 다른 어형처럼 보인다. 일종의 성격 특질(나태함)을 나타내는 'sloth'와 동물 나무늘보를 의미하는 'sloth'가, 일부 화자에게는 한 쌍의 동음이의어로 보이겠지만, 다른 화자에게는 동일한 의미로 보일 수 있다. 이 모든 사실을 고려해 볼 때, 언어의 연구뿐만 아니라 언어의 실제 사용에서 전제로 삼는 우리의 근본적인 가정이, 사실은 일정한 한계 안에서만 성립한다는 사실을 알 수 있다.

9. 6. 의미를 정의할 수 없어서 다른 학문이나 일반적 지식의 도움을 빌릴 수밖에 없다 할지라도, 일부 언어형태에 대한 정의를 확보한 언어학자는 이들 언어형태를 갖고 다른 언어형태의 의미를 정의할 수 있다. 예를 들어, (언어학자 역할을 한다고 가정한) 수학자는 '1'이나 '더하기'와 같은 용어를 정의할 수 없지만, 우리가 이들 두 단어의 의미를 제시해주면 그 수학자는 '2'(1에 1을 더한 것)와 '3'(2에 1을 더한 것) 등의 용어도 끝없이 정의할 수 있을 것이다. 지시의미가 대단히 정확한 수학언어에서 나타나는 것과 같은 현상은 많은 통상적인 언어형태에도 그대로 나타난다. 만일 영어의 과거시제와 단어 'go'의 의미가 정의되었다면, 이 정의를 확보하고 있는 언어학자는 'went'라는 단어의 의미를 'go의 과거'로 간단하게 정의할 수 있을 것이다. 또 암수의 차이가 정의되었다면, 그 언어학자는 이것이 바로 'he'(남성 삼인칭대명사)와 'she'(여성 삼인칭대명사), 'lion'(사자 수컷)과 'lioness'(사자 암컷), 'gander'(거위 수컷)와 'goose'(거위 암컷), 'ram'(양의 수컷)과 'ewe'(양의 암컷) 등의 차이라고 우리에게 확실하게 알려줄 수 있다. 언어학자는 한 언어가 어떤 뚜렷한 음성이나 문법 자질에 의해

다수 언어형태를 형태부류로 묶는 매우 많은 경우에도 위와 같은 확신을 갖는다. 하나의 형태부류에 속하는 각각의 형태에는 하나의 요소, 즉 부류 의미가 담겨 있는데, 이 부류 의미는 이 형태부류에 속하는 모든 형태에 대해 동일하게 적용된다. 그러므로 영어의 모든 명사[3]는 하나의 형태부류에 속하며, 각각의 명사는 하나의 의미를 갖고, 그 의미가 일단 '사물' 정도로 정의되면 영어의 모든 명사에 이 의미를 부가할 수 있는 것이다. 나아가서 영어의 명사는 다시 단수와 복수라는 두 부류로 하위분류된다. 이들 두 부류의 의미가 정의되어 있다면, 이들 두 부류 의미 가운데 하나(단수 또는 복수)를 영어의 모든 명사에 부가할 수 있다.

모든 언어에는 어떤 형식으로든 대치형태[4]가 존재하는데, 그 대치형태의 의미는 거의 또는 전적으로 부류 의미 집합으로 구성되어 있다. 영어에서 가장 큰 대치형태의 집단은 바로 대명사이다. 의미의 결합이라는 관점에서 볼 때 대명사는 상당히 흥미롭다. 대명사의 주요한 자질은 부류 의미이며, 따라서 'somebody'나 'someone'은 체언, 단수, 인칭이라는 세 가지 부류 의미를 갖는다. 또한 'he'는 체언, 단수, 인칭, 남성이라는 부류 의미를 가지고, 'it'은 체언, 단수, 비인칭이라는 부류 의미를 가지며, 'they'는 체언과 복수라는 부류 의

---

3) 이 책에서는 전체적으로 '사물'(대상)이라는 부류 의미를 갖는 형태를 모두 'substantives'로 지칭하고 있다. 그러므로 이 술어에는 명사와 대명사가 모두 포함된다. 여기서는 문맥을 감안해서 '명사'와 '체언'으로 구분해서 옮겼다. 주로 품사를 지칭하는 경우에는 '명사'로 옮기고, 대명사까지 포함하는 개념을 아우르는 경우에는 '체언'으로 옮겼다. (따라서 품사의 일종을 가리키기 위해 '명사'라는 번역어를 사용했다고 해도 이 술어에 대명사 범주까지 포함된 개념으로 이해해야 함은 물론이다.) 이밖에도 '실사'나 '실질사'라는 용어를 생각해볼 수 있지만, 국어의 실사에 용언의 어간이 포함되므로 피하기로 했다.

4) 대용사.

미를 갖는다. 다음으로 어떤 대명사에는 해당 대명사로 하여금 자기 언어의 특정 체언 형태를 나타내도록 하는 의미요소가 포함되기도 한다. 예를 들어, 대명사 'some'과 'none'은 그 특정 체언이 직전에 언급된 것(예: Here are apples: take some.)임을 우리에게 알려준다. 이와는 달리 'something, somebody, someone, nothing, nobody, no one'은 그 종(種 = 체언)에 대해서 아무런 정보도 알려주지 않는다. 셋째로 일부 대명사에는 그 종의 어떤 특정 사물(대상)이 관련되어 있는가를 알려주는 의미요소가 포함되어 있다. 그러므로 'he, she, it, they' 등과 같은 대명사는 그 종(예: '경관', *policeman*)이 이미 언급되었다는 사실뿐만 아니라, 이러한 종의 특정 대상(예: '스미스 경위' 혹은 '이 모퉁이에 있는 경관')이 확인되었다는 사실을 의미한다. 일단 정의된 이러한 의미 자질은 영어에서 다양한 다른 형태로 나타나게 된다. 그리하여 이러한 의미 자질은 (외관상으로) 의미의 혼입이 없이 관사 'the'의 의미로 나타난다. 이 작은 단어는 다음에 오는 명사가 어떤 종의 확인된 개체를 나타낸다는 사실만을 지시하기 때문이다.

요컨대 일단 정의가 이루어지고 나면 특정한 의미는 일련의 전반적인 형태에 반복적으로 출현하는 속성으로 인식된다고 말할 수 있다. 특히 바로 직전에 명명된 유형, 즉 어떤 종에 속한 개체의 확인작업과 관련된 유형은 선택과 포함, 배제, 번호 매기기 등의 방식을 통해 다른 사람들에게서 매우 일정한 반응을 이끌어내고, 다른 언어에서도 비교적 일정하게 반복적으로 출현한다. 따라서 이러한 유형의 의미는 특별히 정확한 형식을 갖춘 언어, 곧 수학을 낳는 것이다.

9.7. 음성을 동반한 몸짓은 의사소통의 부차적 유형으로 사용된다. 이러한 몸짓은 제대로 발음도 안 되는 고함소리처럼 언어의 영역

바깥에서 일어날 뿐만 아니라, 언어형태와 결합되어 나타나기도 하고, 어조처럼 말소리(언어음)의 비변별적 자질을 드러내면서 나타나기도 한다. 사실상 관습적인 언어형태도 일부는 그 경계선에 놓인 것으로 보인다. 그래서 영어에서 침묵을 요구하는 감탄사 'pst'〔pst〕와 'sh'〔š〕가 비교적 공명이 없는 음소인 〔s, š〕를 이용해서 음절을 이룸으로써 음성 패턴을 위반하고 있음을 알고 있다. 이보다는 덜하지만 음성 패턴에서 일탈한 대표적인 경우는 그 의미가 가리키는 동작의 의미와 유사한 단어에서 찾아볼 수 있다. 영어에서 초성 〔ð〕는 오로지 'this, that, the, then, there, though' 등과 같이 지시와 관계 의미를 갖는 단어뿐이다. 또한 러시아어에서도 음소 〔e〕는 예컨대 〔eto〕 (this) 등과 같은 지시사를 제외하면 절대 초성으로 출현하지 않는다.

몸짓과 유사한 비음소적 자질이 상당히 정형화된 경우도 있다. 크리어의 단어 〔eː〕('예')는 (해당 모음과 이중모음을 이루는) 활음과 어말 성문 폐쇄음을 동반한 상태, 즉 〔ɛeː?〕처럼 발음되지만, 이 두 가지 자질 가운데 어느 것도 이 언어에서 음소적 자질이 아니다. 영어의 속어에도 특정한 음조(억양) 형식이 일정한 표현가치로 정형화되는 경우가 있다. 1920년대와 1930년대 들어서 특정한 형식으로 변형된 의문문 음조(억양)를 동반하는 'Yeah?'와 'Is that so?' 등의 발화가 불신(不信)을 나타내는 희화화된 비속어법으로 사용되고 있다.

후자의 표현, 즉 'Is that so?'는 'Is zat so?'라는 발음형태도 갖는데, 이는 '고의적인 발음의 희화화'(facetious mispronunciation)라고 불리는, 또 다른 국면의 색다른 언어 자질을 보여주는 사례이다. 예를 들어, 'Please, excuse me'를 'Please, oxcuse me'라고 말하는 것은 이미 진부한 재치에 속한다. 이러한 왜곡은 비슷한 다른 언어형태와의 유사성에서 그 음가를 취하기도 하고('oxcuse'의 경우에는 'ox'라는 단어), 외국인이나 비표준어 화자 혹은 어린이의 언어형태와의 유사성에서 그 음가를 취하기도 한다. 뉴욕의 하층민 언어를 모방하여 'bird'의 〔r〕을 〔ɔy〕라고 하거나, 아기의 말을 흉내 내서 〔Atta boy! Atta dirl!〕5) 라고 하는 등이 여기에 해당한다.

어떤 표현은 원래의 음성 패턴이 소실된 빠른 발음 형태나 축약된 발음 형태를 갖기도 한다. 이러한 부차형식은 인사말이나 호칭어처럼 사회적인 접촉관계의 보편적 공식이다. 예를 들어, 'How do you do?'는 영어의 음소로 제대로 기록하기조차 불가능할 정도로 줄여 쓰는 경우가 많지만, 굳이 표기를 하자면 〔j'duwᵢ〕나 〔d'duwᵢ〕 정도가 될 것이다. 또한 'How are you?'는 〔hwajᵢ hajᵢ〕가 되고, 'madam'은 'Yes'm'에서 보듯이 〔m〕만 나타난다. 이들 부차형식은 일정한 틀 안에서만 나타난다. 예를 들면, 질문에 사용되는 'How do you do it?' 〔haw ju 'duw itᵢ〕은 지나치게 빨리 발음하지 않는다. 이들 축약형은 다른 언어에서도 많이 나타난다. 이들 축약형과 정상적인 형태와의 관계는 불분명하지만, 이들 축약형도 일종의 준언어적 의사소통 수단이라는 점만은 분명하다. (해당 형태의 통상적 의미가 여기서는 아무런 역할도 수행하지 못한다.)

우리는 동물을 부를 때나 엔진의 소음을 말로 보고할 때처럼, 어떤 소리든 음성으로 그 소리를 모방해서 나타낼 수 있다. 물론 말소리 (언어음)도 이러한 방식으로 나타낼 수 있다. 예를 들어, 혀가 잘 돌아가지 않는 사람에 대해 이야기할 때 "끊임없이 〔yeth, yeth〕 하는 소리에 정말 질렸어"라고 말하는 경우가 있다. 가장 흔한 경우가 바로 음성 형태를 직접적으로 사용하는 인용발화일 것이다. 예를 들어, "그거야 그냥 'if'(가정)에 지나지 않지"(*That is only an if*)나 "으레 'but'(반대)가 있기 마련이지"(*There is always a but*) 등과 같은 형태이

---

5) 'attaboy, attagirl'은 모두 '좋아, 됐어!'를 뜻하는 감탄사이다. 〔g〕를 〔d〕로 발음한 것이 아기 말의 특징이다.

다. 그리고 'normalcy(정상상태)라는 단어' 혹은 'Smith(스미스)라는 이름' 등과 같은 경우에도 인용발화 형태가 사용될 수 있다. 심지어 는 단어의 일부를 인용할 수도 있는데, 이는 'boyish'(아이 같은)라는 단어에 보이는 접미사 '-ish'라는 표현에서 확인할 수 있다. 이러한 인용발화는 언어형태를 발화에서 다시 반복하는 인용과 매우 밀접한 관계가 있다.

9.8. 바로 앞의 단락에서 논의한 언어형태는 음성형태가 사전적 의 미와 맺는 일반적인 관계에서 특이하게 도출되는 파생관계를 갖는다. 그러한 파생현상이 없고 사전적 의미를 갖는 오직 하나의 정상적인 음성형태만 고려대상이 될 때도, 사전적 의미는 상당한 복잡성을 보 여줄 것이다. 우리는 앞서 현재의 지식이 의미와 관련된 모든 어려운 문제를 해결하는 데 충분치 않음을 확인한 바 있지만, 언어형태의 사 전적 의미에 담긴 두 가지 주요한 특징만큼은 분명하게 말할 수 있다.

언어형태는 대부분 한 가지 이상의 전형적인 상황에서 사용된다. 영어의 경우를 보면, 'head'라는 언어형식은 'head of an army'(우두 머리), 'head of a procession'(선두), 'head of a household'([가]장) 등과 같은 어구에서뿐만 아니라, 'head of a river'(물목), 'head of cabbage'(결구[結球]) 등과 같은 어구에서도 사용된다. 마찬가지로 'mouth'는 'mouth of a bottle'(아가리, [병]목), 'mouth of a cannon' (입구), 'mouth of a river'(어귀) 등에서 사용되고, 'eye'도 'eye of a needle'([바늘]귀), 'eye of hooks'(구멍), 'eyes on a dress'(고리) 등 에서 사용된다. 이밖에 'teeth of a saw'([톱의] 이)의 'tooth'나 'tongue of a shoe / tongue of a wagon'의 'tongue'(채), 또한 'neck of a bottle'과 'neck of the woods'(목, 애로[隘路])의 'neck, arms / legs / back of a chair'의 'arm'과 'leg'과 'back',[6] 'foot of a mountain'의

'foot'(기슭), 'hearts of celery'의 'heart'(속) 등도 모두 마찬가지이다. 남자는 'fox'(교활한 놈), 'ass'(멍청한 놈), 'dirty dog'(더러운/비열한 놈)이 될 수 있고, 여자는 'peach'(예쁜 소녀), 'lemon'(멋대가리 없는 여자), 'cat'(심술궂은 여자), 'goose'(멍청한 여자)가 될 수 있다. 사람들은 재치라는 측면에서 'keen, sharp'(예리하다) 혹은 'dull'(둔감하다), 'bright'(똑똑하다) 혹은 'foggy'(흐릿하다) 하다. 또 성질은 'warm'(온화하다) 혹은 'cold'(냉랭하다) 하고, 행동은 'crooked'(비뚤어지다) 나 'straight'(올바르다) 하다. 실제로 자리에서 움직이지 않은 사람에게도 'up in the air, at sea, off the handle, off his base'라는 어구는 물론, 심지어 'beside himself'라는 어구까지 쓴다. 이러한 사례는 거의 무한정으로 들 수 있을 것이다. 이러한 은유현상의 나열과 분류보다 더 지루한 작업은 없을 것이다.

　이러한 변이의미에서 주목할 점은, 이들 의미 가운데 하나를 중심적(또는 통상적)인 것으로 보고, 나머지 의미를 주변적(또는 이전된 transferred, 은유적)인 것으로 보는 판단에 대한 언중의 확신과 동의이다. 사람들이 중심적인 의미를 중시하는 이유는, 실제 상황에 담긴 모종의 자질 때문에 어쩔 수 없이 이전된 의미에 의지할 수밖에 없는 경우가 아닌 한, 주어진 언어형태에 대한 이해(또는 그에 대한 반응)가 바로 중심적인 의미범위 안에서 이루어지기 때문이다. 예를 들어, 만일 우리가 'There goes a fox!'라는 발화를 듣는다면 일단 진짜 여우가 있는지 사방을 둘러볼 것이다. 그러다가 도저히 여우가 있을 상황이 아니라면, 이 발화를 부재표현(말하자면 가면을 쓴 사람이거나 동화의 일부)으로 간주하게 된다. 그러므로 어떤 상황적인 자질이 있는 경우, 예컨대 화자가 어떤 사람을 가리키면서 말하는 경우에만, '여

---

6) '(걸상의) 팔걸이 / 다리 / 등받이.'

우'라는 형태를 이전된 의미로 받아들이게 될 것이다. 설령 '여우(fox)가 그 아가씨를 도와준다고 약속했다'는 말을 듣는다고 해도, 일단은 '거리낌 없는 영악한 놈'이라는 의미의 'fox'보다 동화에 나오는 'fox'를 먼저 떠올릴 것이다. 주어진 언어형태를 이전된 의미로 받아들이지 않을 수 없는 실제적 자질도 가끔씩 언어로 주어진다. 예를 들어, 'Old Mr. Smith is a fox'라는 발화는 이전된 의미로 받아들일 수밖에 없는데, 그것은 진짜 여우('fox') 앞에 'Mr'라는 칭호를 붙이는 일도 없고 성(姓)을 붙이는 일도 없기 때문이다. 마찬가지로 'He married a lemon'이라는 발화도 과일 하나를 데리고 결혼식을 치를 남자는 없을 것이기 때문에, 이를 이전된 의미로 받아들일 수밖에 없다. 반면에 특수한 실제 발화상황에서는 이러한 사정이 뒤바뀔 수도 있다. 폭스(Fox) 인디언 부족의 마을 근처에 살던 사람이라면 별다른 제약 없이 'fox'라는 언어형식을 '폭스 인디언의 구성원'이라는 이전된 의미로 받아들일 것이다.

이전된 의미는 언어학적으로 동반하는 형태에 의해 결정되는 경우가 있다. 영어의 'cat'이란 단어는 '-kin'이란 접미사가 붙으면 'catkin' (꽃차례)처럼 항상 이전된 의미를 갖는다. 또 'pussy'란 단어는 'willow'란 단어와 합성어를 이루면, 'pussy-willow'(갯버들)에서 보듯이 이전된 의미를 갖는다. 'eyelet'(작은 구멍)의 'eye'도 마찬가지이다. 그리고 'dog, monkey, beard' 등의 단어도 앞에 'to'와 같은 동사 파생 표지를 동반하면 항상 이전된 의미를 갖는다(예: to dog someone's footsteps / don't monkey with that / to beard a lion in his den).[7] 이들 언어적 자질은 순전히 일정 형태의 결여로만 나타날 수도 있다. 예를 들어, 목적어를 동반하지 않고 사용된 'give out'은 'his money

---

7) '발자국을 뒤따르다', '(…을 가지고) 장난을 치다', '호랑이굴에 들어가다'.

gave out / our horses gave out'에서처럼 항상 '소진되다'라는 이전된 의미를 갖는다. 이러한 경우에는 해당언어의 구조가 이전된 의미를 식별해준다. 그러므로 의미의 정의를 시도해 보지 않은 언어학자라도 자동사로 쓰인 'give out'이 타동사로 쓰인 'give out'(예: *he gave out tickets*)과 다른 무언가를 의미한다는 사실에 주목하지 않을 수 없을 것이다.

그러한 언어형태를 여러 의미를 갖는 단일 형태(다의어)로 볼 것이냐 아니면 동음이의어의 집합으로 볼 것이냐 하는 문제에 대해서는, 대부분의 경우에 결론을 유보할 수밖에 없다. 이러한 경우의 보기로는 '분위기, 음조나 선율, 방식'〔'건방진 태도'(*haughty airs*)의 용법 포함〕 등의 의미를 갖는 'air'나 '(문 따위를) 여닫는 도구, (음악에서) 음정' 등의 의미를 갖는 'key', '공격하다. 짐을 지우다. 고발하다. 빌리다' 등의 의미를 갖는 'charge', '동물이름, 게으른 성격' 등의 의미를 갖는 'sloth' 따위의 단어를 들 수 있다.

영어에서 일어나는 의미의 이전이 다른 유럽 언어에서 보듯이, 인간의 언어에서 자연스럽고 불가피한 것처럼 생각하면 안 된다. 유럽 언어에서 보이는 (영어와의) 의미 이전상의 공통점은 공통적인 문화 전통의 결과일 뿐이다. 의미의 이전은 모든 언어에서 나타나지만, 어떤 주어진 언어의 특정한 의미 이전은 절대 당연한 것이 아니다. 예를 들어, 'the eye of a needle'이나 'an ear of grain'과 같은 언어형식은 프랑스어나 독일어에서 절대 사용되지 않는다. 또한 'the foot of a mountain'도 유럽 사람들에게는 자연스럽게 들릴지 모르지만, 메노미니어를 비롯한 다른 언어에서는 전혀 무의미한 언어형태이다. 메노미니어의 〔una:?nɛw〕는 '그는 그 사람(*him*)을 자리에 앉힌다'는 뜻이지만, '그는 그 사람한테서 이(*lice*)를 집어낸다'는 이전된 의미도 갖는다. 러시아어의 〔no'ga〕는 '다리'란 뜻을 갖고 있지만 의자나 탁자에는 사용되지 않는다. 여기서 이전된 의미는 오직 〔noška〕(책상이나 걸상의 작은 다리)와 같은 지소적(指小的) 표현에서만 나타난다. 그러므로 의미를 진술할 때 언어학자는 부재표현 용법을 무시하고 이전된 의미의 모든 경우를 등록하는 데만 최선을 다하면 된다.

  이러한 태도는 또 다른 유형의 일탈 의미, 즉 축소된 의미에도 적용되는데, 이전된 의미의 경우와 달리 이번에는 오히려 하나의 언어 형태를 선뜻 축소된 의미로 받아들인다. 실제 상황을 살펴보면 우리가 'car'라는 단어를 얼마나 다양하게 축소된 의미로 받아들이는가를 잘 알 수 있다. 예를 들어, 'The diner is the second car forward'라고 할 때는 'car'가 '기차의 객차'를 의미하며, 'Does the car stop at this corner?'라고 할 때는 'car'가 '전차'를 의미한다. 그런가 하면 'Bring the car close to the curb'라고 할 때는 'car'가 '전동차'를 의미한다. 또한 'call a doctor'라는 명령을 들으면, 누구나 이 말 속의 'doctor'가 의사를 뜻한다고 생각한다. 'burner'도 원래 물건을 태우는 사람이나 기구를 나타내는 단어지만, 보통 그보다 축소된 의미로 불꽃을 내도록 만들어진 기구를 가리킨다. 'bulb'라는 단어는 정원사에게 구근(球根)을 연상시키지만, 전기기사에게는 전구를 연상시킨다. 'glass'는 보통 '유리잔'이나 '거울'을 의미하지만 'glasses'라고 복수로 쓰면 '안경'의 뜻으로 사용된다. 축소된 의미를 정의하기란 어렵다. 그것은 결국 어떤 언어형태든 출현할 때마다 모두 그 형태를 사용하도록 만든 실제 상황이 존재하지만, 그렇다고 해서 그런 상황을 위해 모든 의미의 가능성을 일일이 다 기록해둘 수는 없기 때문이다. 다시 말해서 지금 '사과'라는 단어가 빨간 사과와 파란 사과 등에 대해서 사용되지만, 그렇다고 해서 사과의 축소된 의미를 '빨간 사과'나 '파란 사과'로 정의할 필요는 없다는 것이다.

  언어 자체가 일정한 단어 결합에 존재하는 축소된 의미를 형식적 특징에 의해 드러내는 경우도 있다. 예를 들어, 'blackbird'(지빠귀)는 단순히 '검은 새'의 일종만이 아니다. 이 결합체(합성어)에서는 '검다'(black)는 의미가 극도로 축소되었다. 'blueberry, whitefish' 등도 이와 마찬가지이다.

확장된 의미는 그다지 흔치 않다. 일반적으로 'cat'(고양이)는 가정에서 기르는 애완동물이지만, 이따금씩 사자나 호랑이 등과 같은 동물을 포함하는 단어('고양잇과')로 사용하기도 한다. 그러나 (분류체계상 같은 과(科)에 속한다고 해서) 늑대나 여우를 아우르는 단어로 'dog'을 사용하지는 않는다. 반면에 'hound'라는 단어는 모든 종류의 '개'(dog)를 시적으로나 회화적으로 가리킬 때 사용된다. 의미의 확장은 언어의 구조 내부에서 인식되는 수가 많아서, 어떤 동반하는 언어형태가 존재할 때만 나타난다. 예를 들어, 'meat'는 식육(食肉)이지만, 'meat and drink'나 'sweetmeat'와 같은 단어(합성어)는 음식의 이름이다. 'fowl'은 '식용 조류'라는 뜻이지만, 'fish, flesh, or fowl'이나 'the fowl of the air'라고 할 때는 'fowl'이 그냥 '새'라는 뜻이다.

다른 언어에서는 중심적인 의미와 주변적인 의미의 구별이 뚜렷하지만, 어느 한 언어에서만 뚜렷하지 않은 경우도 적지 않다. 영어의 'day'는 '하루 24시간'(스웨덴어의 dygn〔dyŋn〕과 같음)과 '하루 중 해가 떠 있는 동안'(밤의 반의어로 스웨덴어의 dag〔daːg〕와 같음)이라는 뜻을 동시에 갖고 있다.

9.9. 의미의 불안정성이 발생하는 두 번째 중요한 방식은 이른바 함축(含蓄)이라는 상보적 가치(complementary values)의 존재이다. 8)

---

8) 'connotation'과 'denotation'은 각각 '의미의 함축 또는 함축의미'와 '의미의 지시관계 혹은 지시의미'를 뜻한다. 여기서는 간결한 어형을 선택해서 '함축'과 '지시의미'로 옮겼다.

한 사람의 화자에게 한 언어형태의 의미는 그 자신이 이 언어형태를 들은 상황의 결과일 따름이다. 만약 이 언어형태를 여러 차례 들어보지 못했다거나 아주 특수한 상황에서 들어본 경험밖에 없다면, 그 화자는 이 언어형태를 관습에서 벗어난 상태로 사용하게 될 가능성이 높다. 우리가 의미에 명시적인 정의를 부여하는 것도 바로 그런 개인적 일탈을 최소화하려는 시도라고 할 수 있다. 사전의 주된 효용성도 바로 여기에 있다. 과학용어에서는 함축을 가능한 한 배제하고자 한다. 그러나 이처럼 과학적인 용어에도 함축을 배제하려는 노력이 성공하지 못한 경우가 있는데, 이를테면 '13'이라는 숫자는 많은 사람들에게 대단히 강력한 함축을 갖는다.[9]

가장 중요한 함축은 어떤 언어형태를 사용하는 화자의 사회적 신분에서 발생한다. 사회적으로 신분이 낮은 계층에서 사용하는 언어형태는 조잡하고 추하며 비속하다는 인상을 준다. 예를 들어, 'I ain't got none'이나 'I seen it, I done it' 등과 같은 말은 표준영어를 사용하는 화자에게 몹시 껄끄럽게 들린다. 이러한 단점이 어떤 특수한 요인에 의해 상쇄되는 경우도 있다. 건달이나 범죄자의 말에는 저돌적인 기지(機智)가 함축되어 있으며, 시골뜨기의 말에는 세련되지는 않았어도 시적인 분위기가 함축되어 있다. 비교적 상류층에서 사용하는 언어형태에서는 지나치게 형식적이거나 가식적이고 부자연스러운 분위기가 묻어난다. 대부분의 미국 중서부 지역 화자들은 'laugh, bath, can't' 등과 같은 단어의 〔ɛ〕를 〔a〕로 발음하고, 'tune, sue, stupid' 등과 같은 어형의 〔uw〕를 〔juw〕로 발음하는 데서 이와 같은 분위기와 관련된 함축을 드러낸다.

출신지에 따른 함축 역시 이와 아주 유사하다. 스코틀랜드나 아일

---

9) 기독교의 전승과 관계된 것으로 서양에서는 극도로 기피하는 숫자이다.

랜드 사람의 말씨에는 그 나름의 특징이 있는데, 미국에서도 음으로 양으로 이른바 영국영어풍(*Anglicism*)이 존재한다. 예를 들어, 'luggage'('baggage' 대신)라든가 호칭어로 사용되는 'old chap, old dear'등의 표현이 바로 그러한 영국영어의 특징이라고 할 수 있다.

문자가 없는 공동체에서도 일부 언어형태는 (맞든 틀리든) 의고풍으로 인식된다. 문자로 표기된 기록을 가진 공동체에서는 이들 형태가 고형(古形)의 추가적 원천으로 사용된다. 영어의 의고풍은 고형의 이인칭 단수 형태(예: *thou hast*), 삼인칭 단수 형태 '-th'(예: *he hath*)에서 찾아볼 수 있다. 고형 가정법 현재에 사용되는 동사원형(예: *if this be treason*)이나 대명사 'ye' 혹은 'eve, e'en, e'er, morn, anent'등도 의고풍의 본보기로 들 수 있다. 지금까지 널리 통용되는 일부 표현에도 특수한 경구(警句) 형태가 보존되어 있는 경우가 가끔씩 있어서, 'First come, first served'(선착순)이나 'Old saint, young sinner'(젊었을 때의 신앙심은 믿을 수 없다) 등과 같은 고전적인 문장 구성법이 소수의 속담에 살아남아 있다.

전문적인 기술(技術)용어로 사용되는 언어형태의 함축은 거래의 관습이나 혹은 해당 용어를 배출한 수공업에서 그 풍미를 취하고 있다. 'abaft, aloft, the cut of his jib, stand by'등과 같은 항해용어는 용의주도하고 정직하며 힘차게 들린다. 'without let or hindrance, in the premises, heirs and assigns'등과 같은 법률용어는 정확하면서도 약간 교묘하게 들린다. 'a stickup, a shot (of whiskey), get pinched'등과 같은 범죄자들의 용어는 거칠면서도 요점이 분명하다는 인상을 준다.

식자층의 언어형태에 담긴 함축은 상당히 애매모호하면서도 빈번하게 나타나는 편이다. 거의 모든 구어(입말) 표현은 식자층의 표현과 대응되는 언어형식을 갖고 있다.

일반인	식자층
He came too soon.	He arrived prematurely.
It's too bad.	It is regrettable.
Where're you going?	What is your destination?
now	at present
if he comes	in case (in case that, in the event that, in the contingency that) he comes; should he come, …
so (that) you don't lose it.	in order that you may not lose it, lest you lose it.

위의 보기에서 알 수 있듯이, 교양 있고 품위가 있으며 고전적인 느낌이 드는 함축유형은 다수의 언어형식으로 분기한다. 공식적인 대화나 글에서는 누구나 어느 정도까지 습관적으로 식자층의 표현을 선호하지만, 식자층의 표현을 너무 많이 사용하면 말이나 글이 과장되어 보이거나 진부하게 들린다.

외래어 언어형태에는 원어의 함축이 담겨 있기 때문에, 외래어는 해당 외국인들에 대한 (수용자의) 태도를 반영하고 있다. 외래어 언어형태의 자질은 음성이나 음성 패턴의 특이성에 있다. (예) garage, mirage, rouge, a je ne sais quoi ; [10] olla podrida, chile con carne; [11] dolce far niente, fortissimo, [12] Zeitgeist, Wanderlust, [13] intelligentsia. [14] 또 다른 경우에는 'marriage of convenience'나 'that

---

[10] 프랑스어 차용 외래어: '차고', '신기루', '루즈', '무엇인지 몰라.'
[11] 스페인어 차용 외래어: '스페인풍 셔츠', '멕시코풍 고기요리.'
[12] 이탈리아어 차용 외래어: '무위의 즐거움', '가장 강하게(음악에서).'
[13] 독일어 차용 외래어: '시대정신', '방랑벽.'
[14] 러시아어 차용 외래어: '지식인.'

goes without saying'15)과 같은 프랑스어식 어구에서 보듯이, 외래적 자질이 구성에 반영되어 있다. 이와 같은 취향 때문에 회화적인 가짜 외래어가 사용되기도 한다. (예) nix come erouse(유사 독일어), ish gabibble(유태 독일어로 보이는데, 뜻은 '내 알 바 아니다'임). 학생들은 'quid sidi quidit'와 같은 무의미 형태(*nonsense-form*)나 라틴어로 뒤범벅된 아속혼효체광시(雅俗混淆體狂詩, *macaronic verse*)와 같은 라틴어 단어를 많이 사용한다. (예) Boyibus kissibus priti girlorum, girlibus likibus, wanti somorum.

일부 언어에는 반(半)-외래어 또는 식자층-외래어 형태가 많이 포함되어 있는데, 이 부류는 독자적인 양식의 구조와 파생에 참여한다. 특히 영어의 경우에 이런 현상이 뚜렷하다. 수사학 교과서에서는 이들 언어형태를 영어 어휘의 '라틴어-프랑스어' 영역이라고 하여 '고유' 언어형태 내지 '앵글로색슨' 언어형태와 구별하고 있다. 그러나 함축이 언어형태의 실제 기원에 직접적으로 의존하는 것은 아니다. 예를 들어, 'chair'라는 단어는 기원적으로 라틴어-프랑스어 계열이지만 영어에서 식자층-외래어 어휘의 일부로 취급되지 않는다. 영어에서 공식적으로 식자층-외래어 형태로 취급되는 것은 주로 악센트를 갖는 일부 접미사와 접미사끼리의 결합형 정도일 것이다. (예) 〔-itij〕 'ability'와 〔-'ejšn〕 'education'. 또 다른 자질은 일부 음성적 교체형의 존재이다. (예) 〔sijv〕 'receive' - 〔sep〕 'reception' - 〔sij〕 'receipt' 및 〔vajd〕 'provide' - 〔vid〕 'provident' - 〔viz〕 'visible' - 〔viž〕 'provision'. 이와 같은 특이성은 일부 단어와 단어의 구성성분, 특히 일부 접두사 (ab-, ad-, con-, de-, dis-, ex-, in-, per-, pre-, pro-, re-, trans-) 를, 식자층-외래어 어휘와 다른 어휘의 구분 표지로 삼아도 무방할 것이다. 이들 접두사는 그 자체가 'con-tain : collect - correct',

---

15) 이 두 관용구의 뜻은 각각 '편의상의 결혼'과 '…은 말할 것도 없이'이다.

'ab-jure : abs-tain' 등에서처럼 부분적으로 특이한 음성 교체를 시현한다. 의미상으로 영어의 식자층-외래어 형태는 변덕스럽고 지극히 특수한 결합의미16)를 나타낸다는 점에서 독특하다. 그렇기 때문에 'conceive, deceive, perceive, receive' 등과 같은 단어에 나오는 요소 〔sijv〕나, 'attend, contend, distend, pretend' 등과 같은 단어에 나오는 요소 〔tend〕, 'adduce, conduce, deduce, induce, produce, reduce' 등과 같은 단어에 나오는 요소 〔d(j)uws〕 등에 일관된 의미를 부여하기란 불가능해 보인다. 이들 언어형태에 담긴 함축의 묘미는 학문의 방향성에 달려 있다. 다시 말해서 이들 언어형태를 사용할 줄 아는 화자의 어휘구사 능력이 곧 화자의 교육 정도를 가늠하는 척도가 된다는 것이다. 만일 화자가 이들 언어형태를 오용한다면 그것은 화자가 충분한 교육을 받지 못했다는 표지가 된다. 교육수준이 낮은 화자는 이들 언어형태를 대부분 이해하지 못하기 때문에 그만큼 일부 유형의 의사소통 현장에서 배제될 수밖에 없다. 이런 유형의 화자는 그에 대한 일종의 보상심리로 'absquatulate, discombolulate, rambunctious, scrumptious' 등과 같은 가짜 식자층 어형을 사용하기도 한다. 이런 종류의 식자층-외래어 어휘 층위는 대다수 언어에서 발견된다. 로망스 제어는 거의 영어와 동일하게 라틴어 유형을 지닌다. 이와 같은 유형이 산재해 있는 러시아어는 고대 불가리아어에서 식자층 어휘를 들여왔다. 터키어는 페르시아어와 아랍어의 단어 층위를 가지고 있으며, 페르시아어는 아랍어의 단어 층위를 가진다. 인도 제어는 서로 엇비슷하게 산스크리트어의 언어형태를 일정 부분 받아들였다.

식자층-외래어 어휘에 담긴 함축과 정반대로, 속어에 담긴 함축은

---

16) 다음에 나오는 용례에서 보듯이, 이들 언어형식이 다른 요소와 결합했을 때 나타내는 의미를 말한다.

익살스럽고 자유분방하다. 속어의 사용계층은 젊은이이거나, 운동선수, 도박꾼, 부랑자, 범죄자 등이며, 다른 일반인들도 긴장이 풀어졌거나 가식을 벗어던진 분위기에서 속어를 사용한다. 속어의 용례에는 친숙한 것이 많다. '남자'를 뜻하는 'man' 대신에 사용하는 'guy, gink, gazebo, gazook, bloke, bird' 등이나, '총'을 뜻하는 'pistol' 대신에 사용하는 'rod, gat' 등이 속어의 본보기이다. 속어는 외국어에서 들어오기도 한다. 예컨대 'loco'(어리석은), 'sabby'(이해하다), 'vamoose'(꺼지다) 등은 스페인어에서 들어왔다. 속어의 가치는 대체로 익살스러운 재치에 있다. 따라서 어떤 속어가 한참 동안 사용되고 나면, 더 신선하고 재치 있는 새로운 단어에 밀려 사라질 가능성이 높다.

9. 10. 함축(의미)의 변종은 무수하고 정의가 불가능하며, 따라서 지시의미와 분명하게 구분할 수 없는 경우가 많다. 앞 9.9절의 분석에서 보았듯이, 모든 발화형태에는 전체 언어공동체를 대상으로 하는 그 나름의 함축적 묘미가 담겨 있는데, 이 함축이 다시 개별 화자의 입장에서 (그 자신이 특별한 경험을 통해서 해당 언어형태에 대해 갖게 된 함축에 의해) 수정되거나 상쇄되기 때문이다. 그렇지만 비교적 분명한 두 가지 이상의 함축 유형에 대해 간략하게 언급하는 것은 별다른 무리가 없다.

대부분의 언어공동체에서는 부적절한 언어형태가 오직 제한된 환경에서만 출현한다. 그러한 한계를 벗어나서 부적절한 언어형태를 발화하는 화자는 창피를 당하거나 징벌을 받는다. 이와 같이 엄격한 금지현상은 비교적 가벼운 예의범절에서부터 심각한 금기에 이르기까지 다양하다. 부적절한 언어형태는 대부분 어떤 특정한 의미범위에 속하지만, 동일한 지시의미를 가지면서도 부적절한 함축을 갖는 형태가 나란히 존재하는 경우도 적지 않다. 예를 들어, '매춘부'를 뜻하는 부적절한 언어형태 'whore'와 나란히 존재하는 'prostitute'가 그러한 용례이다.

일부 부적절한 언어형태는 아무렇지 않게 입에 담기 곤란하거나 아니면 아예 입에 올리기조차 거북한 사물이나 사람을 가리킨다. 영어에서는 'God, devil, heaven, hell, Christ, Jesus, damn' 등과 같은 다양한 종교용어가 심각한 대화에서만 적절하게 사용된다. 만약 화자가 이러한 규칙을 깨트린다면, 비난을 받거나 기피의 대상이 되고 만다. 반면에 어떤 특정 집단이나 어떤 특정 상황에서는 이러한 규칙 파괴가 활력과 자유로움을 함축한다. 많은 언어공동체에서 사람의 이름은 특정한 여건하에서나 혹은 특정한 사람을 대상으로 할 때 금기시된다. 예를 들어, 인디언 중에 크리 부족의 원주민 남자는 자기 여자 형제나 여자 친척의 이름을 부르지 않는다. 크리 부족의 원주민 남자 화자는 '그 여자를 너무나 존경한다'는 말로 이러한 회피상황을 해명한다.

이른바 외설스러운 언어형태에 대한 금기도 역시 부적절한 용법의 또 다른 표출방향이다. 영어에서는 배설작용과 연관된 의미를 갖는 일부 언어형태나 생식과 연관된 일부 언어형태를 매우 금기시하고 있다.

부적절한 함축과 관련된 제3의 유형은 그다지 보편적이지 못해 언어권별로 다르다. 예를 들어, 고통스럽거나 위험한 무언가를 거론하는 행위, 즉 불길한 언어형태를 회피하는 경우를 살펴보자. 영어권 화자들은 '죽다' 내지 '죽음' 등과 같은 단어(설마 나한테야 그런 일이 일어나려고?)와 일부 질병의 이름을 회피한다. 다른 언어권의 화자들은 왼손이나 천둥에 대한 언급을 회피하기도 한다.

어떤 언어공동체에서는 사냥을 하는 동안이나 혹은 보통 때라도 사냥감이 되는 동물의 이름을 입에 올리지 않는다. 특수한 상황(이를테면 전쟁터로 떠나는 상황)에서는 삼가야 할 말도 많고, 자신의 뜻과 정반대로 전도된 발화(시험준비를 충실하게 했으면서도 시험장에서 친구에게 자신이 없다고 이야기하는 경우)를 하기도 한다.

9.11. 여기서 특별히 지적할 만한 가치가 있는, 특수화된 함축의 두 번째 유형은 강조의도이다. 가장 특징적인 강조의도는 감탄이다. 감탄형식을 위해 영어에서는 특수한 부차음소〔!〕뿐만 아니라, 'oh!, ah!, ouch!' 등과 같은 감탄사라는 특수한 언어형식까지 마련해두었다. 이들 언어형식은 모두 격렬한 자극을 반영하는데, 단순히 스스로 격렬한 자극을 받고 있다고 말하는 통상적 진술과는 그 함축에서 차이가 난다.

어떤 발화형태는 예컨대 특정 부사를 전치시켜서 감탄과 유사한 생동감 있는 묘미를 자아낸다. (예) Away ran John; Away he ran. 일정한 줄거리를 가진 이야기의 전개과정에서도 이와 비슷한 현상이 나타나지만, 이는 그다지 강렬하지 않은 상황을 표현하기 위한 도치이다. 예를 들어, 'Yesterday he came (and said …)'와 같은 표현은 'He came yesterday …'라는 표현보다 더욱 생생하다. 영어에는 과거의 사건을 서술할 때 사용되는 역사적 현재라는 시제용법이 있는데, 이는 희곡이나 소설의 요약부에 사용되면 품위 있는 분위기를 풍기지만, 일상 대화에 사용되면 약간 비속한 느낌이 든다. (예) 'Then he comes back and says to me ….'

영어는 또 다른 유형의 강조의도 형태, 즉 상징형태를 풍부하게 갖추고 있다. 상징형태에는 일상 언어형태보다 훨씬 더 직접적으로 의미를 드러낼 수 있는 함축이 담겨 있다. (이에 대한 설명은 문법구조의 문제이므로 나중에 다시 다루게 될 것이다.) 화자는 이러한 언어형태의 음성이 마치 그 의미에 특별히 잘 어울린다는 느낌을 받는다. 17) 그러한 상징형태의 사례는 다음과 같다. (예) flip, flap, flop, flitter, flimmer, flicker, flutter, flash, flush, flare, glare, glitter, glow, gloat, glimmer, bang, bump, lump, thump, thwack, whack, sniff, sniffle, snuff, sizzle, wheeze. 상징형태를 갖는 언어는 음성 유형과 연상의미에 대하여 부분적으로 일치현상을 보여주지만, 대개 그렇지 않은 경우가 더 많다. 광범위하게 분포된 상징형태의 특수한 유형은 약간의 음성적 변이를 일으키면서 해당 형태를 반복하는 것이다. (예) snip-snap, zig-zag, riff-raff, jim-jams, fiddle-faddle, teeny-tiny, ship-shape, hodge-podge, hugger-mugger, honky-tonk.

음성을 나타내거나 또는 음성을 내는 사물을 가리키는 모사어 형태나 강렬한 의성어 형태도 위의 언어형태와 유사하다. 모사어 형태는 다음 소리와 닮았다. (예) cock-a doodle-doo, meeow, moo, baa. 새의 이름도 이처럼 울음소리를 바탕으로 지은 것이 많다. (예) cuckoo, bob-white, whip-poor-will. 반복형태(첩어)는 보편적이다. (예) bow-wow, ding-dong, pee-wee, choo-choo, chug-chug. 이들 모사어 내지 의성어의 언어형태(음성)는 언어마다 다르다. 예를 들어, 프랑스어에서는 개가 짖는 소리를 'gnaf-gnaf'[ɲaf ɲaf]라 하고, 독일어에서는 'bim-bam'이라고 한다.

위에서 언급한 형태 가운데는 유아적 함축을 갖는 것도 있는데, 이들을 유아어 형태라고 한다. 가장 친숙한 것이 바로 'papa'와 'mama'이다. 영어에서는 거의 모든 중첩 음절이 거의 모든 의미의 유아어 형태로 사용될 수 있다. 개별 가정도 이러한 유아어 형태의 공급원이 될 수 있다. (예) [ˈdijdij, ˈdajdaj, ˈdajdij, ˈmijmij, ˈwawa]. 이러한 습관

---

17) 다음에 나오는 의성어의 경우와 유사하다.

은 어린이가 비교적 쉽게 재생할 수 있는 언어형태를 제공해주는 동시에, 어른에게는 어린이의 발화를 (해당 언어공동체의) 관습적인 신호체계로 전환시키는 데 도움을 준다.

애칭(*pet-name / hypochoristic*)[18]과 관련된 함축은 주로 유아어 형태의 함축과 융합된다. 영어에는 'Lulu'처럼 중첩된 유아어 형태를 갖는 애칭이 비교적 적다. 그러나 프랑스어에는 'Mimi'나 'Nana' 등과 같이 유아어 형태의 애칭이 더 보편적이다. 영어의 애칭은 일정하지 않아서, 'Tom, Will, Ed, Pat, Dan, Mike' 등과 같은 애칭이 구조적인 관점에서 완전한 이름(성과 이름 포함)의 축약형 정도로 기술될 수 있다. 물론 이름을 줄인 형태와 관련성이 적은 애칭도 있다. 예를 들어, 'Robert'를 'Bob'이라고 한다든가, 'Edward'를 'Ned'라고 한다든가, 'William'을 'Bill'이라고 한다든가, 'Richard'를 'Dick'이라고 한다든가, 'John'을 'Jack'이라고 하는 경우가 여기에 해당한다. 일부 애칭에는 지소(指小) 접미사[19] 〔-ij〕를 붙이기도 한다. (예) Peggy, Maggie(Margaret), Fanny(Frances), Johnny, Willie, Billy.

무의미 형태의 함축에도 약간의 강조의도가 담겨 있다. 관습적인 용법이기는 하지만, 이 가운데 일부는 'tra-la-la, hey-diddle-diddle, tarara-boom-de-ay' 등에서 보듯이, 외연적 의미를 전혀 갖지 않는다. 모호하나마 명시적으로 외연적 의미를 갖는 다음과 같은 형태도 있다. (예) fol-de-rol, gadget, conniption fits(신경질적 발작). 어느 화자든 무의미 형태를 창안해내는 것은 자유이지만, 동료 화자들이 그런 무의미 형태를 의미 있는 신호체계의 일종으로 받아들이도록 만들 수 있느냐 하는 것은 전혀 별개로 거의 성공의 희망이 보이지 않을 수도 있는, 지극히 어려운 문제이다.

---

18) 둘째 단어 'hypochoristic'에서 중간에 들어간 'h'는 오식으로 보인다.
19) 축소사(縮小辭)라고도 한다.

제 10 장

문법 형태

10. 1. 지금까지 살펴본 것처럼, 언어는 여러 가지 신호(signal), 다시 말해 수많은 언어형태로 구성된 복합체이다. 그런데 이러한 개별 언어형태는 신호의 단위인 음소들의 고정된 결합이라고 할 수 있다. 음소의 수효나, 실제 발생하는 음소 결합의 수효는 언어마다 엄격하게 제한되어 있다. 화자가 어떤 언어형태를 발화하는 이유는, 청자가 어떤 상황에 즉시 반응을 보이도록 하기 위한 것이다. 그러므로 이러한 상황과 그에 따른 반응이 곧 그 언어형태의 언어적 의미라고 할 수 있다. 우리는 동일 언어 안에서 하나의 언어형태가 갖고 있는 의미가 불변적이고 명백하며, 다른 모든 언어형태의 의미와 구별되는 것으로 가정한다. 예를 들어, 'I'm hungry'와 같은 언어형태의 발화를 여러 차례 들으면, 우리는 누구나 (1) 이들 여러 형태에서 각각에 담긴 음의 차이가 무관하고,[1] (2) 여러 화자가 말할 때 처한 여러 상황 속에 공통적인 자질이 들어 있으며, 이들 상황의 차이가 의미상 무관하고, (3) 여기에 담긴 언어적 의미가 동일 언어에서 발화되는 다른 모든 언어형태의 의미와 구분된다고 전제한다. 화자의 상

---

[1] 여기서 '무관하다'는 말은 발화의 기본의미를 이해하는 과정에서 고려하지 않는다는 뜻이다.

황과 청자의 반응이 이 세상의 삼라만상을 포함하고, 특히 개개인의 내면을 통제하는 신경계의 일시적인 상태에 따라 극히 가변적이기 때문에, 이미 밝혔듯이 이러한 전제는 결코 입증할 수 없다. 더욱이 언어의 역사적인 변화를 다룰 때는 이러한 전제가 통하지 않는다는 사실을 알게 된다. 그러나 화자들이 언어 신호를 갖고 매우 정제된 방식으로 서로 협동한다는 단순한 사실 하나만으로도 우리의 전제는 대략적으로나마 정당화될 수 있을 것이다. 언어를 기술할 때는 어떤 사회의 어떤 특정 시기에 벌어지는 이와 같은 협동에 관심을 두는 것이지, 일시적인 협동의 실패나 역사를 통해서 일어난 변화에 관심을 두는 것이 아니다. 따라서 언어학의 기술적(記述的) 국면은 이들 언어형태가 불변적이고 정의가 가능한 의미를 갖는다는 전제에 따라 언어형태를 엄격하게 분석하는 데 있다(9.5절).

그렇지만 이러한 기본적 가정은 시작부터 다른 방향으로 수정할 필요가 있다. 언어형태를 상당분량 다루다 보면, 지금까지 논의에서 무시했던 자질, 즉 언어형태의 부분적인 유사성을 발견할 수 있기 때문이다. 누군가가 발화하는 다음과 같은 말을 들었다고 가정해 보자.

John ran,

그리고 얼마 안 지나서 그 사람이나 또 다른 사람이 발화하는 다음과 같은 말을 들었다고 가정해 보자.

John fell.

'John ran'과 'John fell'에는 모두 'John' 〔ʤɑn〕이란 요소가 포함되어 있으므로, 이 두 형태가 음성적으로 일부 유사하다는 사실은 누구

272

나 금방 알아챌 것이다. 그리고 이 두 형태의 의미가 (음성적 유사성에) 상응하는 유사성을 보여준다는 사실도 곧 알아차리게 될 것이다. 그러니까 어떤 언어형태에 〔jɑn〕이라는 음성요소가 포함되면, 그 의미는 공동체의 어떤 남자 어른이나 아이를 함축하게 된다는 것이다. 운이 좋으면, 누군가가 다음과 같이 다른 형태가 없이 하나의 형태만 있는 발화를 들을 수도 있다.

John!

그러한 경우를 무수히 관찰하다 보면, 언어학의 기본가정을 다음과 같이 수정하지 않을 수 없을 것이다. 한 언어공동체에서 일부 발화는 소리와 의미가 유사하거나 부분적으로 유사하다.

부분적으로 유사한 발화의 공통부분(위의 경우 John)에는 동일한 불변의 의미가 담긴 음성형태가 하나 있다. 마찬가지로 부분적으로 유사한 발화와 공통되지 않은 부분(위의 경우 'ran'과 'fell')도 언어형태로 판명될 것이다. 'John ran'이라는 형태를 들은 사람은 나중에 'Bill ran'이라는 형태나, 'Ran'이라는 고립된 형태를 듣게 될 수도 있다. 'John fell'에서처럼 'fell'이라는 성분도 마찬가지이다. 그러므로 'Dan fell'과 같은 형태를 듣거나 고립된 형태 'Fell'을 들을 수도 있을 것이다.

다른 경우에는 고립된 형태가 나타나지 않는다. 'John, Bill, Dan'과 같은 형태를 알고 있으면, 'Johnny, Billy, Danny'와 같은 형태를 듣고 '작다'는 의미를 가진 고립된 형태 '-y' 〔-ij〕를 기대하겠지만 유감스럽게도 그런 형태가 나타나는 경우는 없다. 'play'와 'dance'에 익숙한 사람이라면 'playing'과 'dancing'에 대해서도 들었을 것이고, '-ing' 〔-iŋ〕이 고립된 형태로 나타나는 경우를 기대하겠지만, 역시 그런 형태가 나타나는 경우란 없다는 사실을 알게 되면, 이 음절의 의미가 다소 모호하다는 사실을 깨닫게 될 것이다. 일부 성분은 홀로 나타나지 않고 보다 큰 다른 형태의 일부로만 나타난다는 사실에도 불구하고, 이러한 성분도 언어형태라고 부른다. 〔ij〕와 〔iŋ〕 같은 음성형태에도 불변의 의미가 있기 때문이다. 절대 단독으로 사용되지 않는 언어형태를 의존형태라고 한다. 'John ran', 'John', 'run', 'running' 등과 같은 형태는 각각이 다른 형태에 대해 자립형태[2] 이다.

어떤 형태는 다른 형태의 일부로 나타나지 않는다. 예를 들어, 'cranberry'라는 형태를 들었다고 하자. 그러면 'berry'라는 성분이 'blackberry'와 같은 다른 형태에도 사용되고 있다는 사실을 곧 알 수 있다. 그리고 이 성분이 단독으로 쓰이는 경우도 들어보았을지 모른다. 그러나 'cranberry'의 다른 성분 'cran-'이 단독으로 쓰이는 경우는 들어보지 못했을 것이다. 이 성분은 'berry'와의 결합형태인 'cranberry' 이외에 결코 나타나지 않기 때문이다. 그러므로 아무리 노력해도 'cran-' 성분이 들어간 다른 형태는 찾을 수가 없을 것이다. 말하자면 'Oh, yes, I guess *cran* means red'(아, 그러니까 cran은 붉다는 뜻이로군요?)처럼 잘못된 양보를 하는 경우가 아니라면 그런 형태는 절대 유도해낼 수 없다. 이러한 함정을 피하려면 'cran-'이라는 성분이 오로지 결합형태 'cranberry'에만 나타난다는 결론을 내려야 할 것이다. 그러나 이 성분도 불변의 음성형태를 가지고 의미 또한 불변이므로, (이 언어형태의 경우에는) 단 하나의 결합형태로만 존재하는 언어형태, 즉 유일 요소(형태소)라고 일반화하는 편이 좋을 것이다.

어떤 형태의 발음이 동일한 경우, 그 의미 또한 동일한 것으로 간주할 수 있을지는 쉽게 판단할 수 있는 문제가 아니다. 'strawberry'

---

2) 앞서 말했듯이 추상적인 개념을 가리킬 때는 '의존형태'와 '자립형태'라는 용어 대신 '의존형식'과 '자립형식'으로 옮겼다.

의 'straw-'는 'strawflower'의 'straw-'와 발음뿐만 아니라 고립된 형태도 동일하다. 그러나 그 의미가 동일한지 여부에 대해서는 단정할 수 없다. 화자들에게 물어본다고 해도, 화자에 따라 제각기 다른 답변이 나올 것이다. 누구라도 우리와 마찬가지로 이에 대해 확실하게 답변하지 못한다. 이러한 난관은 의미론이 갖는 보편적인 난제의 일부이다. 현실세계는 모든 것이 명쾌하게 구분되는 세계가 아니다.

10. 2. 'John ran, John fell, Bill ran, Bill fell', 'Johnny, Billy', 'playing, dancing', 'blackberry, cranberry', 'strawberry, strawflower' 등과 같은 형태에서 보듯이, 언어형태 중에는 음성상으로나 의미상으로 서로 부분적인 유사성을 지니고 있는 것들이 있다. 어떤 형태가 이처럼 음성적으로나 의미적으로 다른 형태와 부분적인 유사성을 갖고 있다면, 이 형태는 복합형태이다.

(둘 또는 둘 이상의) 복합형태에서 공통부분은 하나의 언어형태인데, 우리는 이 형태를 복합형태의 구성성분[3] 또는 성분이라고 부른다. 이러한 성분은 복합형태에 '포함되어' 있거나 '내포되어' 있다고 하며 혹은 복합형태를 '구성한다'고도 한다. 복합형태에 공통부분 이외의 나머지 부분(예: cranberry의 cran-)이 포함되었다면, 이러한 나머지 부분 역시 언어형태이다. 이때의 나머지 부분은 복합형태의 '유일 요소' 또는 '유일 구성성분'이라고 한다. 위에 든 용례의 성분형태는 'John, ran, Bill, fell, play, dance, black, berry, straw, flower, cran-(cranberry의 유일 구성성분)'과 '-y'(Johnny, Billy) 및 '-ing' (playing, dancing)이다. 복합형태에서 각 구성성분은 다른 구성성분을 '동반한다'고 말한다.

---

3) 이 용어와 아래에 나오는 '직접구성성분'은 각각 '구성요소'와 '직접구성요소'라고도 불린다.

음성상으로나 의미상으로 다른 언어형태와 유사성이 전혀 없는 언어형태는 단일 형태, 즉 형태소이다. 그러므로 'bird', 'play', 'dance', 'cran-', '-y', '-ing'은 형태소이다. 'bird'와 'burr'의 경우 혹은 'pear', 'pair', 'pare' 등과 같은 동음이의어 형태소에서는 음성적 유사성이 부분적으로 나타나지만, 이러한 유사성은 단순히 음성적일 뿐이며 의미적으로는 전혀 다르다.

이러한 점으로 미루어볼 때, 모든 복합형태는 음성적으로 정의할 수 있을 만큼 존재하는 형태소로 구성된 것으로 보인다. 이러한 궁극적 구성성분은 그 숫자가 상당히 많을 수도 있다. 'Poor John ran away'는 5개의 형태소를 포함하는데, 그것은 'poor', 'John', 'ran', 'a-'(aground, ashore, aloft, around 등과 같은 형태에서 반복적으로 나타나는 의존형태) 및 'way' 등이다. 그러나 복합형태의 구조는 결코 이렇게 간단하지 않다. 모든 복합형태를 궁극적 구성성분으로 나눈다면 언어의 복합형태는 이해가 불가능하다. 영어를 아는 사람이라면 'Poor John ran away'의 직접구성성분이 'Poor John'과 'ran away'라는 두 개의 형태라는 사실을 알고 있을 것이다. 그러나 이 두 개의 형태는 복합형태로, 'ran away'의 직접구성성분은 형태소 'ran'과 복합형태 'away'이다. 또 'away'의 구성성분은 'a-'와 'way'이다. 한편 'Poor John'의 직접구성성분은 2개의 형태소 'Poor'와 'John'이다. 형태소의 궁극적 구성성분 파악은 이처럼 적합한 분석(의미를 고려한 분석)을 통해서만 가능할 것이다. 그 이유는 나중에 밝혀진다.

10. 3. 형태소는 한 개 이상의 음소로 구성되어 있으므로 음성학적 기술이 가능하다. 그러나 그 의미는 현재의 과학으로 분석할 수 없다. 예를 들어, 형태소 'pin'은 다른 형태소 'pig', 'pen', 'tin', 'ten' 등과 음성적 유사성을 지니고 있으므로 이러한 유사성을 기초로 하여

세 개의 음소로 분석하고 기술할 수 있다(5.4절). 그러나 이러한 유사성은 의미의 유사성과 무관하므로, 우리는 음소에 아무런 의미도 부여할 수 없으며, 따라서 현재의 과학으로는 형태소의 의미를 더 잘게 분석할 수 없다. 형태소의 의미는 의미소(意味素)라고 부른다. 언어학자는 개별 의미소가 불변적이고 명백한 의미단위로서 해당언어에서 (다른 모든 의미소를 포함한) 다른 모든 의미와 구분된다고 가정한다. 언어학자는 이 수준 이상을 넘어서면 안 된다. 'wolf', 'fox', 'dog'와 같은 형태소 구조에는 이들 형태 사이의 의미관계를 알려주는 아무런 정보도 들어 있지 않다. 이를 규명하는 일은 동물학자의 몫이다. 이들 의미에 대한 동물학자의 정의는 우리에게 실용적으로 많은 도움이 되지만, 언어학에서는 그러한 정의를 인정할 수도 없고 부정할 수도 없는 것이다.

언어를 비롯한 작동가능한 신호체계에는 소수의 신호단위가 담길 수 있지만, 그러한 신호체계에 의해 신호로 표시되는 것(현실세계의 모든 내용)은 무한히 다양할 수 있다. 따라서 신호(최소 신호단위인 형태소를 가진 언어형식)는 최소 신호단위인 음소들의 다양한 결합으로 구성되며, 그러한 각각의 결합은 실제 세계의 일부 자질(의미소)에 자의적으로 할당된다. 신호는 분석이 가능하지만, 신호의 대상은 분석이 불가능하다.

이러한 점에서 볼 때 언어학의 연구는 언제나 의미가 아닌 음성형태에서 출발해야 한다. 음성형태, 즉 한 언어에 저장된 형태소 목록의 총화는 음소와 음소들의 연속이라는 관점에서 분석할 수 있고, 이러한 기반에서 모종의 편의적인 순서, 이를테면 알파벳 순서에 따라 분류하고 목록으로 작성할 수 있다. 의미 또는 한 언어의 의미소들은 거의 전지전능한 관찰자가 아니고서는 정확하게 분석하거나 체계적으로 배열할 수 없다.

10.4. 복합형태는 어느 것이나 전적으로 형태소들로 이루어져 있으므로 이러한 형태소들의 목록을 완벽하게 작성하면 그 언어의 모든 음성형태에 대한 해답이 나올 것이다. 한 언어에 존재하는 형태소들의 저장목록을 통틀어 어휘부(어휘목록)라고 한다. 그러나 어떤 언어의 어휘부를 익히 알고, 또 개별 의미소에 대해 비교적 정확한 지식을 갖고 있다고 해도 그 언어의 형태들을 이해하는 데 실패하는 경우가 많다. 모든 발화에는 어휘부만으로 설명이 안 되는 어떤 유의미한 자질이 담겨 있다. 예를 들어, 'Poor John ran away'라는 형식을 구성하는 'John', 'poor', 'ran', 'way', 'a-'라는 5개의 형태소만으로는 이 발화의 의미를 충분하게 설명하지 못한다. 그 의미의 일부는 이들 5개의 형태소가 복합형식에 나타나는 순서, 즉 배열에도 의존하기 때문이다. 모든 언어는 형태들의 배열에 의해 의미의 일부를 나타낸다. 따라서 영어에서 형태소의 배열이 다른 'John hit Bill'과 'Bill hit John'은 전혀 다른 의미를 지닌다.

한 언어에서 형태들의 유의미적 배열은 그 언어의 문법을 구성한다. 일반적으로 언어형태를 배열하는 방법에는 다음과 같은 네 가지가 있는 것으로 보인다.

⑴ 순서. 순서란 어떤 복합형태의 성분들이 발화되는 순서를 말한다. 순서의 중요성은 'John hit Bill'과 'Bill hit John'이라는 대조에서 뚜렷이 나타난다. 그러나 *'Bill John hit'라는 형식은 영어의 형태가 아니다. 영어에서는 여러 구성성분이 이런 순서로 배열되지 않기 때문이다. 마찬가지로 'play-ing'은 영어의 형태이지만, *'ing-play'는 영어의 형태가 아니다. 가끔 순서의 차이에 따라 함축된 의미 가치가 달라지는 경우도 있다. 예를 들어, 'Away ran John'이 'John ran away'보다 생생한 느낌을 준다.

(2) 음조변동.[4] 음조변동은 부차음소의 용법이다. 부차음소(5.11절)는 형태소 안에서 나타나지 않고, 오직 형태소들의 문법적인 배열에서만 나타나는 음소들이다. 'John'[jan]이나 'run'[ron]과 같은 형태소는 실제로 추상적 존재에 불과하다. 왜냐하면 실제 발화에서는 형태소에 문법적 의미를 전달하는 어떤 부차음소가 반드시 수반되기 때문이다. 영어에서 어떤 형태소가 단독으로 쓰일 때는 부차음소인 음의 음조가 수반되어(7.6절), 'John!'이나 'John?' 혹은 'John[.]' 중의 하나가 된다. 마지막 형태 'John[.]'은 어떤 질문에 대답할 때 사용하는 것으로 끝을 내려서 하강음조로 읽어야 한다. 그러므로 어말음조(억양)가 수반되지 않은 추상적이거나 혹은 무의미한 형태는 존재하지 않는다. 영어의 복합형태에서는 구성성분들의 일부에 반드시 부차음소인 강세가 수반된다(7.3절). 따라서 'convict'라는 단어는 강세의 위치 차이에 따라 명사가 되기도 하고 동사가 되기도 한다.

(3) 음성변이. 음성변이는 한 형태의 기본음소들에 나타나는 변화이다. 예를 들어, 'do'[duw]와 'not'[nat]이 합쳐 하나의 복합형태로 나타날 때는 'do'의 [uw]가 [ow]로 대치된다. 이러한 변이가 일어날 때마다 'not'은 모음을 잃고 결합된 형태인 'don't'[dow nt]가 된다. 이러한 경우에 일어나는 음성변이는 수의적이어서, 그냥 'do not'이라고 하기도 한다. 그러나 양자의 함축성은 서로 다르다. 다른 경우에는 음성변이가 필수적이다. 'count-ess'에서처럼 '여성형'을 나타내는 접미사 '-ess'는 'duke'[d(j)uwk]에도 붙을 수 있다. 그러나 이때 'duke'의 형태는 'duch-'[doč-]로 음성변이를 일으켜서 'duchess'[dočes]가 된다.

엄밀히 말해서 그러한 경우의 형태소는 'not'[nat]과 [nt], 'do'[duw]

---

4) 이 (2)번과 (3)번의 술어에 대해서는 제7장의 제목에 대한 각주를 참고할 수 있다. 7.1절에서는 이 둘을 합쳐서 'modification' 하나로 지칭하고 있다.

와 〔dow〕, 'duke'와 'duch-'처럼 둘 또는 그 이상의 상이한 음성형태를 가지며, 이들 교체형의 각 형태가 어떤 특정 조건하에서 나타난다고 해야 옳을 것이다. 그러나 위의 용례에서 보듯이 어떤 교체형은 다른 교체형보다 훨씬 광범위하게 나타나므로, 기본(교체)형이라고 부를 만하다. 그 밖의 다른 경우에는 교체형의 출현빈도가 거의 동일하다. 예를 들어, 'run'과 'ran'의 경우에는 어떤 교체형도 다른 동반형태의 존재에 의존하지 않기 때문에 기본(교체)형 설정이 어려워진다. 그러나 'keep'과 'kep-t'의 경우에는 과거형(kep-t)에 특정 수반형태(-t)와 함께만 나타나는 교체형(kep-)이 포함되어 있다. 따라서 'keep', 'run'과 같은 부정사 형태를 기본(교체)형으로 설정하고, 과거형에 나타나는 'kep-', 'ran'과 같은 형태를 음성변이를 거친 형태로 처리할 수 있다. 이밖에도 기본(교체)형 선택이 어려운 다른 경우에 대해서는 앞으로 논의하게 될 것이다. 물론 우리가 기본(교체)형을 선택하는 것은 언어 사실에 대해 최대한 간편한 기술을 하기 위해서이다.

(4) 선택. 형태의 선택은 의미인자에 영향을 미친다. 문법적인 배열이 같아도 형태가 다르면 의미 역시 달라지기 때문이다. 예를 들어, 감탄의 최종 음조(억양)로 발화되는 형태는 그 사람의 존재나 주의 환기를 나타내는 신호(John! 혹은 Boy!)로 간주되지만, 같은 방식으로 발화된 다른 형태는 명령을 나타내는 신호(Run! 혹은 Jump!)로 간주된다. 이러한 차이는 다른 복합형태(Mr. Smith! Teacher! : Run away! Dismount!)에도 그대로 확장된다. 감탄의 최종 음조(억양)로 발화되어 부름의 의미를 갖는 형태는 바로 이러한 이유로 영어에서 하나의 독립적인 형태부류를 형성하는데, 그러한 형태부류는 '인칭체언 표현'이라고 부를 수 있다. 마찬가지로 감탄의 최종 음조(억양)로 발화되어 명령의 의미를 갖는 형태는 바로 이러한 이유로 영어에서

'부정사(不定詞) 표현'(infinitive expression)이라고 할 수 있는 독립적인 형태부류를 형성한다. 감탄이 호출인지 명령인지는 이들 두 부류 가운데 어떤 부류의 형태를 선택하느냐 하는 문제와 직결되어 있다.

복합형태의 의미는 부분적으로 구성성분 형태의 선택에 좌우된다. 따라서 'drink milk'나 'watch John'과 같은 형태는 행위를 명명하는 (앞서 살펴본 바와 같은) 부정사 표현이지만, 'fresh milk'와 'poor John'은 모두 사물을 명명하고 있으므로 체언표현이다. 여기서 둘째 구성성분 'milk'와 'John'은 모두 동일하지만, 첫째 구성성분의 선택에 따라 의미가 달라져 있다. 이러한 차이로 미루어볼 때, 'drink'와 'watch'는 동일한 형태부류(타동사)에 속하며 'fresh'와 'poor'는 그와 다른 형태부류(형용사)에 속한다고 할 수 있다.

선택의 제반 자질은 보통 형태부류가 다시 여러 개의 하위 부류로 나뉘기 때문에 매우 복잡하게 나타난다. 영어에서 'John'이나 'the boys'와 같은 형태(주어의 체언표현)를 'ran'이나 'went home'과 같은 형태〔한정동사 표현(finite verb expression)의 형태부류〕와 결합시켜 나오는 복합형태는 이런 사물(대상)이 이런 행위를 '수행한다'는 의미를 갖는다(John ran, the boys ran, John went home, the boys went home). 그러나 이러한 선택 자질은 또 다른 언어습관에 의해 보완되어, 'John runs fast'나 'the boys run fast'와 같이 발화된다. 그러나 'John'을 'run fast'와 결합시킨다든가, 'the boys'를 'runs fast'와 결합시킨다든가 하는 방식은 불가능하다. 주격표현의 형태부류는 다시 단수와 복수라는 하위 부류로 나뉘며, 마찬가지로 한정동사 표현의 형태부류도 단수와 복수로 나뉜다. 그리하여 어떤 대상(사물)이 어떤 행위를 수행하는 사건을 나타내는 복합형태에서 두 구성성분은 단수와 복수라는 하위 부류에서 일치를 보인다. 라틴어 'pater filium amat'와 'filium pater amat'는 모두 '아버지가 아들을 사랑한다'(the father *loves the son*)는 의미이며, 'patrem filius amat'나 'filius patrem amat'는 '아들이 아버지를 사랑한다'(*the son loves the father*)는 의미이다. 여기서 'pater'와 'filius'는 모두 동일한 형태부류, 즉 주격에 속하고, 동사 'amat'(he loves)와 결합하면 그러한 행위를 수행하는 수행자의 의미를 갖는다. 'patrem'과 'filium'은 다른 형태부류, 즉 대격에 속하고, 'amat'와 같은 동사와 결합하면 그러한 행위의 수혜자 혹은 피경험자(대상 혹은 목표)라는 의미를 갖는다.

선택의 제반 자질은 다분히 자의적어서 예측이 불가능하다. 'prince', 'author', 'sculptor'와 같은 형태에는 접미사 '-ess'를 붙여 'princess', 'authoress', 'sculptress'라고 할 수 있지만(마지막 형태에는 음성변이가 일어나서 〔r〕이 〔r̩〕로 됨), 'king', 'singer', 'painter'와 같은 형태에는 '-ess'를 붙일 수 없다. 이러한 언어습관으로 볼 때, 앞의 단어들은 같은 형태부류에 속하지만, 뒤의 단어들은 여기서 배제된다고 할 수 있다.

10. 5. 문법적 배열의 제반 자질은 다양한 결합형태로 나타나지만, 대체로 그것만을 가려내어 별도로 신호화하고 기술할 수 있다. 문법적인 배열의 가장 간단한 자질은 문법 자질 혹은 문법특성소(*taxeme*)이다. 문법특성소와 문법과의 관계는 음소와 어휘부의 관계와 같으니, 곧 최소 형태단위이다. 문법특성소도 음소와 마찬가지로 그 자체만으로는 추상적이며, 따라서 아무런 의미도 없다. 드물게는 단일 음소도 있지만 대체로는 음소들의 결합이 실제적인 어휘신호(음성형태)로 나타나는 것처럼, 문법특성소 또한 단일 문법특성소가 흔하지만 여러 문법특성소가 결합해서 관습적인 문법배열, 즉 배합형식(*tactic form*)[5]으로 출현하는 경우가 일반적이다. 의미를 갖는 음성형식이 언어형태이듯이, 의미를 갖는 배합형식이 바로 문법형태이다. 어떤

언어형태의 어휘적인 순수 자질을 그 형태의 배열습관과 관련지어 말할 때, 그것을 어휘형태라고 한다. 어휘형태의 경우에 우리는 최소 유의미 단위를 형태소로 정의하고, 그 의미를 의미소로 정의했다. 마찬가지로 문법형태의 최소 유의미 단위는 문법소(*tagmeme*)라고 지칭하고 그 의미는 구조의미소(*episememe*)라고 지칭할 수 있다. 6)

'Run!'이라는 발화에는 두 가지의 문법 자질 혹은 문법특성소가 들어 있는데, 그것은 감탄의 최종 음조(억양)에 의한 음조변동과 부정(不定)동사의 용법(이와 다른 것으로는 'John!'이란 표현과 같이 명사를 사용하는 경우가 있음)에 의한 선택 자질이다. 이들 두 문법특성소 각각이 영어에서는 배합형태가 된다. 그 하나하나가 현재 신호의 단위로 사용되기 때문이다. 이러한 문법특성소를 그 의미와 연관지어 기술할 때, 우리는 그것을 문법형태의 단위, 곧 문법소라고 한다. 감탄의 최종 음조(억양)라는 문법소는 모든 어휘형태와 함께 나타나서 그 어휘형태에 문법적인 의미, 곧 구조의미소를 부여한다. (이러한 구조의미소를 대략 강력한 자극이라고 기술할 수도 있을 것이다.) 부정(不定) 형태를 형태부류로 드러내는 선택의 문법소는 보통 '부류 의미'라 지칭되며 행위(*action*)로 정의되는 문법의미, 곧 구조의미소를 지닌다.

문법소는 하나 이상의 문법특성소로 구성될 수도 있다. 예를 들어, 'John ran'이나 'poor John ran away', 'the boys are here', 'I know' 등과 같은 형태에는 서너 개의 문법특성소가 들어 있다. 그 중 하나의 구성성분은 주격표현(John, poor John, the boys, I)의 형태부류에 속한다. 다른 구성성분은 한정동사7) 표현(ran, ran away, are here,

---

5) 이 단어의 사전적 의미인 '전략'을 고려하여 '의도적인 배열'이라는 뜻의 '배합'으로 번역했다.

6) 전반적으로 음운 자질과 형태 자질이 평행한 것으로 생각하고 있다.

7) 한정(限定)동사(*finite verb*)와 부정(不定)동사(*infinitive verb*)는 각각 '정

know)에 속한다. 선택의 문법특성소를 더욱 세분화할수록 한정동사
의 표현은 특정의 주격표현에 한정된다. 따라서 'I am'이나 'John is'
혹은 'you are'에서 각 구성성분은 서로 바뀔 수 없다. 순서의 문법특
성소는 주격표현의 자리를 한정동사 표현 앞으로 국한시킨다. 따라
서 *'ran John'이라고는 말할 수 없다. 기본적인 순서를 바꾸어서
'did John run?'이나 'away ran John' 혹은 'ill John?'처럼 나타나는
특수한 경우도 있다. 음조(억양) 변동의 문법특성소는 'I know' [aj 'now]
처럼 주격표현에 강세를 주지 않는 특별한 경우에만 나타난다. 음성
변이의 문법특성소는 'John's here'에서처럼 is를 [z]라고 하거나 'I'd
go'에서처럼 'would'를 [d]라고 하는 특수한 경우에만 나타난다. 이
러한 문법특성소는 그 자체만을 놓고 보면 아무런 의미가 없다. 그러
나 전체적으로 보면 이들 또한 문법형태(문법소)를 구성하고 있으며
그 한 구성성분(주격표현)이 다른 구성성분(한정동사 표현)을 '수행한
다'는 의미를 갖는다.

'John ran'이란 말을 감탄 음조(억양)로 발화한다면, 이것은 세 가
지의 문법소를 가진 복합형태이다. 첫째 문법소는 강한 자극이고 둘
째 문법소는 '(무엇이 어떤 행위를) 수행한다'는 것이며, 셋째 문법소
는 '완벽하고 참신한' 발화임을 나타내는 구조의미소를 갖는 한편, 형
식적으로 행위주-행위 구(句)를 문장으로 사용하는 선택 자질로 구성
되어 있는 것이라고 말할 수 있다.

10.6. 모든 발화는 어휘형태나 문법형태의 관점에서 기술할 수 있
다. 그러나 의미는 현재의 과학으로 정의할 수 없다는 점을 잊어서는

동사'와 '부정사'로 부르기도 한다. 원어의 대립적 의미를 살리는 뜻에서 각
각 '한정동사'와 '부정동사'로 옮기되, 오해의 여지가 없는 경우에 '부정사'라
는 용어를 사용했다.

안 된다.

형태소는 (의미를 논외로 하면) 어떤 배열을 형성하는 하나 혹은 둘 이상의 음소로 기술할 수 있다. 따라서 형태소 'duke'는 여러 개의 단일 혹은 복합음소, 즉 〔d〕, 〔juw〕, 〔k〕가 순서대로 배열된 것이다. 그리고 '-ess'는 음소 〔e〕와 〔s〕가 차례로 배열된 것이다. 의미를 제외한다면 모든 복합형태는 직접구성성분의 형태와 문법 자질(문법특성소)에 의해 완전하게 기술할 수 있다. 복합형태 'duchess'〔dočes〕는 직접구성성분 'duke'〔djuwk〕와 '-ess'〔es〕가 다음과 같은 방식으로 배열된 것이다.

선택: 'duke'의 구성성분은, 영어에서 '-ess'와 결합하는 특수한 형태부류에 속한다. 이러한 형태부류에는 'count', 'prince', 'lion', 'tiger', 'author', 'waiter' 등이 포함된다. 그러나 'man', 'boy', 'dog', 'singer' 등은 그러한 결합을 이룰 수 없다. 이들 형태는 사람을 가리키는 명사의 남성형이라는 (보다 큰 형태의) 하위 부류에 속한다. 형태 '-ess'만이 앞서 언급한 일련의 형태와 정확하게 결합한다는 점에서, 그 자체가 하나의 작은 형태부류를 형성한다고 할 수 있다. 이러한 사실은 모두 선택이라는 단일 문법소로 간주될 수 있다.

순서: '-ess'란 형태는 반드시 동반하는 다른 형태의 뒤에 나온다.

음조변동: 형태 '-ess'에는 강세가 없다. 동반하는 형태가 강세를 갖는다.

음성변이: 'duke'의 〔juw〕와 〔k〕는 각각 〔o〕와 〔č〕로 대체된다.

그러므로 'duke'와 '-ess'라는 형태가 주어져 있다면, 위와 같은 네 가지 문법 자질에 대한 진술을 통해서 복합형태 'duchess'를 충분히 기술할 수 있다.

실제 발화는 어휘형태와 여기에 수반된 문법 자질을 이용한 완전한 기술이 가능하다. 이런 관점에서 볼 때, 'Duchess!'라는 발화는 'duchess'라는 어휘형태 자체와 아울러, 감탄의 최종 음조(억양)와 체언표현의 선택이라는 두 가지 문법소로 구성되어 있다고 할 수 있다.

여기서 다룬 단위들의 의미를 과학적으로 정의할 수 있는 수단을 확보한 상태에서, 두 형태소('duke'와 '-ess')의 의미(의미소)와 세 가지 문법소('duke'와 '-ess'의 배열, 감탄을 지시하는 최종 음조(억양)의 사용, 체언표현의 선택]의 의미를 정의할 수 있다면, 'Duchess!'라는 발화의 의미도 완벽하게 분석하고 정의할 수 있을 것이다.

10. 7. 문법형태는 엄밀히 말해 일종의 가정이라고 불러야 하는 필요원리, 즉 언어란 어떤 형식적 자질에 부가된 의미만을 전달할 수 있다는 명제에서 절대 벗어나지 않는다. 다시 말해 화자는 신호라는 수단을 통해서만 메시지(신호)를 보낼 수 있다. 지금까지 언어학자들은, 문법의 형식적 자질이 우리가 발음하거나 전사할 수 있는 음소 혹은 음소 결합이 아니라, 단지 음성형태의 배열에 불과하다는 사실 때문에, 오류를 범하는 수가 많았다. 이러한 학문태도는 비판을 받을 여지가 충분하다. 이런 태도만 아니라면, 영어에서 'John hit Bill'과 'Bill hit John'이 다른 상황을 가리키고, 'convict'의 첫째 음절에 강세를 두는 경우와 둘째 음절에 강세를 두는 경우가 의미상의 차이를 유발하며, 'John!'과 'John?' 및 'John.' 사이에도 역시 의미상의 차이가 있다는 사실을 어렵지 않게 확인할 수 있을 것이다.

최종 음조(억양)가 구체적으로 표시되지 않은 'John'이나 'run'과 같이 추상적으로 언급된 형태는 진정한 언어형태가 아니라 그냥 어휘형태에 불과하다. 언어형태란 실제로 발화되면서 항상 문법적 형태를 보유하게 된다. 그 형태의 단순성 유무나 발화방식을 불문하고,

해당 형태를 발화했다는 것은, 곧 우리가 이미 특정한 선택을 사용했고, 그 선택에 의해 해당 발화가 어휘의 내용에 덧붙여 문법적 의미를 전달했으며, 또한 영어에서 진술(평서), 판정의문, 설명의문, 감탄 등과 같은 문법적 의미를 부여하는 특정한 음조(억양) 체계를 사용했다는 뜻이다.

한 언어의 문법형태는 다음과 같은 세 가지 유형으로 묶일 수 있다.

(1) 어떤 형태가 (보다 큰 형태의 구성성분이 아니라) 독립적으로 발화된다면, 그것은 모종의 문장유형으로 나타난다. 영어에서는 부차음소 〔!〕를 사용하면 감탄의 문장유형이 되는데, 이때 체언표현을 사용하면 부름(호출)의 유형이 된다('John!').

(2) 두 형태(그 이상인 경우는 거의 없음)가 함께 복합형태의 구성성분으로 발화된다면, 이들의 결합을 형성하는 일련의 문법적 자질은 구성체(*construction*)[8]를 형성한다. 예를 들어, 'duke'와 '-ess'가 결합해서 'duchess'가 되는 문법적 자질과, 'poor John'과 'ran away'가 결합해서 'poor John ran away'가 되는 문법적 자질은 모두 구성체를 이룬다.

(3) 또 다른 중요한 문법형태의 부류는 어떤 형태가 부류 전체의 어느 하나와 관습적으로 대치되어 발화되는 경우로 채워져야 할 것이다. 예를 들어, 영어에서 형태 'he'가 관습적으로 'John', 'poor John', 'a policeman', 'the man I saw yesterday', 'whoever did this' 등과 같이 다른 형태들로 이루어진 부류 전반(이런 습관 때문에 '단수 남성 체언표현'이라는 부류를 형성한다)을 대신하는 선택 자질은 의심할 바

---

8) 이 용어에 대해서는 '구성', '구조' 및 '구조체계' 등의 번역도 가능하다. 추상적인 개념을 언급하는 경우에는 관용대로 '구성'으로 옮겼고, 구체적인 형태의 결합이나 문장의 구조를 가리키는 경우에는 '구성체'로 옮겼다.

없이 '대치'(*substitution*)[9]라는 이름을 붙일 수 있는 제 3의 문법 형태 부류로 간주된다.

9) 'pro-form'의 번역어로 쓰이는 '대형식'과 구분하기 위해 '대치'라는 표현으로 옮겼다.

제11장

문장 유형

11. 1. 모든 발화에서 하나의 언어형태는 보다 큰 형태의 구성성분으로 출현하든지(예: 'John ran away'라는 발화의 'John'), 아니면 어떠한 복합적 형태에도 포함되지 않는 독립형태로 출현한다(예: 감탄 발화 'John!'의 'John'). 어떤 언어형태가 보다 큰 단위의 부분으로 출현할 때, 이 언어형태는 내포위치에 있다고 한다. 그렇지 않은 경우에는 이 언어형태가 절대(독립)위치에서 (단독으로) 문장을 형성한다고 한다.

어떤 발화에서 단독으로 문장을 형성하면서 나타난 형태가 다른 발화에서는 내포위치에 나타날 수 있다. 위에서 언급한 감탄이 담긴 발화에서 'John'은 그 자체가 하나의 문장이다. 그러나 'Poor John!'과 같은 발화에서는 같은 'John'이라는 형태가 내포위치에 놓인다. 그런데 위의 감탄 발화에서 'poor John'은 하나의 문장이지만, 'Poor John ran away!'와 같은 발화에서는 내포위치에 놓이게 된다. 또 방금 언급한 감탄 발화에서도 'poor John ran away!'는 하나의 문장이지만, 'When the dog barked, poor John ran away'와 같은 발화에서는 역시 내포위치에 놓이게 된다.

하나의 발화는 한 문장보다 큰 형태로 구성될 수도 있다. 유의미적이고 관습적인 문법배열, 즉 구성(construction)에 의해 보다 큰 단위로 통합되지 않은 네댓 언어형태가 주어진 발화에 포함되어 있을 때가 바로 이러한 경우에 해당한다. (예) How are you? It's a fine day. Are you going to play tennis this afternoon? 이들 세 형태 사이의 실제적인 연관관계가 무엇이든, 여기에는 이들 세 형태를 하나의 보다 큰 형태로 통합시키는 아무런 문법배열도 존재하지 않는다. 그러므로 이 발화는 세 문장으로 이루어져 있다고 말할 수 있다.

어떤 발화에 나오든, 문장은 그 자체가 독립적인 언어형태라는 사실(즉, 여하한 문법적 구성에 의해서도 보다 큰 언어형태에 내포되지 않는다는 단순한 사실)로 인해, 문장만의 뚜렷한 표지를 갖는다. 그러나 거의 모든 언어에서는 다양한 문법특성소가 문장을 구분하고, 나아가 상이한 문장의 유형까지 서로 구분한다.

영어를 비롯한 많은 언어에서는 문장표시가 음조변동, 즉 부차음소를 이용해서 이루어진다. 영어에서는 고조 음조라는 부차음소가 문장의 끝을 표시하여, 다음과 같은 세 가지 주요 문장유형을 구분한다. John ran away 〔.〕 John ran away 〔?〕 Who ran away 〔¿〕. 이들 각각의 유형에 우리는 감탄과 관련된 문장 음조(억양)를 의도적으로 왜곡한 변이유형을 덧붙일 수도 있다. 그렇게 되면 결과적으로 영어의 문장유형은 7. 6절에서 기술한 대로 모두 여섯 가지가 된다.

문장 종결을 표시하기 위한 부차음소의 용법은 이른바 병렬구성을 가능하게 하는데, 이와 같은 경우에 다른 구성에 의하지 않고 결합된 두 형태는 오직 하나의 문장 음조(억양) 용법에 의해 통합된다. 예를 들어, 만일 It's ten o'clock 〔.〕 I have to go home 〔.〕을 발화할 때 'o'clock'이라는 진술에 하강음조(억양)를 주게 되면 두 문장을 발화한 것이지만, 만일 이 음조(억양)를 생략하면(또는 휴지음조로 대치하면) 병렬구성에 의해 두 문장이 통합되어 결과적으로 한 문장을 발화하는 셈이 된다. It's ten o'clock 〔,〕 I have to go home 〔.〕

영어를 비롯한 다른 많은 언어에서 문장과 관련된 음조변동의 또 다른 자질은 부차음소를 사용해서 문장의 강조부분을 드러내는 것이다. 영어에서는 이런 목적으로 가장 높은 강세를 사용한다. (예) "Now it's *my* turn"(7.3절). 영어에서 강조요소는 특수한 구성(예: It was *John* who did that.)이나 순서(예: *Away* he ran.)로 표시되기도 한다.[1] 강세가 변별적인 역할을 하지 않는 언어에서는 이와 같은 수단이 널리 활용된다. (예) 프랑스어 C'est Jean qui l'a fait. 〔s ɛ žɑⁿ ki l a f ɛ〕(It is *John* who did it.) 일부 언어에서는 강조할 요소의 앞뒤에 특수한 단어를 사용한다. (예) 타갈로그어 〔ikaw' ŋaʔ aŋ nag'sa:bi nijan〕'당신(강조 첨사) - 그 사람 - 관계대명사 - 그것을 말하다' ('You yourself said so.') / 메노미니어 〔jo:hphe 'niw, kan 'wenah 'wa: pah〕 '오늘(강조 첨사), 아니(강조 첨사), 내일.' 영어의 높은 강세는 통상적으로 강세를 받지 않는 형태를 두드러지게 할 수 있다. (예) *of*, *for*, and *by* the people; *im*migration and *em*igration.[2]

11.2. 음조변동 이외의 선택 자질은 상이한 문장유형을 표시하는 데 기여하기도 한다. 이러한 현상은 방금 예로 든 보기에 해당하는데, 특수한 구성체나 특수한 첨사를 사용하여 강조요소를 표시하는 경우를 말한다. 영어에서는 설명의문문이 특수한 음조(억양) 음소 〔¿〕에 의해서 구분될 뿐만 아니라, 선택의 문법특성소에 의해 구분되기도 한다. 즉, 설명의문문으로 사용되는 형태는 특수한 유형의 단어나 구(의문 대치형태)로 구성되든가, 아니면 그런 단어나 구를 포함한다는 것이다. (예) Who? With whom? Who ran away? With whom

---

1) 이탤릭체로 된 단어가 강조된 요소이다. 전자는 구조(*dislocation*)에 의한 강조이고, 후자는 부사의 도치에 의한 강조이다.

2) 'ascending and descending' 짝도 이러한 대조발음이 가능하다.

was he talking?3)

　아마도 모든 언어는 크게 두 가지 유형의 문장, 즉 완형문과 소형
문을 구분할 것이다. 양자의 차이는 선택의 문법특성소에 있다. 화자
들은 선호하는 문장형태를 갖고 있는데 이를 상용문 형태라고 한다.
상용문 형태가 한 문장으로 사용될 때 이 문장은 완형문이고, 상용문
이외의 다른 형태가 한 문장으로 사용될 때 이 문장은 소형문이다.
영어에는 두 가지 상용문 형태가 있다. 하나는 행위주-행위 구성이라
는 구조를 갖는 행위주-행위 구이다. (예) John ran away. Who ran
away? Did John run away? 다른 하나는 명령으로 이루어지는데, 부
정(不定)동사의 형태를 취하고 있다. (수식어가 붙을 수도 있고 붙지
않을 수도 있다.) (예) Come! Be good! 이 둘째 유형은 항상 감탄의
문장 음조(억양)로 발화된다. 여기서 부정동사에는 행위주로 이인칭
대명사 'you'가 따라 나올 수도 있다. (예) You be good! 위의 보기
에서 보는 바와 같이, 완형문 유형의 의미는 '완벽하고 참신한 발화'
와 같은 그 무엇, 즉 화자는 자신의 말이 충분한 크기를 갖춘4) 사건
내지 지시이며 그 말을 통해서 청자의 상황을 바꾼다는 생각을 함축
하고 있다. 말에 어떤 의도가 진하게 담길수록 그 문장은 완형문이
될 가능성이 높다. 완형문 구조의미소의 성격은 많은 철학적 논쟁을
불러일으켰다. 이 술어를 정확하게 정의하는 일은 언어학의 영역을
넘어선다. 그러므로 이 구조의미소의 의미를 형식적인 자질 이상으
로 확대 해석하여 언어학적 논쟁의 시발점으로 삼으려는 것은 심각한
오류이다.

　오늘날 많은 인도-유럽어는 행위주-행위 형태를 상용문 문장유형

---

3) 구어에서는 질문 대치형태의 구(With whom? With whom was he talking?)
　가 'Who with?' 'Who was he talking with?'처럼 분해되기도 한다.

4) 원문은 'full-sized'로 되어 있다. 11.6절 참고.

으로 사용한다는 점에서 영어와 일치한다. 그 밖의 게르만 제어와 프랑스어는 행위주-행위 형태가 항상 하나의 구인데, 행위주와 행위가 각각 독립된 단어나 구라는 점에서 역시 영어와 일치한다. 그러나 이탈리아어와 스페인어 및 슬라브 제어를 비롯한 일부 언어에서는 행위주와 행위가 단일한 단어를 형성하는 의존형식이다. (예) 이탈리아어 canto 〔ˈkant-o〕(I sing), canti 〔ˈkant-i〕(thou singest), canta 〔ˈkant-a〕(he 〔she, it〕 sings). 주어진 언어에서 상용문 문장형태를 담고 있는 단어는 이른바 문장 단어이다.

일부 언어는 상이한 상용문 (문장) 유형을 갖는다. 러시아어는 문장 단어 한정동사의 행위주-행위 유형을 갖는데, 이는 이탈리아어의 경우도 마찬가지이다. (예) 〔poˈju〕('I sing'), 〔poˈjoš〕('thou singest'), 〔poˈjot〕('he 〔she, it〕 sings'). 이밖에도 러시아어에는 또 다른 완형문 유형이 있다. (예) 〔iˈvan duˈrak〕('John 〔is〕 a fool'), 〔solˈdat ˈxrabr〕('the soldier 〔is〕 brave'), 〔oˈtets ˈdoma〕('Father 〔is〕 at home'). 이 둘째 유형에서는 먼저 발화되는 성분이 체언(명사)이고, 나머지 형태는 처음 형태와 동격인 체언(명사) 또는 형용사(이런 용도로 사용되는 형용사는 특수한 형태를 취함)나 부사 형태이다.

한 언어에 완형문 유형이 두 가지 이상 존재할 때, 이들 유형은 두 부분으로 이루어진 구성체를 보여준다는 점에서 일치한다. 양분적 (bipartite)으로 형성되는 그러한 상용문 형태를 지칭하는 보편적인 명칭은 서술문이다. 서술문에서는 사물(대상)과 유사한 성분을 주어라 부르고, 나머지 성분을 서술어라 부른다. 러시아어의 두 가지 유형 가운데서 전자는 서사 서술문(narrative predication)이라 불리고, 후자는 등식(等式) 서술문(equational predication)이라 불린다. 양분적 문장유형이 오직 한 가지만 있는 영어나 이탈리아어에 대해서는 이들 술어가 불필요하지만, 필요한 경우도 간혹 있다. 'John ran'은 일종의 서술문인데, 여기서 행위주(John)가 주어이고 행위(ran)가 서술어이다.

라틴어도 러시아어와 같은 완형문 유형을 가졌지만, 서사 유형이 두 가지 변종으로 존재했다. 하나는 행위주-행위 구성을 가졌고(예: cantat 〔he (she, it) sings〕, amat 〔he (she, it) loves〕), 다른 하나는 목표-행위(*goal-action*) 구성을 가졌다(예: cantātur 〔it is being sung〕, amātur 〔he (she, it) is loved〕). 등식 유형은 러시아어보다 드물게 사용되는 편이었다. (예) beātus ille (happy 〔is〕 he).

타갈로그어에는 이런 보편적인 자질을 가진 다섯 가지 서술문 유형이 있다. 주어가 앞서고 첨사〔aj〕(모음 뒤에서는 〔j〕가 됨)가 개재하거나, 아니면 첨사가 없는 반대 순서가 사용된다.

먼저 등식 유형이 있다. 〔aŋ'ba:ta j maba'it〕(the child is good), 반대 순서 〔maba'it aŋ'ba:ta?〕(good 〔is〕 the child). 다음으로 서사 유형이 네 가지 있는데, 여기서는 경과적(*transient*) 단어[5]인 서술어가 행위의 네 가지 상이한 관계를 지시한다. 네 가지 유형의 경과적 단어는 다음과 같다.

　　행위주: 〔pi'mu:tul〕 (one who cut)
　　목표: 〔pi'nu:tul〕 (something cut)
　　도구: 〔ipi'nu:tul〕 (something cut with)
　　장소: 〔pinu'tu:lan〕 (something cut on or from[6])

이들 경과적 단어는 영어의 동사처럼 결코 서술위치에 얽매이는 일

---

5) 12. 13절 참고.
6) 물론 정상적인 영어로는 'something to cut with', 'something to cut on or from' 등이 된다. 여기 제시한 영문은 타갈로그어의 구조이해를 위한 축자적 번역문이다.

이 없다. 이들 경과적 단어는 예컨대 등식 유형의 문장에서도 동일한 위치를 차지하지만(예: 〔aŋ puˈmuːtul aj siˈhwan〕〔the one who did the cutting was John〕), 서술어 위치에서는 다음과 같이 네 가지 유형의 서사 유형 서술문이 생성된다.

행위주-행위: 〔sja j puˈmuːtul naŋˈkaːhuj〕 (he cut some wood)
목표-행위: 〔piˈnuːtul ˈkaːhuj〕 (was-cut by-him the wood / he
    cut the wood)
도구-행위: 〔ipiˈnuːtul nja aŋ ˈguːluk〕 (was-cut-with by-him the
    bolo-knife / he cut with the bolo)
장소-행위: 〔pinuˈtuːlan nja aŋˈkaːhuj〕 (was-cut-from by-him the
    wood / he cut (a piece) off the wood)

그루지야어에서는 행위유형과 감각유형을 구분한다. (예) 〔ˈv-tsʔer〕 (I write) : 〔ˈm-e-smi-s〕(me-sound-is / I hear). 하지만 그와 같은 구분이 과학적인 일관성하에 이루어지는 것은 결코 아니다. 이 언어에서는 시각을 행위유형으로 분류한다. (예) 〔ˈv-naxav〕(I-see).

모든 상용문 유형에 양분적 구성이 있는 것은 아니다. 영어의 명령문은 부정사 형태(예: come, be good)로만 구성되어 있으며, 가끔씩 행위주를 포함한다(예: you be good). 독일어에는 영어와 유사한 행위주-행위 유형의 상용문 이외에 비인칭 (구성의) 변종이 있는데, 이 유형은 여하한 행위주도 갖지 않는다는 점에서 영어와 다르다. (예) mir ist kalt 〔miːr istˈkalt〕(to me is cold / I feel cold), hier wird getanzt 〔ˈhiːr virt geˈtantst〕(here gets danced / there is dancing here). 러시아어에는, 주어가 없다는 점에서 등식 서술문과 다른 비인칭 (구성) 유형이 있다. (예) 〔ˈnužno〕 it is necessary.

11. 3. 영어에는 명시-행위(explicit-action) 유형이라고 불리는 하위 유형의 완형문이 존재한다. 이 유형에서는 행위가 동사 'do, does, did' 주변에 집중된다. 이 선택의 문법특성소는 'I heard him'과 'I did hear him' 사이의 대조로 나타난다. 명시-행위 유형에는 몇 가지 용법이 있다. 동사가 강조요소(가장 높은 강세로 발음됨)라면, 정상적인 유형은 동사의 어휘내용(의미소)을 강조한다. (예) "I heard him" (but did not see him). "Run home!" 그런데 명시-행위 유형에서는 행위의 발생(발생하지 않은 사실과 대조하여)이나 시간(현재 또는 과거)을 강조한다. (예) "I did hear him", "Do run home!" 다음으로 동사가 부정어(否定語) 'not'으로 수식될 때는 언제나 명시-행위 유형을 사용한다. (예) I didn't hear him / Don't run away! 그래서 영어에서는 선택의 문법특성소를 가지고 완형문의 부정(否定) 유형을 구분한다고 말할 수 있다.

나아가 명시-행위 유형에서는 동사 'do, does, did'가 행위주를 앞서는 하위 유형을 구분한다. 이와 같이 도치된 유형은 격식체 판정의 문문에서 의문 음조(억양)와 함께 나타난다. 따라서 'Did John run away?'나 'Didn't John run away?'처럼 도치된 유형은 도치되지 않은 'John ran away?'나 'John didn't run away?'처럼 정상적 비격식체 유형과 대조를 이룬다.

방금 논의한 자질이, 영어 완형문의 일반적인 특징만큼 모든 언어에 광범위하게 퍼져 있는 것은 아니다. 예를 들어, 독일어에서는 부정의 부사가 특수한 문장유형에 얽매여 있다. 가령, 부정문 'Er kommet nicht'〔e:rʹkomtʹnixt〕(he comes not)도 긍정문 'Er kommet bald'〔e:rʹkomt ʹbalt〕(he comes soon)와 문장구조가 비슷하다. 그러나 언어에 따라 (부정의 가치를 담는) 특수한 문장유형을 사용한다는 점에서 영어와 유사한 모습을 보이기도 한다. 핀란드어에서는 부정

296

문이 특수한 구성체를 형성한다. 여기서는 동사(이탈리아어와 같이 한 문장 단어 안에 행위주와 행위를 포함함)가 특수한 부정(否定) 동사인데, 다른 동사의 부정사 형태에 의해 수식을 받을 수 있다.

luen	(I read)	en lue	(I-don't read)
luet	(thou readest)	et lue	(thou-dost-not-read)
lukee	(he reads)	ei lue	(he-doesn't read)

메노미니어에는 서사, 등식, 부정 등 세 가지 유형의 완형문이 있다.

서사: 〔piːw〕 (he comes)
등식: 〔enuʔ pajiat〕 (he-the one who comes / It's he that's coming)
부정: 〔kan upianan〕 (not he-comes (부정) / He doesn't come)

위의 보기에서 부정문 유형의 문장을 이루는 두 부분을 보면 한편에서는 다양한 굴절형을 보이는 부정의 단어 〔kan〕이 있고, 다른 한편에서는 문장의 기타 부분이 특수한 동사형태의 용법으로 표시된다.

격식체 의문을 위한 특수한 완형문 유형은 비교적 광범위하게 퍼져있다. 독일어에서는 동사가 행위주를 앞서는 행위주-행위 유형을 사용한다. (예) Kommet er? 〔komt eːr?〕 (comes he?) vs. Er kommet 〔eːrˈkomt〕 (he comes) 프랑스어에서도 특수한 의문구성을 사용한다. '존이 오는 중이니?'(*Is John coming?*) 라는 의문문은 프랑스어에서 'Jean vient-il?' 〔žɑⁿ vjɛⁿt i?〕[7] (*John comes he?*) 또는 'Est-ce que Jean vient?' 〔ɛ s kə žɑⁿ vjɛⁿ?〕 (*Is it that John comes?*) 가운데 한 형식으로 나타난다. 메노미니어에는 세 가지 완형문 유형이 각기 의문의 하위

---

7) 발음 표시 부분에서 물음표 앞에 설측음 〔l〕이 누락된 것으로 보인다.

유형을 갖는다.

> 서사: 〔pi:??〕 (Is he coming?)
> 등식: 〔enut pajiat?〕 (he 〔질문〕 the one who comes? / Is it he that is coming?)
> 부정: 〔kanɛ:? upianan?〕 (not 〔질문〕 he-comes 〔부정〕? / Isn't he coming?)

격식체의 판정의문문을 위한 특수한 문장유형이 없는 언어도 있지만, 특수한 의문단어를 사용하는 언어도 있다. (예) 라틴어 venitne? 〔w'nit ne?〕(Is he coming?), num venit? (You don't mean to say he is coming? / 부정적인 답변을 기대함) vs. venit?(He is coming?) 이와 같이 특수 첨사를 사용해서 판정의문문을 표시하는 용법은 러시아어와 중국어, 타갈로그어 등 여러 언어에서 나타난다.

대부분의 언어는 특수한 단어를 사용해서 설명의문문을 표시하는 방법에서 영어와 일치하지만, 세부적으로는 조금씩 다르다. 예를 들어, 타갈로그어와 메노미니어에서는 설명의문문이 언제나 등식유형의 문장으로 나타난다. (예) 메노미니어 〔awɛ:? pajiat¿〕(who the-one-who-comes? / Who is coming?).

영어의 명령은 감탄문에 사용되는 특수한 문장유형의 보기이다. 다른 언어에도 감탄문을 위한 모종의 특수한 완형문 유형이 있다. 메노미니어에는 그러한 유형이 두 가지 있는데, 하나는 사건의 발생이 새롭거나 예상하지 못한 놀라움의 유형이고, 다른 하나는 예상했던 사건이 발생하지 않은 데 대한 실망의 유형이다.

놀라움
> 서사: 〔piasah!〕 (and so he's coming!)

등식: 〔enusaʔ pajiat!〕 (and so it's he that's coming!)
부정: 〔kasaʔ upianan!〕 (and so he isn't coming!)

실망
서사: 〔piapah!〕 (but he was coming!)
등식: 〔enupaʔ pajiat!〕 (but he was the one who was coming!)
부정: 〔kapaʔ upianan!〕 (but he wasn't coming!)

11. 4. 상용문 형태로 구성되지 않은 문장은 소형문이다. 일부 형태는 소형문으로 널리 출현하는데, 이 형태가 병렬구조 이외의 구성체에 참여하는 일은 없거나 드물다. 그러한 형태가 바로 감탄사이다. 감탄사는 'ouch, oh, sh, gosh, hello, sir, ma'am, yes' 등과 같은 특수한 단어나, 아니면 'dear me, goodness me, goodness gracious, goodness sakes alive, oh dear, by golly, you angel, please, thank you, good-bye' 등과 같이 독특한 구성을 이루는 구(부차 감탄사)이다.

일반적으로 소형문은 보족적(補足的) 기능 아니면 감탄적 기능을 한다. 보족적 소형문은 그냥 상황을 채워 넣는 형태로 구성되어 있다. 즉, 앞서 한 발화, 몸짓, 어떤 물건의 존재 표시 등이 여기에 속한다. (예) This one. Tomorrow morning. Gladly, if I can. Whenever you are ready. Here. When? With whom? Mr. Brown: Mr. Smith(소개하면서). Drugs. State Street. 보족적 소형문은 특히 질문에 대한 답변으로 나타나는데, 이러한 용법을 위해 특수한 보족적 감탄사(yes, no)가 마련되어 있다. 보족적 감탄사의 용법에서도 여러 언어는 서로 차이가 난다. 프랑스어에서는 부정의문문(예: Isn't he coming?)에 대한 긍정적인 답변으로 'si'를 사용하지만, 그렇지 않은 경우(예: Is he coming?)에는 'oui'를 사용한다. 일부 언어에는 그러한 감탄사가 없다. 폴란드어에서는 정상적인 부사로 답변하는데, 긍정적인 경우에는 'tak'(thus, so)을 사용하고 부정적인 경우에는 'nie'〔ne〕(not)를 사용한다. 핀란드어에서는 긍정의 경우에 정상적인 형태로 답변하고, 부정의 경우에는 동사의 부정형태를 사용한다. (예) Tulette-ko kaupungista? - Tulemme. (Are you coming from town? - We are coming.) vs. Tunnete-ko herra Lehdon? - En. 〔En tunne.〕 (Do you know Mr. Lehto? - I don't 〔I don't know.〕).

감탄 소형문은 격렬한 자극하에서 나타난다. 감탄 소형문은 감탄사 혹은 상용문에 속하지 않는 정상적인 형태들로 구성되어 있으며, 병렬 구성체를 보여주는 경우가 많다. (예) ouch! damn it! This way, please! 청자를 부르는 체언 형태가 영어에서는 출현이나 주의를 요구하는 목적으로 사용된다. (예) John! Little boy! You with the glasses! 병렬구조를 이용한 예는 다음과 같다. (예) Hello, John! Come here, little boy! 이 경우에 특히 감탄사 'sir'와 'madam'이 사용된다. 러시아어에서도 이와 마찬가지로 감탄사 〔s〕(〔da-s〕 yes, sir: yes, madam)가 사용되지만, 성별의 구분이 없다. 많은 언어들은 이러한 용법에 특수한 호격 형태를 갖고 있다. (예) 라틴어 Balbus (남자 이름), 호격 Balbe / 폭스어 〔iškwɛːwa〕(여자), 호격 〔iškwe〕: 〔iškwɛːwak〕(여자들), 호격 〔iškwɛːtike〕. 메노미니어에서는 친족 용어가 극히 불규칙한 특수 호격 형태를 갖는다. (예) 〔nɛʔnɛh〕(my older brother), 호격 〔nanɛːʔ〕: 〔nekiːjah〕(my mother), 호격 〔neʔɛh〕. 다른 단어들은 장모음 대신 단모음을 사용해서 호격을 표시한다. (예) 〔mɛtɛːmuh〕(여자), 호격 〔mɛtɛmuh〕. 산스크리트어에서는 호격 형태가 무강세이다.

소형문은 경구(警句) 형태로 사용되는 수가 있는데(9. 9절), 이때는 완형문과 동등한 가치를 갖는다. 영어의 보기는 다음과 같다. (예)

The more you have, the more you want. The more, the merrier. First come, first served. Old saint, young sinner.

11. 5. 대부분의 언어에서는, 지금까지 논의한 모든 자질보다 더욱 일반적인 선택 자질이 문장에 나타난다. 즉, 형태소의 자립성 여부에 의한 선택 자질이 나타난다는 것이다. 의존형식(10. 1절)으로 분류할 수 있는 일부 언어형태는 절대 문장으로 사용되지 않는다. 영어의 보기를 들면 다음과 같다. (예) '-ess' (countess, lioness, duchess), '-ish' [iš] (boyish, childish, greenish), '-s' [s] (hats, books, cups). 이들은 진정한 언어형태로서 의미를 전달하지만, 오로지 구성체에서만(그러니까 보다 큰 형태의 부분으로서만) 나타난다. 문장으로 나타나는 형태는 자립형식으로 분류할 수 있다. 모든 언어가 의존형식을 활용하는 것은 아니다. 예를 들어, 현대 중국어에는 그러한 형태가 없는 것으로 보인다.

자신보다 작은 둘 또는 그 이상의 자립형태로만 구성된 자립형식은 구(句)이다. (예) poor John : John ran away : yes, sir. 구가 아닌 자립형식은 단어이다. 따라서 단어는 (둘 또는 그 이상의) 작은 자립형태로 구성되지 않은 자립형식이다. 결국 단어는 최소 자립형식인 셈이다.

자립형식만이 실제 발화에서 단독으로 사용될 수 있기 때문에, 자립형식의 최소단위인 단어는 언어에 대한 화자의 태도에서 대단히 중요한 역할을 한다. 일상생활에서는 단어가 발화의 최소단위이다. 사전에는 한 언어의 단어목록이 실려 있다. 언어에 대한 체계적 연구가 목적이 아니라면, 사전의 이러한 단어 등재방식은 형태소 등재방식보다 훨씬 유용하다. 언어형태를 단어로 분석하는 작업은 우리에게 대단히 친숙하다. 그것은 우리가 글을 쓰거나 인쇄를 할 때 단어와 단어 사이를 띄우기 때문이다. 읽고 쓰기를 배우지 못한 사람들은 어쩌다가 단어를 구분해야 할 경우를 만나면 몹시 당황한다. 이와 같은 어려움은 영어보다 프랑스어와 같은 다른 언어의 경우에 더욱 심각하다. 단어의 띄어쓰기가 표기 전통의 일부가 되었다는 사실은 발화의 단위로 단어를 인식하는 노력이 화자에게 결코 부자연스럽지 않음을 입증해 준다. 사실, 일부 의심스러운 사례를 제외하면, 사람들은 띄어쓰기를 그다지 힘들이지 않고 배운다.

학교 수업시간에 우리는 '책'과 '책들', '한다'와 '했다'와 '하다' 등과 같은 형태를 '같은 단어의 상이한 형태'(이형태)라고 배운다. 그렇지만 이들 집합의 구성원들 사이에서 형태와 의미상의 차이가 발견되기 때문에 이와 같은 진술은 부정확하다. 결과적으로 위에서 언급한 형태는 모두 별개의 언어형태이며, 따라서 별개의 단어이다.

다른 경우를 보면, 표기 습관의 일관성 문제가 역시 불투명하다. 'John's (John's ready)'라고 쓸 때, 이 형태는 두 단어(John이 한 단어이고, is의 교체형인 〔z〕가 또 한 단어임)이다. 그런데 같은 형태인데도 'John's (John's hat)'는 한 단어(John과 속격을 표시하는 의존형태 〔z〕의 구성임)이다. 또한 'the boy's'도 두 단어나 세 단어처럼 쓰는데, 엄밀하게 말하면 이 형태는 한 단어이다. 직접구성성분이 'the boy'와 속격 〔z〕인데, 여기서 후자가 다시 의존형태이기 때문이다. 이러한 양상은 다음의 보기와 같이 의미상으로 〔z〕가 앞선 구 전체와 이루는 구성에 참여하는 경우에 분명하게 드러난다. 따라서 아래 두 형태는 조금 긴 한 단어로 통합되어 있는 것이다. (예) the King of England's. the man I saw yesterday's.

11. 6. 그러나 많은 언어에서는 한편으로 구와 단어를 구분하고, 다른 한편으로 단어와 의존형태를 구분하는 작업이 불가능하다. 언어

학자가 하나의 문장으로 사용되는 주어진 형태, 즉 단독으로 발화되는 형태를 들을 수 있는 행운을 만나기 위해 무작정 앉아서 기다릴 수는 없는 일이기 때문이다. 어떤 형태는 거의 사용되지 않는 경우도 있다. 표본실험을 한다 해도 결과는 그다지 도움이 되지 않는다. 청자에게서 듣는 반응이 제각각일 것이기 때문이다. 예를 들어, 영어의 'the, a, is, ever' 등의 단어가 단독으로 사용되는 장면을 생각할 수 있겠는가? 혹시 이런 대화상황이 가능하다고 생각할지 모른다. 'Is? – No, was.' 영어에서 그냥 'because'만 말하고 뒷말을 줄이는 것은 여성 특유의 답변방식이다. 조급한 청자라면 'And'라는 말로 상대방의 말을 재촉하고, 머뭇거리는 화자라면 아마도 정관사 'The'를 꺼내놓고 한참을 쉴지도 모른다. 이처럼 언어현장과 동떨어진 상황이 아니라면, 이런 형태[8]를 단독으로 듣는 경우란 거의 생각하기가 힘들다. 이런 맥락에서 언어의 일반적인 구조를 이용하면 단어의 분류작업을 비교적 편리하게 수행할 수 있다. 단독으로 사용되는 경우는 거의 없지만, 영어의 'the'라는 형태는 문장에서 자유롭게 출현하는 'this'나 'that'과 같은 형태와 거의 유사한 역할을 한다. 이러한 평행관계를 고려해 보면, 'the'를 하나의 단어로 분류할 수 있는 가능성이 열린다.

    this thing : that thing : the thing
    this   : that   : (the)

    다른 용례에서는 음성변이 자질이 문제이다. 'John's ready'에 나오는 형태 [z]와 'I'm hungry'에 나오는 형태 [m], 'Don't!'에 나오는 형태 [nt]는 영어에서 발음이 불가능하지만, 우리는 이들을 단어로 분류한다. 왜냐하면 이들 형태가 발음가능한 형태 'is, am, not'의 교체형

---

8) 위에서 언급된 'is, was, because, and, the' 등의 형태를 가리킨다.

이기 때문이다. 프랑스어에서는 심지어 한 음소가 두 단어를 나타내는 경우까지 있다. 'au roi'〔o rwa〕(왕에게, to the king)와 같은 구의 'au'〔o〕는 두 단어 'à'〔a〕(-에게, to)와 'le'〔lə〕(the)의 음성변이로 실현된다. 이 〔o〕는 단어 'eau'(물)나 'haut'(높은)와 동음이의어이다.

다른 경우에 (단어 여부가) 의심스러운 형태는 음성변이가 아니라 문법적 선택의 단위이며, 따라서 해당언어의 전체적인 구조를 고려하여 단어로 분류해야 효과적일 수 있다. 다시 프랑스어의 경우를 생각해 보자. 프랑스어에는 이와 같은 형태가 네댓 개 있다. 'moi'〔mwa〕(I, me)나 'lui'〔lɥi〕(he, him)와 같은 절대형태는 특정한 구성에서 일반적으로 독립된 용법으로 잘 사용되지 않는 짧은 형태〔예: je〔žə〕(I), me〔mə〕(me), il〔il〕(he), le〔lə〕(him)〕로 대치된다. 예를 들어 보이면 다음과 같다. (예) je le connais〔žə l kɔnɛ〕(I know him), il me connais〔i m kɔnɛ〕(he knows me). 이들 접합(*conjunct*) 형태가 절대(독립)형태를 대치하는 현상은 음성변이라기보다 선택의 자질로 기술될 수 있다. 그래도 접합형태는 주로 절대(독립)형태와의 평행성 때문에 단어의 지위를 갖는다.

분류의 경계선상에 놓인 또 한 가지 경우는 이른바 인용발화에 나오는 의존형태 용법인데(9.7절), '-isms, -ologies' 등의 형태와 마찬가지로 'a girl in her teens'(십대 소녀)9)라는 말을 사용할 때가 그러한 경우이다.

이와 반대의 극단을 보면 단어와 구의 경계선에 자리 잡은 형태가 눈에 띤다. 'blackbird'라는 형태는 두 단어로 이루어진 구(*black bird*)와 유사하지만, 영어에 대한 일관된 기술을 하려면 이 형태를 단일한 단어(합성어)로 분류해야 한다. 이런 경우에는 비교적 명쾌한 차이가

---

9) 영어의 수사 가운데 '-teen'으로 끝나는 13세~19세까지를 가리키는 단어에서 공통부분만을 떼어낸 용법이다.

있는데, 그것은 'blackbird'의 둘째 구성성분 'bird'에 정상적인 높은 강세 대신 약한 강세가 놓이기 때문이다. 영어에서 이와 같은 강세의 차이는 음소적인데, 이는 단어 'blackbird'(지빠귀)와 'black bird'(검은 새) 사이의 의미 차이와 상관성을 갖는다. 그렇다고 해서 강세에 의한 구분이 항상 이처럼 뚜렷한 것은 아니다. 보통 높은 강세 하나를 갖기 때문에 'ice-cream'〔ajs ˌkriɟm〕은 한 단어(합성어)로 분류될 수 있지만, 변이형 발음〔ajs 'kriɟm〕은 2개의 높은 강세를 갖기 때문에 두 단어로 분류된다. 이와 유사한 변이형은 'messenger boy', 'lady friend'에도 나타난다.

강세의 기준은 'devil-may-care'(a devil-may-care manner) 혹은 'jack-in-the-pulpit'(식물 이름) 등의 형태를 분석할 때 난관에 부딪힌다.[10] 전자의 경우는 만일 이 형태가 'devil-may-care-ish'라면, 이 형태를 단어로 분류하는 데 망설일 필요가 없다. 왜냐하면 직접구성성분의 하나가 의존형식(-ish)이기 때문이다. 'devil-may-care' 유형의 형태는, 영어의 체계 안에서 다른 단어들과 동등한 위치를 차지하게 하는 일련의 자질 때문에 단어(구-단어, *phrase-word*)로 분류한다. 그러한 자질 가운데 하나는 독특한 기능이다. 이 단어(devil-may-care)가 구라면, 행위주-행위 형태가 될 것이다. 그러나 이 단어는 형용사가 오는 자리를 채워주므로 구-단어가 된다. 다른 하나는 분리 불가능성이다. 식물의 이름으로 사용되는 'jack-in-the-pulpit'는 구성성분의 하나인 'pulpit'(교단) 앞에 'little'과 같은 형용사를 넣어서 수식할 수 없지만, 상응하는 구에서는 이러한 수식과 형태의 확장이 가능하다.

방금 언급한 원리, 즉 단어 사이에 다른 형태가 끼어들 수 없다는 원리는 거의 보편적으로 적용된다. 그래서 'black — I should say,

---

10) 이들 단어의 뜻은 각각 '태평한'이나 '저돌적인' 및 '천남성'(북미산 식물)이다.

bluish-black — birds'('검은, 그러니까 굳이 말하자면 푸른빛이 도는 검은 새들')라는 말은 가능해도, 합성어 'blackbird'의 사이를 이런 식으로 뚫고 들어갈 수는 없다. 이 원리에 대한 예외는 거의 없다. 고트어에는 특히 동사에 전접되는 의존형태 〔ga〕11) 가 있었다. (예) 〔'se:hwi〕 (he should see), 〔ga 'se:hwi〕 (he should be able to see). 그런데 가끔씩 이 접두사 〔ga〕와 동사어간 사이에 단어가 끼어든 경우가 있다. 이와 같은 경우를 우리는 《마가복음》(8:23) 의 번역에서 만나게 된다. 〔'frah ina ga-u hwa 'se:hwi〕('he asked him whether 〔u〕 he saw anything 〔hwa〕'). 12)

지금까지 살펴본 기준 가운데 예외 없이 엄격하게 적용될 수 있는 기준은 하나도 없다. 많은 형태가 의존형식과 단어 혹은 단어와 구 사이의 경계선상을 넘나들기 때문이다. 그러므로 독립(절대) 위치에서 발화될 가능성이 있는 형태와 그럴 가능성이 없는 형태를 명확하게 구분한다는 것은 불가능하다.

11. 7. 단어는 기본적으로 음성단위가 아니다. 우리는 단독으로 발화되는 영어단어의 분절을 휴지나 기타의 음성 자질을 사용해서 표시하지 않는다. 그러나 다른 언어에서는 단어 단위에 음성적인 인식표지를 부여한다. 프랑스어와 같은 일부 언어에서는 이런 현상이 거의 없고, 영어와 같은 그 밖의 언어에서는 매우 많다.

자립형식으로서의 단어는 독립위치에서 발화될 수 있다. 따라서 단어는 해당언어의 음성 패턴을 벗어나지 않는다. 단어에는 성절음 역할을 하는 음소들 가운데 최소한 하나가 분명히 담겨 있다. 영어의

---

11) 이 형태는 원래 '-와 함께' 또는 완료(*perfective*)의 의미를 표시하는 용법을 갖지만, 동사의 의미를 강조하는 용법으로도 사용되었다고 한다.

12) "무엇이 좀 보이느냐고 물으셨다." 공동번역 (1974년).

감탄사 'sh 〔š〕 pst 〔pst〕' 같은 단어는 이 원칙을 깨뜨리는 경우이다. 어두와 어말 자음 및 자음군은 반드시 발화의 시작과 끝에 출현할 수 있어야 한다. 영어의 단어 가운데 〔ŋ〕이나 〔mb〕로 시작하거나 〔h〕로 끝나는 단어는 없다.

이밖에도 많은 언어에서는 단어의 음성구조에 갖가지 제약을 가한다. 어중에서 허용된 자음군의 일부가 단일 단어의 내부에서는 나타나지 않는 경우가 있다. (예) 〔šč, vt, tsv, ststr〕 rash child, give ten, it's very cold, least strong / 〔nn, tt, bb〕(중자음) ten nights, that time, nab Bill. 반면에 〔ə〕의 삽입현상¹³⁾을 가진 프랑스어와 어말 자음을 허용하지 않는 폭스어나 사모아어 등과 같은 언어에서는 한 단어 내부는 물론 구 내부에도 자음군을 갖지 않는다.

일부 언어에는 한 단어의 인접한 모음 연속에서 특정한 모음의 결합만을 허용하는 이른바 모음조화라는 독특한 제약이 있다. 예를 들어, 터키어에서는 한 단어의 모음이 모두 전설모음(〔i, y, e, ø〕)이거나 아니면 모두 후설모음(〔ï, u, a, o〕)이다. (예) 전설모음 〔sevildirememek〕('사랑받게 되도록 할 수 없는') / 후설모음 〔jazïldïramamak〕('쓰게 되도록 할 수 없는').

중국어에서는 구조적인 단어 표시의 극단적인 경우를 볼 수 있다. 각 단어는 한 음절이고, 2개 또는 3개의 음소로 구성되어 있다. 중국어의 단어는 어두에 오는 비성절적(단일 / 복합) 음소와 어말에 오는 성절적(단일 / 복합) 음소 및 성조소¹⁴⁾(7.7절) 가운데 하나를 갖는다.

영어를 비롯한 많은 언어에서는 각 단어가 오직 하나의 높은 강세만을 갖는다는 자질로 표시된다. (예) forgiving, convict(명사, 동사). 이들 언어 가운데 일부에서는 단어 강세의 위치가 어두나 어말

---

13) 8.6절 참고.
14) 원문은 'pitch-schemes'이지만, 중국어가 성조언어이므로 성조소로 옮겼다.

과 분명한 관련성을 맺는다는 점에서 단어 단위가 항상 뚜렷하게 표시된다. 보헤미아어와 아이슬란드어에서는 첫째 음절이 강세를 받고, 크리어에서는 '어말에서 세 번째' 음절이 단어 강세를 받으며, 폴란드어에서는 '어말에서 두 번째' 음절이 단어 강세를 받는다. 라틴어에서는 어말에서 두 번째 음절이 단어 강세를 받는데(예: amamus〔a'ma:mus〕(we love)), 이와 같은 강세의 배정은 이 음절에 하나의 자음만이 뒤따르는 단모음이 있는 경우에는 불가능했다. 그런 단모음이 있는 경우에는 어말에서 셋째 음절이 강세를 받는다(예: capimus〔'kapimus〕(we take)). 이런 언어에서는 단어 강세가 단어의 시작과 끝을 알려주는 단어 표지인 셈이다. 그러나 이러한 단어 표지는 그 위치가 고정되어 있기 때문에 상이한 단어의 구분에 이용될 수 없다. 이탈리아어와 스페인어 및 현대 그리스어에서는 강세가 언제나 한 단어의 마지막 세 음절 중의 하나에 떨어진다. 고대 그리스어의 단어는 세 음절에 나타나는 음소들의 성격에 따른 다소 복잡한 제약하에서 마지막 세 음절 중의 하나가 단일 강세를 받든지, 아니면 마지막 두 음절 중의 하나가 복합 강세를 받았다.

강세를 활용하는 언어 가운데 영어와 같은 일부 언어에서는 첫 음절에 강세를 가진 단어를 발음할 때 이 단어의 첫 머리부터 강세를 시작한다. (예) a name vs. an aim / that scold vs. that's cold (7.5절). 네덜란드어와 이탈리아어, 스페인어 및 슬라브 제어에서는 강세의 시작을 순수한 음성적 습관으로 조절하여, 강세 모음을 앞서는 자음부터 (이 자음이 비록 다른 음절에 속하더라도) 강세를 시작한다. (예) 이탈리아어 un altro〔u'n altro〕(another). 강세 음소를 전혀 이용하지 않는 프랑스어와 같은 언어에서는 이런 방식으로 단어 단위를 표시할 수 없다.

위에서 살펴본 바와 같이, 단어 단위에 대한 음성적 인식은 다음

두 가지 인자 때문에 더욱 어려워진다. 궁극적 구성성분 가운데 둘 또는 그 이상의 자립형태를 갖는 단어는 일반적으로 구에서 나타나는 음성 특징을 갖는다. 영어의 합성어는 구와 동일한 어중 자음군을 갖는다. (예) stove-top 〔vt〕, chest-strap 〔ststr〕, pen-knife 〔nn〕, grab-bag 〔bb〕. 구-파생어는 둘 이상의 높은 강세를 가질 수 있다. (예) old-maidish 〔'owld 'mejdiš〕, jack-in-the-pulpit 〔ǰɛk in ðe 'pulpit〕.

이와는 달리, 내포위치에 있는 단어는 단어 표지가 되는 음성 특징을 삭제할 수도 있는 음조변동과 음성변이에 따른다. 예를 들어, 'don't' 〔dow nt〕라는 구에 들어 있는 'not'은 높은 강세와 함께 성절성도 상실하고 만다. 구 'can't'는 단어 'cant'와 동음이의어가 된다. (예) lock it : locket, feed her 〔'fijd r̩〕 : feeder. 구 'at all' 〔e't ɔl〕은 정상적인 발음에서 강세가 〔t〕부터 시작된다. (독립위치에서 단어의 자질을 지시하는 음성 자질이 내포위치에서 사라지는 변이형에 대해서는 다음 장에서 다루게 된다.) 그러나 이들 변이된 구에도 단어 단위에 대한 음성적 자질이 여전히 포함될 수 있다는 사실은 주목할 만하다. 이들 구에는 단일한 단어에 출현하지 않는 음성 연쇄가 포함되어 있기 때문이다. 예를 들어, 어말 연쇄 〔ownt〕는 영어에서 허용되지만 오직 'don't'나 'won't'와 같은 구에만 나타날 뿐 여하한 단어에도 나타나지 않는다. 남부독일의 방언에서는 〔t naxt〕(the night), 〔t štɑ:št〕(thou standest)에서 보듯이 〔tn, tšt〕와 같은 어두 자음군이 첫째 단어의 음성변이 덕분에 구에 나타나지만, 단어에는 이러한 자음군이 절대 나타나지 않는다. 북경 중국어에서는 〔çjaw³ 'ma r³〕(작은 말)에서 보듯이 구가 음절과 〔r〕의 연쇄로 끝날 수 있지만, 이는 두 단어의 연쇄에서 일어난 음성변이의 결과이다. (〔ma³〕는 '말'이고 〔r²〕는 '아들, 작은, 아이'의 뜻임)

의존형식을 사용하지 않는 소수언어에서는 단어의 의미가 이중의 중요성을 갖는다. 이런 언어에서는 단어가 자립형식의 최소단위일 뿐만 아니라, 일반적 언어형식의 최소단위이기도 하기 때문이다. 의존형식을 사용하는 언어에서는 단어가 구조적 중요성을 갖는다. 자립형태가 구에서 출현하는 구성체는 자립형태 혹은 의존형태가 단어에서 출현하는 구성체와 결정적으로 다르기 때문이다. 따라서 이러한 언어의 문법은 통사론과 형태론으로 구성되어 있다. 합성어의 구성체와 (일부) 구-파생어의 구성체는 그 중간적 위치를 점하게 된다.

제 12 장

통사론

12. 1. 언어의 문법은 전통적으로 통사론과 형태론으로 나누어 다룬다. 앞서 제 11장에서 살펴본 문장의 유형과 앞으로 제 15장에서 다루게 되는 대치의 유형은 통사론에 속한다. 그러나 지금부터 다룰 문법적 구성은 부분적으로 형태론에 속하는 것으로 보기도 한다. 이러한 분류의 효용과 구체적인 범위에 대해서는 지금까지도 많은 논란이 일고 있다. 의존형태를 가진 언어에서, 의존형태가 독자적인 기능을 수행하는 구성체는, 모든 직접구성성분이 자립형태인 구성체와 근본적으로 다르다. 따라서 전자는 형태론의 범주에 포함시키기로 한다. 그렇지만 'he'와 'him'의 관계처럼, 형식적인 관계는 의존형태의 용법에 좌우되면서도, 의미적 차이는 통사론적 구성의 관점에서만 정의될 수 있는 일련의 형태가 존재한다는 것이 위와 같은 양분법의 난점이다. 예를 들어, 'he ran'에서 'he'는 행위주이지만, 'hit him'에서 'him'은 수혜자(피경험자)이다. 그럼에도 위와 같은 전통적인 분류방법이 정당화될 수 있는 이유는, 형태론적 구성에 포함된 의미가 이러한 용례에서 보듯이 (단순히 실제 생활에서 정의되고 마는 것이 아니라) 통사론의 관점에서도 정의가 가능하기 때문이다. 결국, 통사론적 구성은 그 안의 직접구성성분 가운데 어떤 것도 의존형식이 아닌 구성이다. 형태론과 통사론 사이의 경계선상에 놓인 사례는 합성어

단어와 구-단어의 영역에서 주로 발생한다.

12. 2. 한 언어의 자립형태(단어와 구)는 음조변동, 음성변이, 선택, 순서 등과 같은 문법특성소가 정해지면, 보다 큰 자립형태(구)에 나타난다. 그와 같이 반복적으로 출현하는 문법특성소의 집합이 바로 통사적 구성체이다. 예를 들어, 영어의 행위주-행위 구성은 다음과 같은 구에서 나타난다.

John ran   Bill fell
John fell   Our horses ran away.
Bill ran

이와 같은 용례에서 우리는 선택의 문법특성소를 찾을 수 있다. 'John, Bill, our horses'와 같은 구성성분은 주격표현이라고 부르는 보다 거대한 부류에 속하는 형태이다. 또 'ran, fell, ran away'와 같은 구성성분은 이와 다른 부류에 속하는 것으로 보통 한정동사 표현이라고 부른다. 'John'이나 'very good'과 같은 형태는 이러한 방식으로 사용될 수 없을 것이다. 그다음으로는 순서의 문법특성소1)를 찾아볼 수 있다. 주격표현은 한정동사 표현보다 앞선다. 이러한 구성체의 다른 유형과 그 하위 유형은 어떤 문법특성소(상이한 혹은 추가의 문법특성소)를 갖는지 살펴보자. 주격표현 구성체의 의미는, 해당 체언표현이 지시하는 것이 무엇이든, 그 체언이 한정동사 표현으로 지시되는 행위를 수행하는 행위주라는 것이다. 영어에서 행위주-행위 구성을 이루는 두 개의 직접구성성분은 서로 그 위치를 바꿀 수 없다. 이러한 구성체에는 두 개의 위치가 있는데, 이러한 위치를 흔히

---

1) 바로 다음 문장의 고딕체 부분.

행위주-행위 위치라고 한다. 행위주의 위치에 올 수 있는 단어나 구도 있지만, 그 자리에 올 수 없는 단어나 구도 있다. 어떤 형태가 나타날 수 있는 위치를 그 형태의 '기능'이라고 한다. 주어진 위치에 들어갈 수 있는 모든 형태는 같은 형태부류를 형성한다. 따라서 행위주-행위 구성에서 행위주의 위치에 들어갈 수 있는 모든 단어와 구는 하나의 거대한 형태부류를 형성하는데, 이를 영어에서는 주격표현이라고 한다. 마찬가지로 행위주-행위 구성에서 '행위'의 위치에 들어갈 수 있는 모든 단어와 구도 또 다른 하나의 거대한 형태부류를 형성하며, 이를 한정동사 표현이라고 한다.

12.3. 구의 구성성분은 자립형태이므로, 화자는 각 구성성분을 휴지(休止)로 격리해서 발화할 수 있다. 휴지는 대부분 비변별적이다. 휴지는 구성성분들이 긴 구의 형태를 이룰 때 주로 나타난다. 영어에서는 휴지의 앞에 휴지 음조가 오는 것이 일반적이다.

앞서 살펴보았듯이 (11.1절), 다른 구성체에 통합되지 않은 자립형태는 병렬구성(즉, 음성적인 문말요소의 삭제를 통해)으로 통합할 수 있다. (예) It's ten o'clock〔,〕I have to go home〔.〕영어의 병렬구성체에는 보통 휴지 음조가 구성성분들 사이에 나타나지만, 'please come'이나 'yes sir'의 경우처럼 휴지 음조가 없이 폐쇄(close) 병렬구성이 이루어지는 경우도 많다.

'John, he ran away'와 같이 문법적 측면이나 의미적 측면에서 어느 정도 유사한 반(半)-절대(독립) 형태가 병렬 구성체에 나타나는 경우도 있다. 프랑스어의 의문문에서는 이러한 유형이 규칙적으로 사용되고 있다. (예) Jean quand est-il venu?〔žaⁿ kaⁿt ɛti vny?〕(John, when did he come?).

삽입이란 어떤 형태가 다른 형태 사이에 끼어드는 일종의 병치현상이다. 영어에서는 보통 삽입형태의 앞과 뒤에 휴지 음조(억양)가 나타난다(예: I saw the boy〔,〕I mean Smith's boy〔,〕running across the street〔.〕). 'Won't you please come?'과 같은 형태의 'please'는 폐쇄 병렬 구성으로 휴지 음조가 없다.

동격이란 병렬로 연결된 일련의 형태가 의미적으로는 다르지만 문법적으로는 동등할 때 사용되는 용어이다(예: John〔,〕the poor boy). 둘 이상의 동격 어구가 내포위치에 나타날 때, 그 중의 하나는 삽입형태에 해당한다. (예) John〔,〕the poor boy〔,〕ran away〔.〕'King John, John Brown, John the Baptist, Mr. Brown, Mount Everest'와 같은 형태에서는 폐쇄 병렬 구성체가 생성되어, 휴지 음조가 없다.

비언어적 요소가 구문에 영향을 미치는 경우도 상당히 많다. 그러나 일단 어떤 자립형태가 발화되었다면, 그 발화는 의미를 지닌다. 돈절(頓絶)이란 말을 하다가 중간에 말을 끊거나 말이 끊기는 것이다(예: I thought he —). 파격이란 'It's high time we — oh, well, I guess it won't matter'에서 보는 바와 같이 일관성이 없이 건너뛰어 말하는 것이다. 〔r〕나 〔?〕와 같은 머뭇거리기 형태는 영어뿐만 아니라 다른 언어에도 나타난다(예: 'Mr. — ah — Sniffen, 'Mr. — what you may call him — Sniffen or that — thing-amajig — transmitter).

12.4. 음조변동과 음성변이의 자질은 통사론적 구성에서 중요한 역할을 한다. 이와 같은 자질을 통틀어 연성(連聲)이라고 부른다.[2] 어떤 단어나 구가 홀로 나타날 때 이 형태를 절대(독립)형태라고 한다. 반면에 내포위치에 나타나는 형태는 연성형태(*sandhi-form*)라고 한다. 따라서 영어에서 부정관사의 절대(독립)형태는 'a'〔ej〕이다.

---

2) [원주] 언어학의 다른 많은 전문용어들과 마찬가지로 이 술어도 고대 인도의 문법가들에서 비롯된 것이다. 문자 그대로 옮기면 '합침'이다.

그런데 이 형태는 'not a house, but the house'의 경우처럼 강조의 요소를 지니고 다음 단어가 자음으로 시작할 때만 내포위치에 나타난다. 다음 단어가 모음으로 시작하면 a는 연성형태 an 〔ɛn〕으로 바뀐다. (예) not an uncle, but her uncle.

한편 'a house' 〔e 'haws〕나 'an arm' 〔en 'arm〕에서처럼 'a'나 'an'이 강조의 요소가 아닐 때, 이들 형태는 강세를 동반하지 않고 발음되는 음조변동 자질을 나타낸다. 영어에서는 절대(독립) 형태로 사용되는 모든 단어가 반드시 하나의 높은 강세를 갖는다. 그러나 높은 강세를 갖지 않는 연성형태에서는 모든 단어가 마치 다른 단어의 일부처럼 발화된다. 이러한 종류의 연성형태, 즉 무강세(*atonic*) 형태를 사용하는 언어는 상당히 많다. 무강세 형태라는 특이성이 언제나 강세가 없다는 뜻은 아니므로, 이 용어가 완전히 타당하다고 할 수는 없다. 프랑스어의 구 'l'homme' 〔l ɔm〕 (the man)에서 정관사 'le' 〔lə〕는 무강세 형태인데, 그것은 뒤에 모음이 따라오지 않는 경우에 음성 패턴 때문에 연성형태 〔l〕을 홀로 발화할 수 없기 때문이다. 폴란드어의 구 〔'do nuk〕(to the feet)에서 전치사 'do'(to)는 무강세 형태이다. 폴란드어에는 각 단어의 끝에서 두 번째 음절에 강세가 오는데, 이 경우에는 이 단어가 다음에 오는 단어의 일부로 간주되어 바로 'do'에 강세가 온다.

이와 같이 뒤에 오는 단어의 일부로 간주되는 무강세 형태를 후접어라 하고, 앞에 오는 단어의 일부로 간주되는 무강세 형태를 전접어라 한다.[3] 예를 들어, 'I saw him 〔aj 'sɔ im〕'에서 〔aj〕는 후접어이지만 〔im〕은 전접어이다.

'a'를 'an'으로 대치하는 연성과, 이 형태와 다른 단어가 구를 이루

---

3) 여기서 '전접어'와 '후접어'라는 술어는 결합되는 위치를 기준으로 붙인 것이다.

는 결합에서 강세를 받지 않도록 하는 연성은 필수적 연성이다. 영어에서 다른 연성습관은 수의적이다. 보통 공식적이거나 격앙의 함축을 갖는 불변의 변이형이 나란히 나타나기 때문이다. 예를 들어, 'I saw him'〔aj 'sɔ him〕과 같은 보다 격앙된 변이형에서는 'him'의 〔h〕가 탈락되지 않는다. 'did you?'〔diǰuw?〕나 'won't you'〔wownčuw?〕, 'at all'〔e'tɔl〕(미국영어에서는 〔t〕의 유성 탄설 변이형으로 발음됨)과 같은 연성형태 이외에도, 영어에는 〔did juw? wownt juw? et 'ɔl〕과 같이 보다 품위 있는 변이형이 존재한다.

연성형태는 홀로 발음이 나지 않는다. 이러한 보기로는 아래와 같은 용례들이 있다.

절대(독립)형태	연성형태
is 〔iz〕	〔z〕 John's ready.
	〔s〕 Dick's ready.
has 〔'hɛz〕	〔z〕 John's got it.
am 〔'ɛm〕	〔m〕 I'm ready.
are 〔'ar〕	〔r〕 We're waiting.
have 〔'hɛv〕	〔v〕 I've got it.
had 〔'hɛd〕	〔d〕 He'd seen it.
would 〔'wud〕	〔d〕 He'd see it.
will 〔'wil〕	〔l〕 I'll go.
	〔l̩〕 That'll do.
them 〔'ðem〕	〔m̩〕 Watch 'em.
not 〔'nɑt〕	〔nt〕 It isn't.
	〔nt〕 I won't.
	〔t〕 I can't.
and 〔'ɛnd〕	〔n̩〕 bread and butter.

프랑스어에는 연성형태가 아주 많다. 여성형 정관사 'la'〔la〕는 단모음이나 이중모음 앞에서 〔a〕를 잃는다. 예를 들어, 'la femme'(그 여자)는 〔la fam〕라고 발음하지만, 'l'encre'(잉크)와 'l'oie'(거위)는 각각 〔l aⁿkr〕와 〔l wa〕라고 발음한다. 남성형 지시형용사 'ce'〔sə〕(this)는 모음과 이중모음 앞에서 〔t〕가 덧붙는다. 그래서 'couteau'〔kuto〕는 'ce couteau'(이 칼)라고 발음하지만 'homme'〔ɔm〕는 'cet homme'(이 남자)라고 발음해야 한다. 대명사의 복수형은 동사가 모음으로 시작되면 〔z〕를 덧붙인다. 그래서 'vous faites'(*you make*)는 〔vu fɛt〕라고 발음하지만, 'vous êtes'(*you are*)는 〔vuz ɛːt〕로 발음해야 한다. 명사의 복수형도 같은 방식으로 발음한다. 그래서 'les femmes'(*the women*)는 〔le fam〕이라고 발음하지만, 'les hommes'(*the men*)는 〔lez ɔm〕라고 발음해야 한다. 모음으로 시작하는 일부 단어 앞에 오는 일인칭과 이인칭 동사에는 〔z〕를 덧붙이고 삼인칭 동사에는 〔t〕를 덧붙인다. 그래서 'va'〔va〕(*go thou*)는 'vas-y'〔vaz i〕(*go thou there*)로 발음하고 'elle est'〔ɛlɛ〕(*she is*)는 'est-elle?'〔ɛt ɛl〕(*is she?*)로 발음해야 한다. 또한 'un grand garçon'〔oeⁿ graⁿ garsoⁿ〕(*a great boy*)과 'un grand homme'〔oeⁿ graⁿt ɔm〕(*a great man*)에서 보듯이 일부 형용사의 남성형은 모음 앞에 올 때 연성자음이 붙는다.

단어에 음조의 구분이 있는 언어에서는 음조의 변동이 연성형태에서도 중요한 역할을 한다. 예를 들어, 중국어에는 독립형태 〔i¹〕이외에도 〔i⁴ phi² 'ma³〕(*one horse*)와 〔i² ko 'žən²〕(*one man*)에서 보듯이 연성형태가 있다.

어두 음소에 연성형태의 변화가 일어나는 경우는 어말에 비해 흔치 않다. 켈트어 계열의 언어인 현대 아일랜드어에서 나타나는 이러한 연성형태의 변화는 다음과 같다.

절대(독립)형태	연성형태
〔'bo:〕 'cow'	〔an 'vo:〕 'the cow'
	〔ar 'mo:〕 'our cow'
〔'uv〕 'egg'	〔an 'tuv〕 'the egg'
	〔na 'nuv〕 'of the eggs'
	〔a 'huv〕 'her egg'
〔'ba:n〕 'white'	〔'bo: 'va:n〕 'white cow'
〔'bog〕 'soft'	〔'ro: 'vog〕 'very soft'
〔'briš〕 'break'	〔do 'vriš〕 'did break'

12.5. 지금까지 우리는 주로 어떤 형태나 구성에 독특하게 발생하는 특수하거나 불규칙한 연성형태에 대해 살펴보았다. 일반적이고 규칙적인 연성형태는 짧거나 조밀한(*close-knit*) 구 안에 들어 있는 모든 단어에 적용된다. 뉴잉글랜드와 영국 남부 영어에서는, 모음으로 끝나는 단어가 모음으로 시작하는 단어를 만날 때 그 사이에 〔r〕을 삽입해서 발음한다. 예를 들어, 'water'는 〔wɔtə〕라고 발음하지만 'the water is'와 같은 구에서는 〔ðe 'wɔtər iz〕라고 발음한다. 또한 'idea'는 〔aj'dijə〕라고 발음하지만 'the idea is'와 같은 구에서는 〔ðij 'dijər iz〕라고 발음한다. 프랑스어에서는 3개의 자음이 연속하여 나타날 때 어말에 〔ə〕를 삽입한다. 그래서 'porte'〔pɔrt〕(carries)와 'bien'〔bjɛⁿ〕(well)이 결합하면 'porte bien'〔pɔrtə bjɛⁿ〕(carries well)처럼 발음한다. 또한 (이 단어에 다른 성절음이 없거나 아니면 〔ə〕가 있어야만 프랑스어에서 허용되는 자음군〔8.6절〕으로 시작하기 때문에) 독립형태에서 첫 음절에 〔ə〕를 가진 단어는, 허용되지 않는 자음군이 발생하지 않는 한, 항상 구에서 이 모음 〔ə〕를 탈락시킨다. 그래서 다음 'le'〔lə〕(the)와 'l'homme'〔l ɔm〕(the man) 및 'cheval'〔šəval〕(horse)과 'un cheval' 〔œⁿ šval〕(a horse) 등의 구에서 보듯이 〔ə〕가 탈락한다. 마찬가지로, 'je 〔žə〕, ne 〔nə〕, le 〔lə〕, demande 〔dəmaⁿd〕'의 〔ə〕도 'je ne le demande pas' 〔žə n lə dəmaⁿd pa〕(I don't ask it)와 'si je ne le demande pas' 〔si ž nə l dəmaⁿd pa〕(if I don't ask it)에서처럼 탈락한다.

산스크리트어에는 일반적 연성형태가 다수 존재한다. 예를 들어, 독립형태의 마지막 음소 연쇄 〔ah〕는 다음과 같은 연성 변이형을 갖는다. 독립형태 〔deːvah〕(a god): 연성형태 〔deːvas 'tatra〕(the god there), 〔deːvaç čarati〕(the god wanders), 〔deːva eːti〕(the god goes), 〔deːvoː dadaːti〕(the god gives). 또한 〔'atra〕(here) 앞에서 후속 모음의 변화가 일어나기도 한다. (예) 〔deːvoː tra〕(the god here). 일부 단어는 다르게 행동한다. (예) 독립형태 〔punah〕(again): 연성형태 〔'punar dadaːti〕(again he gives), 〔'punar 'atra〕(again here). 이들 다양한 단어에 구조적 특징이 나타나는 경우도 있다. 예를 들어, 네덜란드어의 일부 발음에서는 독립형태 'heb' 〔'hep〕(have)와 'stop' 〔stop〕(stop)이 연성에서 각각 다르게 행동한다. (예) heb ik? 〔'heb ek?〕(have I?) vs. stop ik? 〔'stop ek?〕(do I stop?). 연성에서 유성 자음을 갖는 형태들은 그 유성 자음이 어말음이 아닌 한, 항상 그 유성 자음을 보전한다. (예) stoppen 〔'stope〕(to stop) vs. hebben 〔'hebe〕(to have). 이와 같이 형태론적 자질에 기반을 둔 연성의 특성은 '회고적 연성'이라고 부를 수 있을 것이다.

연성은 해당언어에서 통상적으로 적용되는 중간 음에 대한 제한을 넘어, 구에서 어말음을 제한하기도 한다. 예를 들어, 산스크리트어에서 음소 연쇄 〔ta〕는 〔patati〕(he falls)에서 보듯이 어중에서 허용되지만, 어말의 〔t〕는 조밀한 구에서 모음과 만나면 〔d〕로 대치된다. (예) 독립형태 〔'tat〕(that): 연성형태 〔'tad asti〕(that is).

12. 6. 선택의 문법특성소는 많은 언어의 통사론에서 매우 중요한 역할을 한다. 통사론이란 주로 여러 가지 문법특성소를 정의하는 것, 다시 말해 어떤 환경에서 (어떤 형태를 동반하는가, 혹은 동반한 형태가 같다면 그 의미의 차이가 무엇인가 하는 등), 얼마나 다양한 형태부류 (이를테면 직설법과 가정법의 동사인가, 혹은 여격과 대격의 명사인가 하는 등)가 통사적 구성에 나타나느냐 하는 문제를 다루는 분야이다. 우리는 앞에서 선택의 문법특성소가 형태부류의 범위를 결정한다는 사실을 확인한 바 있다. 대부분의 선택 문법특성소를 모두 사용하는 언어에서는 이러한 형태부류의 수효가 아주 많다. 한 언어의 통사적 구성은 자립형식의 거대부류를 획정한다. 예를 들어, 영어의 주격표현이나 한정동사 표현과 같은 부류가 그러하다. 언어는 각각 그 구성이 다르기 때문에, 이들의 형태부류 역시 다르다. 대규모 형태부류를 기술하는 가장 쉬운 방법은 단어부류(통상 품사라고 부르기도 함)의 관점에서 기술하는 것이다. 대체로 구의 형태부류는 보통 그 안에 나타나는 하나나 그 이상의 단어에 의해 결정되기 때문이다.

선택의 문법특성소가 폭넓게 사용되는 언어에서는 이러한 대규모 형태부류가 다시 소규모의 하위 부류들로 나뉜다. 예를 들어, 영어의 행위주-행위 구조는 일반적인 선택 문법특성소 이외에도, (종류는 같으면서도) 보다 특화된 문법특성소를 보여준다. 그래서 'John'이나 'that horse'와 같은 주격표현에 한정동사 표현 'runs fast'는 붙일 수 있지만, 'run fast'는 붙일 수 없다. 'John and Bill'과 'horses'는 이와 반대로 'runs fast'는 붙일 수 없지만, 'run fast'는 붙일 수 있다. 따라서 이러한 두 형태부류에 각각 다른 두 하위 부류, 즉 단수와 복수라는 범주가 있어서, 단수 주격표현은 오직 단수 한정동사 표현과만 결합할 수 있고, 복수 주격표현은 오직 복수 한정동사 표현과만 결합할 수 있다는 사실을 알 수 있다. 의미상의 세부분류, 예를 들어, 'wheat

320

grows'와 'oats grow'의 경우는 여기서 정의하지 않는다. 또 다른 선택의 문법특성소로는 다음과 같은 것이 있다. (1) 'can, had, went'와 같은 많은 한정동사 표현은 모든 행위주와 같이 나타난다. (2) 'run'과 'runs'와 같은 많은 한정동사 표현은 방금 기술한 이중의 선택을 보여준다. (3) 'was'와 'were'는 앞선 (2)와 다른 이중의 선택을 보여준다. (4) 마지막으로 'am'과 'is' 및 'are'는 삼중의 선택을 보여주지만, (2)나 (3)의 경우와 달리 'I'라는 특정의 행위주만을 동반하는 특성(am의 경우)이 있다.

	(1)	(2)	(3)	(4)
(가)	I can	I run	I was	I am
(나)	the boy can	the boy runs	the boy was	the boy is
(다)	the boys can	the boys run	the boys were	the boys are
	(가) = (나) = (다)	(가) = (다)	(가) = (나)	

그러므로 주격표현과 한정동사 표현 사이에는 선택의 문법특성소에 따라 삼중의 하위 부류가 가능하다. 주격표현의 경우, 하위 부류 (가)에는 'I'라는 형태만 들어갈 수 있고, 하위 부류 (나)에는 'runs, was, is'와 같은 한정동사 표현과 결합할 수 있는 형태가 들어갈 수 있으며, 하위 부류 (다)에는 'run, were, are'와 같은 한정동사 표현과 결합할 수 있는 형태가 들어갈 수 있다. 사실 이러한 3개 하위 부류의 정의는 삼중 한정동사 형태 'am, is, are'의 선택에 기초를 둘 수 있다. 역으로 그러한 한정동사 표현이 'I, the boy, the boys' 중 어떤 주격표현과 함께 나타나느냐에 따라 한정동사 표현의 하위분류를 정의할 수도 있다.

이와 같은 경우에 비교적 좁은 선택의 유형은 기본 원리상으로 보다 포괄적인 유형과 차이가 없지만, 세부적인 측면에서 약간의 차이가 나게 된다. 거대한 형태부류를 좀더 잘게 나누어 자잘한 유형들로 좁힌 선택의 유형을 일치라고 한다. 실제적인 경계를 따지지 않는다면, 대략 세 가지 유형의 일치를 구분할 수 있을 것이다.

12. 7. 앞서 본 자료를 예로 들면, 일치는 가장 간단한 종류에 속하는 호응4)이다. 이는 행위주가 하위 부류 (가)의 형태라면 행위도 하위 부류 (가)의 형태여야 한다는 것이다. 이러한 하위 부류 중에는 언어의 구조상 다른 방법으로 인식되는 경우도 있다. 위의 보기에서 (나)와 (다)의 주격표현 부류는 다른 방법으로도 정의될 수 있다. 즉, 하위 부류 (나)에 'this'와 'that'이라는 수식어(한정어)를 붙여 'this boy'와 'this wheat'라 하고, 하위 부류 (다)에 'these'와 'those'를 붙여 'these boys'와 'these oats'라고 하는 식으로 수식어의 용법에 따라 정의할 수 있다. 따라서 우선 주격표현을 단수와 복수라는 하위 부류로 세분화한 다음, 한정동사 표현이 주격표현과 일치하거나 호응해야 한다고 하는 것이 보다 타당할 것으로 보인다. 마찬가지 이유로, 'this, that, these, those'는 동반하는 명사 형태와 호응해야 한다고 말할 수 있다. 이러한 일치 내지 호응은 많은 언어에서 중요한 역할을 한다. 대부분의 인도-유럽어에서 형용사의 굴절은 수, 성, 격 등과 같은 명사의 여러 하위 부류와 일치하는 현상을 보이고 있다. 예를 들어, 독일어의 'der Knabe' 〔der 'kna:be〕 (*the boy*)와, 'ich sehe den Knaben' 〔ix 'ze:e den 'kna:ben〕 (*I see the boy*) 및 'die Knaben' 〔di: 'kna:ben〕 (*the boys*) 등을 보면 관사 'der, den, die'의

---

4) 이 용어 concord/congruence는 보통 '일치'로 옮기지만, 'agreement'와 구분하기 위해 '호응'으로 옮겼다. 바로 이어지는 내용에서 보듯이 이 책에서는 거의 유사한 개념으로 사용되고 있다.

선택은 명사의 하위 부류(단수와 복수, 주격과 대격)와 일치한다. 그리고 'das Haus'〔das 'haws〕(*the house*)의 형태 'das'는 'der'에 대립되는 개념으로 명사의 하위 부류인 성(性)의 부류와 일치시켜 선택된다. 독일어에서 성의 부류는 임의적인 것으로 성에 따라 일치하는 형태가 각기 다르다. 독일어의 성은 남성형, 여성형, 중성형으로 분류하는데, 성에 따른 정관사와 형용사 'kalt'(*cold*)의 일치관계는 아래와 같다.

남성: der Hut〔der 'hu:t〕(*the hat*), kalter Wein〔ˌkalter 'vajn〕(*cold wine*)
여성: die Uhr〔di:'u:r〕(*the clock*), kalte Milch〔kalte 'milx〕(*cold milk*)
중성: das Haus〔das 'haws〕(*the house*), kaltes Wasser〔ˌkaltes 'vaser〕(*cold water*)

프랑스어에는 남성과 여성이 있다. 남성형에는 정관사 'le'를 붙이고(le couteau〔lə kuto〕, *the knife*), 여성형에는 정관사 'la'를 붙인다(la fourchette〔la furšɛt〕, *the fork*).

12.8. 또 다른 선택의 문법특성소는 해당 형태의 통사적 위치와 관련이 있다. 'I'(he, she, they, we)와 'me'(him, her, them, us)는, 'I know, watch me, beside me' 등의 용례에서 보듯이, 선택의 문법특성소가 형태의 위치에 좌우된다. 'I'와 같은 부류는 행위주 위치에 나타나지만, 'me'와 같은 부류는 행위-목표 구성의 목표위치(예: *watch me*)와 관계-축 구성의 축 위치(예: *beside me*)에 나타난다. 이와 같은 선택의 유형을 지배라고 부른다. 이때 문법학자는 동반 형태 'know, watch, beside'가 선택된 형태 'I'와 'me'를 '지배한다'고 말하

거나 '요구한다' 혹은 '취한다'고 말한다. 지배는 호응과 마찬가지로 인도-유럽어족을 포함한 다른 많은 언어에서 중요한 역할을 한다. 라틴어에서는 체언 표현의 목표 구성에서 서로 다른 동사들이 서로 다른 격 형태를 지배한다. (예) videt bovem (*he sees the ox*), nocet bovī (*he harms the ox*), ūtitur bove (*he uses the ox*), meminit bovis (*he remembers the ox*). 마찬가지 방식으로, 프랑스어에서는 주절이 종속절 동사의 형태를 지배한다. (예) je pense qu'il vient [žə paⁿ s k i vjɛⁿ] (*I think he is coming*), je ne pense pas qu'il vienne [žə n paⁿ s pa k i vjɛⁿ] (*I don't think he is coming*).

많은 언어에서 사물(대상)의 동일성 여부는 지배와 유사한 선택 자질에 의해 구분된다. 영어에서는 행위주와 목표가 동일하지 않은 경우에 'he washed him'이라고 말하지만, 그 둘이 동일한 경우에 재귀사 형태를 사용하여 'he washed himself'라고 말한다. 스웨덴어에서는 'han tog sin hatt' [han 'toːg siːn 'hat] (*he took his (own) hat*)와 'han tog hans hatt' [hans 'hat] (*he took someone else's hat*)에서 보듯이 행위주와 소유주의 동일성 여부를 분명하게 구분해서 표시한다. 북미 최대의 인디언 집단인 알공키안 부족의 언어에서는 주어진 문맥에서 동일인이 아닌 삼인칭 유정물 체언에 대해 각기 다른 형태를 사용한다. 알공키안어족에 속하는 크리어에서는, 처음에 어떤 한 사람에 대해 언급하고 나서 다시 다른 사람에 대해 언급할 때, 처음 사람을 ['naːpeːw]라고 말하고, 나중 사람을 ['naːpeːwa]라고 말하여 이른바 사격(斜格) 형태를 사용한다. 따라서 이 언어에서는 중요한 처음 사람을 (A)라 하고 나중 사람을 (B)라 할 때 다음과 같이 구분하여 표현한다.

['utinam u'tastutin] (he (A) took his (A's) hat)

〔'utinam utastu'tinijiw〕 (he (A) took his (B's) hat)

〔utina'mijiwa u'tastutin〕 (he (B) took his (A's) hat)

〔utina'mijiwa utastu'tinijiw〕 (he (B) took his (B's) hat)

12.9. 일치의 셋째 유형인 상호참조(*cross-reference*)의 경우에는, 하위 부류에 연결된 형태에 대한 실제적인 언급이 담겨 있다. 이러한 언급은 대치형태로 나타나는데, 영어의 대명사가 그 좋은 사례이다. 비표준영어에서 이러한 상호참조는 'John his knife' 혹은 'John he ran away'와 같은 형태로 출현한다. 여기서 'his knife'라는 형태는 실제로 남성 소유주를 언급하는데, 이 남성 소유주는 동반하는 반(半)-절대(독립)형태 'John'에서 더욱 명시적으로 언급된다. 마찬가지로 'John he ran away'에서 'he'는 행위주가 'John'이라는 사실을 언급하고 있다. (예) 'Mary her knife'와 'Mary she ran away'를 비교해 볼 것. 프랑스어에서는 이러한 상호참조의 일치가 표준어의 경우에 'Jean, où est-il?' 〔ža" u ɛti?〕 (*John where is he?*)와 같은 의문문 유형에서 나타난다. 그 실제 의미는 'Where is he?'이다(12.3절). 라틴어의 'cantat' (he 〔she, it〕 sings)와 같은 한정동사에는 행위주에 대한 대치 언급이 들어 있다. 이 대치 언급은 상호참조에서 행위주를 구체적으로 언급하는 체언표현과 연결되어 출현한다. (예) puella cantat (〔the〕 girl she-sings). 많은 언어에서 동사의 형태는 행위주와 수혜자(피경험자) 양쪽에 대한 대치형태(대명사)의 언급을 포함한다. 예를 들어, 크리어에서는 〔'wa:pame:w〕 (*he saw him or her*)에서 보듯이 행위주와 수혜자 (피경험자) 모두에 대한 구체적인 언급이 상호참조 양상으로 나타나고 있다. 예를 들어, 〔'wa:-pame:w 'atimwa a'wa na:pe:w〕 (he-saw-him(사격) a-dog(사격) that man)라는 표현은 '그 남자가 개 한 마리를 보았다'는 뜻이 된다. 마찬가지로 많은 언어에서는 소유된 명사에

소유주가 대명사로 나타난다. 예를 들어, 크리어에서 〔astutin〕은 그냥 '모자'라는 뜻이지만, 〔ni'tastutin〕은 '내 모자', 〔ki'tastutin〕은 '당신의 모자', 〔u'tastutin〕은 '그 남자의 / 그 여자의 / 그것의 모자'라는 뜻이다. 그러므로 소유주가 다른 단어나 구에 언급될 때, 우리는 〔ča:n u'tastutin〕(John his hat = John's hat)에서 보듯이 상호참조 현상을 목격하게 된다.

12. 10. 모든 통사적 구성체는 둘 또는 그 이상의 자립형태가 하나의 구에 결합되어 있는데, 이러한 구를 결성된(혹은 결성체) 구라고 부른다. 결성된 구는 여하한 구성성분과도 다른 형태부류에 속할 가능성이 있다. 예를 들어, 'John ran'은 'John'처럼 주격표현도 아니고 'ran'처럼 한정동사 표현도 아니다. 그러므로 영어의 행위주-행위 구성은 외심 구성이다. 이때 결성된 구는 직접구성성분을 갖지 않는 형태부류에 속한다. 반면에, 결성된 구는 구성성분들 가운데 하나(혹은 그 이상)와 동일한 형태부류에 속할 가능성도 있다. 예를 들어, 'poor John'이나 'John' 모두 고유명사 표현에 속하면서 둘 다 대체적으로 동일한 기능을 수행하고 있다. 따라서 영어의 특징-실체(*character-substance*) 구성(예: poor John, fresh milk)은 내심 구성이다.

어떤 언어든 외심 구성체는 비교적 그 수효가 적다. 영어에는 행위주-행위 구성 이외에도 'beside John, with me, in the house, by running away' 등과 같은 관계-축 구성이 존재한다. 이 구성의 구성성분은 전치사 표현과 대격표현이다. 이런 경우에 결성된 구는 전치사나 대격의 기능과 다른 기능을 수행하면서, 다양한 통사적 위치에 나타난다(예: 동사의 수식어 sit beside John; 명사의 수식어 the boy beside John). 영어의 또 다른 외심 구성으로는 종속이 있다. 그 가운데 하나인 절-종속(*clause-subordination*) 구성의 구성성분은 'if John ran away'의 경우에서 보듯이 종속표현(expression) (접속사)과 행위주-행위로 이루어진 구이다. 이런 경우에 결성된 구는 이들 구성성분의 기능과 전혀 다른 수식어(종속절)로서의 기능을 수행한다. 다른 유형, 곧 구-종속(phrase-subordination) 구성의 구성성분들은 종속표현과 다른 체언형태이다(예: as I, than John). 이런 경우에 결성된 구는 'as big as I'나 'bigger than John'에서 보듯이 수식어로서의 기능을 수행한다. 외심 구성에서는 결성된 구가 어느 구성성분과도 다른 기능을 갖는데, 이들 구성성분 중의 하나는 보통 그 구성 특유의 것으로 결성된 구의 성격을 결정하기도 한다. 그러므로 영어에서는 한정동사와 전치사, 종속접속사가 방금 예시한 외심 구성에 규칙적으로 출현해서 해당 구성의 성격을 드러내는 데 기여한다.

내심 구성에는 대등적(혹은 계속적, serial) 유형과 종속적(혹은 한정적, attributive) 유형이 있다. 전자의 경우에는 결성된 구가 둘 또는 그 이상의 구성성분과 동일한 형태부류에 속한다. 따라서 'boys and girls'는 'boys'나 'girls'와 같은 형태부류에 속하며, 이들 두 구성성분은 대등접속의 구성원이고, 나머지 구성성분은 대등접속사이다. 가끔씩 'books, papers, pens, pencils, blotters (were all lying …)'의 경우처럼 대등접속사가 나타나지 않는 경우도 있고, 'both Bill and John'이나 'either Bill or John'의 경우처럼 각 구성원마다 대등접속사가 하나씩 나타나는 경우도 있다. 구성원과 구성원이 생성하는 구의 형태부류 사이에는 형태부류상의 사소한 차이가 존재할 수 있다. 그래서 'Bill and John'은 복수이지만, 구성원들 각각은 단수이다.

종속적인 내심 구성에서는 결성된 구가 그 구성성분 가운데 하나와 동일한 형태부류에 속하는데, 이 구성성분을 핵어(head)라 부른다. 예를 들어, 'poor John'은 'John'과 동일한 형태부류에 속하며 이때 'John'을 핵어라고 부른다. 여기서 다른 구성원인 'poor'는 한정어에 속한다. 한정어는 다시 종속구가 될 수도 있다. 예를 들어, 'very fresh milk'의 직접구성성분은 핵어 'milk'와 한정어 'very fresh'로 나뉘는데, 이 구 'very fresh'는 다시 핵어 'fresh'와 한정어 'very'로 나뉜다. 이와 같은 방법으로 하면 종속위치에 몇 가지 순위가 나타나게 된다. 예를 들어, 'very fresh milk'에는 다음과 같은 세 가지 순위가 나타난다. (1) milk, (2) fresh, (3) very. 마찬가지로 핵어에 한정어가 들어 있는 경우도 있다. 예를 들어, 'this fresh milk'라는 구는 한정어 'this'와 핵어 'fresh milk'로 구성되어 있지만, 핵어 'fresh milk'는 한정어 'fresh'와 핵어 'milk'로 구성되어 있다.

12. 11. 만일 어떤 구를 형성하는 통사적 구성이 모두 내심 구성이라면, 그 구는 궁극적 구성성분 중에 자신과 형태부류가 같은 어떤 단어(대등접속의 구성원)를 포함하게 된다. 이런 단어를 구의 중심 (*center*)이라고 한다. 예를 들어, 'all this fresh milk'에서는 'milk'가 구의 중심이고, 'all this fresh bread and sweet butter'에서는 'bread'와 'butter'가 구의 중심이다. 대체로 어떤 언어든 내심 구성이 대부분이기 때문에, 대다수의 구에는 하나의 중심이 있다. 이런 경우에 구의 형태부류는 보통 그 구에 포함된 어떤 단어와 동일하다. 외심 구성의 경우는 예외지만, 예외도 단어부류를 가지고 정의할 수 있다. 그러므로 구의 통사적 형태부류는 단어의 통사적 형태부류에서 유도할 수 있다. 즉, 통사론의 형태부류는 대부분 단어부류라는 관점에서 쉽게 기술할 수 있다. 예를 들어, 영어에서 체언표현은 이 형태부류 (체언)에 속하는 단어(예: John)든지, 아니면 그 중심이 체언인 구 (예: poor John)이다. 영어의 한정동사 표현은 이 형태부류(한정동사)에 속하는 단어(예: ran)든지, 아니면 그 중심이 한정동사인 구(예: ran away)이다. 영어의 행위주–행위 구(예: John ran, poor John ran

328

away) 는 구성이 외심적이어서 어떤 단어와도 형태부류를 공유하지 않지만, 구의 형태부류는 그 구성에 의해 정의된다. 이들은 주격표현과 한정동사 표현으로 구성되어 있어서, 결과적으로 단어부류의 용어문제로 환원된다.

품사란 전통적으로 한 언어에서 가장 포괄적이고 근본적인 단어부류에 적용되는데, 방금 언급한 원리에 따른다면 통사적 형태부류는 형태부류에 나타나는 품사의 관점에서 기술할 수 있다. 그러나 모순이 전혀 없는 일관된 품사체계를 수립하기란 불가능하다. 단어부류 자체가 서로 겹치거나 교차하기 때문이다.

형태부류를 다룰 때 사용하는 '표현'이라는 용어에는 단어뿐만 아니라 구도 포함된다. 따라서 'John'은 체언(단어)이고 'poor John'은 체언 구이며, 이 두 형태는 모두 체언표현이 된다.

단어와 (내심 구성 때문에) 방대해진 구 결합을 포함하는 거대한 형태부류 안에는 구 구성의 작은 차이로 인한 일련의 하위 부류가 존재할 수 있다. 예를 들어, 'fresh, good, sweet' 등과 같은 한정어가 핵어 'milk'와 결합하여 'fresh milk'가 될 때, 이 결성된 구는 다시 다른 한정어와 결합하여 'good, sweet, fresh milk'가 될 수 있다. 이 구는 그 중심(또는 핵어), 즉 'milk'와 완전히 동일한 기능을 수행한다. 그러나 'milk'나 'fresh milk'를 한정어 'this'와 결합시키면, 여기서 결성된 구 'this milk'나 'this fresh milk'는 그 핵어나 중심의 기능과 아주 다른 기능을 수행하게 된다. 이 구가 다시 'good'이나 'sweet'와 결합할 수 없기 때문이다. 여기서 'this milk'나 'this fresh milk'에 나타나는 구성은 부분적으로 폐쇄되어 있다. 이와 같은 가능성은 사실 'all this milk'나 'all this fresh milk'에서 보듯이, 한정어 'all'의 추가로 제한된다. 한정어 'all'이 덧붙으면, 그 구성은 완전히 폐쇄된다. 이러한 유형의 한정어(형용사)가 더 이상 덧붙을 수 없기 때문이다.

12.12. 문법특성소의 하나인 순서의 보기로는, 'John ran'의 경우처럼, 영어에서 정상적인 유형의 행위주-행위 구성에서 행위주 형태가 행위형태를 앞서는 배열을 들 수 있다. 고도로 복잡한 선택의 문법특성소를 가진 언어에서는, 순서가 대체로 비변별적이거나 함축적으로만 활용된다. 예를 들어, 'pater amat filium'(*the father lovers the son*)과 같은 라틴어 구에서는 통사적 관계(상호참조와 지배)가 모두 선택의 대상이며, 따라서 단어의 순서가 'pater filium amat'나 'filium pater amat'처럼 대단히 자유롭다. 이들 사이의 차이라면 강조와 생동감의 차이 정도이다. 영어에서는 순서의 문법특성소가 행위주-행위(예: John ran)와 행위-목표(예: catch John) 사이에 다르게 나타난다. 예를 들어, 'John hit Bill'과 'Bill hit John'의 (의미) 차이는 전적으로 순서에 의한 것이다. 그러나 영어에서는 순서가 일반적으로 선택이라는 문법특성소와 함께 나타난다. 이러한 양상을 비롯해 일반적인 통사구조가 영어와 닮은 언어에서도 순서의 차이는 개별언어에 따라 상당한 차이를 보일 수 있다. 표준 독일어는 한정동사의 앞에 올 수 있는 한정어(단어 또는 구)가 하나로 제한된다는 점에서, 영어와 다르다. (예) heute spielen wir Ball 〔'hojte 'špiːlen viːr 'bal〕(*today play we ball*). 더욱이 독일어에서는 일부 요소를 문장의 끝에 둔다. (예) 부사의 용례: ich stehe um sieben Uhr auf 〔ix 'šteːe um 'ziːben 'uːr 'awf〕(*I get at seven o'clock up*), 분사의 용례: ich habe ihn heute gesehen 〔ix ‚haːbe iːn 'hojte ge'zeːn〕(*I have him today seen*), 부정사의 용례: ich werde ihn heute sehen 〔ix ‚verde iːn 'hojte 'zeːn〕(*I shall him today see*), 종속절 동사의 용례: wenn ich ihn heute sehe 〔ven ix iːn 'hojte 'zeːe〕(*if I him today see*).

프랑스어는 동사와 함께 나타나는 대치요소(이른바 '접합' 형태)의 출현순서가 복잡하고 엄격한 체계를 이루고 있다. 통상적인 (의문문이 아닌) 문장유형에서는 순서가 이들 요소의 일곱 가지 위치를 구분하는데, 이들 요소의 위치는 한정동사를 앞선다.

(1) je 〔žə〕(*I*), il 〔il〕(*he, it*), ils 〔il〕(*they*), on 〔oⁿ〕(*one*), ce 〔sə〕(*it, that*) 등과 같은 행위주.

(2) 부정(否定)의 부사 ne 〔nə〕(*not*).

(3) me 〔mə〕(*to me*)나 vous 〔vu〕(*to you*)와 같이 보다 먼 목표를 표시하는 일/이인칭 대명사 및 se 〔sə〕(*to himself, herself, themselves*)와 같이 보다 먼 목표를 표시하는 재귀대명사.

(4) me 〔mə〕(*me*)나 vous 〔vu〕(*you*), se 〔sə〕(*himself, herself, themselves*), le 〔lə〕(*him, it*), les 〔le〕(*them*)와 같이 보다 가까운 목표를 표시하는 대명사.

(5) lui 〔lɥi〕(*to him, to her*)나 leur 〔lœːr〕(*to them*)과 같이 보다 먼 목표를 표시하는 삼인칭 대명사.

(6) 부사 y 〔i〕(*there, thither, to it, to them*).

(7) 부사 en 〔aⁿ〕(*from there, of it, of them*).

(1-2-3-4) il ne me le donne pas 〔i n mə l dɔn pa〕(*he does not give it to me*)

(1-3-6-7) il m'y en donne 〔i m j aⁿ dɔn〕(*he gives me some of it there*)

(1-4-5) on le lui donne 〔oⁿ lə lɥi dɔn〕(*one gives it to him*)

(1-2-6-7) il n'y en a pas 〔i n j aⁿ a pa〕(*there aren't any*)

가끔씩 순서가 어감을 매우 섬세하게 구분하는 데 이용되기도 한다. 프랑스어에서는 대부분의 형용사가 'une maison blanche' 〔yn mezoⁿ blaⁿš〕(*a white house*)에서 보듯이, 명사 다음에 온다. 그러나 'une belle maison' 〔yn bɛl mezoⁿ〕(*a pretty house*)의 경우처럼 일부 소수의 형용사는 명사를 앞선다. 또 다른 형용사는 'une barbe noire'〔yn barbə nwaːr〕(*a black beard*)와 'une noire trahïson'〔yn nwaːr traizoⁿ〕(*a black betrayal*) 및 'un livre excellent'〔œⁿ liːvr eksɛlaⁿ〕(*an excellent book*)와 'un excellent livre'(*a splendid book*)의 경우처럼 이전된 의미나 강조 아니면 강렬한 함축성을 띠고 명사를 앞서기도 한다. 소수의 용례는 형용사의 위치변화에 따라 그 의미가 상당히 달라지기도 한다. (예) un livre cher〔œⁿ liːvrə šɛːr〕(*a costly book*)와 un cher ami〔œⁿ šɛːr ami〕(*a dear friend*) 및 sa propre main〔sa prɔprə mɛⁿ〕(*his own hand*)과 une main propre〔yn mɛⁿ prɔpr〕(*a clean hand*).

경제성이라는 잣대로 판단할 때 순서의 문법특성소는 잉여적이라고 할 수 있는데, 그것은 형태의 집합이 일정한 연쇄를 이루고 발화될 수밖에 없기 때문이다. 그렇기 때문에 순서 자질이 단독으로 그 효과를 나타내는 언어는 드물고, 거의 대부분 선택 문법특성소의 보완장치로 활용된다.

12. 13. 인도-유럽어족에 속하는 언어는 품사가 많다는 점에서 특이하다. 어떠한 품사 분류방식의 틀을 사용하든, 영어와 같은 언어에는 명사(대명사 포함), 동사, 형용사, 부사, 전치사, 접속사(대등접속사와 종속접속사), 감탄사 등 적어도 6품사 이상이 있다. 대부분의 언어는 이보다 적은 수효의 품사로 이루어져 있다. 3품사 유형(셈어, 알공키안어)도 적지 않은데, 3품사 가운데 하나는 영어의 명사를 닮았고 다른 하나는 동사를 닮았다. 그러므로 영어의 품사 분류체계가 인간 표현의 보편적인 자질을 대표한다고 생각하면 안 된다. 만일 사물이나 행위, 특질 등과 같은 부류가 영어를 벗어나 물리학이나 혹은 인간 심리의 실체로 존재한다면, 그러한 부류는 이 세상 어디에나 존재한다고 말할 수 있다. 그렇지만 상응하는 품사가 많은 언어에 결여

되어 있다는 것도 분명한 사실이므로, 그런 가정은 성립하기 어려운 것이다.

적은 수효의 품사를 가진 언어에서는 통사적인 형태부류가 주로 구에 나타난다. 구의 부류가 특수한 단어, 즉 표지로 지시되는 경우가 있다. 엄밀하게 말하면 이 표지와, 이 표지가 붙는 형태는 해당 구의 부류를 결정하는 외심 구성체를 형성한다. 선택의 자질을 제외하면, 이들 구성체는 주로 순서로 구분된다.

이와 관련된 고전적인 용례는 중국어에서 찾을 수 있다. 중국어의 품사는 실질어와 첨사(표지)로 되어 있다. 주요한 구성의 원리는 다음의 세 가지이다.

(1) 상용문 문장구성은 주어와 서술어로서, 영어의 행위주-행위 구성과 유사하다. 주어는 서술어를 앞선다. (예) 〔tha¹ ˈxaw³〕 (*he is good*), 〔tha¹ ˈlaj²〕 (*he came*). 어떤 경우에는 형태부류의 차이에 따라 서술어가 맨 앞에 첨사 〔šə⁴〕로 표시된다. (예) 〔tha¹ šə⁴ xaw³ ˌžən²〕 (*he* 〔첨사〕 *good man / he is a good man*).5)

(2) 한정어가 핵어를 앞서는 내심 구성이 존재한다. 의미상으로 이 구성은 영어의 구성을 닮았다. 〔xaw³ žən²〕 (*good man*), 〔man⁴ ˌčhy⁴〕6) (*slowly go / go slowly*). 이 한정어는 특정한 경우에 그 끝에 붙은 첨사 〔ti¹〕로 표시된다. (예) 〔tiŋ³ ˌxaw³ ti¹ žən²〕 (*very good man*), 〔wo² ti¹ ˈfu⁴ chin¹〕 (*I* 〔첨사〕 *person / my father*), 〔ˈtso⁴ čo² yi¹ žən²〕 (*sit* 〔첨사〕 *person / a sitting person*), 〔ˈwo³ ˈçje³ ˌtsə⁴ ti ˈpi³〕 (*I write* 〔첨사〕 *brush / the brush I write with*). 다음의 보기는 한정어가 주어-서술어 구성으로 이루어진 구이다. (예) 〔ˈmaj³ ti ˈšu¹〕 (*buy* 〔첨사〕 *book / the*

---

5) '他好', '他來', '他是好人'.

6) '漫去'.

purchased book). 7)

(3) 한정어가 핵어를 뒤따르는 제2의 내심 구성은 영어의 행위-목표 및 관계-축 구성과 유사하다. (예) 〔kwan¹ 'man²〕(*shut the door*), 〔tsaj⁴ čuŋ¹ kwo〕(*in China*). 8)

선택의 문법특성소는 주로 (1)에서 주어의 역할을 하고, (2)에서 핵어의 역할을 하며, (3)에서 목표의 역할을 하는 형태부류를 표시하는 역할을 하는데, 이는 영어의 체언표현을 닮았다. 이 형태부류(사물〔대상〕표현)에 속하는 단어는 소수뿐으로, 〔tha¹〕(he, she) 혹은 〔wo³〕(I) 유형의 대치 단어들이다. 다른 사물(대상)표현은 다양한 표지를 가진 구이다. 이 가운데 가장 보편적인 표지는 (2) 유형의 한정어(예: 〔čə⁴〕this, 〔na⁴〕that, 〔na³〕which?)를 앞서는 첨사이다. (예) 〔čə⁴ ko⁴〕(this piece / this 〔thing〕). 대부분의 용례에서 이들 표지는 직접적으로 실질어와 결합하지 못하고, 마지막 보기에서 본 것처럼 오직 특정 단어(〔ko⁴〕)가 있어야만 결합할 수 있다. 이 단어는 수량사 형태부류를 형성한다. 표지와 수량사의 결합으로 형성되는 구는 (2)와 같은 구성에서 정상적인 실질어와 결합한다. (예) 〔čə ko 'žən²〕(this 〔individual〕man), 〔wu² ˌljaŋ⁴' čə¹〕(five 〔individual〕cart / five cart). 또 다른 종류의 사물(대상)표현은 그 끝에 붙은 첨사 〔ti¹〕로 표시된다. (예) 〔maj⁴ 'šu¹ ti〕(sell book 〔첨사〕 / bookseller).

복합 구는 이런 방식으로 형성된다. (예) 〔tha¹ 'taw⁴ 'thjen² li³ 'čhy⁴〕(*he enter field interior go / he goes into the field*). 위의 용례를 보면, 첫째 단어가 주어이고 구의 나머지 부분이 서술어이다. 서술어에서는 마지막 단어가 핵어이고 나머지 세 단어가 한정어이다. 이 한정어

---

7) 〔(주어가) 책을 사다〕 - 〔(주어가) 산 책〕과 같은 변형구성을 염두에 두고 있는 듯하다. /'頂好的人', '我的父親', '坐着的人', '我寫字的筆', '買的書'.
8) '關門', '在中國'.

는 행위 〔taw⁴〕(enter)와 목표 〔thjen² li³〕(field interior)로 구성되는데, 첫째 단어가 둘째 단어의 한정어이다. 9) 다음으로 〔ni³ 'mej² pa³ 'maj³ 'mej² ti ˌčhjen³ 'kej³ wo³〕(*you not take buy coal* 〔첨사〕 *money give I*)라는 문장을 보자. 여기서 첫째 단어가 주어이고 나머지가 서술어이다. 이 서술어는 한정어 〔mej²〕(not)와 핵어로 구성되었는데, 이 핵어 안에서는 처음 다섯 단어가 다시 한정어이고 나머지 두 단어 〔kej³ wo³〕(give I)가 핵어이다. 그리고 이 구성은 행위와 목표로 나뉜다. 다섯 단어로 이루어진 한정어 〔pa³ 'maj³ 'mej² ti ˌčhjen³〕(take buy coal 〔첨사〕 money)에서는 첫째 단어가 행위이고 나머지가 목표이다. 이 목표는 핵어 〔čhjen³〕(money)와 한정어 〔maj³ 'mej² ti〕(이 구는 여기에 붙은 첨사 〔ti¹〕로 표시됨)로 구성되었는데, 이 구성은 행위-목표 구성이다. 따라서 이 문장은 '당신이 연탄을 살 돈을 나에게 주지 않았다'가 된다. 10)

타갈로그어도 품사가 실질어와 첨사로 되어 있는데, 여기서는 실질어가 다시 정태적(*static*) 단어와 경과적(*transient*) 단어의 두 부류로 나뉜다. 후자는 특수한 종류의 서술어(서사유형, 11.2절)를 형성하고, 시제와 양태의 형태론적 구분을 보여준다는 점에서 영어의 동사와 유사하지만, 서술어 기능으로만 국한되지 않고 비서사적 서술어가 존재한다는 점에서 영어의 동사와 다르다. 주된 구성은 주어와 서술어 구성인데, 순서(서술어가 주어를 앞섬)에 의해 표시되거나, 아니면 11.2절에 예시된 대로 첨사 〔aj〕와 순서(주어가 〔aj〕로 시작하는 서술어를 앞선다)에 의해 표시된다. 주어와 등가인 서술어는 선택적으로 표시된다. 이들 위치를 채우는 형태부류는 영어의 체언표현을 닮았고, 중국어의 사물(대상)표현을 많이 닮았다. 소수의 대치 단어들

---

9) '他到田裏去'.
10) '你沒把買煤的錢給我'.

제 12 장 통사론 335

I, 〔si'ja〕 he, she〕은 당연히 이 부류에 속한다. 그 밖의 다른 모든 사물(대상)표현은 구인데, 특정 한정어(예: 〔isa ŋ 'ba:ta?〕 one child)나 첨사로 그 자질이 드러난다. 이 첨사의 용법은 매우 다양해서, 주로 이름 앞에는 〔si〕가 오고(〔si 'hwan〕 John), 다른 형태 앞에는 〔aŋ〕이 온다(〔aŋ 'ba:ta?〕 the child, a child / 〔aŋ pu'la〕 the red = redness / 〔aŋ 'pu:tul〕 the cut. 경과적 형태〔단어〕의 보기 〔aŋ pu'mu: tul〕 the one who cut / 〔aŋ pi'nu:tul〕 that which was cut / 〔aŋ ipi'nu: tul〕 that which was cut with / 〔aŋ pi'nu'tu:lan〕 that which was cut from). 한정어 구성은 네 가지 유형이 있다. 하나는 모음 뒤에서 〔ŋ〕이 되는 첨사 〔na〕가 핵어와 한정어 사이에 개재되는데, 양자의 순서는 둘 다 가능하다. (예) 〔aŋ 'ba:ta ŋ sumu:'su:lat〕 - 〔aŋ sumu:'su:lat na 'ba:ta?〕 the writing child / 〔aŋ pu:la ŋ pan'ju〕 the red handkerchief, 〔aŋ pan'ju ŋ i'tu〕 this handkerchief. 또 다른 좀더 제한적인 한정구성은 첨사가 없다. (예) 〔hin'di: a'ku〕 not I, 〔hin'di:maba'it〕 not good. 제3의 한정구성은 한정어가 특수한 형태로 나타나는 사물(대상)표현이다. 예를 들어, 〔a'ku〕(I)는 〔ku〕로, 〔si'ja〕(he, she)는 〔ni'ja〕로, 첨사 〔si〕는 〔ni〕로, 첨사 〔aŋ〕은 〔naŋ〕으로 대치된다. (예) 〔aŋ pu'la naŋ pan'ju aj matiŋ 'kad〕 the red of the handkerchief is bright, 〔aŋ 'ba:ta j ku'ma:in naŋ 'ka:nin〕 the child ate (some) rice (행위주-행위), 〔ki'na: in naŋ 'ba:ta? aŋ 'ka:nin〕 the rice was eaten by the child (목표-행위) (11. 2절의 용례 참고). 제4의 한정구성 역시 한정어가 사물(대상) 표현이다. 〔si〕는 〔kaj〕로, 〔aŋ〕은 〔sa〕로 대체된다. 여기서 한정어는 장소를 알려준다. (예) 〔aŋ 'ba:ta j na'na:ug sa 'ba:haj〕 the child came out of the house, out of a house.

12. 14. 통사론의 세부내용은 대단히 복잡해서 온전히 기술하기 힘

들다. 영어와 독일어, 라틴어나 프랑스어와 같은 언어에 대한 어느 정도 완벽한 문법은 추상적인 논의보다 훨씬 유익할 것이다. 그렇지만 통사론이 구성과 형태부류에 대해 형식적 정의가 아닌 철학적 정의를 원용한 관계로, 대부분의 연구는 명쾌한 성과를 낼 수 없었다. 상당히 복잡한 통사적 습관의 사례로, 우리는 현대 구어 표준영어에 나타나는 한 가지 구성의 주요한 자질을 검토하게 될 것이다. 그 구성의 이름은 특징-실체라고 부르기로 한다. (예) fresh milk.

이것은 한정 구성체인데, 그 핵어는 항상 명사 표현, 즉 명사 또는 명사를 중심으로 갖는 내심 구성의 구이다. 명사는 단어부류이다. 다른 모든 형태부류와 마찬가지로 명사도 다음에 나오는 문법적 자질을 기준으로 정의될 수 있다. 정의가 끝나고 나면, 명사의 부류 의미는 대략 '이러저러한 종류의 사물'로 진술할 수 있다. (예) boy, stone, water, kindness. 이 구성의 한정어는 항상 형용사 표현, 즉 하나의 형용사를 중심으로 갖는 형용사 구 또는 내심 구성의 구이다. 형용사는 영어에서 특징-실체 구성에서 수행하는 기능으로 정확하게 정의가 가능한 단어부류(품사)이다. 그 부류 의미는 '어떤 종류의 사물이 가진 표본 특징' 정도가 된다. (예) big, red, this, some. 이들 선택의 자질 이외에, 특징-실체 구성에는 순서의 자질이 포함되어 있다. 즉, 형용사 표현은 명사 표현을 앞선다. (예) poor John, fresh milk.

형용사는 출현하는 환경에 따라 기술적 형용사와 제한적 형용사로 하위 분류되는데, 제한적 형용사는 기술적 형용사와 명사 집단을 앞서고 이들을 수식한다. 예를 들어, 'this fresh milk'와 같은 형태의 직접구성성분을 보면, 제한적 형용사 'this'와 명사구 'fresh milk'인데, 명사구는 다시 기술적 형용사 'fresh'와 명사 'milk'로 이루어져 있다. 이 차이는 특징-실체 구성을 다시 두 가지 하위 유형, 즉 한정어가 기술적 형용사 표현인 특징-실체 구성과 한정어가 제한적 형용사인 제한-실체 구성으로 나눈다.

특징-실체 구성과 기술적 형용사의 형태부류는 모두 순서 자질에 의한 몇 가지 유형으로 나뉜다. 예를 들어, 'big black sheep'은 가능해도, *'black big sheep'은 불가능하고, 'kind old man'은 가능해도 *'old kind man'은 불가능하다. (이들 하위 유형에 대한 검토는 다른 자리로 미룬다.) 기술적 형용사 형태부류의 의미는 대략 '표본의 질적인 특징'이다.

제한적 형용사의 형태부류는 기술적 형용사의 형태부류보다 작으며, 사실 우리가 앞으로 불규칙한 부류, 즉 형태들의 목록으로 기술될 수밖에 없는 부류라고 정의를 내리게 될 형태부류를 형성한다. 그러나 제한적 형용사와 기술적 형용사의 경계가 완벽하게 정의될 수 있는 것은 아니다. 제한적 형용사의 부류 의미는 '표본의 가변적 특징' 정도이다.

제한적 형용사는 한정사(*determiners*)[11]와 수량사의 하위 부류로 나뉜다. 이들 두 부류는 몇 가지 하위 구분이 가능하며 다른 분류선과 서로 겹치기도 한다.

한정사는, 특정한 명사 표현 유형(house, big house)이 항상 한정사를 동반한다(this house, a big house)는 사실로 정의할 수 있다. 이 부류 의미는 대략 '표본의 확인 특징'이다. 특정한 명사 표현과 한정사를 함께 사용하는 이와 같은 습관은 현대 독일어와 로망스어 등과 같은 언어에 독특하다. 하지만 이러한 관습이 없는 언어도 적지 않다. 예를 들어, 라틴어의 'domus'(집)는 한정어를 요구하지 않으며, 'the house'와 'a house'가 구분 없이 사용된다.

한정사를 확정(*definite*) 한정사와 부정(*indefinite*) 한정사의 두 부류

---

11) 아래 용례에 'this, all' 등이 포함되어 있기 때문에 '관사' 대신 '한정사'로 옮겼다.

로 나누는 기준에는 여러 가지 자질이 있다. 이들 자질 가운데 하나만 언급하기로 한다. 확정 한정사는 그 앞에 수량사 'all'을 둘 수 있지만(예: all the water), 부정 한정사는 그런 분포가 불가능하다(예: some water).

확정 한정사는 다음과 같다. 즉, 모든 소유형용사[12] (John's book, my house) 와 'this'(these), 'that'(those) 및 'the' 등의 단어가 확정 한정사에 속한다. 소유형용사 부류는 형태론을 기준으로 정의할 수 있다. 영어와 매우 유사한 특징-실체 구성을 갖는 이탈리아어에서 소유형용사를 한정사로 사용하지 않는다는 사실은 주목할 만하다. 예를 들어, 'il mio amico'〔il mio a'miko〕(thy my friend = my friend)는 'un〔un〕 mio amico'(a my friend = a friend of mine)와 대조가 된다. 확정 한정사의 부류 의미는 '확인된 표본'이다. 해당 표본이 확인되는가의 여부에 관한 정확한 진술은 언어학자의 통제를 넘어서는 문제이다. 확인은 어떤 사람에 의한 소유(John's book), 화자와의 공간적 관계(this house), 동반 언어형태에 의한 기술(the house I saw), 순수한 상황 자질(the sky, the chairman), 앞선 발화에 의한 언급이 고려된 경우("I saw a man, but the man did not see me.") 등으로 구성된다. 확정 한정사 가운데 'this-these, that-those' 짝은 명사의 수사 부류와 일치를 보여준다는 점에서 독특하다.

부정 한정사는 'a(an), any, each, either, every, neither, no, one, some, what, whatever, which, whichever' 등과 구를 형성하는 결합체 'many a, such a, what a' 등이다. 부류 의미는 '확인되지 않은 표본'이다.

단어 'a'는 모음 앞에서 사용되는 연성형태 'an' 때문에 독특하다.

---

12) 형용사적 기능을 수행하는 명사의 소유격 굴절 형태이다. 이하 모두 소유형용사로 옮겼다.

단어 'one'은 부정 한정사로 출현할 뿐만 아니라(예: *one man*), 이와 전혀 다른 기능도 수행한다(예: *a big one, if one only knew*). 이런 현상을 가리켜 '부류의 균열'이라는 이름으로 부르기도 한다. 다양한 부정 한정사의 의미는 어느 정도 광범위한 범위를 갖는 문법 자질을 이용해 언어학적으로 정의할 수 있다. 예를 들어, 'what'과 'which'는 관계사로서, 명사를 종속절의 일부(whatever book you take.)로 표시한다. 'no'와 'neither'는 부정사(否定辭)로서, 모든 표본을 배제한다. 'each, which, whichever'는 제한된 선택장(-場), 즉 관련표본이 해당 종류(which book? which parent?)의 확인된 어느 한 부분(또는 확인된 전체)에 속한다는 의미를 함축한다. 'either'와 'neither'는 선택장을 두 표본으로 제한한다.

일부 한정사는 무강세이다(강조 요소를 갖지 않았을 때에 한함). 즉, 'my, our, your, his, her, its, their, the, a' 등이 이러한 경우에 속한다. 나머지 단어는 무강세로 발화되기도 하고 부차 강세로 발화되기도 한다.

한정사를 항시 동반하는 명사표현 유형은 더 이상의 구체적 한정사가 없다면 부정관사 'a'와 정관사 'the'를 그 앞에 두는데, 그 의미는 '형태부류 각각의 부류 의미' 정도이다. 일부 문법 자질(한정사를 요구하는 명사표현의 유형)을 항상 동반하는 문법 분류(확정 한정사와 부정 한정사 등)는 범주적이라고 할 수 있다. 사실 확정범주나 한정범주는 영어 명사표현의 부류 전체를 포용한다. 왜냐하면, 한정사를 항상 동반하지는 않는 명사표현 유형조차 한정 명사표현이냐 부정 명사표현이냐로 분류될 수 있기 때문이다. 예를 들어, 'John'은 한정 명사표현이고, 'kindness'는 부정 명사표현이다.

한정사의 사용 여부에 따라 영어 명사표현은 다음과 같은 다수의 흥미로운 하위 부류로 나뉜다.

Ⅰ. 고유명사(이름)는 단수로만 출현하고 한정사를 갖지 않으며, 항상 확정적이다. John, Chicago. 부류 의미는 '오직 한 표본만을 갖는 사물의 종'이다. 지면 관계로 더 깊이 들어가지는 않겠지만, 동음이의어와 같은 경우에, 이름이 보통명사로도 출현하는 부류의 균열이라든가(two Johns, this John), 강 이름과 같은 하위 부류의 고유명사에 항상 정관사가 앞선다는 사실(the Mississippi) 등은 주목할 만하다.

Ⅱ. 보통명사는 확정범주와 부정범주에 모두 출현한다. 부류 의미는 '둘 이상의 표본에 나타나는 사물의 종'이다. 복수일 경우에 확정된 범주에는 한정사가 필요하지만(the houses), 확정된 범주가 아니면 한정사가 필요하지 않다(단수 형태 a house와 상응하는 복수형 houses).

A. 분리 불가능 명사는 단수형일 때 한정사를 요구한다(the house, a house). 부류 의미는 '하나 이상의 표본에 나타나는 사물의 종으로, 그 표본이 더 이상 하위 분류되거나 통합될 수 없는 (단어)'이다.

B. 분리 가능 명사는 확정된 범주에만 한정사를 요구한다(the milk : milk). 부류 의미는 '하나 이상의 표본에 나타나는 사물의 종이되, 그 표본이 다시 하위 분류되거나 통합될 수 있는 (단어)'이다.

1. 물질명사는 'a'를 취하는 일이 없고 복수가 없다(the milk, milk). 부류 의미는 B와 같지만, 그 표본이 '독립적으로 존재한다'는 조건이 따른다.

2. 추상명사는 한정사가 없는 부정 단수형으로 나타나고, 모든 표본을 포함한다(life is short). 복수형에서는 해당 표본이 분리된다(a useful life, nine lives). 부류 의미는 B와 같지만, '그 표본이 다른 사물의 태도(특질, 행위, 관계)로만 존재한다'는 조건이 따른다.

위 Ⅱ의 하위분류 가운데서는 부류의 균열이 빈번하여 흥미롭다.

(예) an egg, eggs (A) / "he got egg on his necktie" (B1); coffee (B1) / an expensive coffee (A).

다른 부류의 제한적 형용사인 수량사는 다양한 하위 부류로 나뉜다. (몇 가지만 언급하기로 한다.) 이 가운데 'all'과 'both'는 한정사를 앞선다(all the apples). 이 둘은 한정사 구에서 'a'를 앞선다(many a, such a). 'few, hundred, thousand' 등과 접미사 '-ion'으로 형성된 수량사(million 등)는 복수명사를 동반한 수량사(a hundred years)로 사용되는 구에서 'a'를 뒤따른다. 수량사 'same, very, one'(이 형태는 부류의 균열에 의해 한정사 one과 구분됨) 등은 오직 확정명사와만 함께 사용된다(this same book, the very day, my one hope). 수량사 'much, more, less' 등은 오직 부정(不定)명사와만 함께 사용된다(much water). 수량사 'all'은 두 종류의 명사 모두와 함께 사용될 수 있지만, 오직 확정 한정사만을 동반한다(all the milk, all milk). 'both, few, many' 및 2 이상의 수량사 등은 복수명사와만 함께 사용되고, 'one, much, little' 등은 단수명사와만 함께 사용된다. 일부 수량사는 다른 통사적 위치에서도 사용된다. 그래서 'many'와 'few'는 서술 형용사로 사용되고(they were many), 'all'과 'both'는 반(半)-서술적 한정어로 사용된다(the boys were both there). 영어 수량사에 관한 다른 흥미로운 분류는 제 15장 명사의 대치형태를 이용한 대체 현상을 다루는 자리에서 다시 등장하게 된다.

제 13 장

형태론

13. 1. 한 언어의 형태론이란 구성성분들 중에 의존형태가 나타나는 구성체를 의미한다. 이와 같은 정의를 따른다면, 결과적으로 형태론에서 볼 수 있는 것은 의존형태 또는 단어가 될 수 있지만, 구는 절대 될 수 없다. 그러므로 형태론에는 단어 또는 단어의 일부로 이루어진 구성체가 포함되는 반면, 통사론에는 구로 이루어진 구성체가 포함된다고 말할 수 있다. 구-단어(예: jack-in-the-pulpit)와 일부 합성어(예: blackbird)는 형태론과 통사론의 경계지대에 있는데, 이들 단어는 의존형태를 직접구성성분으로 갖지 않으면서도 여러 가지 점에서 통사론적이라기보다 형태론적인 구성체의 전형을 보여주기 때문이다.

일반적으로 형태론적 구성체는 통사론적 구성체보다 훨씬 정교하며, 따라서 음조변동이나 음성변이도 매우 많고 대단히 불규칙적이다. 즉, 형태론적 구성체는 특정한 구성성분이나 결합에 묶여 있는 경우가 많다. 구성성분의 순서는 거의 언제나 엄격하게 고정되어 있어서 'John ran away'와 'Away ran John'과 같이 함축된 어감에서 차이가 나는 변이형의 짝을 허용하지 않는다. 선택 자질은 세세하면서도 어떤 때는 구성성분들을 변칙적으로 제한하여 하나의 복합형태로 통합시키기도 한다.

따라서 개별 언어는 통사론보다 형태론에서 서로간의 차이가 더욱 크게 두드러진다. 그리하여 형태론과 관련해서는 여러 언어를 분류할 수 있는 간단한 틀을 수립하는 일이 불가능할 정도이다. 그와 같은 틀 가운데 하나는 의존형태가 거의 없는 분석적 언어와 의존형태가 많은 종합적 언어의 구분이다. 한쪽 극단에는 현대 중국어처럼 각각의 단어가 한 음절 형태소나 합성어 혹은 구-단어로 된 완벽하게 분석적인 언어가 있고, 다른 한쪽 극단에는 에스키모어처럼 의존형태의 긴 연쇄가 하나의 단어로 통합되는(예: 〔aːwlisa-ut-issʾar-si-niarpu-ŋa〕'나는 낚싯줄로 쓸 만한 뭔가를 찾고 있다.') 고도로 종합적인 언어가 있다. 그러나 전자의 경우에 나타나는 일부 사례를 제외하면 이러한 구분은 상대적이다. 그래서 개별 언어는 어떤 측면을 보면 다른 언어에 비해 분석적이지만, 동시에 다른 어떤 측면을 보면 다른 언어에 비해 종합적이다. 또 다른 분류의 틀은 세계의 언어를 네 가지 형태론적 체계, 즉 고립적, 교착적, 포합적, 굴절적 유형으로 나누는 것이다. 고립어는 중국어처럼 의존형태를 사용하지 않는 언어이다. 터키어를 전형적인 예로 꼽을 수 있는 교착어에서는 의존형태가 그냥 다른 형태에 덧붙어 첨가된다. 포합어는 에스키모어처럼 동사의 목표(goal)와 같이 의미상으로 중요한 요소를 의존형태로 표현한다. 굴절어는 상이한 의미 자질들이 단일한 의존형태나 혹은 밀접하게 통합된 의존형태들 속으로 합류하는 양상을 보여준다. 이를테면, 'amō'(I love)와 같은 라틴어 형태의 접미사 '-ō'는 '행위주로서의 화자'(인칭), '오직 한 사람의 행위주'(수), '현재 일어나는 행위'(시제), '(가능할 뿐만 아니라 가설적이기도 한) 실제 행위'(법, mode /mood) 등의 의미를 표현한다. 이들 의미의 차이는 대등하지 않고, 마지막 세 부류는 결코 명확하게 정의된 바가 없다.

13. 2. 화자는 의존형태만을 고립시켜 발화할 수 없으므로 통상적으로 단어의 구조도 기술할 수 없다. 형태론의 기술에는 체계적인 연구가 필요하다. 고대 그리스 사람들도 이 방면에서 일정한 진보를 이룩했지만, 연구기법이 발달한 것은 주로 인도의 문법가들에 의해서였다. 우리의 방법론이 아무리 세련되었다고 해도, 의미의 본성이 워낙 신기루처럼 모호하기 때문에 특히 의심스러운 의미관계가 형식적인 불규칙성과 함께 나타날 때, 형태론의 연구는 항상 난관에 부딪히기 마련이다. 'goose, gosling, gooseberry, gander' 등의 단어 집합에서 우리는 'gosling'(거위새끼)의 〔gɑz〕가 'goose'(거위)의 음성변이형이고 'gooseberry'(구스베리 열매)의 〔guwz-〕가 이런 의미(거위)와 동떨어졌다는 점에서 아마도 처음 두 형태가 형태론적으로 관련되어 있다는 데 동의하는 반면, 'goose'와 'gander'(거위 수컷)의 형식적인 유사성 〔g-〕는 대단히 희박해서 이런 유사성이 과연 언어형태에 실제 의미상의 관련성을 부여할 수 있을지 의문이 들 것이다. 이러한 난관은 공통분모로 〔d … k〕를 갖는 'duck'(오리)과 'drake'(오리 수컷) 짝에서도 나타난다. 그렇다면 연구자는 곧 이런 의문에 대한 답변을 화자에게서 기대할 수 없다는 사실을 깨닫게 된다. 화자들이란 형태론적 분석을 실행하는 사람이 아니기 때문이다. 설령 그런 질문을 계속해서 던져본다 해도, 화자들은 일관성이 없거나 부정확한 답변만을 제공할 뿐이다. 만일 어떤 언어의 역사가 알려져 있다면, 적어도 그 언어의 앞선 단계에서는 이처럼 애매한 문제가 존재하지 않았음을 알게 되는 경우가 적지 않다. 예를 들어, 역사적으로 보면 여러 세기 전에는 'gooseberry'가 *'grose-berry'였으며, 따라서 'goose'와 아무런 관계도 없었다. 그렇지만 이러한 역사적 사실은 결코 해당 언어의 현재 상태에 어떤 움직임이 작용하고 있는지를 알려주지 못한다.

통사론에 나타나는 음조변동과 음성변이를 기술하면서 자연스럽게 그 출발점으로 한 단어나 구의 절대(독립) 형태를 취하지만, 네댓 가지 모양으로 나타나는 의존형태에 대한 기술은 기본(교체)형을 어떻게 선택하느냐에 따라 그 결과가 전적으로 달라진다. 예를 들어, 영어에서 명사의 복수접미사는 보통 다음과 같이 세 가지 모습으로 나타난다. 〔-ez〕glasses, 〔-z〕cards, 〔-s〕books. 이들 셋 각각을 출발점으로 삼으면 우리는 (동일한 형태론적) 사실에 대한 전혀 다른 세 가지 진술에 도달할 수 있다.

더욱 어려운 난관이 기다리고 있는 경우도 적지 않다. 보통 음성변이와 같은 문법 자질은 (하나의 언어형태로 표현되는) 하나의 의미를 표현하는 것으로 보인다. 예를 들어, 'man'과 'men'의 짝을 보면 모음의 음성변이가 복수접미사를 대신한다. 그런데 문법 자질이 전혀 없는 경우도 있다. 예를 들어, 'the sheep'(단수)과 'the sheep'(복수)의 짝에서 보듯이, 단일한 음성형태가 동음이의어를 이용해서 하나의 언어형태를 가지고 단수와 복수라는 두 가지 의미를 나타낸다. 여기서 인도 사람들은 다분히 인공적이지만 실제로 매우 유용한 장치, 곧 '영(零) 요소'라는 개념을 생각해냈다. 이 개념을 이용해서 위의 용례를 설명하면, 복수접미사가 영(零)으로 대치되었다는 논리인데, 이는 다시 말해 아무 형태로도 대치되지 않았다는 뜻이다.

13. 3. 이상의 용례를 포함한 여러 가지 난관 때문에 분석절차에 조금이라도 모순이 있으면 곧바로 형태론의 기술에 혼란을 야기할 가능성이 높다. 우선 직접구성성분의 원리(10. 2절)에 주목해야 한다. 이 원리를 적용하면 직접구성성분에 따라 그리 어렵지 않게 단어의 부류를 구분할 수 있다.

(가) 2차 단어: 자립형태를 가짐

  1. 합성어: 둘[1] 이상의 자립형태를 가짐

    (예) 'door-knob'(문손잡이), 'wild-animal-tamer'(야생동물 조련사)

    내포된 자립형태는 합성어의 구성원이다. 위의 예에서는 'door', 'knob', 'tamer' 등의 단어와 'wild animal'이라는 구가 구성원이 된다.

  2. 파생된 2차 단어: 하나의 자립형태를 가짐

    (예) 'boyish'(아이 같은), 'old-maidish'(노처녀 같은)

    내포된 자립형태는 기저형태라고 불린다. 위의 예에서는 'boy'라는 단어와 'old maid'라는 구가 기저형태가 된다.

(나) 1차 단어: 자립형태를 갖지 않음

  1. 파생된 1차 단어: 하나 이상의 의존형태를 가짐

    (예) re-ceive, de-ceive, con-ceive, re-tain, de-tain, con-tain

  2. 형태소 단어: 단일 (자립) 형태소로 구성되었음

    (예) man, boy, cut, run, red, big

직접구성성분의 원리에 따르면, 예를 들어, 'gentlemanly'(신사다운)와 같은 형태는 합성어가 아니라 파생된 2차 단어로 분류되는데, 그것은 이 형태의 직접구성성분이 의존형태 '-ly'와 기저형태 'gentleman'이기 때문이다. 그러므로 이 'gentlemanly'라는 단어는 그 기저형태가 공교롭게도 합성어인 2차 파생어(이른바 '합성어-파생어,'[2] *de-compound*)이다. 마찬가지로 'door-knobs'라는 단어도 합성어가 아니라 의존형태 〔-z〕와 기저형태 단어 'door-knob'으로 이루

---

1) 원문에는 'one'으로 되어 있지만, 문맥상 '둘' 이상으로 보인다.
2) 동사에서 파생된 '동사 파생명사'(*de-verbal noun*)처럼 합성어를 기반으로 해서 파생된 파생어라는 뜻이다.

어진 합성어-파생어인 것이다.

직접구성성분의 원리는 구성성분의 구조상의 순서(*structural order*)를 관찰할 수 있는 기회를 마련해 주기도 하는데, 이 구조상의 순서는 실제적인 연쇄(단어)에 따라 달라진다. 따라서 'ungentlemanly'라는 단어는 어두에 의존형태가 첨가되어 'un-'과 'gentlemanly'로 이루어져 있는 반면, 'gentlemanly'라는 단어는 어말에 의존형태가 첨가되어 'gentleman'과 '-ly'로 이루어져 있다.

13. 4. 비교적 간단한 형태론적 배열의 용례로 우리는 영어의 복수명사(glass-es)와 과거시제 동사(land-ed)에서 나타나는 2차 파생3) 구성체를 꼽을 수 있다.

선택 측면을 보면, 의존형태가 두 경우 모두 독특하지만, 기저형태는 두 종류의 대규모 형태부류에 속한다. 그 하나인 복수명사는 단수명사에서 파생되었고(glasses ← glass), 다른 하나인 과거시제 동사는 한정동사에서 파생되었다(landed ← land).

순서 측면을 보면, 두 경우 모두 의존형태가 기저형태 다음에 발음된다.

영어 형태론의 거의 모든 구성체에 보편적인 음조변동 자질에 의해, 기저형태는 자신의 강세를 보전하고 의존형태는 강세를 상실한다.

음성변이의 문법특성소는 매우 정교하여, 많은 언어의 형태론에 나타나는 특이성의 일단을 보여준다.

우선 의존형태는 세 가지 교체형에 출현하는데, 이 경우에 이들 교체형의 다른 모습은 음성변이의 자질을 포함한다.

---

3) 여기서 말하는 '파생'이란 단순히 조어법의 한 갈래만이 아니라, 굴곡법(활용과 곡용)까지 포함하는 개념이다.

glass ： glasses 〔-ez〕
pen ： pens 〔-z〕
book ： books 〔-s〕

　관련 용례를 수집해 보면, 우리는 의존형태의 모습이 동반하는 형태의 최종(어말) 음소에 따라 결정된다는 사실을 알게 된다. 즉, 〔-ez〕는 치찰음과 파찰음 다음에 나타나고(glasses, roses, dishes, garages, churches, bridges), 〔-z〕는 다른 모든 유성음소 다음에 나타나며(saws, boys, ribs, sleeves, pens, hills, cars), 〔-s〕는 다른 모든 무성음소 다음에 나타난다(books, cliffs). 이들 세 교체형 〔-ez, -z, -s〕 사이의 차이가 음성적 변이관계로 기술될 수 있으므로, 우리는 이와 같은 교체형을 음성적 교체형이라고 부른다. 그리고 이들 세 교체형의 분포는 수반되는 결합형태의 특성에 따라 규정되고 그 특징을 언어학적으로 설명할 수 있으므로, 규칙적 교체이다. 끝으로, 수반되는 결합형태의 결정적 특성이 음소적(즉, 최종〔어말〕 음소의 확인)이므로, 우리는 이러한 교체를 자동적 교체라고 부른다.

　규칙적 교체는 대다수 언어의 형태론에서 중요한 역할을 한다. 모든 규칙적 교체가 음성적이거나 자동적인 것은 아니다. 예를 들어, 독일어에서는 단수명사가 통사적 자질에 의해 성(性)이라 부르는 세 가지 형태부류로 나뉜다(12.7절). 한편 독일어의 복수명사는 단수명사에 의존형태를 첨가하여 파생되는데, 이때 첨가되는 의존형태는 기저 단수의 성(性)에 따라 달라진다.

　남성 명사는 일정한 모음 변화와 함께 〔-e〕를 첨가한다.
der Hut 〔huːt〕 'hat' - Hüte 〔'hyːte〕 'hats', der Sohn 〔zoːn〕 'son' - Söhne 〔'zøːne〕 'sons', der Baum 〔bawm〕 'tree' - Bäume 〔'bojme〕 'trees'

중성 명사는 모음 변화 없이 [-e]를 첨가한다.

das Jahr [jaːr] 'year' - Jahre [jaːre] 'years', das Boot [boːt] 'boat' - Boote ['boːte] 'boats', das Tier [tiːr] 'animal' - Tiere [tiːre] 'animals'

여성 명사는 [-en]을 첨가한다.

die Uhr [uːr] 'clock, watch' - Uhren [uːren] 'clocks, watches', die Last [last] 'burden' - Lasten ['lasten] 'burdens', die Frau [fraw] 'woman' - Frauen ['frawen] 'women'

이 교체는 (고려할 필요가 없는 특수 자질을 논외로 하면) 규칙적 교체이지만, 음성적 교체는 아니다. 세 가지 교체형, 즉 모음 변화를 동반한 [-e]와 모음 변화가 없는 [-e] 및 [-en] 가운데서 마지막 교체형이 이 언어의 체계 안에서 앞선 두 교체형과 음성적으로 유사하지 않기 때문이다. 또한 이 교체는 자동적인 교체가 아니라, 문법적인 교체이다. 교체가 기저형태의 음성적 특이성이 아닌 문법적 특이성(이 경우에는 통사적 특이성)에 의존하기 때문이다.

13. 5. 우리는 아직까지 영어의 복수명사에서 나타나는 의존형태의 세 가지 교체형([-ez, -z, -s]) 사이의 관련성을 음성변이라는 관점에서 기술하지 않았다. 기술의 출발점으로 세 가지 교체형 가운데 어떤 것을 선택하느냐에 따라 전적으로 다른 세 가지 진술이 가능하다는 점만은 분명하다. 우리의 목표는 최종적으로 영어의 제반 사실을 가장 간단하게 기술할 수 있는 가능한 진술을 얻는 것이다. 이러한 목표를 고려하여 서로 다른 가능한 공식을 수립하는 일에는 엄청난 노력이 뒤따른다. 현재 다루고 있는 경우라면 문제는 그리 어렵지 않다. 우리의 교체와 일치하는 현상이 영어 통사론에서 그대로 일어나고 있기 때문이다. 절대(독립) 형태가 'is' [iz]인 전접어는 복수접미사

와 흡사한 교체양상을 보여준다.

Bess's ready 〔iz, ez〕[4]
John's ready 〔z〕
Dick's ready 〔s〕

위의 경우에는 절대(독립) 형태 'is'가 반드시 출발점으로 사용되기 때문에 〔-ez〕를 의존형태의 기본(교체) 형으로 선택하면 가장 간단한 공식을 얻게 된다. 그렇다면 우리는 영어에서 강세를 받지 않는 형태 〔iz, ez〕를 갖는 모든 형태소가 치찰음과 파찰음을 제외한 모든 음소 다음에서 모음을 상실한 다음, 무성음 다음에서 다시 〔z〕를 〔s〕로 대체한다고 진술할 수 있다. 이러한 양상은 삼인칭 단수 현재시제를 나타내는 동사의 접미사 교체(예: misses-runs-breaks)와 소유를 나타내는 형용사의 접미사 교체(예: Bess's-John's-Dick's)에도 그대로 적용된다. 더욱이 동사의 과거시제 접미사에도 이와 유사한 공식을 그대로 적용할 수 있다. 이 접미사는 다음과 같이 세 가지 유사한 교체형으로 나타난다.

land : landed 〔-ed〕
live : lived 〔-d〕
dance : danced 〔-t〕

위의 경우에도 망설일 필요 없이 〔-ed〕를 기술의 기본형으로 삼고, 이 형태가 치폐쇄음을 제외한 모든 음소 다음에서 모음을 상실한 다

---

4) [원주] 강세를 받지 않는 위치에서 〔e〕와 〔i〕를 구별하는 영어의 발음유형은 의존형태(glasses)와 단어(Bess's)에서 모두 〔i〕를 사용한다.

음, 모든 무성음 다음에서 [d]를 [t]로 대체한다고 진술하면 되는 것이다.

13. 6. 영어의 복수명사를 검토해 보면, 우리가 앞서 행한 진술이 (약간의 예외를 제외하고) 무수히 많은 형태에 그대로 적용된다는 사실을 알 수 있다.

다음과 같이 복수의 구성성분 형태가 기저 단수명사와 음성적으로 다른 경우도 있다.

> knife [najf]   : knives [najv-z]
> mouth [mawθ] : mouths [mawð-z]
> house [haws]   : houses ['hawz-ez]

이들 복수형의 특이성은 기저 단수형의 최종(어말) 음소 [f, θ, s]가 의존형태의 첨가 이전에 [v, ð, z]로 대체된다는 진술로 기술할 수 있다. 여기서 '이전에'라는 말은 의존형태의 교체형이 대체된 음성에 적합한 형태라는 뜻이다. 따라서 'knife'의 복수형으로는 [-s]가 아니라 [-z]가 첨가된다. 다시 말해, '먼저' [-f]가 [-v]로 대체되고 나서 '다음으로' 적합한 교체형인 [-z]가 첨가된다는 것이다. 이와 같은 진술에서 '이전에, 이후에, 먼저, 다음으로' 등의 표현은 형태를 기술하는 순서를 알려준다. 실제 구성성분의 연속과 그 구조상의 순서(13. 3절)는 언어의 일부이지만, 문법 자질의 기술적 순서는 형태를 기술하기 위한 방법에서 비롯된 일종의 허구일 따름이다. 예를 들어, 'knives'라는 단어를 발화하는 화자가 '먼저' [f]를 [v]로 대체하고 나서 '다음으로' [-z]를 첨가한다는 것이 아니라, 다만 특정한 다른 형태(즉, knife)와 어떤 자질에서는 유사하고 어떤 자질에서는 상이한

352

형태(*knives*)를 발화한다는 뜻이다.

만일 기저형태에서 최종(어말) 마찰음의 유성화를 실현하는 영어의 복수명사가 다른 명사와 구분되는 어떤 보편적인 음성 자질이나 문법 자질을 보여주기만 한다면, 이와 같은 특이성을 규칙적 교체형으로 기술할 수 있을 것이다. 그러나 이러한 가설은 언어 사실과 다른 것으로 보인다. 기저형태 〔f, θ, s〕가 변화하지 않는 'cliffs, myths, creases' 등과 같은 복수명사가 존재하기 때문이다. 이런 경우에 우리는 어떤 (언어자료) 집합을 설명하는 일반적 진술을 행하면서 동시에 그런 일반적 진술에 들어맞지 않는 자료의 목록도 제시하지 않으면 안 된다. 일반적 진술로 설명이 불가능하고 일종의 목록형태로 제시될 수밖에 없는 일련의 형태를 불규칙 형태라고 부른다. 우리는 가능한 한 많은 형태가 일반적 진술에 포함되도록 기술을 조정하려고 노력한다. 일반적 진술로 기술하기는 좋지만 목록화하기 어려운 사정이 있는 경우도 흔히 있다. 일반적 진술로 기술할 것인지, 아니면 목록화로 기술할 것인지의 선택은 분명하다. 예를 들어, (어말음으로) 〔-s〕를 갖는 영어 명사를 기술하는 경우에 우리는 분명히 이러한 상황과 마주치게 된다. 즉, 'house'-'houses'의 짝은 복수형에서 〔s〕가 〔z〕로 대체되는 유일한 사례인 반면, 대다수의 복수명사(glasses, creases, curses, dances 등)는 기저형태의 〔-s〕를 보전하기 때문이다. 이 경우에 우리의 목록에는 오직 한 가지 형태, 곧 'houses'만이 유일한 불규칙 항목으로 등재된다. 기저형태의 〔θ〕를 〔ð〕로 대치하는 복수형의 목록은 항목이 많지 않아서 'baths, paths, cloths, mouths' 등의 소수 단어만 들어 있다. (일부 화자의 목록에는 'laths, oaths, truths, youths' 등도 들어 있다.) 그러나 다른 쪽으로 눈을 돌리면 'months, widths, drouths, myths, hearths' 등 널리 통용되고 있는 다수의 형태와 아울러, 더욱 결정적으로, 일상에서 별로 사용되지 않고 어떤 화자든 예전에 들어본 형태를 다시 발화했을 가능성이 없는 복수형(McGraths, napropaths, monoliths[5])에 〔θ〕를 유지하는 습관을 목격하게 된다. 〔-f〕의 경우에는, 'knives, wives, lives, calves, halves, thieves, leaves, sheaves, beeves, leaves, elves, shelves' 등 목록의 규모가 보다 크다. (일부 화자의 목록에는 'hooves, rooves, scarves, dwarves, wharves' 등도 들어 있다.) 우리는 'cliffs, toughs, reefs, oafs' 등과 같은 반례(反例)뿐만 아니라, '(some good) laughs, (general) staffs, monographs' 등과 같이 덜 보편적이거나 임시적인(*occasional*) 형태[6]에 의지해 이들 단어를 불규칙형이라 부르기로 한다.

그런데 'laths'〔lɛθs〕-〔lɛðz〕혹은 'roofs'-'rooves'에서 보듯이 두 가지 복수형이 나란히 나타날 때, 이들 변이형 사이에는 함축상의 차이가 약간 존재한다. 물질명사(12. 14절)로서의 명사 'beef'는 통상적인 복수형이 없으며, 복수형 'beeves'는 (의미가) 특수화한 파생어이다. 이 복수형은 '쇠고기'라는 단수형의 의미에서 일탈해 의고적이고 시적인 함축이 담긴 '황소' 내지 '소'라는 의미〔肉牛〕로 사용된다.

나아가서 지금까지 열거한 문법 자질이 음성 패턴(8. 5절)의 자질을 결정하기도 하는데, 바로 '치찰음-파찰음', '치폐쇄음', '유성음', '무성음' 등의 집합을 정의하거나 〔f, θ, s〕와 〔v, ð, z〕의 관계 혹은 〔t〕와 〔d〕 등의 관계를 수립하는 것이 그러한 경우이다.

우리는 '최종(어말) 마찰음의 유성화와 접미사 〔-ez, -z, (-s)〕의 결합'을 규칙적 복수접미사 〔-ez, -z, -s〕의 불규칙한 교체형으로 기

---

5) 이들 세 단어는 유추작용으로 만들어진 신조어로 이해된다. 즉, 〔θ〕 보전형이 유추의 기반으로 사용되었음을 주목하고 있다. 뜻은 각각 '맥그래스 씨 일가', '지압사', '한 장짜리 통돌'이다.

6) 역시 유추작용에 의한 신조어로 이해된다.

술할 수도 있다. 이 경우의 불규칙성은 기저형태의 음성변이에 그 원인이 있다. 이와 동일한 음성변이는 유일한 불규칙형인 'staff'-'staves'에서 성절음의 음성변이7)를 동반하고 나타난다. 'cloth'〔klɔθ〕와 'clothes'〔klowz〕의 짝에서는 특수화된 의미(의복)를 가진 유일한 불규칙 복수형이 나타난다. 한편 통상적인 의미를 가진 불규칙한 복수형은 'cloths'〔klɔðz〕(옷감 조각)이다.

복수접미사와 동음이의어 관계에 있는 동사의 삼인칭 현재시제 접미사는 'do'〔duw〕-'does'〔doz〕, 'say'〔sej〕-'says'〔sez〕, 'have'〔hɛv〕-'has'〔hɛz〕 등의 단어에서 기저형태의 음성변이를 동반하고 나타난다.

과거시제 접미사〔-ed, -d, -t〕는 'say'-'said', 'flee'-'fled', 'hear'-'heard', 'keep'-'kept'('crept, slept, swept, wept'도 유사하며, 'leaped'와 'leapt'는 변이형 관계임), 'do'-'did', 'sell'-'sold'('told'도 유사함), 'make'-'made', 'have'-'had' 등의 불규칙형에서 음성변이를 동반하고 나타난다.

13.7. 일부의 경우에는 의존형태가 특이한 모습으로 나타나기도 한다. 'die'-'dice'의 짝을 보면, 일반적인 습관을 어기고 교체형〔-s〕가 나타난다. 그리고 'penny'-'pence'의 짝에서도 동일한 자질이 통상적인 변이형 'pennies'와 대조적으로 의미의 특수화와 함께 기저형태에서 음성변이(〔-ij〕의 탈락)를 동반한다. 과거시제에서는 의고적 취향의 변이형 'burnt', 'learnt' 등에서 〔d〕 대신 〔t〕를 발견할 수 있다. 만일 영어에서 어말에 허용되지 않는 자음군 〔-dt〕가 〔-t〕로 대체된다고 한다면, 우리는 여기서 〔-ed〕 대신 〔-t〕를 가진 'bent, lent, sent, spent, built' 등의 형태를 하나의 부류로 묶어낼 수 있다.

---

7) 'staff'의 모음 변동(〔ɛ〕 → 〔ei〕)을 가리킨다.

'feel'-'felt' 및 이와 유사하게 'dealt, knelt, dreamt, meant' 등에서는 두 구성성분이 모두 불규칙한 음성변이를 보여준다. 만일 어말에 허용되지 않는 자음군 [-vt, -zt]가 [-ft, -st]로 대체된다고 한다면, 우리는 여기서도 'leave'-'left'와 'lose'-'lost'의 짝을 묶어낼 수 있다. 'seek'[sijk]-'sought'[sɔt]에서는 의존형태 [-t]가 [-d] 대신 교체형으로 나타나고, 기저형태가 성절음과 뒤따르는 모든 음(여기서는 [-ijk]임)을 [ɔ]로 대체한다. 'bought, brought, caught, taught, thought' 등도 이와 마찬가지이다.

극단적인 경우에는 어느 한 교체형이 나머지 다른 교체형과 전혀 유사하지 않을 수도 있다. 'ox'-'oxen'의 짝을 보면, 복수에 첨가된 의존형태가 [-ez, -z, -s]가 아닌 [-n̩]이다. 만일 해당 언어의 문법에 음성변이라는 관점에서 일탈형의 기술을 정당화하는 평행한 사례가 존재하지 않는다면, 이런 종류의 교체형은 보충법적(suppletive) 교체형이라고 부른다. 따라서 'oxen'의 [-n̩]은 [-ez, -z, -s]의 보충법적 교체형이다. 영어의 문법에는 [-ez]가 [-n̩]로 변하는 음성변이가 존재하지 않기 때문이다. 다른 경우에는 기저형태가 보충법을 겪기도 한다. 'kind'-'kinder'나 'warm'-'warmer' 등과 같은 통상적인 파생과정 이외에, 우리는 기저형태 'good'이 전적으로 다르며 따라서 'good'의 보충법적 교체형으로 기술되는 형태 'bet-'으로 대치되는 'good'-'better'의 짝도 찾아볼 수 있다. 마찬가지로 부정동사 'be'도 삼인칭 현재시제 형태 'is'[iz]에서 [i-]에 의한 보충법 활용을 겪게 된다. 'child'-'children'의 짝을 보면, 의존형태의 보충법적 교체형 [-rn̩]이 기저형태의 음성변이를 동반하고 나타난다.

또 다른 극단적인 용례로는 영-교체형(13. 2절)이 있는데, 이것은 'sheep, deer, moose, fish' 등의 단어에서 보는 것처럼 구성성분 하나가 결여된 경우이다. 이들(예컨대 'perch'[농어], 'bass'[농어류],

'pickerel'〔창꼬치〕등과 같이 한 마리씩 먹을 수 있을 만큼 크고, 다른 사물을 따라 이름을 짓지 않는 물고기 종류) 가운데 일부를 순전히 실제적 의미 자질에 의해 분류할 수 있다고 해도, 이들 단어에 우리의 정의를 도와줄 수 있는 형식적 특징은 전혀 없다. 그러므로 이들 단어의 복수형은 불규칙적이다. 동사의 과거시제 접미사도 'bet, let, set, wet, hit, slit, split, cut, shut, put, beat, cast, cost, burst, shed, spread, wed' 등에서 영-교체형을 보여준다. 삼인칭 현재시제 접미사도 'can, shall, will, must, may' 등과 아울러, 일부 구성체(예컨대 수식어 'not'을 동반하는 경우)를 이루는 'need, dare' 등에서 영-교체형을 보여준다. 이 현상은 규칙적 문법 교체인데, 그것은 이들 동사가 전치사 'to'가 없는 부정(不定) 수식어를 취한다는 통사적 기능으로 정의될 수 있기 때문이다. 소유형용사 접미사 〔-ez, -z, -s〕는 한 가지 경우, 곧 복수접미사 〔-ez, -z, -s〕로 끝나는 기저형태 (the-boys') 다음에서만 영-교체형을 갖는다.

영-교체형은 동반하는 형태의 음성변이를 겪기도 한다. 예를 들어, 'geese, teeth, feet, mice, lice, men, women'〔wimn〕등과 같은 복수명사는 단수에 의존형태를 첨가하지 않고 다른 성절음을 갖는다. 이들 복수를 보면, 하나의 문법 자질, 곧 음성변이는 보통 하나의 언어형태(즉, 형태소 〔-ez, -z, -s〕)로 표상되는 하나의 의미(즉, '둘 이상의 사물'이라는 의미소)를 표현한다. 그러므로 'geese, teeth, feet'에서 일어난 "〔ij〕로의 대치", 'mice, lice'에서 일어난 "〔aj〕로의 대치", 'men'에서 일어난 "〔e〕로의 대치", 'women'에서 일어난 "〔i〕로의 대치"는 모두 정상적인 복수접미사의 교체형이다. 우리는 이런 교체형을 '대치 교체형' 혹은 '대치형태'라고 부른다.

과거시제 동사에서 우리는 다음과 같이 다양한 성절음이 〔-ed, -d, -t〕를 대신하는 대치현상을 발견하게 된다.

[ɑ]   got, shot, trod

[ε]   drank, sank, shrank, rang, sang, sprang, began, ran, swam, sat, spat

[e]   bled, fed, led, read, met, held, fell

[i]   bit, lit, hid, slid

[ɔ]   saw, fought

[o]   clung, flung, hung, slung, swung, spun, won, dug, stuck, struck

[u]   shook, took

[ej]   ate, gave, came, lay

[aw]   bound, found, ground, wound

[ow]   clove, drove, wove, bore, swore, tore, wore, broke, spoke, woke, chose, froze, rose, smote, wrote, rode, stole, shone ; dove(규칙형 'dived'의 변이형임)

[(j)uw]   knew, blew, flew, slew, drew, grew, threw

'stand'-'stood'의 짝을 보면, "[u]의 대치와 [n]의 상실"로 기술할 수 있는 교체형을 가진 좀더 복합적인 용례를 만나게 된다.

다음의 용례에서는 영-교체형이 의존형태를 대체하고, 보충법적 교체형이 기저형태를 대체한다. (예) be-was, go-went, I-my, we-our, she-her, bad-worse.

'have'[hɛv]-'had'[hɛ-d] 혹은 'make'[mejk]-'made'[mej-d]와 같은 경우에는 구성성분의 하나가 음소의 상실을 겪는다. 이와 같은 상실현상은 부(負)-자질로 기술할 수 있다. 이러한 부(負)-자질은 영-자질이나 대치-자질처럼 독자적으로 나타나기도 한다. 예를 들어, 프랑스어의 형용사는 남성명사를 동반하든 아니면 여성명사를 동반하든 상관없이 규칙유형으로 오직 하나의 형태만을 갖는다. (예) rouge [ruːž](red) : un livre rouge [œⁿ liːvrə ruːž](*a red book*) 남성명사 - une plume rouge 〔yn plym ruːž〕(*a red feather or pen*) 여성 명사. 그러나 비교적 규모가 큰 불규칙 유형을 보면, 남성형태와 여성형태가 달리 나타난다. (예) un livre vert 〔vɛːr〕(*a green book*) - une plume verte 〔vɛrt〕(*a green feather or pen*). 이와 같은 불규칙 유형은 다음의 용례에서도 찾아볼 수 있다.

남성	여성
plat 〔pla〕'flat'	platte 〔plat〕
laid 〔lɛ〕'ugly'	laide 〔lɛd〕
distinct 〔distɛⁿ〕'distinct'	distincte 〔distɛⁿkt〕
long 〔laⁿ〕'long'	longue 〔loⁿg〕
bas 〔bɑ〕'low'	basse 〔bɑːs〕
gris 〔gri〕'gray'	grise 〔griːz〕
frais 〔frɛ〕'fresh'	fraîche 〔frɛš〕
gentil 〔žaⁿti〕ｌ'gentle'	gentille 〔žaⁿtiːj〕
léger 〔leže〕'light'	légère 〔ležɛːr〕
soul 〔su〕'drunk'	soule 〔sul〕
plein 〔plɛⁿ〕'full'	pleine 〔plɛːn〕

여기서 두 가지 기술방안이 가능하다는 사실은 분명하다. 남성형을 기반으로 하고 각각의 경우에 어떤 자음이 여성형에 첨가되는가를 밝히는 것이 그 한 가지 방안인데, 이것은 물론 꽤 복잡한 진술이 될 것이다. 반면에 만일 여성형을 기반으로 삼는다면, 남성형이 부(負) - 자질, 즉 어말 자음 및 자음군 〔-kt〕의 상실에 의해 여성형에서 파생된다는 간단한 진술로 이 불규칙 유형을 기술할 수 있다. 더욱이 후자의 방안을 따른다면, 두 형태 사이의 모든 차이(모음 음장과 〔마지막 용례의〕 비음화 여부)는 프랑스어 형태론의 다른 국면에서도 반복

적으로 나타나기 때문에, 대체적으로 (프랑스어) 음성 패턴에 입각한 현상으로 처리할 수 있다.

방금 위에서 언급한 내용을 통해 우리는 하나의 단어가 2차 파생어의 특성을 가지면서도 영-자질(복수형 sheep, 과거시제 cut)과 대치-자질(men, sang), 보충법(went, worse) 및 부(負)-자질(프랑스어 남성형 vert)을 동반하는 하나의 형태소로 구성될 수도 있음을 알 수 있다. 우리는 이들 단어를 2차 파생어의 부류에 넣고 그 특이성을 '2차 형태소 단어'로 부르기로 한다.

13.8. 2차 파생어에서 기저형태에 첨가되는 의존형태는 접사라는 이름으로 부른다. 'be-head'의 'be-'처럼 기저형태를 앞서는 접사는 접두사라 부르고, 'glasses'의 '〔-ez〕'나 'boyish'의 '-ish'처럼 기저형태를 뒤따르는 접사는 접미사라 부른다. 기저형태 내부에 첨가된 접사는 접요사라 부른다. 예를 들어, 타갈로그어는 기저형태의 첫째 모음 앞에 첨가되는 대여섯 종류의 접요사를 다음과 같이 활용한다. (기저형태) 〔'suːlat〕(*a writing*)에서 접요사 〔-um-〕으로 〔su'muːlat〕(*one who wrote*)를 파생시키고, 접요사 〔-in-〕으로 〔si'nuːlat〕(*that which was written*)를 파생시킨다. 중가사(重加辭)는 기저형태에서 반복되는 부분으로 구성된 접사를 말한다. 예를 들어, 타갈로그어에 보이는 〔suː-'suːlat〕(*one who will write*), 〔'gaːmit〕(*thing of use*) - 〔gaː-'gaːmit〕 (*one who will use*) 등이 중가현상의 용례에 해당한다. 중가현상은 다양한 범위에 걸쳐 발생하기도 한다. 예컨대 폭스어를 보면, 〔waː-pamɛːwa〕(*he looks at him*), 〔waː-waːpamɛːwa〕(*he examines him*), 〔waːpa-waːpamɛːwa〕(*he keeps looking at him*) 등에서 보는 바와 같이 중가현상이 폭넓게 일어난다. 중가현상을 보이면서도 관습적으로 기저 단어와 약간의 음성적 차이를 드러내는 경우도 있다. (예) 고대

그리스어: 〔ˈphajnej〕 (*it shines, it appears*) ‑ 〔pam-ˈphajnej〕 (*it shines brightly*), 산스크리트어: 〔ˈbharti〕 (*he bears*) ‑ 〔ˈbi-bharti〕 (*he bears up*) ‑ 〔ˈbhari-bharti〕 (*he bears off violently*).

13.9. 지금까지 살펴본 바와 같이, 몇 가지 형태가 부분적으로 유사할 때 어떤 형태를 기저형태로 삼는 것이 더 나은가 하는 문제가 발생하는데, 이때 해당 언어의 구조가 이 문제를 해결하는 단서가 될 수 있다. 어떤 방안을 선택하면 기술이 불필요하게 복잡해지는 반면, 다른 방안을 선택하면 기술이 상대적으로 간단해지기 때문이다. 이와 동일한 맥락에서 우리는 인위적 기저형태를 설정하기도 한다. 예를 들어, 독일어는 유성 순수 자음 〔b, d, g, v, z〕를 어말에서 허용하지 않으며, 따라서 이들 순수 자음은 어말 위치에서 상응하는 무성 음소로 대체된다. 결과적으로 다음과 같은 짝을 얻게 된다.

기저단어	파생된 단어
Gras 〔graːs〕 'grass'	grasen 〔ˈgraːz-en〕 'to graze'
Haus 〔haws〕 'house'	hausen 〔ˈhawz-en〕 'to keep house, to carry on'
Spasz 〔špaːs〕 'jest'	spaszen 〔ˈšpaːs-en〕 'to jest'
aus 〔aws〕 'out'	auszen 〔ˈaws-en〕 'on the outside'

만일 실제 나타난 모습을 가지고 기저단어의 기본형으로 삼는다면, 〔s〕 대신 〔z〕를 가진 파생형에서 어떤 형태가 나타나는가를 진술하기 위해 기다란 목록을 작성하지 않으면 안 된다. 반면에 〔špaːs, aws〕 등과 대립해서 〔-z〕를 갖는 〔graːz-, hawz-〕 등과 같은 인위적인 기저형태를 설정해 출발한다면, 기다란 목록을 작성하지 않고도 어말 자음의 허용규칙에 의해 실제 독자적으로 나타나는 일정한 어말

자음 〔-s〕를 설명할 수 있다. 이런 방식은 아래와 같이 다른 무성 자음에도 마찬가지로 적용할 수 있다.

rund 〔runt〕 'round'	runde 〔rund-e〕 'round ones'
bunt 〔bunt〕 'motley'	bunte 〔'bunt-e〕 'motley ones'

　여기서도 우리는 〔bunt〕와 대립되는 이론적인 기본형 〔rund-〕를 설정할 수 있다. 어떤 언어에서는 이들 이론적인 기본형이 회고적 연성(12. 5절)의 형태로 구에 나타나기도 한다.

　마찬가지로 일부 언어는 어말 자음군을 허용하지 않으면서도 자음군을 갖는 내포된 자립형태를 보여준다. 다음에 나오는 메노미니어의 명사 형태를 비교해 보자.

단수 (접미사 ø)	복수 (접미사 〔-AN〕)
〔nenɛːh〕 'my hand'	〔nenɛːhkan〕 'my hands'
〔metɛːh〕 'a heart'	〔metɛːhjan〕 'hearts'
〔wiːkiːh〕 'birch-bark'	〔wiːkiːhsan〕 'pieces of birch-bark'
〔nekɛːʔčenɛh〕 'my thumb'	〔nekɛːʔčenɛhčjan〕 'my thumbs'
〔peːhčekunaːh〕 'medicine-bundle'	〔peːhčekunaːhtjan〕 'medicine-bundles'

　단수형을 기반으로 삼는 기술은 어쩔 수 없이 〔k, j, s, čj, tj〕 등의 자음이 접미사 앞에 첨가되는 양상을 보여주기 위해 공들인 목록을 작성해야 한다. 그렇지만 이보다 간단하고 자연스러운 기술은 절대(독립) 위치가 아니라 접미사 앞에서 나타나는 〔wiːkiːhs-〕 등과 같은 자립형태를 출발점으로 삼는 방안이다.

　또 다른 보기는 사모아어에서 들 수 있다. 이 언어에서는 어말 자음을 전혀 허용하지 않으며, 따라서 다음과 같은 형태 집합이 나타난다.

접미사 없음	접미사 [-lA]
〔tani〕 'weep'	〔tanisia〕 'wept'
〔inu〕 'drink'	〔inumia〕 'drunk'
〔ulu〕 'enter'	〔ulufia〕 'entered'

여기서 위의 교체를 유용하게 기술하려면 〔tanis-, inum-, uluf-〕 등과 같이 이론적 형태를 기본형으로 설정해야 할 것이다.

13. 10. 부차음소의 음조변동은 형태론적 구성에서 중요한 역할을 수행하는 경우가 적지 않다. 영어의 경우를 보면, 'be-wail-ing'이나 'friend-li-ness' 등에서처럼 접사는 보통 무강세이다. 그런데 영어의 식자층-외래어 어휘를 보면, 많은 2차 파생어에서 접사에 부가되는 강세의 이동이 일종의 문법특성소 역할을 한다. 그래서 일부 접미사는 자기 앞에 있는 음절에 강세를 부여한다. 여기서 악센트(강세)는 접미사 앞에 오는 음절이 무엇이든 그 음절의 성격과 관계없이 바로 그 음절에 놓인다. 용례는 다음과 같다.

-ity : able-ability, formal-formality, major-majority
〔-jn〕 : music-musician, audit-audition, educate-education
〔-ik〕 : demon-demonic, anarchist-anarchistic, angel-angelic

영어의 식자층-외래어 명사와 형용사 가운데 동사에서 파생된 일부 단어는 접두사에 강세를 갖는다. 예를 들어, 동사 'insert' 〔in'sṛt〕에서 명사 'insert' 〔insṛt〕를 파생시킨다. contract, convict, convert, converse, discourse, protest, project, rebel, transfer 등도 마찬가지 방식으로 설명할 수 있다. 또 다른 경우에는 이와 같은 음조변동이 접미사와 함께 나타난다. (예) conceive-concept, perceive-percept, portend-portent. 이때 'precept'에서처럼 이론상으로 기저 동사가 설정되어야 하는 경우도 있다.

일부 언어에서는 음조변동의 범위가 매우 넓다. 산스크리트어의 일부 접미사는 파생형태가 기저형태의 악센트를 보존한다.

〔'ke:ça-〕 '머리카락' - 〔ke:ça-vant-〕8) '긴 머리카락을 가진'
〔pu'tra-〕 '아들' - 〔pu'tra-vant-〕 '아들을 가진'

악센트가 첫째 음절로 이동하는 현상을 동반하는 경우도 있다.

〔'puruša-〕 '사람' - 〔'pa:wruš-e:ja-〕 '사람에게서 나오는'
〔va'sti-〕 '주머니' - 〔'va:st-e:ja-〕 '주머니의'

접미사 앞에 오는 악센트를 갖는 경우도 있다.

〔'puruša-〕 '사람' - 〔puru'ša-ta:-〕 '사람의 본성'
〔de:'va-〕 '신' - 〔de:'va-ta:-〕 '신성'

스스로 악센트를 갖는 접사도 있다.

〔'r̥ši-〕 '현자' - 〔a:r'š-e:'ja-〕 '현자의 후손'
〔sa'rama:-〕 'Sarama (고유명사)' - 〔sa:ram-e:'ja:-〕 'Sarama의 후

---

8) 기저형태의 악센트를 보존한다면 둘째 단어 첫째 음절에 악센트 표지가 되어 있어야 한다.

손이 된'

기저형태의 악센트와 상반되는 악센트 표지를 요구하는 경우도 있다.

〔atithi-〕 '손님' - 〔aːtiˈth-ja-〕 '환대'
〔paliˈta-〕 '회색의' - 〔ˈpaːlit-ja-〕 '회색'

타갈로그어는 강세와 장모음화를 둘 다 부차음소로 사용한다. 그래서 기본음소 형태가 〔-an〕으로 동일한 세 접미사가 음조변동 양상에 따라 각기 다른 접미사가 된다.

접미사 〔-an〕[1]은 접미사 앞의 강세와 함께, 기저형태의 첫째 음절에 나타나는 장모음을 특징으로 한다. 그 의미는 '둘 이상의 행위주에 의한 (상호 혹은 집단) 행위'이다.

〔iːbig〕 '사랑하다' - 〔iːˈbiːgan〕 '사랑하는 일'
〔iˈnum〕 '마시다' - 〔iːˈnuːman〕 '음주 연회'

접미사 〔-an〕[2]는 기저단어가 첫째 음절에 강세를 가지면 강세를 받고, 그렇지 않으면 접미사 〔-an〕[1]처럼 취급된다. 그 의미는 '보통 둘 이상의 행위주에 의하거나 혹은 반복된 행위의 장소'이다.

〔tuːlug〕 '자다' - 〔tuluˈgan〕 '자는 곳'
〔kuˈluŋ〕 '둘러싸다' - 〔kuːˈluːŋan〕 '가두는 곳'

접미사 〔-an〕[3]은 기저단어가 첫째 음절에 강세를 가질 때 접미사 앞에 오는 강세를 갖는다. 그리고 이 접미사는 기저단어가 최종 음절에 강세를 가질 때 (자신에 떨어지는) 강세를 갖는다. 음성 패턴이 요구하는 정도를 넘어서서 장모음화가 일어나는 경우는 없다.

    (가) 〔'sa:giŋ〕 '바나나' - 〔sa'gi:ŋan〕 '바나나 숲'
           〔ku'luŋ〕 '둘러싸다' - 〔kulu'ŋan〕 '새장, 상자'
    (나) 〔'pu:tul〕 '자르다' - 〔pu'tu:lan〕 '(… 로부터) 잘려나온 것'
           〔la'kas〕 '힘' - 〔laka'san〕 '힘이 소비된 것(대상)'

그 의미는 각각 (가) '토대가 되는 사물이나 행위 등 장소로서의 사물'과 (나) '행위가 미치는 것'이다.

음조를 부차음소로 가진 언어에서는 음조가 형태론에서 중요한 역할을 한다. 예를 들면, 스웨덴어에서는 행위자 명사를 표시하는 접미사 '-er'가 결정된 구에서 다음절 형태에 나타나는 정상적인 합성어 단어 음조를 보여준다(7.7절). 예를 들어, 동사어간 〔le:s〕(read)는 'läser'〔ˇle:ser〕(reader)를 형성하지만, 현재시제의 '-er'는 결정된 구에서 단순한 단어 음조를 요구한다. (예) (han) läser 〔le:ser〕(〔he〕 reads).

13.11. 단어 구조에 대한 관찰 중에서도 직접구성성분의 원리에 대한 관찰은 매우 중요하다. 타갈로그어에서는 기저형태 〔ta:wa〕(laugh)가 파생형 〔ta:'ta:wa〕(one who will laugh)에서 중가된 형태로 나타난다. 이 형태는 다시 접요사 〔-um-〕이 삽입되는 파생형의 기저가 되어 결과적으로 〔tuma:'ta:wa〕(one who is laughing)가 된다. 반대로 〔pi:lit〕(effort)라는 형태는 우선 접요사 〔-um-〕을 취해 〔pu'mi:lit〕(one who compelled)를 형성하고, 다음으로 중가되어 〔-pu:pu'mi:lit〕를 형성하는데, 이 마지막 형태는 〔nag-pu:pu'mi:lit〕(one who makes an extreme effort)의 기저가 된다. 이 직접구성성분의 원리는 매우 조심스럽게

관찰해야 하는데, 그것은 이 원리 자체를 위협하는 형태와 직면하는 수가 있기 때문이다. 타갈로그어에는 접두사 〔paŋ-〕이 있다. (예) 〔a'tip〕(roofing) - 〔paŋ-a'tip〕(*that used for roofing, shingle*). 이 접두사의 〔ŋ〕과 동반하는 형태의 일부 초성 자음은 일정한 음성변이에 따르는데, 이를 형태론적 연성이라고 부른다. 예를 들어, 이 접두사는 〔'pu:tul〕(cut)과 결합하여 파생형 〔pa-'mu:tul〕(*that used for cutting*)을 형성하는데, 여기서 〔-ŋ〕과 〔p-〕의 결합이 〔m〕로 대치된다. 그러나 일부 형태에서는 구조상의 순서와 관련하여 일관성을 포기해야 하는 경우도 있다. 예를 들어, 〔pa-mu-'mu:tul〕(*a cutting in quantity*)이라는 형태에는 구성요소들의 실질적인 순서에 따르면 접두사의 첨가 이전에 중가가 이루어져야 하지만, 중가요소(〔-mu-〕)와 기저형태(〔-mutul〕) 양쪽에 〔p-〕 대신 〔m-〕가 존재한다는 사실을 고려하면 중가현상이 일어나기 이전에 접두사가 첨가되었음을 알 수 있다. 만일 이러한 결합 순서에 충분한 주의를 기울이지 않은 채로 이 파생과정을 기술한다면, 형태상의 특이성을 올바르게 드러낼 수 없을 것이다.

13. 12. 복합적인 형태론을 가진 언어에서는 구성체 각각의 순위매김(*ranking*) 현상을 관찰할 수 있다. 그리하여 복합어[9]는 다양한 합성과 파생, 음성변이 등의 과정이 일정한 순서로 기본형에 첨가되는 방식으로만 기술될 수 있다. 따라서 영어에서 'actresses'(여배우들)라는 단어는, 'lasses'(소녀들)가 'lass'와 〔-ez〕로 구성된 것처럼, 일차적으로 'actress'와 〔-ez〕로 구성되어 있다. 다음으로 'actress'는,

---

9) 앞서 언급했듯이 여기 나타나는 술어는 다음과 같은 용법으로 사용되었다. 형태소의 단일성 여부에 따라 먼저 단일어(*simple word*)와 복합어(*complex word*)로 나누고, 복합어는 다시 파생어(*derivative / derived word*)와 합성어(*compound word*)로 나눈다.

'countess'가 'count'와 '-ess'로 구성된 것처럼 'actor'와 '-ess'로 구성되어 있다. 마지막으로 'actor'는 'act'와 〔-r〕로 구성되어 있다. 그러므로 예컨대 'actor'와 '-esses'로 나뉘는 것과 같은 방식의 분할은 불가능하다. 따라서 이러한 유형의 언어에서는 형태론적 구조의 대여섯 가지 순위를 구분할 수 있다.

많은 언어에서 이러한 일련의 순위는 일정한 부류에 귀속된다. 복합어의 구조는 (많은 구성성분에 대해) 먼저 굴절 구성의 외부 층위를 드러내고, 다음으로 조어법(단어-형성) 구성의 내부 층위를 드러낸다. 바로 위의 용례에서 외부의 굴절 층위는 〔-ez〕를 동반한 'actress'이고, 내부의 조어법(단어-형성) 층위는 나머지 구성체, 즉 '-ess'를 동반한 'actor'와 〔-r〕을 동반한 'act'이다.

이와 같은 구분이 항상 가능한 것은 아니다. 이 구분작업은 대여섯 가지 자질에 기반을 둔다. 굴절 구성이 보통 완전폐쇄나 부분적 폐쇄 (12.11절)를 일으키므로, 굴절 구성을 포함하는 단어(굴절된 단어)는 그 어떤 형태론적 구성의 구성성분도 될 수 없고, 오직 특정한 굴절 구성의 구성성분만 될 수 있다. 예를 들어, 영어의 'actresses'라는 형태는 (13.7절에서 본 것처럼 〔-ez, -z, -s〕의 영-교체형과 함께) 오로지 한 가지 형태론적 구성, 즉 소유형용사의 파생구성(actresses')에만 참여할 수 있다. 이 형태는 여하한 형태론적 구성에도 참여할 수 없다. 따라서 이 구성체는 완전하게 폐쇄된 것이다.

조어법(단어-형성)과 대조되는 굴절법의 또 다른 특이성은 기저적 형태와 결성된 형태 사이의 엄격한 평행성이다. 예를 들면, 영어에서 거의 모든 단수명사는 파생된 복수명사의 기저형태가 되고, 역으로 말하면 거의 모든 복수명사는 단수명사에서 파생된다. 따라서 영어의 명사는 대체적으로 평행성을 보이는 두 요소, 곧 단수명사(예: hat)를 한쪽으로 하고 이 단수명사에서 파생된 복수명사(예: hats)를

368

다른 한쪽으로 하는 집합으로 나타난다. 이들 두 요소 가운데 하나가 주어지면 영어의 화자는 통상적으로 다른 하나를 힘들이지 않고 발화할 수 있다. 이와 같은 형태 집합 각각을 가리켜 우리는 패러다임10) 집합 혹은 간단히 줄여 패러다임이라 하고, 이들 집합에 속한 각각의 형태를 굴절된 형태 혹은 굴절이라고 한다. 일부 언어는 많은 굴절이 담겨 있는 대규모의 패러다임을 갖는다. 예를 들어, 라틴어에서는 하나의 동사가 대략 125가지 굴절 형태로 나타난다. (예) amāre(to love), amō(I love), amās(thou lovest), amat(he loves), amāmus(we love), amem(I may love), amor(I am loved). 한 형태의 출현은 통상 다른 모든 형태의 출현을 보증해 준다. 이러한 평행성에 의지해서 우리는 'sheep'과 같은 단일한 음성 형태를 단수명사 'sheep'('lamb'에 상응함)과 복수명사 'sheep'('lambs'에 상응함)을 원소로 갖는 동음이의어 집합으로 처리할 수 있다. 마찬가지 방법으로 우리는 'go' - 'went'처럼 전혀 다른 음성 형태를 (보충법에 의해) 형태론적으로 관련된 짝, 즉 'go'('show'와 평행함)를 부정동사로, 'went'를 과거시제 형태('showed'와 평행함)로 각각 처리할 수 있다.

평행성이 불완전한 경우도 분명히 있다. 불구(不具) 패러다임에는 굴절의 일부가 결여되어 있다. 예를 들어, 'can, may, shall, will, must' 등은 부정(不定) 형태가 없고, 'must'는 과거시제 형태가 없으며, 'scissors'는 단수 형태가 없다. 이들과 마찬가지로, 만일 결여된 형태가 실제로 존재하는 형태의 기저형태가 된다면, 우리는 실제로 존재하지 않는 부정(不定) 형태 '*can'이나 단수 형태 '*scissor' 등과 같은 이론적 기저형태를 설정해야 한다. 이와 반대로 일부 불규칙적인 패러다임은 과잉분화되어 있다. 예를 들어, 통상적인 패러다임을

---

10) 원어 'paradigm'의 사전적 의미는 '어형 변화표'이지만, 추상적인 체계의 의미도 담긴 관계로 그대로 '패러다임'이라는 외래어를 사용했다.

갖는 단일 형태 'play'(to play, I play, we play)에 상응하는 'be' 동사의 패러다임에는 세 가지 형태(to be, I am, we are)가 있으며, 단일 형태 'played'에 상응하는 패러다임에도 세 가지 형태(I was, we were, been)가 있다. 단 하나라도 과잉 분화된 패러다임이 존재한다는 것은 곧 규칙적 굴절 패러다임에 동음이의 형태가 있다는 의미로 해석할 수 있다.

굴절 형태의 평행성은 더욱 큰 특징과 함께 나타난다. 즉, 서로 다른 굴절 형식은 통사적 기능도 서로 다르다. 만일 영어 화자가 'the boys chauffe'11)(소년들이 운전을 한다)라고 말한다면, 호응(12.7절)이라는 통사적 습관은 'the boy'가 행위주(단수)일 때 'chauffes'라는 형태를 사용할 것을 요구한다. 영어 동사의 현재시제와 과거시제 굴절인 경우에는 이러한 사정이 들어맞지 않는다. 영어 통사론의 그 어떠한 습관도 'plays'-'played'의 평행성을 요구하지 않지만, 그럼에도 이 평행성은 엄격하게 실행된다.

만일 굴절에 대여섯 단계의 순위가 있다면, 우리는 복합적 패러다임을 얻게 된다. 예를 들어, 영어에서 명사의 굴절은 외부적인 구성, 즉 소유형용사 파생과 내부적인 구성, 즉 복수 파생으로 구성된다.

	단수	복수
주격-대격	man	men
소유격 형용사	man's	men's

라틴어의 동사는 매우 복잡한 혼성 패러다임을 갖는다. 외부 층위로는 인칭(화자, 청자, 삼인칭)과 수(단수, 복수), 태(행위주, 경험주)

---

11) 이 단어는 명사 'chauffeur'(자가용 운전기사)에서 이른바 역-형성(*back-formation*)으로 만들어진 동사로 보인다. 역-형성에 대해서는 23.5절 참고.

등에 관해 차이가 나는 행위주 혹은 경험주를 드러내고, 내부 층위로는 시제(현재, 과거, 미래)와 법(mode: 현실, 가정, 비현실)의 차이를 드러내며, 가장 안쪽의 내부 층위로는 행위의 완성 여부(미완료, 완료)를 드러낸다.

13. 13. 마지막으로 굴절의 중요한 특징 한 가지, 즉 파생상의 통일성을 살펴보자. 한 패러다임에 담긴 굴절 형태가 개별적으로 합성과 파생에 속하는 것이 아니라, 전체 패러다임이 어떤 한 형태로 대표되는 경우가 여기에 해당한다. 영어에서는 명사 패러다임에 속한 형태들은 'man-slaughter, mannish' 등과 같은 단수 형태로 대표되고, 동사 패러다임에 속한 형태들은 'playground, player' 등과 같은 부정(不定) 형태로 대표된다. 영어의 패러다임은 하나의 기저단어(그 자체가 해당 패러다임의 구성원임)와 아울러, 이 기저단어를 포함하는 약간의 2차 파생어로 구성된다. 이때 계속해서 일어나는 파생과 합성의 구성성분으로 참여하는 이 패러다임 전체는 그 기저단어로 대표된다. 따라서 영어는 단어-굴절과 단어-파생 및 단어-합성을 갖는다고 말할 수 있다.

많은 언어, 특히 매우 복합적인 형태론을 가진 언어에서는 하나의 패러다임에 속한 그 어떤 형태도 다른 형태의 기저형태로 취급되기 힘들다. 그러므로 독일어 동사의 규칙적 패러다임에는 하나의 공통요소가 담겨 있는데, 이 요소는 다른 어떤 굴절 형태와도 동등하지 않다. 예를 들어, 'lachen'〔lax-en〕(to laugh), '(ich) lache'〔'lax-e〕(I laugh), '(er) lacht'〔lax-t〕(he laughs), '(er) lacht'〔lax-te〕(he laughed), 'gelacht'〔ge-'lax-t〕(laughed, 분사) 등의 형태로 대표되는 패러다임은 모든 굴절 형태에서 하나의 공통요소, 즉 'lach-'〔lax-〕를 보여주지만, 이들 굴절 형태 가운데 접사와 결합하지 않고 단순히 이 공통요소 'lach-'만으로 구성된 형태는 전혀 없다. 2차 파생과 합성에서도, 이 패러다임은 동일한 형태로 대표된다. (예) Lacher〔ˈlax-er〕(*laugher*), Lachkrampf〔ˈlax-ˌkrampf〕(*laughing-spasm*). 엄밀하게 말하면, 이 공통요소 'lach-'는 의존형태이다. 이때 우리는 이 공통요소를 패러다임의 핵(*kernel*) 또는 어간(*stem*)이라고 부른다. 독일어 동사는 어간-굴절, 어간-파생 및 어간-합성을 보여주는 대표적인 사례이다. 실제 언어 사실을 기술할 때는 통상적으로 이 어간을 마치 자립형태인 것처럼 취급한다.

이러한 유형에 속하는 일부 언어에서는 패러다임의 공통요소가, 파생과 합성에서 패러다임을 대표하는 어간과 다르다. 예컨대 고대 그리스어의 명사 패러다임은 어간-굴절을 갖는다. 아래 격변화 패러다임에는 독일어의 동사 어간과 흡사한 하나의 공통요소가 핵으로 포함되어 있는데, 그것이 바로 〔hipp-〕(말)이다.

	단수	복수
주격	〔ˈhipp-os〕	〔ˈhipp-oj〕
호격	〔ˈhipp-e〕	〔ˈhipp-oj〕
대격	〔ˈhipp-on〕	〔ˈhipp-ows〕
여격	〔ˈhipp-oːj〕	〔ˈhipp-ojs〕
속격	〔ˈhipp-ow〕	〔ˈhipp-oːn〕

그러나 2차 파생에서는 이 패러다임을 대표하는 형태가 공통요소 〔hipp-〕가 아니라, 특수한 파생자(派生子) 형태(*deriving-form*)〔hipp-o-〕(예: 〔hipˈpo-teːs〕 '기수') 혹은 여기서 음성변이에 의해 〔o〕가 탈락한 형태(예: 〔hipp-iˈkos〕 '말과 관계된')이다. 마찬가지로 합성어의 구성원으로 참여할 때 이 패러다임을 대표하는 것은 〔hippo-ˈkantharos〕(가

뢰)에서 보듯이 앞선 파생자 형태와 동음이의어인 특수한 합성자(合成子) 형태(compounding-form)이다. 따라서 우리는 (원칙적으로 음성변이에 따르면서) 실제로 모든 형태에 나타나는 핵 〔hipp-〕와 2차나 3차 파생의 기저형태가 되는 어간 〔hipp-o-〕를 구분하게 된다.

　패러다임의 통일성 원리에 대한 일부 예외도 분명히 눈에 띈다. 영어에서 'bull's-eye'(정곡을 찌른 말, 명중)와 같은 합성어의 소유형용사나 'longlegs'(거미류)와 같은 복수 형태의 예외성은, 앞으로 보게 되겠지만, 이들 합성어의 구 구조에 기인한다. 그러나 진정한 예외도 있다. 독일어에는 접미사 '-chen'〔-xen〕(작은)이 있는데, 이 접미사는 명사를 기반으로 하는 2차 파생어를 형성한다. (예) Tisch 〔tiš〕(탁자) - Tischchen 〔tiš-xen〕(작은 탁자). 독일어 형태론의 체계를 고려하면, 이러한 과정은 조어법(단어-형성) 구성에 속하지만, 소수의 경우에는 접미사 〔-xen〕이 이미 복수형 굴절을 마친 명사에 첨가된다. Kind 〔kint〕(아이) - Kindchen 〔kint-xen〕(작은 아이) - Kinder 〔kinder〕(아이들). 여기서 복수 굴절 형태인 'Kinder'가 파생어 'Kinderchen'〔kinder-xen〕(작은 아이들)의 기저가 된다. 만일 어떤 언어에 이러한 사례가 지나치게 많다면, 우리는 이 언어가 굴절이나 조어법(단어-형성)과 같은 술어가 지시하는 형태론의 여러 층위를 구분하지 못한다고 기술할 수밖에 없다.

제**14**장

형태론의 유형

14. 1. 구성성분의 성격에 따라 구분할 수 있는 형태론적 구성의
세 가지 유형, 즉 합성과 2차 파생 및 1차 파생(13. 3절) 가운데, 통
사론적 구성과 가장 유사한 것은 합성어 구성이다.

합성어는 자신의 직접구성성분으로 둘 또는 그 이상의 자립형태
(예: door-knob)를 갖는다. 직접구성성분의 원리를 적용하면, 우리
는 대부분의 언어에서 합성어와 구-파생어('old-maidish', 기저의 구
'old maid'를 가진 2차 파생어) 및 합성어와 합성어-파생어('gentlemanly',
기저의 합성어 'gentleman'을 가진 2차 파생어)를 구분할 수 있다. 합성
어의 범위 안에서 동일한 직접구성성분 원리에는 보통 분명한 구조상
의 순서가 포함되어 있다. 따라서 합성어 'wild-animal-house'는 세
구성원(wild, animal, house)으로 이루어진 것이 아니라, 'wild animal'
(구)과 'house'라는 두 구성원으로 이루어져 있다. 마찬가지로 합성
어 'doorknob-wiper'도 'door'와 'knob-wiper'라는 구성원으로 이루어
진 것이 아니라 'door-knob'과 'wiper'라는 구성원으로 이루어져 있다.

합성어를 확인하는 문법 자질은 언어마다 다르고, 그런 형태부류
가 아예 없는 언어도 일부 존재한다. 단어와 구 사이의 점진적 이행
단계는 많을 수도 있고 적을 수도 있으며, 따라서 양자 사이의 엄정
한 구분이란 이루어질 수 없다. 우리가 합성어라고 부르는 형태는 해

당 언어에서 구와 대비되는 (단일) 단어만의 특징을 형성하는 자질을 보여준다.

일반적으로 합성어는 의미상으로 구보다 특수화되어 있다. 예를 들어, 특정한 종(種)을 가리키는 합성어 'blackbird'(지빠귀)는 검은 색을 띤 모든 새를 가리키는 'black bird'(검은 새)보다 훨씬 (의미상으로) 특수화되어 있다. 그렇지만 이러한 차이를 기준으로 활용하려고 하는 시도는 매우 빈번하게 저지르는 잘못이다. 의미는 정확하게 측정할 수 없을 뿐더러, 많은 구가 의미상으로 합성어만큼 특수화되어 있기 때문이다. 예를 들어, 'queer bird'(괴짜)나 'meat and drink'(더할 나위 없는 즐거움)와 같은 구에서 'bird'와 'meat'는 이들 단어가 합성어 'jailbird'(전과자)나 'sweetmeats'(사탕과자)에 참여할 때 못지않게 의미상으로 특수화되어 있다.

14. 2. 단어마다 단일한 높은 강세를 가진 언어에서는 이 자질이 합성어와 구를 구분한다. 영어에서는 높은 강세가 보통 (합성어의) 첫째 구성원에 떨어지고, 나머지 구성원에는 이보다 약한 강세가 떨어진다. (예) door-knob 〔dowr-ˌnab〕, upkeep 〔op-ˌkijp〕. 일부 합성어는 제2구성원이 강세를 갖지 않는 불규칙성을 보인다. (예) gentleman 〔ǰentl̩mn̩〕, Frenchman 〔frenčmn̩〕 vs. milkman 〔milk-ˌmen〕. 구성원이 주로 부사와 전치사인 일부 유형의 합성어는 제2구성원에 강세가 떨어진다. (예) without, upon. 따라서 구에서는 항상 높은 강세를 보여주던 어떤 단어가 이보다 약한 강세로 발음된다면, 이때 그 단어는 합성어의 구성원으로 기술할 수 있다. 그러므로 지시의미상으로는 차이가 없지만 'ice-cream' 〔ajs-ˌkrijm〕은 합성어이고, 'ice cream' 〔ajs ˈkrijm〕은 구가 되는 것이다. 그러나 합성어에서 제1(선행) 구성원이 구일 때 이 구는 높은 강세를 모두 그대로 보존한다.

예를 들어, 'wild-animal-house'〔waʲld-'ɛniml-ˌhaws〕에서 우리는 강세를 통해 'house'가 합성어의 구성원이라는 사실만을 확인할 수 있을 뿐이다. 후속 구조는 다른 기준에 의해 드러나게 된다.

음성 패턴이라는 측면에서 보면, 합성어는 일반적으로 구와 동일하게 취급된다. 예를 들어, 영어의 'shrovetide'(참회절)나 'pen-knife'(주머니칼) 등의 합성어에서 볼 수 있는 자음군〔vt〕혹은〔nn〕은 단일어의 내부에 나타나지 않는다. 연성 형태의 음성변이는 (구가 아닌 단일어로서의) 합성어 표지가 되는데, 그것은 이 음성변이가 그 언어의 통사적 연성과 다를 경우에만 적용된다. 예를 들어, 'gooseberry'〔guwzbṛij〕는 합성어 표지를 갖는데, 그것은〔s〕를〔z〕로 바꾸는 대치현상이 영어의 통사론에서 일어나지 않고 오로지 형태론에서만 일어나기 때문이다. (예) gosling〔gɑzliɲ〕(새끼 거위). 마찬가지로 프랑스어에서도 'pied'〔pje〕(발)를 포함하는 'pied-à-terre'〔pjet-a-tɛːr〕(임시 숙소, 축자적으로는 '땅바닥 위의 걸음'의 뜻임), 'pot'〔po〕(단지)를 포함한 'pot-au-feu'〔pɔt-o-fø〕(고깃국 / 축자적으로는 '불 위에 놓인 단지'의 뜻임), 'vin'〔vɛⁿ〕(와인)을 포함한 'vinaigre'〔vin-ɛgr〕(식초 / 축자적으로는 '신 포도주'의 뜻임) 등은 합성어의 표지를 갖는데, 그것은 프랑스어 명사가 이들 유형의 연성을 구가 아닌 단어 구성에서만 보여주기 때문이다. (예) 'pieter'〔pjete〕(출발지점에 발을 대다), 'potage'〔pɔtaːz〕(진한 국), 'vinaire'〔vinɛːr〕(와인과 관련된) (비교) 구 'vinaigre'〔vɛⁿ ɛgr〕(신 와인).

보다 뚜렷한 음성변이가 합성어 표지를 나타낼 수도 있다. 다음의 용례에서 보듯이, 합성어의 제 1구성원은 여하한 구보다 더 심한 음성변이를 겪는다.

(예) holy〔'howlij〕- holiday〔'hɑlidej〕, moon - Monday, two〔tuw〕- twopence〔'topn̩s〕; 고대 영어〔feːower〕(4) -〔fiðer-ˌfeːte〕(네 발 달린).

제 2 (후행) 구성원이 음성변이를 겪는 용례는 다음과 같다.

(예) 산스크리트어 〔naːwh〕(배) – 〔atiˈnuh〕(배에서 사라진) ; 고대 그리스어 〔paˈteːr〕(아버지) – 〔ew-ˈpatoːr〕(좋은 아버지를 가진) ; 고트어 dags (날) – fidur-dōgs (나흘 지난).

제 1구성원과 제 2구성원이 모두 음성변이를 겪는 용례는 다음과 같다.

(예) breakfast 〔ˈbrekfest〕(조반), blackguard 〔ˈblɛɡrd〕(불량배), boatswain 〔ˈbowsn̩〕(갑판장), forecastle 〔ˈfowksl̩〕(앞 갑판).

'forehead' 〔ˈfɑred〕(이마)나 'waistcoat' 〔ˈwesket〕(조끼)에서 보듯이 음성변이가 없는 변이형이 나타나는 경우도 있다.[1] 극단적인 경우에는 물론 그 형태가 독립된 단어와 너무 달라서 합성어의 구성원으로 부를지 아니면 접사로 부를지 망설이게 된다. 예컨대 'fortnight' 〔ˈfort-ˌnajt, ˈfortnet〕(2주간)과 같은 형태는 합성어와 단일어의 경계선상에 있다.

합성어를 이루는 구성원의 순서는 고정되어 있는 반면, 구를 이루는 구성원의 순서는 자유롭다. 예를 들어, '버터 바른 빵조각'이라는 뜻을 가진 합성어 'bread-and-butter' 〔ˈbred-n̩-ˌbotr̩〕를 구 'she bought bread and butter'나 'she bought butter and bread' 등과 비교해 보라. 그렇지만 이 기준은 지키기가 쉽지 않은데, 그것은 구의 순서도 고정적일 수 있기 때문이다. 예를 들어, 영어의 화자는 특수한 구 〔ˈbred n̩ ˌbotr̩〕를 합성어와 완전히 동일한 순서와 의미로 사용할 수 있다. 단어 배열순서의 대조는 보다 확실한 표지이다. 예를 들어, 프랑스어에서 축자적으로는 '하얀 부리'라는 뜻을 가진 'blanc-bec' 〔blaⁿ-bɛk〕는 '풋내기 젊은이'라는 뜻의 합성어가 분

---

1) 이 경우에 음성변이가 없는 변이형이란 각각 〔ˈfɔːr-ˌhed〕와 〔ˈwejst-ˌkowt〕를 말한다.

명한데, 'bec blanc'(하얀 부리)에서 보듯이, 구에 출현하는 'blanc'과 같은 형용사는 항상 명사를 뒤따르기 때문이다. 영어의 보기로는 'to housekeep'(살림을 꾸리다), 'to backslide'(다시 타락하다), 'to undergo'(겪다) 등이 있다. 그런데 구에서는 보통 'house'처럼 목표를 표시하는 명사나 'back', 'under' 등과 같은 유형의 부사는 동사를 뒤따르기 때문(예: keep house, slide back)에 이들 합성어와 좋은 대조가 된다.

14.3. 합성어와 구를 구분해주는 자질 가운데서 가장 보편적이면서도 가장 변화가 심해서 그만큼 관찰하기가 어려운 것은 선택의 문법 자질이다.

가장 분명한 대조는 어간-합성을 가진 언어에서 나타난다(13.13절). 독일어 합성어 'Lachkrampf'〔ˈlax-ˌkrampf〕(신경질적인 웃음)에서 동사의 패러다임 전체를 대표하면서도 실제로는 독립된 단어로 출현하지 않는 어간 'lach-'는 분명히 해당 합성어를 구와 구분해주는 지표가 된다. 다음의 경우는 더욱 분명한데, '말'을 뜻하는 고대 그리스어〔hippo-〕와 같은 합성어의 어간은 그 패러다임에 나타나는 모든 굴절형과 형식적으로 구분될 수 있고, 어떤 경우든 변함없이 합성어의 특징을 표시한다. 그리하여 이〔hippo-〕는 '딱정벌레'를 뜻하는〔ˈkantharo-〕와 같은 다른 어간과 결합해 합성어 어간〔hippo-ˈkantharo-〕(가뢰)을 형성하지만, 다음 용례에서 보듯이 이 합성어의 다른 굴절형에서는 변화를 겪지 않는다. (예) 주격:〔hippoˈkantharo-s〕, 대격:〔hippoˈkantharo-n〕.

합성어의 구성원은 형식상으로 어떤 단어와 동등할 때라도 합성어의 특징을 표시할 수 있다. 고대 그리스어에서는 명사 어간이 접미사에 의한 굴절을 겪는다. 결과적으로 합성어 명사 어간의 제1구성원은 패러다임의 모든 형태에 동일한 모습으로 남게 된다. 따라서 '새로운 도시'라는 뜻을 가진 구는 두 패러다임에서 다양한 굴절형을 보여준다.

주격 〔ne'a: 'polis〕
대격 〔ne'a:n 'polin〕
속격 〔neˇa:s 'poleo:s〕

그러나 합성 어간 〔ne'a:-poli-〕(Naples)의 제1구성원은 모든 굴절 형식에서 변하지 않는다. (이때 제1구성원은 단수 주격형이다.)

주격 〔ne'a: 'polis〕
대격 〔ne'a: polin〕
속격 〔nea: 'poleo:s〕

독일어에서는 형용사가 단어-굴절을 보인다. 그래서 'Das ist rot' 〔das ist 'ro:t〕(그것은 붉다)에서 보듯이 기저형태가 동사의 보어로 사용되고, 'roter Wein' 〔ro:ter 'vajn〕(붉은 포도주)에서 보듯이 파생된 굴절형이 명사의 수식어로 사용된다. 그러므로 굴절 접미사가 없다는 것은 'Rotwein' 〔'ro:t-,vajn〕(적포도주)과 같은 단어에서 이 형태가 합성어의 제1구성원이라는 징표가 된다.

접두사와 접미사의 출현은 단어나 어간이 어디서 시작하고 어디서 끝나는지 알려주기도 한다. 독일어에서는 동사의 과거분사가 'gelacht' 〔ge-'lax-t〕(laughed)에서 보듯이 어간에 접두사 〔ge-〕와 접미사 〔-t〕를 첨가해서 만들어진다. 그러므로 이들 접사의 위치를 조사해 보면, 'geliebkost' 〔ge-'li:p,ko:s-t〕(caressed)와 같은 형태는 합성어 어간에서 파생된 하나의 단어이지만, 'liebgehabt' 〔'li:p ge-,hap-t〕(liked)와 같은 형태는 두 단어로 이루어진 구라는 사실을 알 수 있다. 이러한 방법은 다른 굴절형, 이를테면 'liebkosen' 〔ˈliːp-koːzen〕 (to caress) 이나 'liebhaben' 〔ˈliːp ˌhaːben〕 (to like) 등과 같은 부정사의 분류기준을 제시하기도 한다.

합성어의 구성원은 굴절형을 닮는 경우가 간혹 있다. 예를 들어, 'bondsman'(노예, 보증인), 'kinsman'(친척), 'landsman'(육상 생활자), 'marksman'(명사수) 등과 같은 합성어의 제1구성원으로 참여하는 〔z-, s-〕는 소유형용사를 만드는 접미사와 닮았지만, 'bond's'나 'land's' 등과 같은 소유형용사는 그런 방식으로 구에서 사용되는 일이 불가능할 것이다. 프랑스어에서는 'une grande maison' 〔yn graⁿd mezoⁿ〕(대저택)에 보이는 형용사 'grande'(큰, 위대한)가 어말 자음을 탈락시켜 남성명사와 함께 쓰이는 굴절형을 형성한다. (예) un grand garçon 〔œⁿ graⁿ garsoⁿ〕(큰 소년). 그런데 이 남성형 형용사는 합성어의 구성원이 되면 일부 여성명사와 함께 나타나기도 한다. (예) grand'mère 〔graⁿ-mɛːr〕(할머니), grand'porte 〔graⁿ-pɔrt〕(정문). 이러한 유형의 합성어 구성원은 특히 독일어에 보편적이다. 예를 들면, 합성어 'Sonnenschein' 〔zonen-šajn〕(햇빛)의 제1구성원 'Sonne'는, 구에서 독자적으로 사용되면 오직 복수형으로만 나타난다. 또한 'Geburtstag' 〔geˈburts-ˌtaːk〕(생일)라는 합성어에서 〔s-〕는 속격 어미이지만, 독립된 단어로 사용되면 'die Geburt'(탄생)와 같은 여성명사를 만들기 위해 명사에 첨가되는 일이 없다.

합성어의 구성원은 조어법(단어-형성)의 일부 자질을 특징으로 가질 수 있는데, 이런 자질은 독립된 단어로 출현할 때 갖는 자질과 다르다. 고대 그리스어에는 고도로 불규칙적인 동사 패러다임이 존재했는데, 이를테면 〔daˈmaoː〕(I tame), 〔eˈdmeːtheː〕(he was tamed) 등이 여기에 포함되었다. 그래서 문법학자들은 편의상 어간 형태 〔dameː-〕를 기반으로 이 불규칙한 굴절현상을 기술한다. 이 패러다임에서 한편으로는 독립된 행위주 명사 〔dmeːˈteːr〕(*tamer*)가 파생되어 나오고, 다른 한편으로는 다른 접미사가 첨가된 행위주 명사 〔-damo-〕가 파생되어 나온다. 이때 후자는 〔hipˈpo-damo-s〕(말 조련사)에서 보듯이 합성어의 제2구성원으로만 사용된다. 조어법(단어-형성)의 특수한 자질을 가진 합성어는 종합적 합성어라는 이름으로 불린다. 종합적 합성어는 특히 인도-유럽 제어의 선행단계에 나타났는데, 그렇다고 해서 이런 습관이 완전히 사어화한 것은 결코 아니다. 영어의 예를 보면, 동사 'to black'(검게 하다)은 'a blacker of boots'에서 보듯이 독립된 행위주 명사 'blacker'(구두닦이)의 기저를 형성하지만, 영-요소와 함께 'boot-black'(구두닦이)이라는 합성어에 나타나는 행위주 명사 '-black'을 형성하기도 한다. 마찬가지로 'to sweep'(쓸어내다)도 'sweeper'(청소부)와 'chimney-sweep'(굴뚝청소부)을 형성하는 기저가 된다. 심지어 'long-tailed'(긴 꼬리를 가진)나 'red-bearded'(붉은 수염을 가진)와 같은 형태도 구 'tailed monkeys'(꼬리 달린 원숭이)나 'bearded lady'(수염 난 아가씨) 등에서처럼 'tailed'나 'bearded' 등의 단어를 포함하는 것으로 기술되어서는 안 된다. 이들 합성어를 기술하기 위한 자연스러운 출발점은 'long tail'(긴 꼬리)이나 'red beard'(붉은 수염)와 같은 구인데, 이들 형태는 접미사 '-ed'가 없음으로 해서 위의 합성어와 다르다. 이러한 양상은 곧 우리가 'tailed'나 'bearded' 같은 단어의 존재와 무관하게 'long-tailed'나 'red-bearded'와 같은 유형의 합성어를 사용한다는 의미이다. 아울러 'blue-eyed'(파란 눈을 가진), 'four-footed'(네 발 달린), 'snub-nosed'(사자코를 가진) 등과 같은 형태도 주목해 볼 필요가 있다. 현대 영어가 보여주는 또 다른 종합적 유형은 'three-master'(세 돛 달린 배), 'thousand-legger'(노래기) 등이다.

영어에서는 'meat-eater'나 'meat-eating' 등의 합성어를 자유롭게 만들어 사용하지만, *'to meat-eat'에서 보듯이 동사 합성어에는 이러한 조어법(단어-형성규칙)이 적용되지 않는다. 소수의 불규칙한 용례, 이를테면 'to housekeep'(살림을 꾸리다), 'to bootlick'(아첨하다) 등과 같은 동사 합성어만 존재할 뿐이다. 위에서 'eater'나 'eating'과 같은 단어는 분명히 합성어를 만드는 구성원으로 참여하고 있다. 이때 종합적 자질은 일종의 제약하에서만, 즉 '-er'이나 '-ing'이 첨가되는 경우에만, 'eat meat'와 같은 구가 짝이 되는 합성어를 갖는다. 그리하여 우리는 'meat-eater'나 'meat-eating' 등의 합성어를 반(半)-종합적 합성어라고 부른다.

14. 4. 합성어로 분류되는 형태를 대상으로 할 때, 이들 형태에 포함된 단어적(*word-like*) 자질 가운데 분리 불가능성(11. 6절)은 매우 빈번하게 나타난다. 예를 들어, 영어 화자는 구를 발화할 때 "black — I should say, bluish-black — birds"("검은, 그러니까 좀더 정확하게 말해서 푸른빛이 도는, 검은 새")라고 말할 수 있지만, 합성어 'blackbird'는 이처럼 말을 중간에 끊어서 발화할 수 없다. 그러나 발화가 중간에 끊어지더라도, 다른 자질이 기준이 되어 해당 형태를 합성어로 분류할 수 있는 경우도 있다. 예를 들어, 아메리카 인디언의 폭스어에서는 〔ne-pjeːči-waːpam-aː-pena〕(*we have come to see him / her / them*)라는 형태가 합성어로 분류되어야 하는데, 그것은 굴절을 담당하는 접두사 〔ne-〕(I 〔thou 아님〕)와 접미사 〔-aː〕(him / her / them) 및 〔-pena〕(일인칭 복수)가 단어의 시작과 끝을 확실하게 표시하기 때문이다(14. 3절). 이때 합성어의 구성원은 첨사 〔pjeːči〕(이리로)와 동사 어간 〔waːpam-〕(보다, see 〔유정물을 목적어로 취함〕)이 된다. 그런데 폭스어에서는 단어나, 심지어 짧은 구까지 합성어(단어) 사이에 삽입되는 경우가 있다. (예) 〔ne-pjeːči-ketaːnesa-waːpam-aː-pena〕(*we have come to see*

her, thy daughter). 독일어에서는 합성어의 구성원이 연속적으로 결합될 수 있다. (예) Singvögel 〔ziɲ-ˌføːgel〕(명금〔鳴禽〕), Raubvögel 〔rawp-ˌføːgel〕(맹금〔猛禽〕), Sing-oder Raubvögel 〔ziɲ- oːder-ˈrawp-ˌføːgel〕(명금 또는 맹금).

　일반적으로 구 안에 있는 단어와 마찬가지로 합성어의 구성원은 통사적 구성체의 구성성분이 될 수 없다. 예를 들어, 'black birds'(검은 새들)라는 구의 단어 'black'은 'very'(매우)의 수식을 받아 'very black birds'(매우 검은 새들)가 될 수 있지만, 'blackbirds'(지빠귀)라는 합성어의 구성원으로 참여한 'black'의 경우는 그와 같은 수식이 불가능하다. 이 자질은 일부 프랑스어 형태를 합성어로 분류하는 기능을 수행한다. 예컨대 'sage-femme'〔saːž-fam〕(산파)은 발음이 동일하고 '현명한 여인'2)이라는 뜻을 가진 구와 달리, 합성어로 분류되어야 하는데, 그것은 오로지 구에서만 구성성분인 'sage'가 수식어를 동반할 수 있기 때문이다. (예) très sage femme 〔trɛ saːž fam〕(매우 현명한 여인). 앞선 특징(분리 불가능성)과 마찬가지로 이 제약은 다른 자질에 의해 합성어의 징표가 이미 드러난 형태에서는 나타나지 않는 경우도 있다. 어간-합성이 분명하게 합성어의 제1구성원을 드러내는 산스크리트어에서는 (어간-합성이라는 합성어 징표가 있음에도) 이 구성원이 수식어를 동반하고 나타나는 경우가 있다. 예를 들어, 〔čitta-prama'thini:deːˈvaːnaːm 'api〕(*mind-disturbing of-gods even*)는 '신들의 마음까지 혼란스럽게 만드는' 정도의 뜻이 되는데, 여기서 속격의 복수명사(of gods)는 합성어 구성원 〔čitta-〕(마음, *minds*)를 꾸미는 통사적인 수식어이다.

―――――――――――――――――

2) 이 프랑스어 합성어에서 구성원 'sage'와 'femme'의 원래 뜻은 각각 '현명한' 과 '여인'이다.

14. 5. 언어의 구조를 통해 어떤 형태가 합성어인지 구인지를 파악할 수 있다면, 그런 형태의 기술과 분류는 해당 언어의 특징적 자질에 의존하게 된다. 언어학자는 일정한 유형의 합성어가 자기 나라 말에 존재하면 이런 유형이 모든 언어에 보편적으로 나타날 것으로 판단하는 실수를 범하는 경우가 적지 않다. 다양한 언어에서 합성어의 주된 유형이 어느 정도 유사한 것은 사실이지만, 이러한 유사성은 주의 깊게 관찰하지 않으면 안 된다. 더욱이 이런 유사성과 관련된 세부적인 사항과 제약 등은 언어마다 각기 다르다. 이 차이점은 매우커서 모든 언어에 들어맞는 여하한 분류체계의 수립도 사실상 불가능한 것이다. 그렇지만 두 가지 분류지침만큼은 여전히 유효하다고 할 수 있다.

그 하나는 구성원들 사이의 관계(*relation*)를 활용하는 것이다. 이런 기준을 적용하면 우선 통사적 합성어를 만나게 되는데, 이때 이런 합성어의 구성원들은 구 안에 있는 단어들과 동일한 문법적 관계를 유지하고 있다. 그래서 영어의 용례를 보면, 합성어 'blackbird'(지빠귀)와 'whitecap'(딱새 따위의 머리가 흰 새, 흰 모자를 쓴 사람)의 구성원들은 'black bird'나 'white cap'과 같은 구를 형성하는 경우와 동일한 구성, 즉 형용사와 명사의 결합이라는 구성양상을 보여준다. 이와달리 'door-knob'과 같은 비통사적 합성어도 만나게 되는데, 이런 합성어의 구성원들은 이 언어의 통사론에서 허용하지 않는 구성양상을 보여준다. 영어에는 *'door knob'과 같은 유형의 구가 존재하지 않기때문이다.

통사적 합성어는 해당 언어에서 합성어와 구를 구분하는 역할을 하는 본질적인 자질에서만 구와 다르다. 예컨대 영어의 경우라면, 해당어구에 높은 강세가 하나만 나타나느냐 아니냐에 따라 주로 합성어와구가 구분된다. 합성어는 'dreadnaught'(군함)에서 보듯이 이에 상응하는 구와 어휘적으로 (의미가) 다를 수 있다. 즉, 이 합성어에 상응하는 구 'dread naught'는 의고풍의 함축을 갖는데, 통상적인 구의 용법으로는 '아무것도 두려워하지 않는다' 정도가 될 것이다. 통사적 합성어는 구성원들의 결합 양상에 입각한 통사적 구성에 따라 하위분류가 가능하다. 예를 들어, 영어에서는 형용사와 명사(blackbird, whitecap, bull's-eye), 동사와 목표명사(lickspittle〔아첨꾼〕, dreadnaught), 동사와 부사(gadabout〔어정거리는 사람〕) 및 과거분사와 부사(castaway 〔무뢰한〕) 등의 결합이 존재한다.

많은 합성어는 통사적 합성어와 비통사적 합성어의 중간에 놓여 있다. 즉, 구성원들 사이의 관계는 통사적 구성과 유사한데, 해당 합성어 자체는 구에서 최소한의 일탈을 보여주기 때문이다. 예를 들어, 합성어 동사 'housekeep'은 간단한 순서 자질에 의해 'keep house'라는 구와 구분된다. 그러한 경우에 우리는 다양한 종류의 반(半)-통사적 합성어 범주를 설정할 수 있다. 순서의 차이는 'upkeep : keep up' 쌍이나 프랑스어 'blanc-bec : bec blanc'(14. 2절) 쌍에서도 나타난다. 또한 'turnkey(간수) : turn the key' 혹은 'turn keys'(열쇠를 돌리다)의 용례에서는 양자의 차이가 관사 혹은 수(數) 범주의 용법에 달려 있다. 통사적 합성어로 간주되는 'blue-eyed, three-master, meat-eater' 등과 같은 유형도 'blue eyes, three masts, eat meat' 등의 구에 상응하면서도, 제 2구성원에 의존형태 '-ed'와 '-er'이 첨가되는 간단한 형식적 특징에 의해 구와 구별된다. 문자 그대로 해석하면 각각 '편지를 위한 상자'(box-for-letters)와 '그 편지를 위한 상자'(box-for-the-letters) 정도가 되지만 일반적으로 해석하면 똑같이 '우편함, 우체통'을 뜻하는 프랑스어 단어 'boîte-à-lettres' 〔bwɑːt-a-lɛtr〕와 'boîte-aux-lettres' 〔bwɑːt-o-lɛtr〕는 전치사의 선택과 관사의 사용 여부에 의해서 통상적인 유형의 구(예: boîte pour des lettres 〔bwɑːt puːr de lɛtr〕 '편지를 위한 상자')와 구별된다. 보다 특정한3) 전치사 대신에 사용하는 'à'를 비롯한 다른 전치사의 용법이라든가, 관사의 차이(특히 구에 나타나면서 'des' 형태로 대표되는 관사 대신에 등장하는 영〔零〕관사) 등은 프랑스어에서 반(半)-통사적 합성어 부류를 설정할 근거를 제공하는 뚜렷한 자질이 된다.

반(半)-통사적 합성어를 정의할 수 있다면, 우리는 이들 반(半)-통사적 합성어를 통사적 합성어와 동일한 방법으로 분류할 수 있다. 예를 들어, 반통사적 합성어 'blue-eyed, three-master, housekeep' 와 'turnkey, upkeep'의 두 구성원은 각각 통사적 합성어 'blackbird, three-day, lickspittle, gadabout' 등과 동일한 구성양상을 보인다.

비통사적 합성어는 해당 언어의 통사적 구성체에서 허용되지 않는 결합방식으로 이루어진 구성원을 갖는다. 따라서 'door-knob'(문의 손잡이), 'horsefly'(말파리), 'bedroom'(침실), 'salt-cellar'(식탁의 소금그릇), 'tomcat'(수고양이) 등의 비통사적 합성어를 보면, 영어 통사론에 출현하지 않는 구성양상을 보이는 두 명사가 눈에 띈다. 영어에서 다른 비통사적 합성어의 용례를 들면 다음과 같다. (예) fly-blown, frost-bitten / crestfallen, footsore, fireproof, foolhardy / by-law, by-path, ever-glade / dining-room, swimming-hole / bindweed, cry-baby, drive-way, playground, blowpipe / broadcast, dry-clean, foretell / somewhere, everywhere, nowhere. 그리고 'smokestack'(굴뚝)과 'mushroom'(버섯)처럼 불분명한 구성원을 가진 합성어나 'cranberry'(넌출월귤), 'huckleberry'(월귤나무), 'zigzag'(지그재그), 'choo-choo'(칙칙폭폭)처럼 유일 형태소(10. 1절)를 구성

---

3) '특정하다'(*specific*)는 말은 특정한 문맥에서 사용된다는 의미로 이해된다. 예컨대 위에서 언급된 프랑스어 합성어 '우체통'의 경우라면 영어의 전치사 'for'에 대응되는 '특정한' 프랑스어 전치사는 'pour'가 될 것이다.

원으로 가진 합성어는 물론 비통사적 합성어로 분류된다.

비통사적 합성어에서 구성원들 사이의 관계가 필연적으로 모호할 수밖에 없다고 하더라도, 우리는 통사적 합성어와 반(半)-통사적 합성어의 주된 구분방식을 확장해서 비통사적인 부류에도 적용할 수 있다. 예를 들어, 영어에서는 'bittersweet'('달콤씁쓰레한' 또는 '노박덩굴' / 이 단어를 일반적인 구 'bitter and sweet'와 비교해 보라)처럼 반(半)-통사적 합성어에서 볼 수 있는 대등적 혹은 연계적(copulative) 관계는 'zigzag, fuzzy-wuzzy(수단 지방의 토인 병사), choo-choo' 등과 같은 비통사적 합성어에서도 찾아낼 수 있다. 대부분의 비통사적 합성어는 일종의 한정어-핵어 구성을 형성하는 것으로 보인다. (예) door-knob, bulldog, cranberry. 이와 같은 비교작업을 수행할 수 있는 한, 우리는 연계적 / 대등적 합성어(산스크리트어 dvandva)와 한정적 / 종속적 합성어(산스크리트어 tatpurusha)를 구별할 수 있다. 이러한 구분은 통사적 합성어와 반(半)-통사적 합성어 및 비통사적 합성어의 구분과 교차한다. 물론 이보다 더욱 세분화된 구분에 도전하는 작업도 가능하다. 인도의 문법학자들은 연계적/대등적 합성어 가운데서도 동일한 구성원들로 이루어진 반복(산스크리트어 amredita) 합성어라는 특수한 하위 집합을 구분했다. (예) choo-choo, bye-bye, goody-goody. 영어에서도 구성원들이 약간만 음성 차이를 드러내는 합성어 부류를 확인할 수 있다. (예) zigzag, flimflam, pell-mell, fuzzy-wuzzy. 인도의 문법학자들은 한정적 합성어 가운데서 'blackbird'처럼 한정어-핵어 구성을 이루는 특수한 통사적 합성어(산스크리트어 karmadharaya) 부류를 설정할 필요성을 제기하기도 했다.

14.6. 활용 가능성이 높은 또 다른 분류방식은 합성어 전체가 구성원들과 맺고 있는 관계를 조사하는 것이다. 앞서 통사론에서 살펴

388

본 바 있는 내심 구성과 외심 구성의 구분(12. 10절)을 합성어에도 적용할 수 있다는 것이다. 영어의 합성어 'blackbird'가 'bird'(새)의 일종이고 'door-knob'이 'knob'(손잡이)의 일종이므로, 우리는 이들 합성어가 핵심 구성원과 동일한 기능을 갖는다는 사실을 알 수 있다. 따라서 이들 합성어는 내심 구조를 갖는다. 반면에 'gadabout'와 'turnkey'에서는 핵심 구성원이 부정동사(*infinitive verb*)이지만, 합성어 자체는 명사이다. 따라서 이들 합성어는 외심(산스크리트어 bahuvrihi) 구조를 갖는다. 연계적/대등적 유형을 예로 들면, 형용사 'bittersweet' (달콤 씁쓰레한)는 내심적인데, 그것은 대등하게 연결된 구성원들 'bitter'와 'sweet'와 마찬가지로 이 합성어 자체도 형용사이기 때문이다. 그러나 식물의 이름으로 쓰이는 'bittersweet'(노박덩굴)는 외심적인데, 그것은 이 합성어가 명사이므로 형용사인 두 구성원과 문법적 기능에서 차이를 보이기 때문이다. 또 다른 유형의 외심적 합성어는 명사 핵어를 가진 형용사로 이루어져 있다. (예) two-pound, five-cent, half-mile, (in) apple-pie(order).

형태부류의 차이는 그다지 근원적이지 않지만, 해당 언어의 체계에서 식별이 가능하다. 영어에서는 명사 'longlegs'(거미류), 'bright-eyes'(아카네류 식물), 'butterfingers'(물건을 잘 떨어뜨리는 사람) 등이 외심적인데, 그것은 이들 형태가 단수로 나타나는 동시에, 영(零) 접사의 첨가에 의해 복수로도 나타나기 때문이다(예: that longlegs, those longlegs). 프랑스어에서는 명사 'rouge-gorge'〔ruːž-gɔrž〕('울새', 문자 그대로 하면 '붉은 목구멍'임)가 외심적인데, 그것은 이 명사 자체가 남성 부류(le rouge-gorge)에 속하는 반면에 핵심 구성원은 여성 부류(la gorge)에 속하기 때문이다. 영어에서 'sure-footed(틀림없는), blue-eyed, straight-backed' 유형을 보면, 종합적 접미사 〔-ed, -d, -t〕가 외심적 구성(명사 핵어를 가진 형용사)과 나란히 나타난다. 그렇지만 막상 분류하려고 들면 사정은 그리 간단하지 않다. 구성원 '-footed, -eyed, -backed' 등이 형용사로 간주될 가능성이 높기 때문이다(이들 형태를 'horned'나 'bearded' 등과 비교해 보라). 'clambake'(떠들썩한 모임)와 'upkeep' 유형은 영어 문법에서 내심 구조로 기술되는 것이 바람직한데, 그것은 핵심 구성원인 '-bake'와 '-keep'이 동사에서 영(零) 자질의 첨가에 의해 행위명사로 파생된 것으로 간주될 수 있기 때문이다. 만일 영어에서 파생과정에 영(零) 자질을 이용해서 많은 유형의 행위명사를 형성하지 못한다면, 우리는 이들 합성어를 외심적 합성어로 분류할 수밖에 없을 것이다. 마찬가지로 'bootblack'(구두닦이)과 'chimney-sweep'(굴뚝청소부)을 기술할 때 '-black'과 '-sweep'을 행위주 명사로 보고 이들 합성어를 내심적 합성어로 분류한다면, 기술 결과는 더할 나위 없이 만족스러울 것이다.

이와 달리 'whitecap'(〔흰 모자를 쓴〕백모단원), 'longnose'(코가 큰 사람), 'swallow-tail'(연미복), 'blue-coat'(〔푸른 제복을 입은〕경관), 'blue-stocking'(〔파란 양말을 신은〕여류문학가), 'red-head'(머리가 붉은 사람, 대학 신입생), 'short-horn'(뿔이 짧은 소) 등의 용례로 대표되는 영어 합성어의 거대부류는 명사의 기능을 수행하고 명사를 핵심 구성원으로 갖지만 외심적 합성어로 분류되어야 하는데, 그것은 각 단어가 의미하는 사물이 핵심 구성원과 동일한 표본에 속하지 않는다는 사실이 이들 합성어의 구성방식에 내재되어 있기 때문이다. 이들 합성어는 "어떤 사물(해당 합성어)이 이러저러한 특질(합성어의 제1구성원)을 가진 이러저러한 사물(합성어의 제2구성원)을 소유하는 것"을 의미한다. 이러한 양상은 단수-복수 범주(this longlegs / these longlegs)와 인칭-비인칭 범주(nose … it / longnose … he, she)가 항상 일치하지는 않는다는 사실에서 잘 나타난다. 그리고 'three-master'와 'thousand-

390

legger'에서는 종합적 접미사가 이 외심관계와 서로 협력해서 나타난다. 그럼에도 명쾌한 구분을 가로막는 어중간한 용례가 존재한다. 합성어 'blue-bottle'(청파리)을 기술할 때, 만일 이 곤충을 '병'(*bottle*)과 같은 것으로 간주할 수 있다면, 이 합성어는 내심적이다. 반대로 '병'이란 이 곤충의 일부일 따름이라고 한다면, 이 합성어는 외심적이다.

인도의 문법학자들은 외심적 합성어에 대해 두 가지 특수한 하위 부류를 설정했는데, 하나는 첫째 구성원으로 수를 가진 명사(예: sixpence, twelvemonth, fortnight)가 속한 수량사류 합성어(산스크리트어 dvigu)이고 다른 하나는 명사를 핵어(예: bareback, barefoot, hotfoot)나 종속부(예: uphill, downstream, indoors, overseas)로 거느린 부사가 속한 부사류 합성어(산스크리트어 avyayibhava)이다.

14. 7. 2차 파생어에서는 직접구성성분으로 구(예: old-maidish)나 혹은 단어(예: mannish)로 된 하나의 자립형태를 찾아낼 수 있다. 직접구성성분이 단어인 경우에 기저단어는 합성어(예: gentlemanly)이거나 혹은 파생어(예: actresses, 기저단어 'actress' 자체가 원래의 기저단어 'actor'에서 나온 2차 파생어임)가 된다. 그러나 우리는 앞서 일부 언어의 기술에서 이론적 기저형태(즉, 어간 stem)를 설정해서 (그 기저형태, 곧 어간이 자립형태가 아니라 하더라도) 해당 형태를 2차 파생어로 분류할 수 있다는 사실을 확인한 바 있다(13.13절). 이와 유사한 처리방식이 영어의 합성어 'scissors'(가위)와 'oats'(귀리)의 기술에도 필요하다. 즉, 'cranberry'를 기술할 때와 똑같이 이론적인 (가공의) 형태 'scissor-'를 기저형태로 설정하면 'oatmeal'(오트밀)과 'scissor-bill'(물새의 일종)도 합성어로 분류할 수 있기 때문이다.

실제적인 것이든 이론적인 것이든 기저형태는 접사를 동반하든지, 아니면 앞서 제13장에서 보았듯이 문법 자질을 동반한다.

많은 언어에서 2차 파생어는 우선 굴절형태와 조어(단어-형성) 형태로 나뉘지만(13. 12절), 우리는 이러한 종류의 언어에 경계지대에 속하는 형태가 포함되어 있음을 잊어서는 안 된다. 영어를 용례로 들면 'beeves'(육우)나 'clothes'(의복)가 여기에 해당하는데, 이들 형태는 뚜렷하게 굴절 유형을 닮았으면서도 형식상으로나 의미상으로 일탈 양상을 보이고 있다. 마찬가지 방식으로 'learned'〔lr̩ned〕(유식한), 'drunken'(술에 취한), 'laden'(짊어진), 'sodden'(흠뻑 젖은), 'molten'(녹은) 및 속어 'broke'(파산한) 등도 엄격한 과거분사 굴절형 'learned〔lr̩nd〕, drunk, loaded, seethed, melted, broken' 등과 달리 의미상의 일탈을 보인다.

굴절형은 기술하기가 비교적 쉬운데, 그것은 이들 형태가 평행적인 패러다임 집합에 출현하기 때문이다. 친숙한 언어를 기술한 전통 문법을 보면 마치 한 장의 그림을 보듯이 이 언어의 굴절체계를 한눈에 알 수 있다. 그렇지만 전통 문법에서는 동일한 자질이 상이한 패러다임 유형에 나타날 때마다 그 자질을 반복적으로 다루기 때문에 과학적인 간결성이 떨어진다. 예를 들어, 라틴어 문법에서는 단수 주격을 표시하는 기호 '-s'가 'amīcus'(친구), 'lapis'(돌), 'dux'(지도자), 'tussis'(기침), 'manus'(손), 'faciēs'(얼굴) 등 각각의 유형마다 다르게 표시되어 있다. 물론 이 기호는 어디서 사용되고 어디서 사용되지 않는가 하는 점만을 완벽하게 진술한다면 단 한 번만 기록되어도 무방한 것이다.

조어법(단어-형성)은 굴절보다 훨씬 기술하기 어렵고, 그렇기 때문에 전통 문법에서 대체로 외면을 받는 경향이 많았다. 여기에 관련된 주요한 난관은 어떤 결합 양상이 존재하는가를 결정하는 데 있다. 대부분의 경우에 우리는 어떤 구성을 불규칙한 것으로 규정하고 그러한 구성에 속한 형태의 목록을 작성하는 작업을 감수한다. 예를 들어,

어떤 남성명사에 접미사 '-ess'를 첨가해야 'countess'와 'lioness'와 같은 여성명사가 파생되는가 하는 사실을 알려면 이러한 목록이 반드시 있어야 한다. 그렇다면 이들 파생어 가운데 어떤 형태에서 어말의 〔r〕이 비성절음 〔r〕로 대체되는가(예: waiter-waitress, tiger-tigress)를 알려면 또 하나의 부수적인 목록이 있어야 할 것이다. 이런 변화가 없는 유형, 가령 'author-authoress'와 같은 유형이 규칙적이기 때문이다. 'duke-duchess', 'master-mistress', 'thief-thievess'[4] 등과 같은 특수한 경우도 각각 별도의 언급을 필요로 한다.

일단 이러한 구조를 확정했다면, 이번에는 전형적인 의미를 설정하고, 그다음에 굴절의 경우와 같이 (다양한 구성체들 사이에서) 평행한 용례를 찾을 수 있다. 예를 들어, 접미사 '-ess'는 정의가 가능한 언어적 의미를 가지는데, 그것은 'count-countess', 'lion-lioness' 등과 같은 모든 집합의 평행적인 특징뿐만 아니라 영어의 문법이 'he'-'she'의 구분에 의해서 '-ess' 파생어의 의미를 알고 있기 때문이다. 따라서 우리는 굴절의 경우에 수행했던 것과 마찬가지로 'man-woman'과 같이 주어진 형태의 쌍이 동일한 관계를 보여 주는가 아닌가를 결정할 수 있다. 이를 통해 각각의 패러다임에 대한 기술과 유사한 내용, 즉 문법적으로 결정된 의미단위의 다양한 형식적 양상을 보여주는 진술을 덧붙일 수 있다. 그러므로 우리는 '이러저러한 남성(수컷)의 여성(암컷)'이라는 의미소가 접미사 '-ess'의 첨가뿐만 아니라 합성법(예: elephant-cow〔암코끼리〕, she-elephant〔암코끼리〕, nanny-goat〔암염소〕)이나 보충법(예: ram〔숫양〕-ewe〔암양〕, boar〔수퇘지〕-sow〔암퇘지〕)에 의해 표현되기도 한다는 사실을 알 수 있다. 그러한 남녀(암수) 쌍의 일부는 역파생 양상, 즉 여성(암컷)에서 남성(수컷)으

---

4) 1984년 판에 의하면 영어권 화자 치고 이런 단어를 사용한 사람은 없을 것이라고 한다.

로 파생되는 모습을 보여주기도 한다. (예) goose(거위) - gander(수거위), duck(오리) -drake(수오리).

이와 유사하게 영어에서 어떤 형용사가 'kinder, shorter, longer'처럼 '-er'로 끝나는 비교급의 기저가 된다는 것을 입증하려면 아마도 완전한 목록이 필요할 것이다. 이러한 목록이 확보되면, 의미상으로 등가인 단어 쌍, 예컨대 'good-better', 'much-more', 'little-less', 'bad-worse' 등의 관계도 확인할 수 있다.

다른 집단의 경우를 보면, 의미관계가 항상 문법적으로 정의가능한 것은 아니다. 따라서 매우 많은 동사가 영-요소를 포함한 다양한 변화수단에 의해 명사에서 파생되지만, 기저형태가 되는 명사와 이들 파생된 동사 사이의 의미관계는 다방면에 걸친다. (예) to man(인원을 배치하다), to dog(뒤를 밟다), to beard(맞서다), to nose(꼬치꼬치 캐묻다), to milk(젖을 짜다), to tree(나무 위로 쫓아 올리다), to table(보류하다), to skin(가죽을 벗기다), to bottle(병에 담다), to father(자식을 보다), to fish(물고기를 잡다), to clown(익살을 부리다). 한편 다양한 형식적 장치를 거쳐 형용사에서도 동사가 파생되는데, 파생된 이들 동사는 대체로 '어떠어떠하게 되다'와 '(목표를) 어떠어떠하게 하다'라는 의미의 테두리 안에서 약간씩 변이된 모습을 보인다.

영(零) : to smoothe[5] (매끄럽게 하다, 반반하게 하다)
영 / 비교급에서 : to lower(낮추다)
영 / 특질-명사에서 : old[6] - to age(늙게 하다, 낡게 하다)
모음 음성변이 : full - to fill(채우다)

---

5) 현재 이 단어는 마지막 글자가 생략된 'smooth'로 쓰이고 있다.
6) 명사로 '노인', '낡은 것' 등의 의미를 갖는다.

보충법(?) : dead - to kill(죽이다)
　　접두사 : enable(하게 하다), embitter(성나게 하다), refresh(신선
　　　　　　하게 하다), assure(확신시키다), insure(보험에 들다),
　　　　　　belittle(얕잡다)
　　접미사 -en : brighten(밝히다)
　　접미사 -en, 특질-명사에서 : long - lengthen(늘이다)

　이 목록에는 상당수의 외래어-식자층 유형이 첨가될 수 있다. (예)
equal-equalize(대등하게 하다), archaic-archaize(고풍으로 하다),
English-anglicize(영어/영국〔어〕화시키다), simply-simplify(간소화하
다), vile-vilify(헐뜯다), liquid-liquefy(액화시키다), valid-validate
(입증하다), long-elongate(늘이다), different-differentiate(분화시키
다), debile-debilitate(약화시키다), public-publish(출간하다).
　파생이 음성변이(예: man-men, mouth-to mouthe)나 음조변동(예:
convict〔동사〕-convict〔명사〕) 혹은 보충법(예: go-went)이나 영-요소
(예: cut〔부정사〕-cut〔과거시제〕, sheep〔단수〕-sheep〔복수〕, man〔명
사〕-to man〔동사〕) 등과 같은 문법 자질에 의해 이루어질 때, 하나의
집합에 속한 여러 형태 가운데 어떤 것을 기저형태로 기술해야 효과
적인가를 결정하기란 쉽지 않은 문제이다. 영어에서는 불규칙 패러
다임(예: man-men, run-ran)을 기저형태로 하고 규칙 패러다임(예:
to man, a run)을 파생된 형태로 하면, 이들 형태에 대한 기술이 훨
씬 간편해진다. 대부분의 경우에는 이러한 기준이 적용되지 않는다.
그래서 'play, push, jump, dance' 등과 같은 용례를 보면, 명사를
기저형태로 잡을지 아니면 동사를 기저형태로 잡을지를 결정하기가
대단히 어렵다. 어떤 결정을 내리든, 파생된 단어(예: 동사 'to man'
이 명사 'man'에서 파생되었다고 기술하거나 혹은 명사 'a run'〔달리기〕이
동사 'to run'에서 파생되었다고 기술할 때)에는 보통 아무런 접사도 포

함되어 있지 않으며, 그에 따라 이 단어는 2차 어근-단어로 기술될 것이다.

마찬가지로 'old-maidish'와 같이 구 'old maid'에서 파생된 구-파생어도 이 파생어처럼 파생된 단어(구)에 '-ish'와 같은 접미사가 포함되어 있다면 (파생과정에 대한) 기술이 그다지 어렵지 않지만, 그렇지 않고 'jack-in-the-pulpit'이나 'devil-may-care'처럼, 구에 오로지 영(零)-자질만 나타난다면 이른바 구-단어라는 기술도 난관에 봉착하게 된다. 이들 유형은 중간에 다른 요소가 개입할 수 없고 통사적인 확장이 불가능하다는 특징을 갖는 동시에 흔히 외심적 가치(의미)를 갖는다는 점에서 구와 다르다.

14. 8. 1차 단어는 직접구성성분으로 자립형태를 갖지 않는다. 이들 단어는 둘 또는 그 이상의 의존형태로 이루어진 복합형태(예: per-ceive, per-tain, de-ceive, de-tain)이거나 단일형태(예: boy, run, red, and, in, ouch)이다.

복합 1차 단어를 형성하는 의존형태는 물론 (위에 언급한 용례에서 보듯이) 부분적인 유사성이라는 자질에 의해 결정된다. 많은 언어에서 1차 단어는 2차 단어와 구조적 유사성을 보여준다. 예를 들어, 영어에서는 1차 단어 'hammer, rudder(방향타), spider' 등이 'dance-r, lead-er, ride-r' 등과 같은 2차 단어를 닮았다. 2차 단어의 파생접사(여기서는 '-er')를 닮은 1차 단어의 해당부분은 1차 접사로 기술할 수 있다. 따라서 1차 단어 'hammer, rudder, spider' 등은 1차 접미사 '-er'를 포함한다고 기술할 수 있다. 1차 단어의 나머지 부분(여기서는 'hammer'에서 음절 [hɛm-], 'rudder'에서 음절 [rod-], 'spider'에서 음절 [spajd-])은 어근이라는 이름으로 불린다. 1차 단어에서 어근이 맡은 역할은, 2차 단어(예: dancer, leader, rider)에서 기저형태(예:

dance, lead, ride)가 맡은 역할과 동일하다.

　1차 접사와 어근 사이의 이러한 구분은, 1차 접사가 비교적 소수이고 의미상으로 모호한 반면, 어근은 수효가 매우 많고 따라서 지시의미가 비교적 분명하다는 사실에 근거하여 정당화될 수 있을 것으로 보인다.7)

　이와 같은 용어의 개념에 따르면, 접사와 비슷한 구성성분을 전혀 포함하지 않은 1차 단어(예: boy, run, red)는 1차 어근-단어로 분류된다. 1차 어근-단어에 출현하는 어근은 자립 어근인데, 이는 'spider'의 〔spajd-〕처럼 반드시 1차 접사와 함께 출현하는 의존 어근과 대조적 양상을 보인다.

　1차 접사는 의미상으로 극히 모호하고 어근에 동반되는 필수적인 요소(한정사류)와 같은 역할만을 수행할 뿐이다. 영어에서는 가장 흔한 1차 접사가 품사조차 분간하지 않는다. 예를 들어, 'spider, bitter, linger(서성거리다), ever, under' 등에 나타나는 '-er'가 있고, 'bottle, little, hustle' 등에 나타나는 '-le'이 있으며, 'furrow(밭고랑), yellow, borrow' 등에 나타나는 '-ow'가 있다. 다른 경우에는 의미가 보다 뚜렷하다. 그러므로 'hummock'(작은 언덕, 얼음 언덕)과 'mattock'(곡괭이), 'hassock'(무릎깔개) 등에 나타나는 1차 접사 '-ock'는 보통 크기의 덩어리로 된 사물을 가리키는 명사를 만드는데, 이러한 진술은

---

7)　[원주] 어떤 언어의 역사적 기원을 확인하는 (언어의 기술과 전혀 다르고 훨씬 어려운) 작업과 그 언어에 대한 기술이라는 과제를 혼동했던 초기의 언어학자들은 어근이 특히 '나이'나 '연대'에 대해 신비한 특질을 소유하고 있다는 개념을 가졌다. 우리가 설정한 어근이 예전에는 분명히 독립된 단어라는 이름으로 불렸다는 주장도 이따금씩 들린다. 이러한 주장은 전혀 정당성을 인정받을 수 없다. 다른 모든 의존형태와 마찬가지로 어근도 단어들 사이에 존재하는 부분적인 유사성의 단위일 따름이다. 우리의 분석은 분석대상 언어가 겪은 역사적 단계에 대한 아무런 정보도 증언해주지 않는다.

'hillock'(작은 언덕)이나 'bullock'(거세한 소) 등의 단어에 나타나는 2차 접미사(부류의 균열)로서의 용법으로 뒷받침된다. 영어에서 식자층-외래어 접두사는 모호하긴 하지만 그래도 인식이 가능한 의미를 갖는데, 이러한 과정은 'con-tain'이나 'de-tain, per-tain, re-tain'(붙들어두다) 등과 같은 단어의 분석을 통해서 알 수 있다. 그러나 일부 언어에서는 1차 접사가 비교적 구체적인 의미를 갖는다. 알공키안어에서는 물질의 상태(나무와 같은 고체, 돌과 같은 고체, 액체, 줄과 같은 것, 둥근 것)와 연장, 몸의 각 부분, 동물, 여자, 어린이(성인 남성은 절대 아님) 등을 지시하는 1차 접미사를 이용한다. 그래서 (알공키안어족에 속하는) 메노미니어에서는 '그가 그것 위에 덮개를 놓는다'는 뜻을 가진 동사 형태 〔kepa:hkwaham〕이 어간 〔kepa:hkwah-〕를 갖는데, 이 어간은 어근 〔kep-〕(여는 것을 저지함)과 1차 접미사 〔-a:hkw〕(나무나 유사한 강도를 가진 다른 고체) 및 〔-ah-〕(연장으로 무정물에 어떤 동작을 가함) 등으로 구성된다. 마찬가지로 '그가 물에서 그것을 가져간다'는 뜻을 가진 메노미니어 〔akuapi:nam〕에서 동사 어간은 어근 〔akua-〕(어떤 매개물에서 〔무엇을〕 제거함)와 접미사 〔-epi:-〕(액체) 및 〔-en-〕(손으로 사물에 어떤 동작을 가함) 등으로 구성된다. 또한 '두 척의 카누'를 뜻하는 〔ni:sunak〕은 어근 〔ni:sw-〕(2)와 1차 접미사 〔-unak〕(카누)로 이루어진 첨사이다. 이들 접사는 2차 파생에서도 사용된다. 이들 접사 가운데 일부는 독립된 단어나 어간에서 파생된다. 따라서 폭스어에서 '그가 한 여자나 여자들을 데려온다'는 뜻을 가진 〔pje:tehkwɛ:wɛ:wa〕는 자동사(즉, 영어에서 *'he woman-brings'라고 말할 수 없는 것처럼, 목표-사물 구성과 함께 사용될 수 없다)인데, 이 자동사는 명사 〔ihkwɛ:wa〕(여자)에서 파생된 1차 접미사 〔-ehkwɛ:wɛ:-〕(여자)를 포함하고 있다. 메노미니어에서는 〔pi:tehkiwɛ:w〕(위와 같은 뜻)에서 보는 바와 같이, 동족어(同族語) 〔-ehkiwɛ:-〕가 그 어떤 명사에서도 파생되지 않았는데, 그것은 '여자'를 가리키는 예전 명사가 이 언어에서는 쓰이지 않고 [metɛːmuh](여자)가 쓰이게 되었기 때문이다. 일부 언어에서는 명사에서 파생된 1차 접사의 사용이 목표-사물을 가진 영어 동사의 통사적 구성과 동일한 의미영역을 아우른다. 이러한 습관은 포합(incorporation)이라는 용어로 알려져 있으며, 그 고전적인 용례로는 아즈텍어의 일종인 나와틀어를 들 수 있다. 이 언어에서는 [naka-tl](고기)과 같은 명사가 [ni-naka-kwa]('나-고기-먹는다')와 같은 동사 앞에 결합된 접두사로 표시된다.

어근은 통상적인 영어 어근의 경우처럼 단 하나의 1차 단어에 나타날 수도 있고(예: man, boy, cut, red, nast-[nasty], ham-[hammer]), 영어의 많은 식자층-외래어 어근의 경우처럼 일련의 1차 단어에 나타날 수도 있다(예: [-sijv] - deceive, conceive, perceive, receive). 어떤 경우든 1차 단어는 2차 파생어 집합의 기저를 형성할 수 있다. 예를 들어, 'man'은 'men, man's, men's, mannish, manly' 및 (to) 'man'(mans, manned, manning)의 기저를 이루고, 'deceive'는 'deceiver, deceit(속임), deception(속임수), deceptive'의 기저를 이루며, 'conceive' (생각해내다, 임신하다)는 'conceivable, conceit(자부심), concept, conception(창안, 임신), conceptual'의 기저를 이루고, 'perceive'는 'perceiver, percept(지각 표상), perceptive, perception, perceptual, perceptible'의 기저를 이루며, 'receive'는 'receiver, receipt(영수 [증]), receptive, reception, receptacle'(용기)의 기저를 이룬다. 더욱이 이들과 같은 2차 파생어는 1차 단어가 없는 경우에도 나타날 수 있다. 예를 들어, 영어에는 *'pre-ceive'라는 1차 단어가 없지만, 'precept'(지침)와 'preceptor'(교사, 목사)라는 단어의 존재는 잘 알고 있다. 이들 단어는 바로 이론적인 기저형태 *'pre-ceive'의 2차 파생어로 기술될 수 있다.

한 언어에서 어근은 가장 규모가 큰 형태부류를 구성하며, 따라서 가장 다양하고 특정한 의미를 담고 있다. 이와 같은 양상은 영어처럼 어근을 자립형태(예: boy, man, cut, run, red, blue, green, brown, white, black)로 가진 언어에서 더욱 뚜렷하다. 분명한 의미는 'yell-' (yellow)이나 'purp-'(purple), 'nast-'(nasty) 등과 같은 의존어근에서 도 발견된다. 그렇지만 대부분의 언어에는 매우 모호한 의미를 갖는 어근도 존재한다. 예를 들어, 영어에서 식자층-외래어 어근 가운데 '-ceive'(conceive)와 '-tain'(contain), '-fer'(confer) 등의 유형이 그러하다. 이러한 양상은 특히 1차 접사가 비교적 다양하고 특정한 의미를 갖는 경우에 두드러진다.

일단 어근의 개념을 정립했다면, 다음에 직면하는 문제는 어근의 음성변이 가능성이다. 이러한 가능성은 해당 어근이 2차 파생어에서 근본적인 구성성분으로 출현할 때 더욱 분명해진다. 따라서 2차 파생어 'duchess'에서 기저단어 'duke'의 음성변이는 어근 'duke'의 음성변이기도 하다. 그리고 2차 파생어 집합 'sang, sung, song'에서 기저단어 'sing'의 음성변이는 필연적으로 어근 'sing'의 음성변이일 수밖에 없다. 어근의 교체 양상은 일부 언어에서 매우 다양하게 나타나기 때문에 이를 기술하는 연구자가 기본형(basic form)의 선택에 주저하는 것도 그다지 놀라운 일은 아니다. 고대 그리스어를 관찰해 보면, 우리는 〔e-'dame:〕(he tamed), 〔e-'dme:-the:〕(he was tamed), 〔dmo:-s〕 (노예, slave), 〔da'ma-o:〕(I tame), 〔hip'po-dam-o-s〕(horse-tamer) 등의 형태에 나타나는 〔dame:-, dme:-, dmo:-, dama-, dam-〕 등과 같은 일련의 교체현상을 발견하게 된다. 그리스어 형태론에 대한 전반적인 기술은 일련의 파생어 무리가 1차와 2차 유형으로 어떻게 분포하고 있는지를 밝히는 문제까지 포함해서, 어떤 어근을 기본형으로 선택할 것인가 하는 문제에 달려 있다. 게르만 제어에서는 접사와 유사한 한정사류의 동반 여부와 무관하게 어근의 음성변이가 상징적인 함축을 담은 단어(예: flap[팔랑거림], flip[톡톡 튀김], flop[파닥거림])에 나타난다. 여기서 'flap'을 이 어근의 기본형으로 삼으면, 'flip'과 'flop'을 파생어로 기술하고 그 형성과정을 각각 〔i〕(더 작은, 더 깔끔한)와 〔ɑ〕(더 큰, 더 둔한)의 대치현상으로 기술할 수 있다. 이와 유사한 경우는 다음과 같다. 먼저 모음 〔i〕의 대치에 의한 단어 쌍으로는 'snap-snip', 'snatch-snitch', 'snuff-sniff', 'bang-bing' 및 'yap-yip' 등이 있고, 모음 〔ij〕의 대치에 의한 단어 쌍으로는 'squall-squeal', 'squawk-squeak', 'crack-creak', 'gloom-gleam' 및 'tiny-teeny' 등이 있으며, 모음 〔o〕의 대치에 의한 단어 쌍으로는 'mash-mush', 'flash-flush' 및 'crash-crush' 등이 있다. 이들 단어는 일단 2차 파생어로 기술해야 하는데, 그것은 가령 'flap'이라는 단어가 'flip'과 'flop'이라는 단어의 기저가 된다고 말할 수 있기 때문이다. 그렇지만 'flip'과 'flop'을, 실제 단어 'flap'에서 파생된 형태들로 보는 대신, 어근 'flap-'의 1차 음성변이로 보면 영어 형태론의 세부기술은 훨씬 더 설득력을 얻을 수 있을 것이다.

한 언어에서 일련의 어근은 구조상으로 일정한 모습을 보이는 것이 일반적이다. 영어의 경우에 어근은 'man, cut, red'처럼 한 음절짜리 요소로서, 대다수는 어근-단어로 출현하는 자립형태이지만, 'spider'의 〔spajd-〕나 'hammer'의 〔hɛm-〕, 특히 'conceive'나 'perceive' 등의 〔-sijv〕와 같은 식자층-외래어 어근은 의존형태인 경우가 적지 않다. 이들 의존어 가운데 일부는 'lumber'의 〔lomb-〕나 'linger'의 〔liŋg-〕처럼 어말에 출현하지 않는 자음군으로 끝난다. 러시아어에서는 〔golod-〕(굶주림)나 〔'gorod-〕(도시)에서와 같이 모음 집합 〔e, o〕 사이에 유음 〔l〕이나 〔r〕을 가진 일부 예외를 제외하면 어근이 단음절이다. 우리는 앞서 고대 그리스어에서 어근의 가변성을 확인한 바 있었다. 원시 인도-유럽어뿐만 아니라 이 언어에 대해서도 우리는 확실히 대여섯 가지 모습의 어근, 즉 (do:-)(주다)와 같은 단음절 어근이나 (dame:-)(길들이다)와 같은 2음절 어근을 설정해야 한다. 북부 중국어에서는 모든 어근이 단음절로 된 자립형태인데, 음성학적으로 볼 때 이들 어근은 단어에 따라 없을 수도 있는 자음 또는 자음군으로 된 성모(음절 첫 소리)와 비성절음 (j, w, n, ɲ)을 가진 이중모음 유형을 포함하는 운모(음절 끝의 성절음) 및 성조-배치로 이루어져 있다.8) 말레이 제어는 첫째 또는 둘째 음절에 강세를 가진 2음절 어근을 갖는다. (예) 타갈로그어의 어근-단어 ('ba:haj)(집), (ka'maj)(손). 셈 제어의 어근은 발음이 불가능한 세 자음의 골격(*skeleton*)으로 구성되어 있는데, 각각의 1차 단어는 하나의 모음이 배치된 형태론적 요소가 어근에 덧붙은 모습으로 되어 있다. 예를 들어, 이집트에서 사용되는 현대 아랍어를 보면, (k-t-b)(write)와 같은 어근은 (katab)(*he wrote*), (kati:b)(*writing (person)*), (kita:b)(*book*) 등의 단어와 접두사가 첨가된 (ma-ka:tib)(*places for writing, studies*) 등의 단어에 나타나고, 이와 유사하게 어근 (g-l-s)(*sit*)는 (galas)(*he sat*)와 (ga:lis)(*sitting person*), (ma-ga:lis)(협회(복수)), (ma-glas)(협회(단수)) 등의 단어에 나타난다.

중국어와 같은 소수의 언어에서는 어근의 구조가 절대적으로 일정하다. 다른 언어에서는 정상 유형보다 짧은 일부 어근이 발견된다. 이들 짧은 어근이 거의 언제나 (영문법의 술어로 말한다면) 대명사나 접속사, 전치사의 영역처럼 기술가능한 문법범주 혹은 의미범주에 속한다는 사실은 특기할 만하다. 영어와 거의 동일한 어근구조를 가진 독일어에서는 정관사가 어근 (d-)를 포함한다. 이와 같은 기술이

---

8) 중국어의 음절은 우선 성모(聲母)와 운모(韻母)로 나뉘고, 운모는 다시 운복(韻腹)과 운미(韻尾)로 나뉘는 입체적 구조를 가진다.

가능한 것은 정관사 형태 'der, dem, den' 등에서 이들 단어의 나머지 부분(-er, -em, -en 등)이 각각의 격에서 통상적인 굴절어미로, '붉다'는 뜻을 가진 형용사의 굴절형(rot-er, rot-em, rot-en)에도 나타나기 때문이다. 이와 동일한 기술방식은 'wer, wem, wen' 등의 형태를 갖는 의문대명사(누구, *who*)에도 그대로 적용된다. 말레이어와 셈어에서는 이러한 의미범주에 속한 많은 단어가 단 하나의 음절만을 갖는다. (예) 타갈로그어 〔at〕(and), 통사적 첨사 〔aȵ〕(사물 표현의 신호), 〔aj〕(서술의 신호), 〔na〕(속성의 신호). 이와 같은 의미범주는 영어에서 무강세 단어를 이용하는 양상과 대체로 동일하다.

14.9. 대부분의 언어에서 대개의 어근은 형태소이다. 영어의 'sing : sang : song' 또는 'flap : flip : flop' 등과 같은 경우에도 이들 형태의 관계를 적절하게 기술하려면, 이 가운데 하나를 기본형으로 삼고 나머지를 2차 파생어나 어근의 음성변이를 겪은 1차 파생어로 처리해야 합리적일 것이다. 그러나 이와 달리 서로 다른 어근으로 간주하는 요소들 사이에 분명한 음성적-의미적 유사성을 발견하는 경우도 있다. 아마도 영어에서 대명사 형식을 취하는 부류는 특히 어두 자음이 서로 닮은 단음절 어근을 갖는 것으로 처리해야 가장 무난한 기술이 될 것이다.

〔ð〕 : the, this, that, then, there, thith-er, thus
〔hw-〕 : what, when, where, whith-er, which, why / (〔h〕로 음성변이) who, how
〔s-〕 : so, such
〔n-〕 : no, not, none, nor, nev-er, neith-er

어근의 복합적 형태구조는 영어 상징어의 경우에 훨씬 분명하다.

얼마나 뚜렷하게 드러나느냐 하는 선명도의 차이도 비교적 크고 경계선이 의심스러운 경우도 없지 않지만, 이들 상징어의 어두와 어말 위치에서 우리는 모호한 의미를 가진 어근-형성 형태소 체계를 발견하게 된다. 강렬하고 상징적인 함축이 이러한 구조와 관계를 맺고 있음은 분명하다. 여기서 우리는 반복적으로 나타나는 어두의 자음(군)을 만나게 된다.

〔fl-〕 '움직이는 빛' : flash(섬광), flare(화염), flame(화염), flick-er(깜빡이는 불빛), flimm-er(반짝거리다)

〔fl-〕 '공중에서 벌어지는 움직임' : fly(날다), flap(파닥거리다), flit(훨훨 날다) 〔flutt-er(푸드득거리다)〕

〔gl-〕 '움직이지 않는 빛' : glow(작열하는 빛), glare(강렬한 빛), gloat(만족스러운 표정으로 바라보다), gloom(어두컴컴한 상태) 〔gleam(희미한 빛), gloam-ing(땅거미), glimm-er(깜빡이는 빛)〕, glint(반짝임)

〔sl-〕 '미끄럽게 젖은' : slime(찰흙), slush(진창), slop(흙탕물), slobb-er(군침), slip(미끄럼), slide(미끄러짐)

〔kr-〕 '요란한 충격' : crash(우당탕쿵쾅), crack(와지끈) 〔creak(삐걱삐걱)〕, crunch(우두둑)

〔skr-〕 '갈거나 빻는 충격 혹은 소리' : scratch(할퀴다), scrape(문지르다), scream(비명을 지르다)

〔sn-〕 '거친 숨소리' : sniff(킁킁대다) 〔snuff(킁킁대다)〕, snore(코를 골다), snort(콧숨을 몰아쉬다), snot(콧물)

〔sn-〕 '재빠른 분리나 움직임' : snap(낚아채다) 〔snip(싹둑 자르다)〕, snatch(잡아채다) 〔snitch(낚아채다)〕

〔sn-〕 '기어가다' : snake(뱀), snail(달팽이), sneak(살금살금 달아나다), snoop(살금살금 둘러보다)

〔j-〕 '상하 움직임' : jump(뛰어오르다), jounce(덜거덕거리다),

jig(뛰놀다) 〔jog(슬쩍 흔들다), jugg-le(요술 부리다),
jangle(땡그랑거리다) 〔jingle(딸랑거리다)〕

〔b-〕 '묵직한 충격' : bang(쿵쿵 울리다), bash(후려갈기다), bounce
(튀다), biff(찰싹 때리다), bump(부딪치다), bat(때리다)

위와 마찬가지로 모호하게나마 어말 자음도 분간할 수 있다.

〔-ɛš〕'난폭한 움직임' : bash(후려갈기다), clash(우당탕퉁탕), crash
(우당탕퉁탕), dash(때려 부수다), flash(활활 타오르다),
gash(깊이 베이다), mash(짓이기다), gnash(이를 악물다),
slash(휙 베다), splash(튀기다)

〔-ejr〕'큰 빛이나 소음' : blare(나팔이 울리다), flare(화염), glare
(강렬한 빛), stare(두드러지게 눈에 띄다)

〔-awns〕'재빠른 움직임' : bounce(튀다), jounce(덜거덕거리다),
pounce(와락 달려들어 움켜잡다), trounce(호되게 때리다)

〔-im〕(대부분 한정사류 〔-r〕을 동반함) '작은 빛이나 소음' : dim
(어슴푸레한), flimmer(팔랑거리다), glimmer(깜빡이는 빛),
simmer(부글부글 끓다), shimmer(어렴풋한 빛)

〔-omp〕'솜씨가 없는' : bump(부딪혀 생긴 혹), clump(덤불), chump
(큰 나무토막), dump(쓰레기더미), frump(행색이 초라한 여
자), hump(혹), lump(덩어리), rump(궁둥이), stump (그루
터기), slump(폭락), thump(툭 치는 소리)

〔-ɛt〕(대부분 한정사류 〔-r〕을 동반함) '작은 조각으로 만드는 움직
임' : batter(난타하다), clatter(덜거덕덜거덕), chatter(딸가
닥딸가닥), spatter(흩뿌리다), shatter(분쇄하다), scatter(흩
뿌리다), rattle(덜컥거리다), prattle(더듬거리다)

마지막 용례에서 우리는 위와 같은 분류방식에 힘을 실어주는 형식
상의 특이성을 발견하게 된다. 영어 형태론에는 〔-r〕과 〔-l〕이 접미

사로 나타나지 못하게 막는 일반적 규칙이 없으며, 특히 단어의 어기
(*body*)에 〔r, l〕이 있더라도 이들의 출현이 방해받지 않는다. 그래서
'brother, rather, river, reader, reaper' 또는 'little, ladle(국자),
label' 등과 같은 형태는 보편적이라 해도 좋을 정도로 흔한 분포를
보인다. 그렇지만 〔r〕을 포함하는 상징어의 어근은 한정적 접미사
〔-r〕이 뒤따르는 일이 절대 없고 그 대신 〔-l〕을 취한다. 반대로 〔l〕
을 포함하는 상징어의 어근은 한정적 접미사 〔-l〕이 뒤따르는 일이
절대 없고 오직 〔-r〕만을 취한다. 그러므로 'brabble'(말다툼)과
'blabber'(입이 싼 사람)는 영어의 상징어 유형으로 가능하지만,
*'brabber'와 *'blabble'은 불가능하다.

어근-형성 형태소처럼 세세한 자질에 대한 분석은 불확실하고 불
완전한 것이 될 수밖에 없다. 이를테면 'box'와 'bang' 및 'beat'에 보
이는 〔b-〕와 같은 음성적 유사성은 오로지 의미상의 유사성을 동반할
때만 일정한 언어형태를 표상하기 때문이다. 그러나 유감스럽게도
우리에게는 실제세계에 속하는 이 의미적 유사성을 측정할 수 있는
기준이 마련되어 있지 않다.

제 15 장

대 치

15. 1. 앞에서 문장유형(제 11장)과 구성체(제 12, 제 13, 제 14장)를 검토했으므로, 이제 유의미한 문법 배열의 셋째 유형인 대치(10. 7절)를 살펴볼 차례이다.

대치형태는 일정한 관습적 상황에서 특정 부류의 언어형태 가운데 하나를 대체하는 언어형식 혹은 언어 자질이다. 따라서 영어의 경우를 보면 'I'라는 대치형태는, 어떤 단수 체언표현이 (대치형태가 사용된) 해당 발화의 화자를 지시할 때, 이 명사표현을 대체한다.

대치의 문법적 특이성은 선택 자질에 있다. 대치형태는 오직 특정한 부류의 형태만을 대체하는데, 우리는 이런 부류를 그 대치형태의 영역(*domain*)이라고 부른다. 따라서 앞서 언급한 대치형태 'I'의 영역은 영어의 체언표현이라는 형태부류가 된다. 대치형태는 그 영역이 문법적으로 정의될 수 있다는 점에서 'thing, person, object' 등과 같은 통상적인 언어형태와 다르다. 비록 'thing'처럼 대단히 포괄적인 의미를 갖는 것이더라도 이런 통상적 형태가 이러저러한 실용적 상황에서 사용될 수 있는가 없는가는 실제 의미의 문제이다. 반대로 어떤 대치형태의 등가성은 문법적으로 결정된다. 예를 들어, 누구에게 무슨 말을 하든, 영어의 화자는 (실제일 수도 있고 가공일 수도 있는) 이 청자를 대치형태 'you'를 이용하여 체언표현의 형태로 언급한다. 그렇지만 이때 우리가 청자로 취급하는 사람이나 동물 또는 추상적인 존재에 관해 내용적으로 알아야 할 필요는 전혀 없다.

매우 많은 경우에 대치형태는 다른 특이성을 징표로 갖기도 한다. 대치형태는 보통 짧은 단어로 되어 있고 많은 언어에서 무강세이다. 그리고 이들 대치형태는 활용과 파생에서 불규칙한 양상을 보이며 통사적 구성도 특수한 경우가 많다. 많은 언어에서 대치형태는 의존형태로 나타나고, 따라서 구조상의 위치와 같은 형태론적 자질을 특징으로 갖는다.

15. 2. 모든 대치형태의 의미에 존재하는 한 가지 요소는 바로 해당 대치형태의 영역으로 작용하는 형태부류에 담긴 부류 의미이다. 예를 들어 영어에서, 대치형태 'you'의 부류 의미는 체언표현이다. 그리고 'I'의 부류 의미는 단수 체언표현이고, 대치형태 'they'와 'we'의 부류 의미는 복수 체언표현이다.

일부 대치형태는 해당 형태부류에 나타나지 않는 한층 특정한 의미를 덧붙이기도 하지만, 이런 경우에도 대여섯 대치형태는 전체 영역을 체계적으로 대표한다. 따라서 'who'와 'what'은 모두 영어의 체언표현이라는 부류 의미를 관장한다. 마찬가지로 'he'와 'she' 및 'it'도 모두 단수 체언표현이라는 부류 의미를 관장한다. 이들 집합 안에서 'he'와 'she'는 'who'와 동일한 하위 영역을 관장하고 'it'는 'what'과 동일한 하위 영역을 관장하지만, 양자의 구분은 이보다 더 나아간 독립적인 세분화의 가능성을 담고 있다. 그리하여 이들 대치형태의 선택은 영어의 체언표현을 (who와 he-she로 대체되는) 인칭과 (what과 it으로 대체되는) 비인칭이라는 하위 부류로 나누고, 인칭 단수를 다시 (he로 대체되는) 남성과 (she로 대체되는) 여성이라는 하위 부류로 나눈다.

부류 의미에 덧붙여, 모든 대치형태는 또 다른 의미요소, 이른바 대치유형을 갖는데, 이는 해당 대치현상을 일으키는 관습적 상황으로 구성된다. 따라서 'I'는, 어떤 체언표현이 'I'가 나오는 바로 그 발화의 화자를 지시한다는 전제하에서 모든 단수 체언표현(이 영역은 'I'의 부류 의미를 제공함)을 대체한다. 이것이 바로 'I'의 대치유형이다. 어떤 대치현상이 일어나는 상황은 실제적 상황이며, 따라서 어떤 측면에서는 언어학자가 정확하게 정의할 수 없는 상황이기도 하다. 좀 더 세부적으로 말한다면, 이런 상황은 언어마다 매우 다르며, 그렇기 때문에 외국어를 말할 때는 적절한 대치형태를 사용하기가 대단히 어렵다.

15. 3. 그렇지만 여기서 잠시 언어학 분야를 벗어나 사회학자나 심리학자가 직면하는 문제를 조사해 보는 것도 의미가 있다. 이러한 맥락에서 우리는 다양한 유형의 대치가 발화행위의 기본적 상황을 대표한다는 사실을 발견하게 된다. 'I'와 'we' 및 'you'에 나타난 제반 대치유형은 화자와 청자의 관계에 기반을 두고 있다. 그리고 'this, here, now'와 'that, there, then'의 제반 유형은 화자로부터의 거리나 혹은 화자와 청자로부터의 거리관계를 나타낸다. 또한 'who, what, where, when' 등의 의문유형은 청자를 자극하여 발화형태를 산출하게 하고, 'nobody, nothing, nowhere, never' 등의 부정(否定) 유형은 발화형태의 가능성을 배제한다. 이들 유형은 세계의 여러 언어에 두루 퍼져 있으며 세부적인 내용을 논외로 하면 겉으로 드러나는 형태도 대체로 일정하다. 이들 유형 가운데서 인간이 다른 유형보다 더욱 일정하게 반응하는 실제적 관계, 즉 수량관계와 확인(identificational) 관계를 발견할 수 있다. 이와 같은 관계의 용례로는 긍정-부정 표시 형태1) 'all, some, any, same, other' 및 무엇보다도 수사 형태 'one, two,

three' 등이 있다. 과학에서 사용되는 언어가 기반을 두는 것도 바로 이러한 관계라고 할 수 있다. 그리고 이러한 관계를 표현하는 언어형태는 수학의 어휘체계를 구성한다. 많은 대치유형은 종(種) 및 개체와 관련이 있다. 이들 대치유형은 어떤 종에서 개체(예: all, some, any, each, every, none 등)를 선택하거나 확인한다. 모든 언어에는 모름지기 '개별 표본에 나타나는 종'이라는 유형의 부류 의미를 가진 사물 표현의 형태부류가 존재한다. 예를 들면, 사물 표현을 위한 대치형태, 곧 대명사류는 보통 가장 다양하게 분화된 대치유형을 보여준다. 사물 표현이 특수한 품사인 명사가 되는 영어에서는 명사의 대치형태가 하나의 품사인 대명사를 형성한다. 이들 두 품사(명사와 대명사)는 더욱 큰 부류인 체언을 형성한다. 대명사는 무엇보다 형용사 수식어를 동반하지 않는다는 점에서 명사와 다르다(12.14절).

대체로 일부 대치유형은 대치가 일어나는 형태가 직전 발화에 나타난다는 특징을 갖는다. 예를 들어, "Ask that policeman, and he will tell you"(그 경관에게 물어보면, 그가 너에게 알려줄 것이다) 라고 말할 때, 대치형태 'he'는 무엇보다도 그 'he'로 대체된 단수 남성 체언표현이 직전에 발화되었음을 뜻한다. 이처럼 직전 발화의 의미를 포함하는 대치형태는 조응적(照應的) 혹은 의존적 대치형태이며, 직전에 발화된 형태가 선행사(antecedent)이다. 그러나 이러한 구분이 완벽하게 이루어지는 상황이란 기대하기 힘들다. 보통은 의존적으로 사용되는 대치형태가 일부 환경에서 독립적으로 사용되는 경우가 있기 때문이다. 예를 들어, "it's raining"에서는 'it'가 독립적으로 사용되고 있다. 독립적인 대치형태는 선행사가 없다. 독립적인 대치형태는 형태부류를 알려주고, 정교한 확인이나 혹은 수량을 표시하는 대

---

1) 여기서 'all'은 전체 긍정, 'some'과 'any'는 일부 긍정을 나타내고, 'same'은 동일물의 긍정, 'other'는 동일물의 부정(~의 나머지)을 나타낸다.

치유형, 예컨대 'somebody'나 'nobody' 등을 (선행사로) 갖기도 한다. 그렇지만 이들 독립적인 대치형태는 해당 부류의 어느 형태(이를테면 어떤 특정 명사)가 대체되었는가를 알려주지는 않는다.

전반적으로 볼 때, 대치유형은 발화가 일어나는 상황의 기초적 자질로 구성된다. 이들 자질은 'I, you, this, that, none, one, two, all' 등 대부분의 경우에 지극히 간단해서 몸짓으로 지시될 수 있을 정도이다. 특히 'this'와 'that' 유형의 대치형태는 의미상으로 비언어적 반응형식과 가까운 감탄사를 닮았다. 이들 대치형태는 감탄사와 마찬가지로 자기 언어의 음성 패턴에서 벗어나는 경우가 적지 않다 (9.7절). 부류 의미를 논외로 하면 대치유형이 한 대치형태의 전반적인 의미를 대표하기 때문에, 우리는 대치형태의 의미가 한편으로 통상적인 언어형태의 의미보다 포괄적이고 추상적인 동시에, 다른 한편으로 간단하고 불변적이라고 말할 수 있다. 부류 의미의 측면에서 볼 때 대치형태는 통상적인 형태보다 실질적인 실체로부터 한 걸음 더 떨어져 있는데, 그것은 이들이 실제적 사물(대상)이 아닌 문법적 형태부류를 지시하기 때문이다. 말하자면 대치형태는 제2등급 언어형태인 셈이다. 반면에 해당 대치유형에서 볼 때 대치형태는 통상적인 언어형태보다 훨씬 초보적인데, 그것은 이들이 해당 발화가 일어나는 직접적인 상황의 간단한 자질을 지시하기 때문이다.

대치현상의 실제적 유용성은 쉽게 눈에 띈다. 대치형태는 해당 영역의 다른 어떤 형태보다 더 빈번하게 사용되며, 따라서 말하거나 알아내기도 그만큼 더 쉽다. 더욱이 대치형태는 짧은 형태인 데다가, 영어의 경우처럼 무강세이거나 프랑스어의 경우처럼 재빠르고 쉬운 발화에 적용되는 일이 많다. 이와 같은 경제성을 간직하고 있으면서도 대치형태는 특정한 형태보다 더 안전하고 정확하게 제 기능을 발휘한다. "Would you like some fine, fresh cantaloupes?"(맛 좋고

신선한 멜론 좀 드시겠습니까?) 라는 질문에 대해, "How much are cantaloupes?"(그 멜론 얼마입니까?) 라는 답변은 "How much are they?"(그것들 얼마입니까?) 라는 답변보다 응답의 착오('오해')나 지연을 가져올 가능성이 훨씬 높다. 'I'와 같은 일부 대치형태에는 이러한 사정이 특히 분명하게 들어맞는다. 의미는 틀리지 않지만 화자의 이름을 실제로 언급하는 것이 많은 화자에게는 무의미한 경우가 적지 않기 때문이다.

15. 4. 이제 언어학의 토대로 돌아와서, 지금까지 실제적인 여정에서 살펴본 내용에 입각해 좀더 용감하게 대치형태의 의미를 진술해보기로 하자. 우리는 많은 언어에서 대치형태의 의미가 영어의 제한적 형용사(12. 14절)를 비롯한 다른 형태에도 반복적으로 출현한다는 사실을 이미 확인한 바 있다.

대치형태 'you'의 의미는 다음과 같이 진술될 수 있다.

  A. 부류 의미: 체언표현 형태부류의 부류 의미와 동일함. '사물(대상)'
  B. 대치유형: '청자'

대치형태 'he'의 의미는 다음과 같이 진술될 수 있다.

  A. 부류 의미
    1. 형태부류로 정의할 수 있음
      (a) 단수 체언표현 형태부류의 부류 의미와 동일함. '하나의 사물(대상)'.
      (b) 대치형태 'who'와 'someone'으로 정의되는 형태부류의 부류 의미와 동일함. '인칭'
    2. 다른 경우에는 성립되지 않는 형태부류를 생성함. 'he'는 오직

일부 단수 인칭 사물(대상)에만 사용되며(나머지는 'he' 대신 'she'로 대체됨), 따라서 '남성'이라는 하나의 부류 의미를 가진 하위 부류를 형성함.

  B. 대치유형

    1. 조응: 거의 모든 용법에서 볼 때 'he'에는 남성 인칭 사물이라는 종을 가리키는 체언이 직전에 발화되었으며, 'he'가 이 종의 한 개체를 뜻한다는 내용이 담겨 있다. '직전에 언급되었음'.

    2. 제한: 'he'에는 해당 개체를, 언급된 종의 모든 개체 가운데서 확인할 수 있고, 이 의미요소가 확정명사(12.14절) 통사범주의 의미요소와 동일하며 '확인된' 것으로 진술될 수 있다는 내용이 담겨 있다.

15.5 대치유형이 조응만으로 구성된 대치형태는 (단순) 조응적 대치형태이다. 그 부류 의미(각기 다른 언어의 문법적 형태부류에 따라 각기 다른)를 떠나서, 이들 대치형태는 대체되고 있는 특정한 형태(선행사)가 막 언급되었다는 사실만을 말한다. "Bill will misbehave just as John did"(빌은 존이 했던 것과 똑같이 버릇없이 굴 것이다)라는 발화에서 보듯이, 영어의 한정동사 표현은 조응관계에 입각해서 'do, does, did' 등의 형태로 대체된다. 여기서 선행사는 'misbehave'이며, 따라서 대체된 형태는 'misbehaved'이다. 'be, have, will, shall, can, may, must' 등과 같은 소수의 영어 동사 패러다임은 이러한 대치현상의 영역을 벗어나서 존재한다. (예) Bill will be bad just as John was('did'가 아님). 영어의 명사는 형용사 한정어가 동반될 때 조응관계에 따라 'one'과 복수 'ones'로 대체된다. (예) I prefer a hard pencil to a soft one / hard pencils to soft ones(나는 부드러운 연필보다 단단한 연필(들)이 더 좋다). 이러한 'one'의 조응적 대명사 용법(12.14절)은 부류의 균열로 인해 'one'의 대여섯 가지 한정적 용

법과 다른데, 이런 현상은 특히 복수형 'ones'의 형성에서 두드러진다. 이와 같은 조응적 대치현상에 대해서는 앞으로 상세하게 다루게 된다(15. 8-10절).

접속사 'as'나 'than'이 이끄는 종속절에서는 영어의 한정동사 표현에 대한 두 번째 유형의 조응이 나타난다. 영어의 화자에게는 "Mary dances better than Jane does"(메리는 제인보다 춤을 잘 춘다)뿐만 아니라, "Mary dances better than Jane"도 가능한 발화이다. 우리는 후자의 유형에 대해 ('as'나 'than' 다음에) 행위주(Jane)가 행위주-행위표현(Jane dances)의 조응적 대치형태 역할을 한다고 기술하거나, 혹은 ('as'나 'than' 다음에) 영-자질이 행위주 표현을 동반하는 한정동사 표현에 대한 대치형태의 역할을 한다고 기술할 수 있다. 영어에서 볼 수 있는 조응적 영-자질의 또 다른 용례는 전치사 'to' 다음(예: I haven't seen it, but hope to〔나는 그것을 본 적이 없지만, 보기를 희망한다〕)과 'to' 없는 부정사 한정어를 취하는 한정동사 다음(예: I'll come if I can〔올 수 있으면 오겠다〕)에 일어나는 부정사 표현의 대치현상이다. 마찬가지로 우리는 'be'와 'have' 형태 다음에 오는 분사에 대한 영-조응(*zero-anaphora*) 현상도 관찰할 수 있다. (예) You were running faster than I was(당신은 나보다 빨리 뛰고 있었다). I haven't seen it, but Bill has(나는 그것을 본 적이 없지만, 빌은 본 적이 있다). 형용사를 동반하는 명사에 대한 영-조응 현상은 영어에서 물질명사에 대해서만 자유롭게 일어난다. (예) I like sour milk better than fresh(나는 신선한 우유보다 시큼해진 우유가 더 좋다). 기타의 명사에 대해서는 일부 제한적 형용사 다음이 아니라면, 조응관계를 표시하는 'one'과 'ones'를 이용한다.

일부 형태의 단순한 조응적 대치현상이 모든 언어에서 일어나는 것처럼 보이지만, 세부적으로는 커다란 차이가 있다. 이를테면 'one'과

'ones'의 용법은 영어에 두드러진다. 영어와 유사한 구조를 갖는 같은 계통의 언어는 형용사 다음에 오는 명사에 대해 매우 자유롭게 영-조응 현상을 활용한다. 독일어와 프랑스어의 용례를 들면 다음과 같다. (예) 독일어: grosze Hunde und kleine 〔groːse 'hunde unt 'klajne〕 (big dogs and little ones〔큰 개들과 작은 개들〕). 프랑스어: des grandes pommes et des petites 〔de grɑⁿd pɔm e de ptit〕 (big apples and small ones〔큰 사과들과 작은 사과들〕). 일부 언어에서는 완형문 유형에 나온 주어가 영-조응 현상에 의해 대체될 수도 있다. 예를 들어, 중국어에서는 〔wo³ 'juɕ⁴ i² khwaj 'pu⁴〕[2] (나는 옷감 한 조각이 필요하다) 와 같은 진술에 대한 반응으로 〔juɕ⁴ i⁴ 'phi¹ mo?〕[3] (한 필이 필요하다고 〔의문 첨사〕?) 정도의 발화가 가능하다. 타갈로그어에서는 이런 현상이 종속절에서 일어난다. (예) 〔aɕ 'puːnuʔ aj tuʼmuːbuʔ haɕ' gaɕ sa mag'buːɦa〕 (the tree 〔서술 첨사〕 grew until 〔한정/수식 첨사〕 bore fruit '나무가 자라서 열매를 맺었다').

15. 6. 아마도 모든 언어는 조응과 확정적 확인을 결합한 대명사 대치형태를 활용할 것이다. 이때 대체된 형태는 선행사가 명명한 종에서 확인된 하나의 표본이다. 앞서 보았듯이, 이것이 바로 "Ask a policeman, and he will tell you"라는 발화에서 영어의 대명사 'he'가 갖는 가치이다. 이러한 종류의 대치형태가 적지 않은데도 흔히 '조응적'이라는 수식어가 덧붙은 이름으로 잘못 불리고 있다. 이런 이름보다는 '확정적'이라는 수식어가 더 나을 것이다. 영어를 포함한 대부분의 언어에서는 선행사가 화자이거나 청자일 때 혹은 선행사에 화자와 청자가 포함되었을 때, 확정적 대치형태가 사용되지 않는다. 이러한

---

2) '我用一塊布.'
3) '用一披麼.'

이유로 확정적 대치형태는 삼인칭 대치형태라는 이름으로 불리는 일이 많다.

　영어의 확정적 대명사 또는 삼인칭 대명사 'he, she, it, they' 등은 단수(he, she, it)와 복수(they)의 대체되는 형태가 각각 다르고, 단수의 경우에는 인칭(he, she)과 비인칭(it) 선행사에 따라 대체되는 형태가 각각 다르다. 우리는 앞에서 단수와 복수의 차이가 영어에서 다른 방식으로도 인식이 가능함을 살펴보았으며(예: 'boy-boys'와 같은 명사의 굴절), 앞으로 이와 동일한 양상이 인칭과 비인칭의 차이에도 그대로 적용됨을 살펴보게 될 것이다. 그러나 인칭부류 안에서는 남성 선행사가 올 때 사용되는 'he'와 여성 선행사가 올 때 사용되는 'she'의 구분이 다른 방식으로는 완벽하게 인식되지 않는다(예: 접미사 '-ess'의 용법, 14.7절). 그리하여 대명사 형태 'he'와 'she'의 구분은 인칭명사를 남성(확정 대치형태 'he'의 용법으로 정의됨)과 여성(마찬가지로 확정 대치형태 'she'의 용법으로 정의됨)으로 나누는 분류체계를 탄생시킨다. 이와 같은 분류체계는 의미론상으로 동물학의 성별 구분과 잘 어울린다.

　명사가 성(性)을 갖는 언어(12.7절)에서는 삼인칭 대명사가 보통 선행사의 성에 따라 달라진다. 예를 들어, 독일어의 경우에 'der Mann'〔der 'man〕(the man)이나 'der Hut'〔hu:t〕(the hat)와 같은 남성명사는 삼인칭 대치형태 'er'〔e:r〕를 갖는다. 예를 들어, 'er ist grosz'〔e:r ist 'gro:s〕(he/it is big)라는 발화는 남자나 모자 혹은 '남성'이라는 호응부류에 속하는 모든 선행사에 대해 언급할 수 있다.

　'die Frau'〔di: 'fraw〕(*the woman*)나 'die Uhr'〔u:r〕(*the clock*) 등과 같은 여성명사는 삼인칭 대치형태로 'sie'〔zi:〕를 갖는다. (예) sie ist grosz. (she/it is big).

　'das Haus'〔das 'haws〕(*the house*)나 'das Weib'〔vajp〕(*the woman*)

등과 같은 중성명사는 삼인칭 대치형태로 'es'〔es〕를 갖는다. (예) es ist grosz.

이와 같은 독일어의 구분은 영어의 'he-she' 구분과 달리 명사 수식어(예: der-die-das) 형태에서 드러나는 차이와 일치한다.

확정적 확인, 곧 개별 표본이 선행사에 의해 명명된 종 가운데서 확인되는 방법은 언어마다 다르고, 그래서 정의하기도 매우 어려울 것이다. 그러나 확정적 명사 수식어(예: 영어 the, this, that, my, John's) 범주를 가진 언어에서는 확정적 수식어가 핵심(head) 명사를 확인하는 것과 동일한 방식으로 확정적 대명사가 개체를 확인한다. 예컨대 선행사 'policeman' 다음에 오는 'he'는, 대치형태의 용법에 포함된 특유의 가치를 제외하면, 'the policeman'이라는 구와 지시의 미가 등가이다. 영어에서 확정적 대명사가 선행사 앞에 오는 경우 (예: He is foolish who says so)처럼, 아주 보편적이지는 않지만 비교적 널리 퍼진 소수의 용례에 대해서도 언급할 필요가 있다. 만일 해당 선행사가 동사 'to be' 형태 다음에 오는 서술 보어라면, 확정적 대명사는 보통 수나 인칭, 성에 무관하게 'it'가 된다. (예) it was a two-storey house. it's he. it's me(I). 한편 행위주 역할을 수행하는 부정사 구(예: to scold the boys was foolish)를 사용하는 대신, 폐쇄 병렬구조(12.2절)에서 부정사 구를 동반하는 'it'를 사용하는 방식 (it was foolish to scold the boys)은 훨씬 보편적이다. 또한 'you can't come'과 같은 행위주-행위 구는 행위주 역할을 수행하지 않고, 'it's too bad you can't come'에서 보듯이 행위주 역할을 수행하는 'it'와 함께 폐쇄 병렬구조에 나타난다. 독일어에서는 해당 대명사가 선행한다는 제약만 충족되면, 확정적 대명사의 예기적(豫期的) 용법이 거의 모든 행위주로 확대된다. 그래서 'ein Mann kam in den Garten' 〔ajn 'man 'kaːm in den 'garten〕(*a man came into the garden*) 이외에도,

'es kam ein Mnn in den Garten'이라는 발화형태도 가능한데, 여기서 'es'의 용법이 영어의 부사 'there'의 용법과 흡사하다. 만일 병렬 구조에 나타나는 명사가 복수라면, 독일어의 'es'는 복수 동사를 동반한다. 그래서 'zwei Männer kamen in den Garten'〔tsvaj 'mener 'kaːmen〕 (*two men came into the garden*) 이외에 'es kamen zwei Männer in den Garten'이라는 발화형태도 가능하다.

프랑스어에서는 확정적 대명사가 형용사를 대체한다. (예) êtes-vous heureux? - je le suis.〔ɛːt vu œrø? - žə l sɥi〕(*Are you happy? - I am*). 여기서 한 걸음 더 나아가면, 영어의 속어 'beat it'(도망치다), 'cheese it'(경계하다), 'he hot-footed it home'(그는 집으로 달려 갔다), 'let 'er go'(손을 놓다)[4] 등에서 보듯이, 아무 선행사도 없는 주변적 용법에서도 확정적 대명사를 만날 수 있다. 또한 'they say Smith is doing very well'(스미스 씨가 매우 잘한다고들 한다)에서 보듯이, 'they'는 일반 사람들을 가리키는 행위주로 사용된다. 이러한 유형 가운데서 가장 보편적인 용법은, 상용의 행위주-행위 구성을 갖는 언어에서 확정적 대명사를 단순히 형식적 행위주로 사용하는 의사-비인칭 용법이다. (예) it's raining(비가 내린다). it's a shame(부끄러운 노릇이다). 이런 용법은 진정한 비인칭 구성(11. 2절)과 나란히 나타나기도 한다. 따라서 독일어에서는 'mir war kalt'〔miːr vaːr 'kalt〕 (*to-me was cold*)나 'hier wird getanzt'〔'hiːr virt ge'tantst〕(*here gets danced / there is dancing here*) 등과 같은 진정한 비인칭 구문 이외에, 확정적 대명사 'es'가 해당 구의 맨 앞에 온다는 조건하에 행위주로 나타나기도 한다. (예) es war mir kalt. es wird hier getanzt. 핀란 드어에서는 비인칭과 의사-비인칭이 각기 다른 의미를 표시하는 데

---

4) 여기서 'er는 'her'라고 하지만, 통상적으로 여성을 나타내는 인칭명사와 관련되지는 않는다.

사용된다. 예를 들어, 'puhutaan'(*there is talking*)은 진정한 비인칭 구문이지만, 'sadaa'(*it's raining*)는 'puhuu'(*he / she / it is talking*)와 마찬가지로 확정적 대치형태(he, she, it)로 표현되는 행위주를 포함한다.

15.7. 대부분의 언어에서 대체된 형태가 화자나 청자 혹은 이들 화자와 청자를 포함하는 집단을 가리키는 경우에는, 확정적 대치형태가 사용되지 않는다. 이러한 경우에는 다른 유형, 곧 인칭 대치형태가 사용된다. 일인칭 대치형태 'I'는 화자에 대한 언급을 대체하고, 이인칭 대치형태 'thou'는 청자에 대한 언급을 대체한다. 이들 인칭 대치형태는 독립적인 대치형태로서 대체된 형태의 선행사를 요구하지 않는다.

'I'와 'thou'라는 대치형태 이외에, 대부분의 언어는 화자나 청자 혹은 양쪽 모두를 포함하는 집단을 가리키는 형태도 사용한다. 따라서 영어의 경우를 보면, 화자를 포함하는 집단을 가리키는 대치형태는 'we'이다. 그리고 화자는 포함되지 않지만 청자는 포함된 경우의 대치형태는 'ye'이다. 많은 언어에서는 이들 세 가지 가능성 모두를 구분한다. 예를 들어, 타갈로그어에서는 〔a'ku〕(*I*)와 〔i'kaw〕(*thou*) 이외에도 다음과 같은 유사 복수형태를 사용한다.

화자만 포함된 경우(배타적 일인칭 복수): 〔ka'mi〕(*we*)
화자와 청자가 포함된 경우(포괄적 일인칭 복수): 〔taːju〕(*we*)
청자만 포함된 경우(이인칭 복수): 〔ka'ju〕(*ye*)

마찬가지로 사모아어처럼 양수(兩數)를 구분하는 언어는 여섯 가지 조합(I-he, I-thou, ye-two, I-they, I-thou-he(/-they), thou-they)을 허용한다. 소수의 언어는 인칭대명사 체계에서 삼수(三數)를 구분하기도 한다.

영어의 'thou'와 'ye' 형태는 물론 고형(古形)이다. 현대 영어는 청자와 (청자를 포함하는) 집단에 대해 양쪽 모두 동일한 형태 'you'를 사용한다는 점에서 특이하다.

많은 언어는 화자와 청자 사이의 상이한 사회적 관계에 따라 상이한 이인칭 대치형태를 사용한다. 예를 들어, 프랑스어는 단수와 복수 양쪽에 영어와 흡사하게 'vous'〔vu〕(you)를 사용하지만, 청자가 가까운 친족이거나 친구, 어린이거나 혹은 비인격체(신〔神〕과 같은)라면 특수한 친밀 단수형 'toi'〔twa〕를 사용한다. 독일어에서는 영어의 'they'에 해당하는 삼인칭 복수 대명사를 단수 이인칭과 복수 이인칭에 사용한다. 예를 들어, 'Sie spaszen'〔zi: špa:sen〕은 '그들이 익살을 부리고 있다'도 되고 '당신(혹은 당신들)이 익살을 부리고 있다'도 되지만, 프랑스어의 경우와 흡사하게 사용되는 친밀 형태는 단수와 복수를 구분한다. (예) du spaszest 〔du: špa:sest〕(당신이 익살을 부리고 있다) : ihr spaszt 〔i:r špa:st〕(당신들이 익살을 부리고 있다).

이인칭 대치형태의 의미는 일부 언어에서 제한되는데, 그것은 이들 이인칭 대치형태가 공손한 발화에서 사용되지 않는다는 상황요인이 작용하기 때문이다. 이런 경우에 청자는 이인칭 대치형태 대신 '각하'를 뜻하는 'your Honor, your Excellency, your Majesty' 등의 존칭어로 지칭된다. 스웨덴어나 폴란드어에서는 예컨대 'How is *Mother* feeling?' 혹은 'Will *the gentleman* come to-morrow?' 등의 뜻을 가진 발화가 있다고 할 때, 여기서 이탤릭체로 된 단어가 청자를 지시한다. 일본어와 말레이어와 같은 일부 언어에서는 화자와 청자 사이의 존비관계에 따라 일인칭과 이인칭 모두에 대여섯 가지 대치형태를 구분해 사용한다.

많은 언어에서 인칭 대치형태와 확정적(삼인칭) 대치형태의 집합은 보편적 자질에 의거해서 인칭-확정적 대치형태로 구성된 일종의 폐쇄된 체계로 묶인다. 영어의 경우를 보면, 'he, she, it, they' 집합과 'I, we, you (thou, ye)' 집합은 모두 구에서 강세를 받지 못한다. 이들 집합의 구성원 대부분은 대격의 격 형태가 특수하고(예: me, us, him, her, them, thee), 소유형용사의 파생도 불규칙적이다(예: my, our, your, his, her, their, thy). 그리고 이들 형용사의 일부는 특수한 영-조응 형태를 갖는다(예: mine 등, 15.5절). 프랑스어에서는 인칭-확정적 대명사가 행위주이거나 동사의 목표 역할을 수행할 때 이 대명사가 특수한 (접합) 형태를 갖는다(12.12절). 이들 특수한 (접합) 형태는 상이한 위치에 따른 격-굴절을 갖는데, 이러한 격-굴절은 프랑스어 체언과 전혀 무관하다. 더욱이 이들 특수한 (접합) 형태는 'moi' [mwa] (I) 와 'mon chapeau' [mo^n šapo] (*my hat*) 에서 보듯이 소유형용사의 기저를 이루는 반면, 다른 체언은 'le chapeau de Jean' [lə šapo d žα^n] (*the hat of Jean*) 에서 보듯이 그렇지 않다. 의사-확정적 대치형태가 특수한 통사적 구성체를 갖는 일은 매우 보편적이다. 그래서 영어와 독일어 및 프랑스어에서는 한정동사가 행위주로서의 상이한 인격체에 대해 특수한 호응형태를 갖는다. (예) 영어 I am - thou art - he is / 프랑스어 nous savons [nu savo^n] (*we know*) - vous savez [vu save] (*you know*) - elles savent [ɛl saːv] (*they*[여성] *know*) - ils savent [i saːv] (*they know*).

인칭-확정적 대명사는 매우 조직적인 구조를 가질 가능성도 있다. 그래서 알공키안어에서는 어두 요소 [ke-]가 청자를 포함하는 형태에 나타난다. 만일 청자가 포함되지 않는다면, [ne-]가 화자를 지시한다. 만일 화자와 청자 중 아무도 포함되지 않는다면, 어두 형태는 다음의 메노미니어에서 보듯이 [we-]가 된다.

〔kenah〕(thou)　　　〔kena?〕(we〔포괄적〕)　　　〔kenua?〕(ye)

〔nenah〕(I)　　　　〔nena?〕(we〔배타적〕)

〔wenah〕(he)　　　　　　　　　　　　　　　　　〔wenua?〕(they)

양수와 복수의 구분을 가진 사모아어의 대명사 체계는 다음과 같다.

〔a?u〕(I)　　　　　〔ima:ua〕(we two〔배타적〕)　　〔ima:tou〕(we〔배타적〕)

　　　　　　　　　〔ita:ua〕(we two〔포괄적〕)　　〔ita:tou〕(we〔포괄적〕)

〔?oe〕(thou)　　　　〔?oulua〕(ye two)　　　　　〔?outou〕(ye)

〔ia〕(he)　　　　　〔ila:ua〕(they two)　　　　〔ila:tou〕(they)

양수와 삼수와 복수의 구분은 아나톰 섬(Annatom Island)5)에서 사용되는 언어(멜라네시아어)에서 다음과 같이 나타난다.

〔ainjak〕(I)

〔aijumrau〕(we two〔배타적〕)　〔aijumtai〕(we three〔배타적〕)　〔aijama〕(we〔배타적〕)

〔akaijau〕(we two〔포괄적〕)　〔akataij〕(we three〔포괄적〕)　〔akaija〕(we〔포괄적〕)

〔aiek〕(thou)

〔aijaurau〕(ye two)　　　　　〔aijautaj〕(ye three)　　　　〔aijaua〕(ye)

〔aien〕(he)

〔arau〕(they two)　　　　　〔ahataij〕(they three)　　　　〔ara〕(they)

많은 언어에서는 인칭-확정적 대치형태가 의존형태로 나타난다. 예를 들어, 라틴어에는 한정동사 형태에 다음과 같은 확정적-인칭 행위주 혹은 목표가 있었다.

---

5) 남태평양 북동쪽에 자리 잡은 신생 바누아투 공화국(오세아니아 주) 남단의 섬이다.

amō (I love) amās (thou lovest) amat (he [she, it] loves)
amāmus (we love) amātis (ye love) amant (they love)
amor (I am loved) amāris (thou art loved) amātur (he [she, it]
is loved) amāmur (we are loved) amāminī (ye are loved)
amantur (they are loved)

일부 언어는 마찬가지 방식으로 대규모 패러다임 전체에 걸쳐 다음에 제시된 크리어의 경우처럼 행위주와 목표를 모두 포함한다.

[nisaːkihaːw] (I love him) [nisaːkihaːwak] (I love them)
[kisaːkihaːw] (thou lovest him) [nisaːkihik] (he loves me)
[nisaːkihikunaːn] (he loves us [배타적]) [kisaːkihitinaːn] (we
love thee) [kisaːkihitin] (I love thee)

이와 유사한 방식으로 크리어에서는 사물의 소유주가 다음과 같이 의존형태로 나타난다. (예) [nitastutin] (*my hat*), [kitastutin] (*thy hat*), [utastutin] (*his hat*). 이 모든 경우에 삼인칭 의존형태는 명사 선행사와 상호참조 관계에 놓일 수 있다(12.9절). (예) 라틴어 pater amat (father he-loves / the father loves).

인칭-확정적 체계는 동일체와 비동일체의 구분에 의해 더욱 정교하게 다듬어질 수 있다. 예를 들어, 영어에서 'me'와 'myself'의 차이가 여기에 해당하는데, 이때 후자의 형태에는 행위주와의 동일성(I washed myself. 12.8절)이 내재되어 있다. 또한 스칸디나비아어의 'hans' (his) 와 'sin' (his [own]) 의 차이도 같은 맥락에서 설명할 수 있다. 이들의 차이는 알공키안어의 사격(斜格) 형태에서 보듯이 의존형태로도 나타난다(12.8절). 마찬가지로 고대 그리스어에는 ['elowse] (*he washed*) 에서 보듯이 통상적인 의존형태 행위주 이외에, 중간태

형태가 있었다. 이때 행위주는 (행위를 하는) 동시에 행위로 인해 영향을 받는다. (예) 〔e'lowsato〕(he washed himself / he washed for himself).

기타의 특수화 양상은 비교적 드물게 나타난다. 예를 들어, 크리어에는 〔ninituma:w〕(I ask for him) 나 〔ninitute:n〕(I ask for it) 처럼 행위주와 하나의 목표를 가진 동사 및 〔ninitutamawa:w〕(I ask him for it) 처럼 행위주와 두 가지 목표를 가진 형태 이외에도, 〔ninitutamwa:n〕(I ask for it with reference to him〔at his behest〕) 처럼 행위주와 목표 및 관심인물을 가진 형태도 있다.

15. 8. 지시적 혹은 직시(直示)적 대치유형은 화자 혹은 청자와의 상대적 근접성에 기반을 둔다. 영어의 화자는 그러한 두 가지 유형을 보다 가까운 경우와 보다 먼 경우에 각각 사용한다. 이들 형태는 제한적 형용사 'this'와 'that'의 거리값(12. 14절)과 일치한다. 지시적 대치형태는 의존적일 수도 있고(즉, 해당 종〔種〕을 명명하는 선행사를 조응적으로 언급할 수도 있고), 독립적일 수도 있다. 그러나 어떤 경우가 되었든, 이들 지시적 대치형태는 (명명된 혹은 명명되지 않은) 종 안에 속한 개별 사물을 확인한다. 영어의 경우를 보면, 지시적 대명사 대치형태는 대명사 'this'(these) 와 'that'(those) 으로 만들어지는데, 이때 이들 형태는 부류의 균열로 인해 제한적 형용사와 달라졌다. 아울러 지시적 대명사 대치형태는 제한적 형용사와 조응사 'one'(15. 5절)의 결합으로 성립된 구를 형성하기도 한다. 이들 형태는 통상적으로 인칭명사를 대체하는 용도로 사용되지 않는데, 그것은 가령 'This is my brother / These are my brothers'에 보이는 'this'와 'these'의 예기적 용법을 인칭과 관련된 것으로 간주할 수 없기 때문이다. 단수인 의존적 대치형태는 'this one, that one' 등이고, 독립적 대치형태는 'this, that' 등이다. 그러므로 예컨대 'of these books, I like this

one better than that one'과 (이름이 명명되지 않은 사물에 대한) 'I like this better than that' 사이에는 분명한 차이가 있다. 그러나 복수의 경우에는 'these'와 'those'가 조응사 'ones' 없이 양쪽에 모두 사용된다.

프랑스어에서는 한층 분화된 체계를 찾아볼 수 있다. 프랑스어에는 지시적 제한과 대치에 관여하는 유형이 세 가지 있다. 이들 세 가지 유형은 일반적인 유형 한 가지와, 여기에 보다 가까운 거리를 나타내는 부사 'ci' 〔si〕와 보다 멀리 떨어진 거리를 나타내는 부사 'là' 〔la〕가 첨가되어 분화된 두 가지 유형으로 나눌 수 있다. 그래서 제한적 형용사와 의존적 대명사 및 독립적 대명사가 형태상으로 각각 다음과 같이 구분된다.

	형용사	의존적 대명사	독립적 대명사
단수			ce 〔sə〕
남성	ce 〔sə〕	celui 〔səlɥi〕	
여성	cette 〔set〕	celle 〔sɛl〕	
복수			
남성	ces 〔se〕	ceux 〔sø〕	
여성	ces 〔se〕	celles 〔sɛl〕	

그래서 'cette plume-ci' 〔sɛt plym si〕 (*this pen*)와 'de ces deux plumes, je préfère celle-ci à celle-là' 〔də se dø plym, žə prefɛːr sɛl si a sɛl la〕 (*of these two pens, I prefer this one to that one*) 등이 되지만, 이름이 명명되지 않은 경우에는 'je préfère ceci à celà' 〔sə si a sə la〕 (*I prefer this to that*) 가 된다. 'ci'와 'là'가 없는 대명사는 일정한 구성체에만 국한되어 사용된다. (예) de ces deux plumes, je préfère celle que vous avez 〔sɛl kə vuz ave〕(*of these two pens, I prefer the one you have*). 그리고 'c'est assez' 〔s ɛt ase〕(*that's enough*)는 독립적인 용법이 된다.

지시적 대치유형이 항상 확정적 대치유형과 분명하게 구분되는 것은 아니다. 이와 같이 지시-제한적 수식어도 'the' 유형의 단순한 확정적 표지와 일치하는 경우가 있다. 독일어의 일부 소수 방언에서는 어떤 단일한 패러다임이 후접적으로 연결되어 확정적 관사(예: der Mann 〔der 'man〕 'the man')로 사용되기도 하고, 악센트를 동반해서 지시-제한적 형용사(예: der Mann 〔de:r 'man〕 'that man')나 혹은 대명사(예: der 〔de:r〕 'that one')로 사용되기도 한다. 독일어에서 이 마지막 용법(대명사)은 확정적 대명사 'er' 〔e:r〕의 용법과 거의 구별되지 않는다. 아마도 양자 간의 주요한 차이는 두 개의 병렬 완형문 중에서 둘째 문장에 'der'('er'가 아님)를 사용하는 용법 정도일 것이다. (예) es war einmal ein Mann, der hatte drei Söhne. 〔es 'va:r ajn ,ma:l ajn 'man, de:r ,hate ,draj 'zø:ne〕(there was once a man, he 〔문자 그대로 하면 'that-one'임〕 had three sons).

많은 언어는 이보다 많은 지시적 대치유형을 구분한다. 예를 들어, 영어의 일부 방언에서는 아주 멀리 떨어진 사물을 가리킬 때 'this'와 'that'의 구분에다가 'yon'을 덧붙이기도 한다. 라틴어에는 화자에 가장 가까운 사물을 가리키는 'hic'과 청자에게 가장 가까운 사물을 가리키는 'iste' 및 가장 멀리 떨어진 사물을 가리키는 'ille'가 있었다. 콰키우틀어도 이와 동일한 구분을 하지만, '시야에 있는 사물'과 '시야를 벗어난 사물' 사이에 차이를 두기 때문에 구분하는 범주가 두 배로 늘어난다. 예를 들어, 크리어에는 〔awa〕(*this*)와 〔ana〕(*that*) 이외에 〔o:ja〕(*that recently present but now out of sight* 〔직전까지 있었는데 지금은 보이지 않는 것〕)까지 구분한다. 또한 에스키모어에도 다음과 같은 일련의 구분이 있다. (예) 〔manna〕(*this one*), 〔anna〕(*that one in the north* 〔북쪽에 있는 그것〕), 〔qanna〕(*that one in the south* 〔남쪽에 있는 그것〕), 〔panna〕(*that one in the east* 〔동쪽에 있는 그것〕), 〔kanna〕(*that one down there* 〔저 아래 있는 그것〕), 〔sanna〕(*that one down in the sea* 〔바다에 가라앉아 있는 그것〕), 〔iñña〕(*that one*).

대명사의 범주를 벗어나면 'here-there, hither-thither, hence-thence, now-then' 등 부사 형태를 만나게 된다. 그러나 여기서 'th'-형태는 다음에서 보듯이 단순한 조응적 용법과 합류한다. (예) Going to the circus? I'm going there too. 마찬가지로 'so'(고형으로 사용되는 'thus' 포함)는 지시사로 사용되는 동시에, 보다 일반적으로 조응사로 사용된다(예: I hope to do so). 그리고 '〔do it〕 this way', 'this sort 〔of thing〕', 'this kind' 〔of thing〕 등과 같은 형태는 대치적 형태와 통상적 형태의 경계선상에 놓여 있다고 할 수 있다.

15.9. 의문 대치형태는 (답변을 통해) 종(種)을 말하거나 개체를 확인하도록 청자에게 촉구하는 기능을 한다. 영어의 경우를 보면, 의문 대치형태는 오직 보완적 의문문(*supplement-question*)[6]에서만 나타난다. 대명사 부류에는 인칭을 대신하는 독립적인 형태 'who?'(대격 whom?)와 비인칭을 대신하는 'what?'이 있다. 이들 형태는 종과 개체 양쪽 모두에 대해 묻는다.[7] 비인칭 용법만 가진 독립적인 형태 'which?'는 제한된 영역에서 개별 사물의 확인을 요구하는 용법으로

---

6) 동의를 구하는 부가의문문(*tag-question*)에는 나타나지 않는다.

7) 예컨대 "Who is he?"는 개체(이름)를 요구하는 질문일 수도 있고, 그 사람의 종(지위, 속성)을 요구하는 질문일 수도 있다. 마찬가지로 "What is he?"는 직업이나 국적을 요구하므로 종을 밝히는 질문이고, "What's your name?"은 이름을 요구하므로 개체를 밝히는 질문이다.

사용된다. (종〔種〕과 관련된 용법은 없다.) 제한된 영역에서 개체의 확인을 요구하는 의존적 대치형태로는 'which one?, which ones?' 등이 있다.

대명사를 벗어나면 'where? whither?(어디로?), whence?(어디서?), when? how? why?' 등과 같은 의문 대치형태를 만나게 된다. 의문의 동사 대치형태는 일부 언어에서 나타난다. (예) 메노미니어 〔weʔseːkewˀ〕(*what sort is he?*).

의문 형태의 분포가 일정한 통사적 위치로 제한되는 현상은 매우 보편적이다. 이들 의문 형태의 분포는 양분적 문장유형에서 서술어 위치로 제약되는 경우가 빈번하다. 예를 들어, 'who are they? what are those things?'와 같은 문장에 나타나는 어순과 복수형 동사 형태가 이런 종류의 자질이다. 현대 프랑스어에서는 비인칭 'quoi?'(*what?*)가 행위주나 혹은 목표로 사용되는 일이 거의 없고, 그 대신 다음과 같이 접합형태 'que'로 나타나 서술어의 보어(속사) 역할을 한다. (예) qu'est-ce que c'est? 〔k ɛ s kə s ɛˀ〕(*what is it that this is? what's this?*), qu'est-ce qu'il a vu? 〔k ɛ s k il a vyˀ〕(*what is it that he has seen? what did he see?*). 일부 언어에서는 의문 대치형태가 다음과 같이 언제나 등가 유형 문장의 서술어가 된다. (예) 타갈로그어 〔ˈsiːnu aɦ nagbiˈgaj sa iˈjuˀ〕(*who the one-who-gave to you? who gave it to you?*), 메노미니어 〔awɛːʔ pɛːmuhnɛtˀ〕(*who the-one-walking-by? who is walking there?*).

15. 10. 어떤 종(種)에서 개별 사물을 선택하는 다양한 가능성은 모든 방식의 대치형태, 특히 대명사로 대표된다. 영어의 경우, 이러한 종류의 거의 모든 형태는 조응사 'one'과 'ones'(15. 5절)를 가진 제한적 형용사 혹은 동일한 단어가 부류의 균열에 의해 체언으로 사용

428

되는 용법으로 이루어져 있다. 항상 엄격하게 지켜지지는 않지만 의존적 대치형태와 독립적 대치형태 사이에는 많은 구분이 존재하고, 독립적 대치형태 안에서도 다시 인칭부류와 비인칭부류 사이의 구분이 존재한다. 다양한 제한적 형용사는 각기 달리 취급되는데, 이들의 차이에 따라 다음과 같은 또 하나의 분류체계가 성립한다(12. 14절).

(1) 영어의 일부 제한적 형용사는 통상적인 형용사처럼 뒤에 'one'이나 'ones'를 거느리면 조응적 대치형태를 형성한다. 이러한 현상이 바로 앞에서 살펴본 단수형 'this'와 'that'의 경우에 일어나며, 일정한 조건하에서는 'which?'와 'what?'의 경우에도 가능하다. 또한 이는 'each, every, whatever, whichever' 등에도 적용되고, 'many a, such a, what a' 등과 같은 구 표현에도 적용된다. 그래서 영어의 화자는 "he was pleased with the children and gave each one a penny"(그 사람은 아이들이 마음에 들었던지 일일이 동전 한 닢씩을 주었다) 라고 말할 수 있다. 독립적인 대치형태로는 비인칭의 'this, that, which, what, whichever, whatever' 등만을 사용한다. 또한 'every'에 상응하는 독립적 형태로는 인칭의 'everybody'와 'everyone'이 있고, 비인칭의 'everything'이 있다. 그러나 'each'에는 상응하는 독립적 형태가 없다.

(2) 영어에는 단순한 대명사 용법도 있고, 조응사 'one, ones'와의 결합형도 있다. 이를테면 'either, former, latter, last, neither, other, such' 등과 서수사 'first, second' 등이 여기에 해당한다. 예를 들어, 영어의 화자는 "Here are the books; take either 〔one〕"(여기 책들이 있으니, 어떤 책이든 한 권 가져가게) 라고 말할 수 있다. 'other'라는 단어는 특수한 하위 부류를 이루는데, 그것은 이 단어에 'others'라는 복수형태가 있다는 점 때문이다. (예) You keep this book and I'll take the others 〔the other ones〕. (자네가 이 책을 갖는

다면 내가 나머지 책을 갖도록 하겠네). 독립적인 용법으로는 이들 단어가 주로 비인칭으로 사용된다.

(3) 나머지 제한적 형용사는 조응사 'one'과 'ones'를 취하지 않는다는 점에서 특이하다. (예) Here are the books; take one〔two, three, any, both, all, a few, some〕(여기 책들이 있으니, 한 권〔두 권, 세 권, 아무거나, 두 권 다, 모두, 약간, 몇 권〕가져가게). 독립적 대치형태는 상당히 다양하게 나타난다. 예컨대 'all'은 비인칭으로 사용된다. (예) All is not lost(다 잃어버린 것은 아니다), That's all(다 끝났다). 반면에 'one'은 무강세의 경우에 인칭으로 사용된다. (예) One hardly knows what to say(아무도 무슨 말을 해야 할지 알지 못한다). 일부 형태는 합성어를 형성하여 독립적인 용법으로 사용된다. (예) 인칭 somebody, someone, anybody, anyone / 비인칭 something, anything.

(4) 일부 제한적 형용사는 특별한 취급을 받는다. 조응사 'one, ones'를 동반하는 관사 'the'는 다른 수식어가 뒤따르면 의존적인 대치형태를 형성한다. (예) the one〔s〕on the table. 만일 그러한 조건이 충족되지 않으면, 관사 'the'가 대명사적 용법으로 나타나지 않고, 그 대신에 확정적 대명사가 사용된다. 관사 'a'는 다른 형용사와 결합해서 사용되면 그 형용사의 사용에 영향을 미치지 않는다. (예) many a one; another (one). 그렇지 않으면 관사 'a'는 강조형 'not a one'에서만 조응사 'one'을 동반한다. 다른 모든 대명사적 용법에서는 'one'이 'a'를 대체한다. 그래서 'take an apple'에 대명사적 용법 'take one'이 상응하는 것이다. 한정사(*determiner*) 'no'는 의존적인 대치형태 'none'과 비견되지만, 통상적으로는 'not'과 'any'의 결합형으로 사용한다(예: I didn't see any). 독립적인 대치형태로는 합성어 'nobody', 'no one', 'nothing'(고형 naught) 등이 있다.

430

이들 대치유형 가운데서 부정(否定) 형식은 당연히 모든 언어에 나타나고, 또한 특수한 성격을 드러내는 경우가 많다. 영어에서 부정의 대치유형에 속하는 형태로는 비대명사적 용법의 'nowhere, never' 및 준표준용법의 'nohow'가 있다. 많은 언어에서는, 영어의 대다수 준표준형태와 마찬가지로, 이들 대치형태가 일반적인 부정(否定)의 부사를 동반하고 나타난다(예: I can't see nothing). 수량사 유형(all, one, two, three 등)도 범어적인 것으로 보인다. 그러나 선택유형은 다양성의 여지가 적지 않아서 영어와 정확하게 대응되지 않는 대치유형을 가진 언어가 많다. 예를 들면, 러시아어의 〔*ne*-xto〕(*someone*)에는 화자가 해당개체(사람)를 확인하려면 확인할 수 있다는 뜻("누군가 최근에 나한테 이렇게 말했는데 …")이 있는 반면, 〔xto-*ni*-'but〕에는 이런 뜻이 없다("누군가 문에 있다"). 또 다른 유형 〔'koj-xto〕에는 상이한 개체가 여건에 따라 선택된다는 뜻("이따금 누군가는 노력한다")이 담겨 있다.

15. 11. 대치형태는 특수한 통사기능과 연계되는 경우가 많다. 그러므로 앞서 보았듯이 영어를 비롯한 많은 언어에서 의문 대치형태는 문장 내의 일정한 위치에 얽매인다. 일부 언어에는 서술적 용법을 위한 특수한 대명사가 마련되어 있다. 예를 들어 메노미니어의 경우, 〔nenah〕(I), 〔enuh〕(that one 〔유정물〕), 〔eneh〕(that 〔무정물〕) 등과 같은 형태 이외에, 오직 서술어에만 나타나는 대응형태가 존재한다. 통상적 대치형태는 〔kɛhke:nam eneh〕(he-knows-it that 〔thing〕 / he knows that)에 나타나지만, 서술부 형태는 〔ene? kɛ:hkenah〕(that 〔thing〕 that-which-he-knows / that is what he knows) 혹은 〔enu? kɛ:hkenah〕(that 〔person〕 the-one-who-knows-it / that one is the one who knows it)에 나타난다. 이들 서술부 형태는 동사와 동일한 범주

들에 대해 각기 다르게 굴절한다. (예) 의문형 〔enet kɛːhkenah?〕(is it that which he knows? / is that the thing he knows?), 놀라움이 담긴 현재형 〔enesaʔ kɛːhkenah!〕(and so that is what he knows!).

영어의 관계적 대치형태는 매우 널리 퍼져 있으면서도 결코 보편적이지 않은 유형에 속한다. 관계적 대치형태는 자신이 자리 잡고 있는 구가 내포된 (혹은 보족적) 형태라는 사실을 나타낸다. 영어에서는 이런 구가 상용의 완형문 구조(행위주-행위 구성)를 가지며, 이때 관계적 대치형태의 출현으로 완형문을 구성하지 않는다는 징표를 갖게 되는 것이다. 영어의 관계사(=관계적 대치형태) 'who(whom), which, where, when, that' 등은 부류의 균열 때문에 다른 대치형태와 다르다. 이들 관계사나 혹은 관계사가 직접적으로 구성성분에 참여한 구[8]는 해당 절의 첫머리에 온다. 관계적 대치형태로는 우선 조응적 유형의 'that'와 인칭의 'who', 비인칭의 'which' 등이 있다. (예) the boy who 〔that〕 ran away(도망친 그 소년), the book which 〔that〕 he read(그 사람이 읽은 그 책), the house in which we lived(우리가 살았던 그 집). 만일 관계적 대치형태가 해당 절에서 동사의 목표나 전치사의 축 혹은 서술어의 보어 위치를 채운다면, 우리는 여기서 또 하나의 영-대치형태를 만나게 된다. (예) the man I saw, the house we lived in, the hero he was. 통상적인 발화에서 영어의 관계절은 개별 선행사를 확인한다. 그러나 보다 공식적인 양식에서는 병렬적인 문장 음조를 가지면서 (선행사를) 확인하지 않는 관계절을 사용한다.[9] (예) the man, who was carrying a big

---

8) 'for which, of which' 등의 구문을 염두에 둔 진술로 보인다.

9) 비제한적 용법, 곧 계속적 용법의 관계절에서는 선행사와 관계사 사이에 휴지가 존재하므로 이들 사이의 음조(억양) 분포도 대등적이거나 병렬적일 것이다.

bag, came up to the gate.

격 형태를 가진 언어에서는 관계대명사의 굴절이 보통 해당 절 안에 자리 잡은 형태에 따라 결정된다. (예) I saw the boy who ran away / the boy whom I saw ran away. 라틴어에서는 'in hāc vītā quam nunc ego dēgō'([내가 지금 영위하는 이 삶에서], *in this life which I now lead*) 정도가 보통의 형태가 될 것인데, 여기서 선행사 'vītā'는 전치사 'in'의 축(목적어)으로 탈격[10]에 들어 있고 관계대명사 'quam'(which)은 동사 'dēgō'의 목표(목적어)로 대격에 들어 있다. 그러나 복잡한 굴절체계를 가진 언어는 관계대명사가 선행사에 속하는 굴절형으로 이끌리는(즉, 굴절상의 변화를 일으키는) 견인(*attraction*) 현상을 보여주는 경우가 적지 않다. 위에서 언급한 보통의 형태와 동일한 지시의미를 갖는 라틴어 형태 'vītā in hāc qua nunc ego dēgō'는, 절의 위치가 요구하는 대격을 취하는 대신 선행사와 호응하여 탈격의 관계대명사 'qua'를 갖는다.

선행사를 갖지 않고 독립적으로 사용되는 관계적 대치형태가 문장에 사용되면 해당 절은 종(種)의 지시를 대체하게 된다. (예) take what(ever) you want / ask whom(ever) you like / whoever says so is mistaken. 영어의 경우에 그러한 절은 완형문의 병렬적(대등적) 수식어로 사용되기도 한다. (예) whatever he says, I don't believe him. 의존적 용법과 독립적 용법 사이에 나타나는 이와 동일한 차이는 영어의 부사적 대치형태(관계부사)에서도 찾아볼 수 있다. (예) 의존적 용법 the time (when) he did it ; the house where we lived / 독립적 용법 we'll see him when he gets here ; we visit them whenever we can ; we take them where(ver) we find them.

---

10) 라틴어의 격 가운데 하나로 동작의 원인과 수단 등을 나타낸다.

형태부류와 어휘부

제16장

16. 1. 언어신호의 유의미적 자질은 두 종류이다. 하나는 음소로 이루어진 어휘형태이고, 다른 하나는 문법소(배열 자질, 10.5절)로 이루어진 문법형태이다. 만일 우리가 '어휘적'이라는 용어를 확장하여, 이미 일부 문법 자질을 담고 있는 형태(예: poor John, duchess, ran)를 비롯하여, 음소라는 용어로 기술할 수 있는 모든 형태를 아우르게 된다면, 어휘 자질과 문법 자질의 평행성은 다음과 같은 용어로 드러낼 수 있을 것이다.

(1) 의미를 갖지 않는, 언어신호의 최소단위: 언소(言素)
  (가) 어휘적 언소: 음소
  (나) 문법적 언소: 문법특성소
(2) 의미를 갖는, 언어신호의 최소단위: 언어형식소 (언어의미소)[1]
  (가) 어휘적 언어형식소: 형태소 (의미소)
  (나) 문법적 언어형식소: 문법소 (구조의미소)
(3) 의미를 갖는, 언어신호의 최소 혹은 복합단위: 언어형태 (언어의미)

---

1) 이 체계도의 아래 (2)와 (3)에서 괄호 안은 해당 단위의 의미를 가리키는 용어로 사용되었다.

435

(가) 어휘적 언어형태: 어휘형태 (어휘 의미)
(나) 문법적 언어형태: 문법형태 (문법 의미)

　각각의 어휘형태는 두 가지 방향으로 문법형태와 연관되어 있다. 한편으로 어휘형태는 단독으로 나타나는 경우에도 유의미적 문법구조를 추상적으로 드러낸다. 그리하여 어휘형태는 복합형태라면 일정한 형태론적 혹은 통사론적 구성(예: duchess, poor John)을 보여주고, 형태소라고 해도 역시 형태론적 자질(즉, 음성변이를 거쳐 한정된 형태소, e. g. 복수 'men' 혹은 과거형 'ran', 13. 7절)을 드러낸다. 음성변이를 겪지 않은 형태소(man, run)에서는 적극적인 특징으로서의 문법적 구성을 찾아볼 수 없다. 다른 한편으로 모든 실제적 발화에서 구체적인 언어형태의 자격을 갖는 어휘형태는 항상 일정한 문법형태를 동반한다. 그러므로 어휘형태는 일정한 기능을 띠고 출현하는데, 이와 같은 특권적 출현이 곧 총체적으로 해당 어휘형태의 문법적 기능을 구성한다. 어휘형태는 일정한 문장유형에 나타나는데, 만일 의존형태라면 여하한 문장유형에도 나타나지 않는다. 어휘형태는 일정한 구성체의 일정한 위치에 나타나는데, 만일 감탄사라면 구성체를 이루는 경우가 드물거나 전혀 없다. 어휘형태는 일정한 대치환경에서 대체된 형태로 나타나거나, 만일 자신이 대치형태라면 일정한 대치환경에서 직접 자신이 (대치형태로) 나타난다. 어휘형태의 기능은 문법형태의 형성에 도움을 주는 선택의 문법특성소가 만들어낸다. 공통적인 기능을 갖는 어휘형태는 (그 기능이 어떤 것이든) 공통적인 형태부류에 속한다.
　어휘형태의 기능은 매우 복합적인 체계로 나타난다. 일부 기능은 대다수 형태에 공통적이어서 하나의 거대한 형태부류를 형성한다. 예를 들면, 영어의 체언표현(누구를 부르는 문장유형으로서의 기능을 수행하고, 동사를 가진 행위주 혹은 동사를 가진 목표, 전치사를 가진 축 등의 위치를 채우며, 소유형용사의 기저를 이루는 등) 형태부류를 정의하는 기능은 거의 셀 수 없을 정도로 많은 단어와 구에 공통적이다. 상이한 기능은 형태부류들 사이의 부분적 중첩현상을 일으킬 가능성이 있다. 예를 들어, 행위주 위치를 채우는 기능은 체언표현과 유표적 부정사 구2) (예: to scold boys would foolish)에 공통적이다. 기타의 기능은 매우 적은 어휘형태나 혹은 단 하나의 어휘형태에 국한될 가능성도 있다. 그래서 명사 'way'를 자신의 중심(center)으로 가진 구는, 방법부사의 기능을 하면서 의문문에서 의문 대치형태 'how'로 대체되는 체언표현밖에 없는 것으로 보인다(예: this way, the way I do 등).

특별한 어휘형태는 부류의 균열(12.14절)에 의해 색다른 기능결합 양상을 드러낸다. 예를 들면, 영어의 'egg'(계란)는 분리 불가능 명사이지만(예: the egg, an egg), 물질명사로 나타나기도 한다(예: he spilled egg on his necktie[계란의 내용물이 그 사람 넥타이에 튀었다]). 'salt'(소금)는 물질명사이므로 특수화된 의미(예: kinds of salts [각종 소금 그릇])로 사용되는 경우에만 복수형의 토대가 되지만, 부류의 균열이 발생하면 'oats'(귀리)나 'grits'(거칠게 빻은 곡물) 등과 같은 부류에 속해 '작은 입자들로 구성된' 정도의 의미를 갖는 복수형 'salts' (예: Epsom salts[사리염(瀉利鹽)])로 존재하기도 한다. 'man'(사람)은 (분리 불가능 인칭) 남성명사이지만(예: a man, the man, he), 부류의 균열이 발생하면 고유명사로 취급되기도 한다. 이런 용법은 성별을 구분하지 않고 관사도 취하지 않는다는 점에서 마치 유일자인 '하느님'(God)과 나란하다고 할 수 있다. (예) man wants but little

---

2) 유표적 부정사 구와 무표적 부정사 구에 대해서는 바로 다음에 나오는 16.3절의 (2)항에 용례와 함께 소개되어 있다.

(인간에게는 부족한 것이 거의 없다) / man is a mammal(인간은 포유류이다). 'one'이라는 단어는 복잡한 부류의 균열작용에 의해 다섯 가지의 형태부류에 속한다. 첫째는 한정사(12.14절)로서 분리 불가능 단수명사 앞에 한정사 부류의 수식어가 와야 한다는 요구조건을 충족시킨다(예: one house, one mile). 둘째는 통상적인 수량사로서 확정 한정사와 함께 나타난다(예: the one man, this one book, my one friend). 셋째는 다른 수식어가 없을 때 해당 명사의 조응현상을 실현하면서 'a'를 대체한다(예: Here are some apples; take one). 넷째는 '일반적인 사람'을 가리키는 독립적인 대명사로 나타나는데, 이런 용법으로 사용되면 언제나 무강세이면서 파생어 'one's'와 'oneself'의 기저가 된다(예: one can't help oneself). 마지막 다섯째는 형용사 다음에 오는 명사에 대한 조응적 대치형태가 되는데, 이런 용법으로 사용되면 복수형 'ones'의 형성이 가능하다(예: the big box and the small one / these boxes and the ones in the kitchen, 15.5절).

16.2. 한 언어의 문법에는 매우 복합적인 습관(선택의 문법특성소)의 집합이 포함되는데, 모든 어휘형태가 오직 일정한 관습적 기능으로만 사용되는 것도 바로 이러한 습관 때문이다. 모든 어휘형태는 항상 습관적인 형태부류로 할당된다. 한 언어의 문법을 기술하려면, 각각의 어휘형태가 속한 형태부류 전체를 진술하고 나서, 어떤 특징 때문에 이 언어의 화자들이 특정한 어휘형태를 특정한 형태부류에 할당했는가를 결정해야 한다.

이러한 질문에 대한 전통적인 답변은 학교문법에 나타나는데, 여기서는 형태부류를 부류 의미, 즉 해당 형태부류에 속하는 모든 어휘형태에 공통되는 의미 자질로 정의하려고 한다. 예를 들어, 학교문법에서는 명사를 '어떤 사람이나 장소, 물건의 이름'이라고 가르쳐준다.

이러한 정의는 우리 인류가 통제할 수 있는 것보다 더욱 광범위한 철학적 지식과 과학적 지식을 전제로 하는 동시에, 나아가서 이런 논법에는 한 언어의 형태부류들이 철학자나 과학자가 작성한 분류체계와 일치한다는 사실이 담겨 있다. 예를 들어, '불'은 물건인가? 백 년이 넘도록 물리학자들은 불이 물건이라기보다 행위 내지 과정이라고 믿어 왔다. 이런 견해에 제대로 들어맞는 것은 명사 '불'보다 동사 '태우다'이다. 영어에는 형용사 'hot'(뜨겁다)과 명사 'heat'(열기) 및 동사 'to heat'(가열하다)가 각각 있지만, 물리학자는 이러한 일련의 상태가 사실상 동일한 물질 안에 들어 있는 입자(분자)들의 운동이라고 믿고 있다. 마찬가지로 학교문법에서는 복수명사의 부류를 '둘 이상'(사람, 장소, 물건)이라는 의미로 정의한다. 그렇지만 'oats'는 복수인 반면, 'wheat'는 단수로 사용된다는 사실을 이러한 정의로부터 이끌어내기란 거의 불가능하다. 다른 모든 의미처럼 부류 의미도 정의를 내리는 언어학자의 세력권을 교묘하게 벗어나며, 일반적으로 볼 때 엄격하게 정의된 전문용어의 의미와도 일치하지 않는다. 형식적인 용어로 확인하지 않고 의미의 정의를 받아들인다는 것은 기껏해야 미봉책에 불과하겠지만, 어쨌든 과학적 담론을 포기하는 태도와 다름이 없다.

부류 의미란 단지 형태를 동반하는 문법의미의 합성체 내지 광범위한 공통요소의 집합이라고 말할 수도 있다. 부류 의미를 진술한다는 것은 곧 (그 부류에 속하는) 형태들이 출현하는 문법적 의미를 아우르는 모종의 형식을 찾아낸다는 뜻이다. 영어의 한정동사 부류(runs, ran away, is very kind, scolded the boys)는 오직 한 가지 구성의 한 가지 위치에서, 즉 행위주-행위 구성에서 행위로만 출현한다(예: John ran away). 한정동사 표현은 단독으로 사용될 때라도 어떤 행위주를 전제로 하는 보족적 문장으로만 나타난다. 그렇다면 우리는 행위주-행위 구성의 의미를 대략 'A가 B를 수행한다'처럼 진술할 수 있는데,

여기서 A는 주격표현(John)이고 B는 한정동사 표현(ran away)이다. 이러한 진술을 통해 우리는 두 가지 위치의 의미를 정의할 수 있는데, 우선 행위주 위치는 'B의 수행자'이고 행위위치의 의미는 'A에 의해 수행되다'이다. 그러므로 영어의 한정동사 표현이 항상 행위위치에서만 일어나기 때문에, 한정동사 표현의 부류 의미는 행위위치의 부류 의미, 즉 '어떤 사물에 의해 수행되다'와 동일하다. 만일 동사라는 거대한 형태부류가 가진 의미를 '행위'로 정의한다면, 영어 한정동사 표현의 부류 의미는 '(행위가) 행위주에 의해 수행되다'가 된다.

어떤 형태부류가 둘 이상의 기능을 가질 때, 그 의미는 진술하기가 비교적 어렵지만 그래도 해당 형태 집합이 드러내는 문법적 의미의 파생체라는 점에는 변함이 없다. 예를 들면, 영어의 체언표현은 행위주-행위 구성(John ran)의 행위주 위치에 나타나서, 이 위치와 관련된 의미, 즉 '어떤 행위의 수행자'라는 의미를 갖는다. 이들 체언표현은 또 행위-목표 구성(hit John)의 목표위치에 나타나서, 이 위치와 관련된 의미, 즉 '어떤 행위의 수혜자(피경험자)'라는 의미를 갖는다. 이들 체언표현은 또 관계-축 구성(beside John)의 축 위치에 나타나서, 이 위치와 관련된 의미, 이를테면 '어떤 관계가 정상적으로 유지되는 중심' 정도의 의미를 갖는다. 한편 영어의 체언표현은 소유격 접미사를 가진 형태론적 구성에 나타나서, 이 위치와 관련된 '소유주'라는 의미를 갖는다. 영어 체언표현의 다른 모든 기능을 일일이 열거하지 않더라도, 우리는 이 형태부류에 속하는 모든 어휘형태에 공통된 부류 의미가 '어떤 행위의 수행자가 될 수 있는 것, 어떤 행위의 수혜자(피경험자), 어떤 관계가 정상적으로 유지되는 중심, 사물의 소유주 등'이라고 말할 수 있다. 이러한 진술을 더욱 짧은 공식으로 요약할 수 있느냐, 없느냐의 문제는 용어를 다루는 능력에 달려 있다. 예를 들어, 방금 위에서 언급된 체언표현의 부류 의미는 '사물'이라는 용어 한마디로 요약할 수도 있는 것이다.

　이들 용례만 검토해 보아도, 부류 의미라는 것이 언어학적 분석의 기반으로 삼을 수 있을 만큼 그렇게 선명하게 정의할 수 있는 단위가 아니라, 과학적인 용어로도 정의할 수 없는 모호한 상황적 자질일 뿐이라는 사실을 이해하는 데는 충분할 것이다. 영어를 말하고 체언표현을 용인된 기능 안에서 사용하는 사람들은, 각각의 어휘형태가 사물을 지시하는가 아닌가를 일일이 결정해서 스스로의 지침으로 삼지 않는다. 다른 언어현상과 마찬가지로 형태부류도 의미가 아닌 언어적(어휘적 혹은 문법적) 자질의 관점에서만 정의할 수 있다.

　16. 3. 한 언어의 화자들도 그렇지만 (결과적으로) 그 언어를 정확하게 기술하는 작업에서는 해당 형태의 구조와 그 구성성분들, 특수한 구성성분(표지)의 내포, 해당 형태 자체의 정체성 등을 근거로 해서 한 어휘형태의 형태부류를 결정한다.

　⑴ 복합형태는 보통 구조 자체와 구성성분들에 의해 특정 형태부류에 할당된다. 예를 들면, 'fresh milk'와 같이 내심 구성을 이루는 구는 핵어 혹은 중심과 동일한 형태부류에 속한다(12. 10절). 그리고 'in the house'와 같이 외심 구성을 이루는 구에는 이 형태부류를 결정하는 모종의 특징적인 구성성분(여기서는 전치사 'in')이 포함되어 있다. 그러므로 한 구의 형태부류는 기본적으로 이 구에 내포된 둘 또는 그 이상의 단어의 형태부류에 의해 결정된다. 바로 이러한 이유 때문에 한 언어의 화자와 문법학자는 각각의 구를 제각기 분리해서 다룰 필요가 없는데, 그것은 만일 구에 내포된 단어들의 통사적 구성과 형태부류를 알 수 있다면, 거의 모든 구의 형태부류를 알 수 있기 때문이다. 그러므로 단어의 형태부류는 통사론의 밑바탕이 된다. 학교문법에서도 이러한 점을 인식하고 있지만, 잘못된 방법론에 입각해서

단어의 형태부류, 특히 이들 형태부류의 가장 포괄적인 범주(품사)를 결정하고, 각종 구가 어떻게 구성되는가를 보여주려고 노력한다.

(2) 구의 기능이 모종의 특수한 구성성분, 즉 표지에 의해 결정되는 수도 있다. 예를 들어, 영어에서는 전치사 'to'와 부정사 표현으로 구성된 구가 유표적 부정사 구라는 특수한 형태부류에 속하는데, 그 기능도 무표적 부정사 표현의 기능과 다르다. 이러한 구는 행위주(예: to scold the boys was foolish) 및 명사와 동사, 형용사의 한정어(예: a chance to go, he hopes to go, glad to go) 역할을 하기 때문이다. 한정적 형용사는 폐쇄 여부로 구분되는 명사구를 형성한다. 예컨대 'this fresh milk'는 'fresh milk' 혹은 'milk'와 달리, 형용사 수식어를 취할 수 없다(12.10절). 소규모 형태부류가 구에서 특별한 기능을 결정할 때마다, 우리는 해당 형태를 표지로 간주한다. 그러므로 영어에서 한정적 형용사, 전치사, 대등접속사, 종속접속사 등은 표지로 간주될 수 있다. 이들 형태는 소규모 형태부류로서, 이들 형태 가운데 어느 하나라도 구에 출현하면 이 구의 형태부류에 관한 모종의 문법적 사실이 결정된다. 표지의 다른 용례로는 중국어나 타갈로그어의 첨사를 들 수 있다(12.13절).

(3) 마지막으로 어휘형태가 구조나 표지 어느 것으로도 드러나지 않는 형태부류에 임의적으로 혹은 불규칙적으로 속하는 경우도 있다. 예를 들면, 'in case'라는 구는 전치사와 체언이 결합된 구조이면서도 종속접속사 역할을 한다. (예) In case he isn't there, don't wait for him. (만일 그 사람이 거기 없으면 기다리지 마라.) 또한 'this way, that way, the other way, the same way' 등의 구는 체언구조이면서도 의문 대치형태 'how?'를 갖는 특수한 하위 부류(방법)의 동사 수식어로 사용된다. 마찬가지로 상당수의 영어 명사와 명사구는 'when'-부류에서 독자적으로 혹은 구의 구성원으로 동사 수식어 역할을 한

다. (예) Sunday, last winter, tomorrow morning. 영어에서 단어의 형태부류는 대체로 임의적이다. 다시 말해서 'man, boy, lad, son, father' 등이 남성명사이고, 'run, bother' 등이 동사이며, 'sad, red, green' 등이 형용사라는 사실을 알려주는 아무런 장치도 없다는 것이다. 특히 모든 형태소의 형태부류는 당연히 임의적으로 결정된다. 한 언어에 대한 완벽한 기술은 그 기능이 구조나 표지 어느 것으로도 결정되지 않는 모든 형태를 목록화한다. 따라서 그와 같은 완벽한 기술에는 어휘부, 곧 형태소 목록이 포함되는데, 이 목록은 그 기능이 어떻든 불규칙적인 모든 복합형태의 목록뿐만 아니라, 각 형태소의 형태부류까지도 표시한다.

16. 4. 형태부류는 서로 배타적이지 않고, 서로 교차하거나 겹치고 하나가 다른 하나에 포함되거나 한다. 그래서 영어에서는 (행위주 역할을 하는) 주격표현이 체언과 유표적 부정사(예: to scold the boys was foolish) 양쪽을 모두 포함한다. 반면에 체언 가운데서 과잉분화에 의해 행위주 역할을 하지 않는 일부 대명사(예: me, us, him, her, them, whom)도 있다. 체언 집단 중의 하나인 동명사(예: scolding)는 부정사와 기타의 동사형태를 가진 형태부류에 속해, 가령 목표와 같은 수식 유형에서 핵어 역할을 한다(예: scolding the boys). 이러한 이유 때문에 영어와 같은 언어의 품사체계는 완벽하게 만족스러운 방향으로 설정되기가 어렵다. 영어의 품사목록은 영어의 화자나 영어학자가 어떤 기능을 가장 중시하는가에 달려 있다.

그러나 우리는 위와 같은 거대한 형태부류와 'foot, goose, tooth, ox' 등과 같이 불규칙한 복수형을 가진 소소한 형태부류 사이의 차이점을 구분할 수 있다. 어휘부 전체나 혹은 일부 중요한 형태부류를 대략 엇비슷한 크기로 완벽하게 하위분류하는 거대한 형태부류를 범주라고 부른다. 그러므로 영어의 품사(명사, 동사, 형용사 등)는 영어라는 언어의 범주가 된다. 단수형과 복수형 체언도 범주가 되는데, 그것은 이들 두 범주가 체언이라는 형태부류를 엇비슷한 크기로 완벽하게 양분하기 때문이다. 일반적으로 모든 패러다임에 평행하게 출현하는 굴절형은 일정한 범주를 나타낸다. 예를 들어, 다양한 형태를 가진 영어의 동사 패러다임에는 한정동사의 호응형태(예: am-is-are / was-were)를 비롯하여, 이들 형태와 교차하는 한정동사의 시제와 법(예: he is-he was-he were)[3] 등이 포함된다.

그러나 모든 범주가 굴절하는 것은 아니다. 대명사 'he'와 'she'의 선택은 인칭명사를 남성과 여성 범주로 양분한다. 그렇지만 두 범주를 구분하는 굴절이나 규칙적인 파생과정 없이, 표지를 산발적으로 활용하거나(예: count-countess, Paul-Pauline, Albert-Alberta) 전적으로 불규칙한 파생을 일으키거나(예: duck-drake, goose-gander), 합성과정을 활용하거나(예: he-goat[수컷 염소], billy-goat[수컷 염소], bull-buffalo[수컷 물소]), 보충법에 따르거나(예: son-daughter, ram[숫양]-ewe[암양]), 단순히 부류의 균열로 인한(예: a teacher … he, a teacher … she, Francis-Frances[Francis의 여성형]) 경우도 있다.

또한 일부 범주는 통사적 성격을 띠어, 굴절과정에 나타나지 않고 (통사적) 구 안에 나타난다. 영어에서 그러한 범주의 용례로는 부정(不定) 체언과 확정(確定) 체언(a book-the book) 혹은 동사의 상(相)(예: wrote-was writing)과 완료성(예: wrote-had written) 및 태(態)(예: wrote-was written)를 들 수 있다.

한 언어의 범주, 특히 형태론에 영향을 미치는 범주(예: book-books, he-she)는 매우 널리 퍼져 있어서 자기 언어에 대해 조금이라

___

3) 이 용례에서 앞의 두 형태는 시제의 대립(현재 대 과거)을 보여주고, 이들 두 형태와 마지막 형태는 법의 대립(직설법 대 가정법)을 보여준다.

도 성찰해본 사람이라면 누구나 알아차린다. 통상적인 경우에, 자신의 모국어나 혹은 모국어와 대단히 흡사한 언어만을 아는 이런 사람은, (모국어의) 각종 범주를, 보편적인 발화형태나 보편적인 '인간의 사고' 혹은 외부세계 그 자체로 오인하는 실수를 범할 가능성이 적지 않다. 바로 이러한 저간의 사정 때문에 '논리적'이거나 '형이상학적'인 것으로 알려진 풍부한 언어기술의 내용이 기껏 철학자가 고안해낸 언어의 각종 주요 범주를 다시 진술해 놓은 무용지물이 되고 마는 것이다. 장래의 언어학자들이 해결해야 할 과제는 서로 다른 언어의 각종 범주를 비교해서 어떤 자질이 보편적인 것인가, 혹은 그런 자질이 널리 퍼져 있기라도 하는가를 알아내는 것이다. 그러므로 영어의 체언 표현과 비견되는, 곧 '사물'(대상)과 비슷한 그 무엇이라는 부류 의미를 갖는 형태부류는, 비록 많은 언어에서 영어의 명사처럼 임의적인 부류가 아니라 말레이어나 중국어처럼 표지의 존재 여부에 크게 의존하는 양상(12. 13절)을 보이더라도, 대체로 어느 언어에나 존재하는 것으로 보인다.

16. 5. 현실세계에 대한 인간의 지식을 동원하면, 우리는 일부 언어 범주가 실제 사물의 부류와 일치한다는 사실을 알 수 있다. 예를 들면, 우리의 비언어적 세계는 사물과 행위, 특질, 방법 및 관계 등으로 구성되어 있으며, 이들 항목은 각각 영어라는 언어의 세계에 존재하는 명사와 동사, 형용사, 부사 및 전치사와 비교가 가능하다. 그러나 이러한 경우에도 다른 많은 언어에서 이들 부류를 고유한 품사로 설정하지 않고 있음도 분명 사실이다. 더욱이 영어의 품사도 실제세계의 상이한 각종 양상과 상응하느냐의 여부가 아니라, 오직 영어 통사론 안에서 수행하는 기능에 따라 결정하지 않으면 안 된다.

이러한 사정은, 정교한 품사체계를 가진 언어에 항상 추상적 형태가 포함된다는 상황에 직면하면 더욱 뚜렷이 드러난다. 이런 언어에는 상이한 통사적 위치에서 사용하기 위해 동일한 어휘 의미를 가진 평행적 형태가 마련되어 있다. 예를 들어, 'run'과 같은 동사나 'smooth'와 같은 형용사는 행위주 역할을 할 수 없지만, 영어에는 이러한 기능에 대해 추상적인 명사형태 'run'(예: the run will warm you up〔조금 달리면 몸이 더워질 것이다〕)과 'smoothness'가 마련되어 있다. 이들과 같은 추상적 형태가 오직 문식능력을 갖춘 교양 있는 화자들에게서만 나타난다고 생각하는 것은 잘못이다. 이런 형태는 상이한 형태부류를 상이한 통사적 위치로 제한하는 모든 언어에서 일어나기 때문이다.

결과적으로 언어의 범주는 철학용어로 정의할 수 없다. 형식적인 용어로 언어적 범주를 정의하면, 그 의미를 기술하는 데 엄청난 어려움을 겪게 된다. 일부 친숙한 언어적 범주만 잠시 살펴보아도 이러한 난점을 곧 알 수 있다.

영어에서 단수와 복수로 나타나는 수(數) 범주는 인간의 반응이 보이는 어떤 보편적인 특성과 가까운 것으로 보인다. 그렇지만 'oats'와 'wheat' 혹은 'Epsom salts'와 'table salt' 등과 같은 용례를 보면, 수 범주에 관한 비언어적 정당화의 가능성은 희박해 보인다.

영어에서 성(性) 범주는 인격과 성별이라는 인간의 비언어적 인식과 밀접한 관련이 있지만, 여기서도 일부 동물(the bull … he 혹은 it)과 기타 사물(the good ship … she 혹은 it)은 다양하게 취급된다. 프랑스어의 두 범주나 독일어의 세 범주와 같은 대다수 인도-유럽어의 성 범주(12. 7절)는 실제 세계의 그 어떤 것과도 일치하지 않는다. 그리고 이러한 사정은 대다수 언어의 성 범주에 적용된다. 알공키안어에서는 모든 사람과 동물이 '유정물'이라는 하나의 성(性) 부류에 속하는데, '나무딸기'나 '솥', '무릎' 등과 같은 다른 일부 사물도 같은

'유정물' 부류에 속한다. 이밖에 다른 모든 사물(예컨대 '딸기', '국자', '팔꿈치' 등)은 '무정물'이라는 다른 성 범주에 속한다. 일부 반투 제어에서는 이러한 부류가 무려 스무 가지나 된다. 그러나 이들 언어에서는 수의 구분이 성의 분류체계와 합류되었다.

영어처럼 두 가지(he-him)에서부터 핀란드어처럼 스무 가지에 이를 만큼 다양한 격 범주는 실제 세계의 다양한 상황을 닮았지만, 여하한 일관성도 보이지 않는다. 예를 들면, 독일어에서는 동사의 목표가 대격에 나타나지만(예: er bat mich 〔eːr ˈbaːt mix〕 (he asked me 〔for something〕)), 특정한 동사는 목표가 여격에 나타난다(예: er dankte mir 〔eːr ˈdaɳkte miːr〕 (he thanked me)). 이들 용례를 12.8절에 나오는 라틴어의 경우와 비교해 보라.

시제범주는 표면적인 합리성을 가진다. 특히 라틴어처럼 현재(예: cantat 〔he sings〕)와 과거(예: cantāvit 〔he sang〕) 및 미래(예: cantābit 〔he will sing〕)를 구분하는 언어에서는 이러한 합리성이 더욱 두드러지지만, 여기서도 이들 범주가 비언어적인 분석의 결과와 일치하지 않는다는 사실이 곧 눈에 띌 것이다. 예컨대 라틴어에서도 영어처럼 과거 사건에 대해 '역사적 현재' 용법이 사용되기 때문이다. 그리고 라틴어에서는 시제형태의 의미가 상대적 시간 이외의 고려사항과 얽혀 있기도 하다.

영어의 상(相) 범주는 하나의 단위로 비치는 시점적(時點的)〔일부 문법학자는 이를 '완결적'(perfective)이라고 부름〕 행위(예: he wrote the letter)와, 다른 사건이 일어날 수 있는 시간의 조각으로 확장되는 지속적〔일부 문법학자는 '미완결적'(imperfective)이라고 부름〕 행위(예: he was writing the letter)를 구분한다. 이러한 구분은 실제 세계에서라면 정의하기가 대단히 어려우며, 영어에서는 유표적 전위(轉位, dislocation) 현상을 감수하기도 한다. 예를 들어, 일부 동사는 일관되게 시점적 형태로 나타나고(예: I think he is there / he is funny), 특수한 구성체를 이루거나 특수한 의미로 사용될 때만 지속적 형태로 나타난다(예: I am thinking of him, '나는 그를 생각하고 있다' / he is being funny, '그는 우스꽝스럽게 행동하려 하고 있다').4) 영어와 매우 흡사한 상 범주를 가진 러시아어에서는 '먹다'와 '마시다'와 같은 일부 동사가 일관되게 지속적 형태로 나타난다.

영어에 없는 보편적 동사 범주는 반복성인데, 이것은 단 한 번 일어나는 행위와 거듭된 행위를 구분하는 범주이다. 예를 들어, 러시아어에서는 [on be'žal do'moj] (he was running home [어떤 특별한 한 번의 경우에])와 [on 'begal do'moj] (he ran home [예컨대 '매일'처럼 반복적으로]).5)

완료 범주는 동시간적(同時間的)6) 미완료 행위와, (어떤 행위가 끝나서 그 행위의) 영향이 동시간적인 완료행위를 구분한다. (예) he writes vs. he has written, he is writing vs. he has been writing, he wrote vs. he had written, he was writing vs. he had been writing. 이 차이는 실제상황의 관점에서 보면 거의 정의가 불가능하

---

4) 예문에서 전자는 특수한 구성체를 이룬 경우(*think of*)에 해당하고 후자는 특수한 의미로 사용된 경우(지금 일시적으로 … 하다)에 해당한다.

5) [원주] 영어의 경우, '반복'은 동사형태에서 아무런 역할도 하지 않는다. 예를 들면, 'he played tennis every day'(시점적)와 'he was playing tennis every day'(지속적)는, 'he played a set of tennis'(시점적)와 'he was playing a set of tennis'(지속적)와 마찬가지이다. 라틴어, 프랑스어 및 현대 그리스어에서는 거듭된 행위와 지속적 행위가 하나의 부류로 통합되었다. 프랑스어 'il écrivez [il ekrive]'는 'he was writing'의 뜻도 되고 'he wrote (repeatedly)' 및 'he used to write'의 뜻도 된다. 러시아어에서는 거듭된 행위가 지속적 행위로 분류되지만, 지속적 행위 안에서는 적어도 일부 동사에 한해 단일 행위와 구분된다.

6) 여기서 '동시간적'이란 용어는 '발화시와 동일한 시간'이라는 뜻으로 이해된다.

며, 그렇기 때문에 이 차이와 관련하여 상이한 언어에서 상이한 분포 양상을 보이고 있다.

영어에는 많은 법이 있는데, 이는 어떤 행위가 실제 사건의 발생에 접근하는 다양한 방법을 구분하는 범주이다. 형태론적으로 영어는 현실적인 사건(예: he is here)과 비현실적인 사건(예: if he were here)을 구분한다. 통사론적으로 영어는 특정한 불규칙 (보조) 동사에 내재된 (전치사 'to'가 없는 부정사가 뒤따른다는) 특이성을 가지고 법체계 전반을 구분한다(예: he will write‐shall write‐can write‐must write‐may write). 이와 같은 일련의 결합체에서 부정사는 비교적 일관되게 시점적이며, 드물게만 지속적이다(예: I shall be writing). 그런데 러시아어의 미래시제(영어의 'will'과 'shall' 구에 상응하는)는 현재시제 내지 과거시제와 완전히 동일하게 상을 구분한다. 상이한 법 범주의 용법은 많은 언어에서 통사적 위치 차이 및 호응 차이와 관련되어 있다. 예를 들어, 영어에서는 비현실적인 사건이 접속사 'if'나 'though'가 이끄는 절 혹은 구에서 법 형태가 포함된 결합체(예: 현실적 사건 'he will help us' : 비현실적 사건 'he would help us')에서만 나타난다. 이와 유사한 복잡한 양상이 다른 언어에서 관찰되는 다양한 법의 용례에 나타난다. 예를 들어, 프랑스어 'je pense qu'il vient' 〔žə paⁿs k i vjɛⁿ〕 (*I think he is coming*)은 직설법 (사실법)의 절에 사용하는 동사형태를 가진 반면, 'je ne pense pas qu'il vienne' 〔žə n paⁿs pɑ k i vjɛⁿ〕 (*I don't think he is coming*)은 접속법 (가능법)의 절에 사용하는 동사형태를 가진다.

16. 6. 앞선 16. 3절에서 우리는 일부 형태의 기능이 구성성분이나 구조에 의해 결정된다는 사실을 확인한 바 있다. 그런 방식으로 결정된 모든 기능은 규칙적이라고 말할 수 있고, 그와 다른 방식으로 결

정된 기능은 불규칙적이라고 말할 수 있다. 가령, 영어의 단어 'fox'
와 'ox'가 단수 보통명사로 비인칭과 남성(수컷) 인칭 사이를 넘나든
다는 사실을 안다면, 'fox'는 'foxes'라는 형태에서 보듯이 복수접미사
〔-ez〕와 결합하는 규칙적 기능을 갖는 반면(무수한 단수명사가 이 기능
을 공유하기 때문에), 'ox'는 복수접미사 〔-n〕과 결합하는 불규칙적 기
능을 갖는다고 진술할 수 있다. 언어학자는 보통 '규칙적'과 '불규칙
적'이라는 용어를 형태 자체에 적용하여, 명사 'fox'가 규칙적이고 명
사 'ox'가 불규칙적이라고 말하는 경향이 있다. 우리는 이들 용어가
참으로 성립하는 조건과 관련하여 그 기능을 구체적으로 명시하지 않
으면 안 되는데, 그것은 명사 'fox'와 'ox'가 다른 기능에서는 매우 유
사하기 때문이다. 이들 용어의 외연을 확장하면, 언어학자는 해당 기
능(여기서는 복수 표시)이 나타나는 결성체 형태에도 이들 용어를 적
용하여, 복수명사 'foxes'가 규칙적이고 복수명사 'oxen'이 불규칙적
이라고 말할 수 있다.

화자는 자신이 직접 결성체 형태를 듣지 못했더라도 규칙적인 기능
형태라면 이를 어렵지 않게 사용할 수 있다. 예를 들면 실제로는 이
특정한 복수형(foxes)을 전혀 들어본 적이 없지만, 영어의 화자는
'foxes'와 같은 형태를 제대로 발화할 가능성이 충분하다. 그러나 불
규칙적인 기능 형태를 사용하려면 화자가 이런 불규칙적 기능 형태를
다른 화자에게서 직접 들어보지 않으면 안 된다. 다시 말해서 불규칙
적 복수형태 'oxen'은 오직 이 복수형태를 다른 화자에게서 들어본
적이 있는 화자만이 발화할 수 있다는 것이다. 그러므로 언어의 기술
에서 규칙적인 기능은 해당 형태부류 전체에 대해 집단적으로 진술할
수 있다. 따라서 우리는 영어의 모든 명사를 일일이 목록화하지 않고
도 영어 명사의 규칙적 복수 형성법을 진술할 수 있다. 반면에 불규
칙적 기능은 어쩔 수 없이 해당 부류의 모든 형태를 목록화해야 한

다. 예를 들어, 우리는 영어의 명사 'ox'가 복수형에서 '-en' 형태를 취하고 영어의 명사 'foot, tooth, goose' 등이 복수형에서 〔ij〕라는 음성적 대치형태를 취한다고 진술할 수밖에 없다.

　이러한 구분법을 견지한다면, 화자가 직접 듣지 않고도 발화할 수 있는 모든 형태는 그 직접구성성분의 구조가 규칙적이고 구성성분들의 규칙적 기능을 구현하는 반면, 화자가 다른 화자에게서 직접 들어본 다음에야 발화할 수 있는 모든 형태는 불규칙적이라고 말할 수 있다. 그렇다면 엄격하게 말해서 한 언어의 모든 형태소는 실제 그 형태가 발화된 것을 들어야만 사용할 수 있고, 또 언어학적 기술을 읽는 독자도 자신에게 제시된 목록이 있어야만 해당 형태소의 존재를 알 수 있다는 점에서 불규칙적이다. 어휘부는 사실상 문법의 부록, 즉 갖가지 기본적인 불규칙성을 모아놓은 목록이다. 이러한 사정은 의미를 고려하면 더욱 자명해지는데, 그것은 각각의 형태소에 담긴 의미가 임의적인 전통(약속)에 의해 어휘부에 속하기 때문이다. 영어처럼 각각의 형태소가 모종의 문법부류에 임의적으로 할당되는 언어에서는 이 자질도 역시 불규칙성의 하나이다. 예를 들어, 영어의 경우에 화자는 'pin'이 명사이고 'spin'이 동사이며 'thin'이 형용사이고 'in'이 전치사라는 사실을 경험을 통해서 배우고, 문법을 기술하는 학자는 이런 사실을 목록화해야 한다. 이와 같은 작업은 관습적으로 어휘부의 몫이다. 문법에서는 해당 언어의 모든 형태소에 나타나지 않는 불규칙성만을 목록으로 작성하고, '규칙'과 '불규칙'이라는 용어를 이 문법에 나타나는 자질에 대해서만 사용하는 것이다.

　이러한 제약을 따른다면, 대다수의 언어형태가 규칙적인데, 그것은 구성성분과 문법 패턴을 아는 화자는 직접 들어본 적이 없더라도 그 구성성분의 결합체를 발화할 수 있기 때문이다. 더욱이 (실제 결합의 가능성이 거의 무한하기 때문에) 관찰자로서는 이런 형태의 목록화를 희망하지 않는다. 가령, 영어의 주격표현 부류와 한정동사 표현 부류는 너무나 광범위해서 실제로 성립할 수 있는 많은 행위주-행위 형태(예: a red-headed plumber bought five oranges〔붉은 머리 연관공이 오렌지 5개를 샀다〕)가 예전에 단 한 차례도 발화되지 않았을 가능성이 높다. 그러나 우리가 가끔 들은 모든 특별한 결합에 이런 논리가 적용된다고 확신할 수는 없다. 문법 패턴(문장유형, 구성, 대치 등)은 흔히 '유추'라는 이름으로 불린다. 규칙적 유추의 도움으로 화자는 자신이 들어본 적이 없는 언어형태를 발화한다. 이때 우리는 이 화자가 자신이 들은 유사한 형태를 근거로 유추기제를 작동시켜 그 언어형태를 발화한 것으로 생각한다.

이와 반대로 불규칙적 유추는 수많은 형태를 아우를 가능성이 있지만, 자신이 들은 형태를 유추의 기반으로 삼아 화자가 새로운 형태를 발화할 가능성은 희박하다. 예를 들면, 'at least, at most, at best, at worst, at first, at last' 등의 구는 동일한 패턴(전치사 'at'과 '-st'로 끝나는 형용사의 결합)으로 만들어져 있지만, 유추는 극소수 형태에 국한된다. 'at all'(형용사가 '-st'로 끝나지 않고 연성이 불규칙적임)이나 'don't'에는 유일적 유추가 작용한다. 영어에 'automobile'(자동차)이란 단어가 처음 들어왔을 때, 화자들은 'cab-driver'(택시 운전기사), 'truck-driver'(트럭 운전기사) 등과 같은 단어를 바탕으로 한 유추기제를 작동시켜 어렵지 않게 'automobile-driver'(자동차 운전기사)라는 합성어를 새로 만들어내서 사용할 수 있었다. 반면에 유일 형태소를 제1구성원으로 가진 'cranberry'와 같은 합성어는 오직 이 형태를 예전에 들어본 적이 있는 화자만이 발화할 수 있다. 만일 의미를 고려하다면, 우리는 'blackbird'라는 단어의 용법이 관습적으로 적용되는 종류의 새에 대해 이 단어를 사용하는 화자에게도 마찬가지 논리를 적용할 수 있다. 이 합성어에 이런 의미가 담긴 사정 자체가 자의적인 전통에 의한 것이기 때문이다. 한편 'charlestoner'(찰스턴이라는 춤을 추는 사람)는 'dancer, waltzer, two-stepper' 등의 단어를 기반으로 규칙적인 유추작용에 의해 만들어졌지만, 'duchess'와 같은 형태(10.6절)는 유일적 유추작용의 결과이다. 말음으로 '-ess'를 갖는 여성형 명사의 경우는 규칙과 불규칙의 경계선상에 놓여 있다고 할 수 있는데, 전반적으로는 전통적 형태에 국한되어 나타난다. 그래서 'poetess'(여류 시인)나 'sculptress'(여류 조각가) 등은 가능하지만, *'paintress'(*여류 화가)는 불가능하다. 그렇지만 영어의 화자는 이 유추를 확대해서, 가령 'profiteeress'(여자 부당이득자)나 'swindleress'(여자 사기꾼) 등의 형태를 발화하기도 한다. 심지어 어근-형성 형태소(14.9절)에서도 약간의 유연성이 나타난다. 예를 들어, '쩍쩍 들러붙는 소리를 내면서 진땅을 걷는 발걸음'이라는 의미로 사용된 'squunch'와 같은 형태를 어떤 화자가 발화하는 장면을 직접 목격하고 이 형태를 들었다고 하자. 이때 우리는 그 화자가 예전에 이 형태를 들었다가 사용한 것인지, 아니면 'squirt'(분출), 'squash'(철썩)의 〔skw-〕혹은 'crunch'(우두둑)의 〔-onč〕에서 유추한 형태를 사용한 것인지 분간할 방도가 없다.

한 언어의 규칙적인 유추작용은 대치와 관련된 습관이다. 예를 들어, 어떤 영어 화자가 'give Annie the orange'라는 발화형태를 전혀 들은 적이 없는 대신 아래와 같은 발화형태의 집합을 들었거나 직접 말했다고 하자.

Baby is hungry. Poor Baby! Baby's orange. Give Baby the orange!
Papa is hungry. Poor Papa! Papa's orange. Give Papa the orange!
Bill is hungry. Poor Bill! Bill's orange. Give Bill the orange!
Annie is hungry. Poor Annie! Annie's orange ….

이 화자는 이제 'Annie'라는 단어를 'Baby, Papa, Bill'과 동일한 위치에 사용하는 습관, 곧 유추기제를 확보한 셈이다. 따라서 적절한 상황이 주어지면, 이 화자는 새로운 발화형태 'Give Annie the orange!'를 발화하게 될 것이다. 어떤 화자가 복합형태를 발화할 때, 우리는 대부분의 경우에 이 화자가 예전에 그 형태를 들었는지 아니면 다른 형태에서 유추해서 만들어냈는지 알 수가 없다. 다른 형태를 기반으로 유추기제를 작동시켜 어떤 형태를 발화하는 과정은, 아래 왼쪽에 있는 무한히 큰 비례관계의 집합을 가진 비례식을 푸는 과정과 비슷하다.

Baby is hungry : Annie is hungry
Poor Baby : Poor Annie $\Big\}$ = Give Baby the orange : x
Baby's orange : Annie's orange

dog : dogs
pickle : pickles
potato : potatoes
piano : pianos   = radio : x

16. 7. 한 언어의 힘 내지 자산은 형태소와 문법소(문장유형, 구성과 구성체, 대치)로 구성된다. 어떤 언어든 형태소와 문법소의 수효는 수천에 이른다. 더욱이 모든 언어에는 순수한 언어학적 기술(記述)로는 드러낼 수 없으면서도 실제적으로는 대단히 중요한, 이른바 특수화한 의미를 담고 있는 복합형태가 많다. 그래서 언어학자는 영어에서 'blackbird'(지빠귀), 'bluebird'(미국산 지빠귀) 'whitefish'(송어의 일종) 등과 같은 유형의 합성어나 혹은 'give out'(발표하다), 'fall out'(발생하다), 'throw up'(포기하다) 등과 같은 유형의 구가 특수화한

의미를 담고 있다고 판단할 수 있지만, 실제 생활에서 이들 형태가 그 어떤 의미소 못지않게 충분히 유용하다 하더라도 이들 형태의 의미를 계량할 수는 없다.

보통의 언중은 언어의 자산이 그 언어에서 사용되는 상이한 단어의 수효에 비례한다고 생각하지만, 이런 수효는 결정적인 중요성을 가질 수 없다. 단어란 형태론적 구성의 유추기제에 따라 자유롭게 형성되기 때문이다. 예컨대 'play, player, dance'를 차례로 세고 나서, 추가적인 언어형식소가 포함되지 않았는데도 과연 'dancer'를 제4의 단어로 계산할 수 있을지는 의문이다. 만일 이런 경우에 'dancer'를 제4의 단어로 간주할 수 있다면, 어떤 언어든 단어의 수효는 사실상 무한에 이르게 된다. 셰익스피어는 자신의 글에서 2만 개의 상이한 단어를 사용했고, 밀턴[7]은 자신의 시에서 8천여 단어를 사용했다고 한다. 이런 말을 들으면, 우리는 곧잘 화자가 유창하지 못할수록 구사하는 단어의 수효도 적어진다는 그릇된 결론을 내리곤 한다. 자신이 창작한 지극히 짧은 분량의 이야기 안에다가 그토록 많은 분량의 단어를 녹여 넣었다는 사실은 물론 셰익스피어의 천재성에 대한 방증이 될 수 있지만, 이 정도 분량이라면 과묵한 보통사람이 일 년 동안에 발화하는 이야기의 총량에 비할 바가 못 된다. 고작해야 수백 단어 정도밖에 사용하지 못하는 농부와 노동자 혹은 야만족에 대한 그릇된 미신은 전혀 사실에 근거한 것이 아니다. 사용하는 단어의 수효를 셀 수 있다면, (영어와 같은 굴절어라면 굴절형을 모두 무시하더라도) 성인 화자가 사용하는 단어는 적게 잡아도 대략 2만 개에서 3만 개 정도에 이른다. 만일 조사대상이 된 화자가 제대로 교육을 받아서 전문용어나 학술용어를 안다면, 사용하는 단어의 수효도 이보다 훨씬

---

7) 영국의 대시인. ☞ 인명 약해 참고.

많아질 것이다. 더욱이 모든 화자는 자신이 사용하는 단어보다 많은 단어를 이해한다.

일상적인 발화를 수집한 풍부한 기록만 있다면 한 언어에서 나타나는 다양한 어휘단위(형태소)와 문법단위(문법소)의 상대적 빈도는 언제나 조사가 가능하다. 다음의 제 17장에서 우리는 언어의 역사적 연구를 가로막는 장애물의 하나가 바로 그와 같은 기록의 부재상태라는 점을 알게 될 것이다. 언어형식소의 빈도에 나타나는 동요양상이 모든 언어에서 발생하는 변화에서 중요한 역할을 수행하기 때문이다.

대다수 어휘형태의 사용빈도는 틀림없이 실제상황에 따라 움직이는 엄청난 규모의 표면적 동요양상에 좌우된다. 예를 들어, 'thimble'(골무)이나 아니면 'stove'(난로)라는 단어가 상당히 긴 대화에 전혀 출현하지 않을 가능성도 있다. 하지만 이들과 같은 형태는 상황만 주어지면 누구든 사용할 수 있는 단어이다. 반면에 어휘형태도 그렇지만 특히 문법형태는 사용빈도가 높을수록 언어구조에서 끊임없는 사용요구를 받는다. 지금까지 이루어진 빈도조사는 단어에 국한되었다. 영어에서 가장 보편적인 단어(the, to, is 등)는 발화에서 일관되게 높은 사용빈도를 갖는다.

16. 8. 서로 다른 언어에서 어떤 표현이 가능한가에 관한 실제적인 문제는 단어의 의미 및 범주의 문제와 혼동을 일으키는 경우가 많다. 영어에서는 구를 사용하는데, 다른 언어에서는 단일 단어를 사용하거나 아니면 의존형태를 사용하는 경우까지 있다. 한 언어에서 범주적인 의미(가령 영어에서 사물의 복수라는 문법의미)가, 다른 언어에서는 특정한 실제 자극하에서만 나타날 수도 있다. 지시의미에 관해서라면 한 언어에서 언급될 수 있는 것은 무엇이든 다른 언어에서도 언급될 수 있다. 언어 간의 차이는 오직 해당 형태들의 구조 혹은 함축

(의미)에만 관여한다. 한 언어가 단일 형태소로 표현하는 내용이 다른 언어에서는 기다란 구로 나타날 수도 있고, 한 언어에서 단어 하나로 가능한 내용이 다른 언어에서는 구나 접사로 나타날 수도 있다. 한 언어에서 일정한 범주에 속하기 때문에 (실제상황과 무관하더라도) 나타날 수 있는 의미요소가, 다른 언어에서는 나타나지 않을 수 있다. 영어에서는 'Pike's Peak is high'[8] 처럼 현재시제 동사로 표현하지만, 중국어나 러시아어에서는 비슷한 내용에 현재시제 요소가 전혀 나타나지 않는다.

서로 다른 언어에서 신호하기의 최소단위인 언어형식소가 실제 가치에서 광범위하게 다르다는 점은 주목할 만한 사실이다. 이러한 사정은 밀접하게 관련된 친족어들 사이에서도 마찬가지이다. 영어에서는 그냥 'ride'(타다)라고 말하지만, 독일어에서는 동물을 타면 'reiten' 〔rajten〕이라 말하고 자동차처럼 다른 종류의 사물을 타면 'fahren' 〔faːre:n〕이라고 말한다. 영어로는 'on'이라고 말하면 되지만, 독일어로는 중력의 도움으로 접촉이 이루어지는 경우(예: on the table)에 'auf'를 사용하고 그 이외의 경우(예: on the wall)에 'an'을 사용한다. 영어의 'morning'(아침)은 프랑스어의 'matin' 〔matɛ͂〕과 상응하지만, 같은 아침 시간이라도 다른 사건이 일어날 수 있는 시간의 편린으로 생각되면(예: I slept all morning / during the morning), 파생어 'matinée'를 사용한다.[9] 손쉽게 정의하고 분류할 수 있는 사물도 서로 다른 언어에서 매우 다양한 취급을 받는다. 사람들 사이의 단순한 생물학적 관련성을 가리키는 용어야말로 가장 확정적인 용법을 가진다고 말할 수 있을 것이다. 그렇지만 영어의 'brother'와 'sister'에 상응하는 단어 이외에도 독일어에는 남녀 양성을 모두 포함하는 복수형

---

8) 미국 동부 로키 산맥에 실재하는 산의 이름이다.

9) 그래서 프랑스어에서는 'au matin'과 'dans la matinée'가 된다.

'Geschwister' 〔gə'ʃvister〕가 있다. (예) Wieviele Geschwister haben Sie? 〔vi: 'fi:le gə'ʃvister 'ha:ben zi:?〕(How many brothers and (or) sisters have you?) 일부 언어에서는 이런 경우 타갈로그어의 〔kapa'tid〕처럼 성별에 무관하게 하나의 단어만을 사용하기도 한다. 그래서 영어단어 'brother'는 타갈로그어의 구 〔kapa'tid na la'la:ki〕인데, 여기서 마지막 단어 〔la'la:ki〕는 '남성'을 뜻한다. 한편 영어단어 'sister'는 타갈로그어의 구 〔kapa'tid na ba'ba:ji〕인데, 여기서도 마지막 단어 〔ba'ba:ji〕는 '여성'을 뜻하는 한정어이다. 반면에 중국어와 같은 일부 언어는 상대적인 연령을 고집하기도 한다. (예) 〔'ko¹ ko¹〕(형, 哥哥), 〔'cjuʃ¹ ti⁴〕(동생, 兄弟), 〔'čje³ čje³〕(누이, 姐姐), 〔'mej⁴ mej⁴〕(누이동생, 妹妹). 이보다 더욱 복잡한 용어체계가 메노미니어에 나타나는데, 만일 영어의 '형제 또는 자매'라는 뜻을 가진 'sibling'이라는 단어를 사용한다면 이 메노미니어 단어의 뜻을 가장 잘 드러낼 수 있을 것이다. (예) 〔nɛʔnɛh〕(나의 형), 〔ne:me:h〕(나의 누나), 〔nɛhse:h〕(나의 남자 / 여자 형제), 〔neko:ʔsemaw〕(나와 다른 성별의 남자 / 여자 형제), 〔ne:hkah〕(나〔남자〕의 남자 형제), 〔ne:tɛkɛh〕(나〔여자〕의 여자 형제). 일반적인 친족용어 〔ni:tɛsjanak〕(my siblings)는 복수형으로 나타나는데, 형제가 양성에 걸치고 자기보다 젊지 않은 경우에 사용된다.

친족용어는 위의 사례처럼 다양할 뿐만 아니라 분명하게 정의를 내릴 수 없는 상황에서 사용되기도 한다. 메노미니어에서 '남자 형제' (brother)와 '여자 형제'(sister)를 가리키는 일군의 친족용어는 관련자의 부모가 같은 성별인 사촌들에게도 사용된다. 다시 말해서 남자는 자기 아버지의 남자 형제 자식에 대해서 〔ne:hkah〕라고 말할 수 있다. 더욱이 이들과 일부 다른 친족용어들은 자손에게 승계된다. 그래서 나의 아버지 형제의 아들의 아들도 〔ne:hkah〕이다. 결과적으로 그 의미는 이들 친족용어가 기억되고 인식되는 일관된 원리에 맞추어서 결정되는 것이다.

마찬가지로 가령 식물이름을 부른다고 할 때, '나무', '덤불', '숲', '풀', '갈대', '잔디' 등과 같은 조금 모호한 용어를 제외하면, 식물학자의 분류체계에 맞추어서 식물이름을 사용하는 언어는 어디에도 없을 것이다.

수의 세계와 같은 영역에서도 언어는 저마다 다양한 일탈현상을 보인다. 영어의 수는 현재 10진법(twenty-five, thirty-five 등)을 사용하지만, 아직 12진법의 흔적(eleven, twelve / *one-teen, *two-teen)도 남아 있다. 그 밖의 또 다른 불규칙성도 눈에 띈다. (예) two-twenty-second-half : three-thirteen-thirty-third. 더욱이 'three, seven, thirteen' 등의 특정한 수와 'dozen'(12), 'score'(20), 'gross'(144) 등 부수적으로 수를 나타내는 용어에 담긴 함축의미는 수학적으로 설명할 수 없다. 덴마크어에는 20진법과 혼합된 수 표시어가 남아 있다. 프랑스어에서는 '60'부터 '79'까지 수를 세면서도 중간에 10의 배수('70')가 나타나지 않는다. 다시 말해서 '70'은 'soixante-dix'〔swasa^{n}t-dis〕(60-10), '71'은 'soixante et onze'〔swasa^{n}t e o^{n}z〕(60+11) 등으로 나타낸다. 그리고 '80'은 'quatre-vingt'〔katrə vε^n〕(4×20, '20'의 4배)이고, 이어서 20을 더 세어 100에 이른다. 그러니까 '92'는 'quatre-vingt douze'〔katrə vε^n du:z〕(4×20-12)가 되는 것이다. 높은 수 개념의 필요성을 별로 느끼지 않는 민족은 수사도 거의 사용하지 않는다. 예를 들면, 캄 부시먼족(Kham Bushmen)은 '셋'까지만 있는 아주 단순한 수사를 가지고 셈을 한다고 한다. 예컨대 '4'는 '2 더하기 2'로 나타내는 방식이다.

과학적 분석을 따르는 다른 영역에서도 과학적 분석 자체가 언어학적 분류체계의 잣대가 되지는 않는다. 눈에 보이는 스펙트럼은 중간에 끊긴 부분이 없고 진동수에 따라 다른 빛으로 나뉘는 진동수의 연속체로 되어 있다. 서로 다른 언어는 서로 다른 색채 이름(예: 영어의 red-orange-yellow-green-blue-violet / 9. 1절)을 사용해서 이 연속체의 서로 다른 구간을 가리킨다. 그렇지만 영어의 개별 색채 이름이 지배하는 구역이 실제 스펙트럼상의 정확하게 어느 지점부터 어느 지점까지인지를 결정하기란 매우 어려운 일이다. 만일 사람들에게 미세한 등급으로 세분화한 색채를 보여준다면, 가령 통상적으로 '노랑'과 '초록'이라고 불러온 두 진동수의 사이에 적절한 명명이 어려운 경계지대가 있음을 알게 될 것이다. 만일 유럽의 문화권을 벗어나면, 전적으로 다른 색채 이름의 분포를 만나게 될 가능성이 다분하다.

우리는 대다수 의미에 대해 외부세계의 표준에 접근하는 위와 같은 방법조차 갖고 있지 못하다. '사랑하다'나 '친구', '친절한', '미운' 등과 같이 사회적 행동에 관한 용어는, 만일 인종학이나 민속학, 사회학 등의 연구가 꿈에도 생각하지 못할 정도로 완벽하고 정확하게 수행되었다면, 이들 학문의 용어로 정의할 수 있을 것이다. '메스꺼운', '느글거리는', '슬픈', '즐거운', '기쁜', '행복한' 등과 같이 화자의 몸 상태를 진술하는 용어는, 살아 있는 사람의 인체 안에서 일어나는 모든 움직임에 대한 세부적인 지식을 갖추고 있을 때만, 원만하게 정의할 수 있을 것이다. 그렇지만 이 모든 방법도, 명사의 성(性)이나 동사의 상(相) 범주처럼 비실제적 관계를 가진 언어학적 의미를 정의하는 데는 충분치 못할 것이다. 독일어나 프랑스어, 라틴어에서 명사의 성을 결정할 수 있는 실제적 표준은 존재하지 않는 것으로 보인다. 그러한 언어에서 구조의미소 '남성'을 정의하는 것은 남성명사의 표지와 임의적으로 이 부류에 속하는 명사를 목록화하는 작업이 될 것이며, 실제 세계에서 이 모든 사물에 공통적인 것이 남성 성 범주의 '의미'이다. 영어 동사의 상에 대해서도 마찬가지 논리가 적용된다. 그러니까 'wrote'와 'was writing'의 차이는 매우 파악하기 어렵고, 동사에 따라 달라지고 구에 따라 달라지기 때문에, 이에 대한 정의를 내리는 사람은 먼저 주요한 원리를 언급하고 나서 용례를 직접 제시하는 방식을 채택하는 것이 최선이다.

저서와 학술지의 완전한 제목은 이 책의 참고문헌 목록에 나와 있다.

제1장

언어 연구의 역사: Pedersen, *Linguistic Science*. 과거의 연구: Benfey. 인도-유럽어의 연구: Delbrück, *Einleitung*; Streitberg, *Geschichte*. 게르만어의 연구: Raumer; Paul, *Grundriss* 1. 9; W. Streitberg and V. Michels, in Strietberg, *Geschichte* 2. 2. 단일 학파의 전통에 관한 논의: Jellinek, *Geschichte der deutschen Grammatik.* 특히 제1장(Oertel)에 흥미로운 세부사항이 나와 있다.

1. 2. 언어에 관한 고대 철학의 견해: Steinthal, *Geschichte*.

공원의 아이들에 관한 일화: Herodotus 2. 2.

'lithos'의 어원: *Eymologicon magnum*(ed. T. Gaisford, Oxford, 1848) 565. 50. 'lucus'의 어원: Quintilian 1. 6. 34, in Lactantius Placidus' gloss on Statius, *Achilleis* 593(ed. R. Jahnke, Leipzig, 1898, p. 502).

그리스 문법학자: G. Uhlig, *Grammatici Graeci*, Leipzig, 1883 ff; Herodian edited by A. Lentz, Leipzig, 1867 ff.

1. 3. 언어의 기원에 관한 이론: Stienthal, *Ursprung*; Wundt, *Sprache* 2. 628.

어원에 대한 경구: Max Müller, *Lectures on the Science of*

Language; *Second series*(London, 1864), p. 238. 볼테르의 저작에
는 이 내용이 나오지 않았다.

라틴어 문법학자 H. Keil, *Grammatici Latini*, Leipzig, 1857 ff.;
H. Funaioli, *Grammaticae Romanae fragmenta*, Leipzig, 1907.

라틴어 문법에 관한 중세 저작: Wackernagel, *Vorlesungen* 1. 22;
Thurot.

포르루아얄 문법: A. Arnauld and C. Lancelot. 초판은 1660년에
파리에서 나왔고, 2판은 1664년에 나왔으며, 또 다른 2판은 브뤼셀
에서 1676년에 나왔다. 내가 (시카고의 뉴베리 도서관에서) 본 것은
마지막 것이다. 내용이 추가된 최근 판은 1803년과 1810년 파리에서
나왔다.

18세기의 규범문법학자: Fries; Leonard. 'will, shall' 문제: C. C.
Fries, in *PMLA* 40. 963(1925).

Pallas, Peter Simon, *Linguarum totius orbis vocabularia comparativa*,
St. Petersburg, 1786-89, 2권(Newberry Library, Chicago). 제 2
판은 보지 못했다. 미리예보(Theodor Janković von Mirijevo)가 만
든 뉴베리 도서관 카탈로그에 따르면 작성자를 알 수 없는 알파벳순
찾아보기가 'Sravnitel'nyj slovar' vsex jazykov i narečij'라는 제목하
에 4권으로 페테르부르크에서 1790~91년에 나왔다. 스테파노비치
(Vuk Stefanovich〔Karadjich〕)는 1822년에 베치(Beč)에서 보유편
(Dodatak)을 출간했는데, 세르비아어를 수정하고 불가리아어 형태
를 추가했다. (뉴베리 도서관에 복사본이 있음.)

아델룽-바테르의 《미트리다테스》의 제목은, 알파벳 순서로 언어 목록
을 작성한 최초의 책에서 따온 것이었다. 게스너(Konrad Gessner,
1516~65)가 쓴 이 책은 1555년에 취리히에서 나왔다. 와제르(Kaspar
Waser)가 서평을 쓴 새로운 판이 1660년에 취리히에서 나왔다. (모
두 뉴베리 도서관 소장.)

유니우스: *Quartuor D. N. Jesu Christi Euangeliorum versiones*

perantiquae duae, Dortrecht, 1665.

히키스: *Institutiones grammaticae Anglo-Saxonicae et Moesogothicae*, Oxford, 1689; *Antiquae literaturae septentrionalis libri duo* (Linguarum vett. thesaurus), Oxford, 1705.

1.5. 중국의 문헌학과 언어학 전통: Kalgren, *Philology*. 인도의 문법: Belvalkar; *Lg* 5.267 (1929).

1.6. 존스 경의 강연: *Asiatick researches* (Calcutta, 1788) 1.422. *Transactions of the Royal Asiatic Society of Bengal*, 이 책의 1권으로 반복해서 재판되었다.

1.7. 어원: Thurneysen; Thomas 1.

브루크만: W. Streitberg, in *IJ* 7.143 (1921). 델브뤽: Hermann

1.8. 폴의 《언어사 원리》는 뛰어난 개작 영역본(by Strong-Longman-Wheeler)의 기반이 되었다. 폴의 생애와 업적: W. Streitberg, in *IJ* 9.280 (1924).

1.9. 레스키언: W. Streitberg, in *IJ* 7.138 (1921); K. Brugmann, in *Berichte Leipzig* 68.16 (1916).

뵈틀링크: B. Delbrück, in *IF Anzeiger* 17.131 (1905). 소쉬르: A. Meillet, in *BSL* 18. clxv (1913).

*

(1) 산스크리트어 (*Sanskrit*) 란 원래 당시 인도의 상류계층이 사용하던 종교어로서 '완성된 언어, 조직적인 언어'라는 뜻이고, 한자로 표기한 '범어' (梵語) 는 이 언어가 절대자인 브라만 (梵天) 이 창조한 언어라는 뜻을 계승하고 있다. 이는 오늘날 우리가 흔히 말하는 '산스크리트어'와 의미상으로 차이를 보인다. 시어 (詩語) 나 제의어 (祭儀語) 였던 베다어에 비해, 이 산스크리트어 (고전 범어) 는 문학어인 동시에 어느 정도까지 일상 회화어이기도 했다.

제 2 장

심리학자는 언어를 보통 부수적인 문제로 처리한다. 일반적 논의: Marett 130; Boas 1.5; Wundt, *Sprache*; Sapir; Allport; de Laguna; Weiss.

2.1. '문헌학'이라는 용어는 영국과 과거 미국에서 문화연구(특히 문학작품을 통한) 뿐만 아니라, 언어학에도 적용되었다. 그렇지만 언어학(독일어 Sprachwissenschaft, 프랑스어 linguistique)과 문헌학(독일어 Philologie, 프랑스어 philologie)은 공통점이 거의 없으므로, 양자를 구분하는 것이 바람직하다. 영어에 나타나는 용법상의 혼란: H. Pedersen, in *Litteris* 5.150 (1928); G. M. Bolling, in *Lg* 5.148 (1929).

2.4. 대중의 믿음대로 한다면, 우리는 생각하면서 결과적으로 언어운동을 억누르게 된다. 이는 마치 꼴이 없어도 달리는 법을 배운 동화 속의 말과 흡사하다.

숫자의 사용은 언어활동의 한 가지 특징일 뿐이다. 순수한 수학의 세계에 기꺼이 살고 싶은 사람이 과연 있겠는가? 수학은 다만 언어가 수행할 수 있는 일을 가장 잘할 따름이다.

2.5. 어린이의 언어습득: Allport 132; Weiss 310. 이 방면에 대해 알려진 지식이 거의 없는 것은 관찰자의 보고가, 어린이가 듣는 말이 아니라 어린이가 하는 말에 근거하기 때문이다. Stern; Preyer; Bühler. 말하기를 배우는 것은 우리의 삶에서 가장 위대한 묘기이다. Jespersen, *Language* 103.

2.8. 언어의 교란현상: Kussmaul; Gutzmann, *Sprachheilkunde*; Wilson; Head; Travis.

2.9. 우주의 상징적 환원: A. P. Weiss, in *Lg* 1.52 (1925).

3. 2. 최대의 언어공동체: Jespersen, *Growth* 252; L. Tesnière, in Meillet, *Langues*. 인도의 언어상황에 대해, 테스니에르의 수치와 그리에슨(Grierson) (1권)의 수치가 조금 다르다. 양쪽은 모두 1921년의 통계에 근거를 두고 있다.

3. 3. 성별의 차이: Jespersen, *Language* 237; E. Sapir, in *Donum Schrijnen* 79.

3. 9. 사에르(Saer)는 웨일스 지역 어린이들의 언어천이를 논의하고 있다. 사에르는 웨일스어에서 영어로 언어를 옮긴 어린이들에 대해 이중언어 사용자라는 용어를 사용한다. 그렇지만 이는 매우 유감스러운 외연의 확장이다. 사에르의 조심스러운 구분(32 ff.)에도 불구하고 이 용어는 진정한 이중언어 구사와 이 어린이들이 처한 상황을 자칫 뒤섞을 우려가 있기 때문이다. 그리고 이렇게 되면 학교에서 전혀 낯선 외국어를 듣는 어린이의 위치도 혼란스럽게 된다.

실제적인 이중언어 사용: Ronjat. 저자(뒤 모리에[1]) 자신의 어린 시절에 근거한 사실적이면서도 허구적인 설명: George Du Morier, *Peter Ibbeston*, in *Harper's new monthly magazine*, 83권(1891). 책자 형태로도 간행되었다.

*

(1) 21세기 초반의 시각에서 보면, 맥도널드와 디즈니랜드로 상징되는 미국 문화는 서유럽의 문화와 상당히 이질적인 모습을 보여주고 있다. 후자는 전자에 비해 보수적이고, 전통지향성이 비교적 강하다.

(2) 통계수치에서 ** 표로 표시된 언어는 인도에서 사용되는 드라비다어(Dravidian)의 일종이다. 드라비다어는 인도에 아리안족이 들

---

1) 영국의 만화가. ☞ 인명 약해 참고.

어오기 이전부터 이 지역에 거주하던 선주민인 드라비다족이 사용하던 일군의 언어를 말한다. B. C. 3000년 무렵에 인더스 강 유역에 인더스 문명을 건설했던 이들 드라비다족은 아리안족의 선진문명에 밀려 인도 대륙 남부로 이동한 결과, 오늘날에는 드라비다어도 남부 인도에서만 그 흔적을 찾아볼 수 있다. 일찍이 우리나라에서 활약했던 선교사 헐버트(Homer B. Hulbert)는 이 드라비다어와 한국어의 계통적 관련성을 주장한 바 있었다. 헐버트의 이 저서(*A Comparative Grammar of the Korean Language and the Dravidian Dialects of India*, Seoul: Methodist Publishing House, 1905)는 《한국어와 드라비다어의 비교연구》(경남대 출판부, 1998)라는 제목으로 번역되어 국내에 소개되었다.

(3) 여기 제시된 통계는 20세기 초반의 자료에 근거한 것이다. 20세기의 중후반기에 들어서 지구촌의 인구가 폭발적으로 증가했음을 고려하면, 이 통계수치가 현재와 크게 차이가 나는 것은 당연한 결과라고 하겠다. 예를 들어, 언어학자 크리스탈(David Crystal)의 《언어백과사전》(*The Cambridge Encyclopedia of Language*, 1987: 287)만 보더라도, 이 책의 통계수치와 크게 차이가 난다. 여기서는 모국어 화자와 공식 언어 화자로 나누어서 수치를 제시하고 있는데, 각각의 경우에 상위 5개 언어를 보면 다음과 같다. 중국어(10억), 영어(3억 5천만), 스페인어(2억 5천만), 서힌디어(2억), 아랍어(1억 5천만) / 영어(14억), 중국어(10억), 동힌디어(7억), 스페인어(2억 8천만), 러시아어(2억 7천만).

(4) 특히 영국에서는 언어의 사회적 계층분화와 그에 따른 제약이 상당하다. 그래서 발음이 점잖지 못해서 사회적 지위를 얻기 힘들다고 하는 말이 절대 과장이나 비유가 아닐 정도라고 한다. 상류층이 아닌 화자가 상류층 화자가 되려는 노력을 '목소리를 바꾼다'(*changing one's voice*)는 말로 나타내기도 한다.

(5) 상류층 자제들을 위한 영국의 중·고등학교로 이튼(Eton)이나

윈체스터(Winchester) 등이 유명하다.

(6) 예컨대 영국에서는 프랑스어 화자를 보모로 고용하는 일이 많다고 한다.

제 4 장

밀러(F. Müller)는 세계의 여러 언어를 개관하면서, 문법개요와 약간의 텍스트를 제공하고 있다. 핑크(Finck)의 목록(*Sprachstämme*)은 부족하다. 메이에-코헨(Meillet-Cohen)의 저서는 전문학자의 개괄적 조사를 결집한 것인데, 여기에는 지도와 참고문헌 목록이 들어있다. 슈미트(W. Schmidt)의 저서에도 독립된 지도집과 몇 장의 지도에 더해 훌륭한 참고문헌 목록이 제시되어 있다. 크뢰버(Kroeber)의 도표도 유용하다. 아메리카: Wissler. 인도: Grierson. 아프리카: Meinhof, *Moderne Sprachforschung*.

4.3. 히타이트어와 인도-유럽어의 관계: E. H. Sturtevant, in *Lg*. 2.25 (1926) ; *TAPA* 40.25 (1929) ; *AJP* 50.360 (1929). 상이한 견해: W. Petersen, in *AJP* 53.193 (1932).

4.4. 사어(死語): Pedersen, *Linguistic Science*. 판독은 가능하지만 해석이 안 되는 소수의 비문은 스코틀랜드의 픽트 부족 언어를 대표한다. 이 픽트어가 인도-유럽어의 일종(켈트어)이었는지는 불분명하다. Hubert 247 참고.

4.8. Deny, in Meillet-Cohen. 중국의 방언: Arendt, *Handbuch* 258; 340; 지도.

4.9. 파푸아어: S. H. Ray, in *Festschrift Meinhof* 377.

4.10. 지리적 기준으로 열거된 본문 알공키안어족 언어의 분류: T. Michelson, in *BAE Annual report* 28.221 (1912).

⑴ 조로아스터교의 성전으로 《젠드 아베스타》(*Zend-Avesta*)라고도 한다. 조로아스터(자라투스트라)의 가르침을 기록한 것으로 알렉산 더 대왕이 페르시아를 정복했을 때 진본 필사본은 소실되었다. 현존 하는 《아베스타》는 사산 왕조시대(서기 3~7세기)에 흩어져 있던 필 사본을 전부 모아서 표준화한 것이다.

⑵ 아소카 왕의 생존연대를 고려할 때, '기원전 3세기에 만들어진 아소카 왕의 비문'에 중세 인도어인 프라크리트어의 단어가 나온다 는 것은 논리적으로 모순이 있다. 따라서 프라크리트어는 하나의 언 어라기보다 고대와 중세에 인도에서 통용되던 모든 구어를 일컫는 말로 보아야 한다. 물론 프라크리트어와 팔리어를 그냥 중세 인도어 라고 하기도 하지만, 여기서는 그보다 문어인 산스크리트어에 대응 하는 의미의 언어, 즉 구어를 나타내는 것으로 파악하는 것이 타당 하다. 원저자도 이러한 문제 때문에 '프라크리트어'라는 직접적인 표 현을 삼가고 있는 것(Prakrit or Middle Indic stage)으로 보인다.

제 5 장

5.1. 'semantics'라는 말의 'semantic'은 'pertaining to meaning'(의 미에 관한)의 뜻이다. 이들 단어는 'semasiology, semasiological'보 다 자연스럽다. 문자 그대로 해석하면, 'semantics'라는 말은 의미에 대한 연구이다. 만일 언어형태를 무시하고 의미나 추상체의 의미를 연구하고자 한다면, 그런 태도는 우주를 전체적으로 연구하려는 무 모한 시도이다. 이 'semantics'라는 용어도 그러한 태도와 결부되는 경우가 없지 않다. 만일 언어형태와 그 의미를 연구한다면, 이때의 '의미론'이란 문법과 어휘부에 대한 연구와 상응하는 개념이다. 내가 이 책에서 사용한 개념도 바로 이러한 것이다.

5.2. 실험음성학: Rousselot, *Principles*; Scripture; Panconcelli-

Calzia, *Einführung*(서문의 개관이 특히 훌륭함); *Experimentelle Phonetik*(이론적 개관); Gutzmann, *Physiologie*; Russell; Fletcher (특히 음파의 분석부분); Paget(단, 7, 8, 9장 및 부록 8 제외).

5. 3. 음소: Baudouin de Courtenay 9; de Saussure 55; 63; E. Sapir, in *Lg* 1. 37(1925); *Lg* 2. 153(1926); *Modern Philology* 25. 211(1927); H. Pedersen, in *Litteris* 5. 153(1928).

5. 8. 음성 전사의 주요 체계: Heepe. 가시언어: Sweet, *Primer*. 비자모식 표기: Jespersen, *Lehrbuch*. 기타 체계: Lepsius; Lundell; Bremer; *Phonetic Transcription*.

국제음성기호: Sweet, *Handbook*; *Collected Papers* 285; Passy-Jones; Jespersen-Pedersen. *Maître Phonétique* 참고.

5. 10. 전자법: G. M. Bolling and L. Bloomfield, in *Lg* 3. 123 (1927); Palmer, *Romanization*.

*

(1) 최근까지 음향음성학이 거둔 개괄적인 성과에 대해서는 이기문·김진우·이상억 공저의 《국어음운론》(증보판, 2000)의 68~80쪽을 참고할 수 있다.

(2) 이 '가시언어'의 구체적인 전모가 배보은(2004), "문자의 자질에 관한 연구"(경남대학교 국문과 석사학위논문)에 소개되어 있다. 그리고 이와 관련하여 한글의 자질 문자적 특성을 논의한 이른 시기의 글로는 이기문(1996: 16~17), "현대적 관점에서 본 한글"(《21세기의 한글》, 문화체육부)을 참고할 수 있다.

제 6 장

6. 1. 실용음성학: Passy, *Phonétique*(최상의 입문서); Sweet, *Primer*; Rippmann; Soames; Noël-Armfield. 대저: Sievers, *Grundzüge*

(고전적 텍스트); Jespersen, *Lehrbuch*; Viëtor, *Elemente*.

미국영어: Krapp; Kenyon; H. Kurath, in *SPE* 30. 279(1928); L. Strong, in *RP* 5. 70(1928); *Maître Phonétique* 3. 5. 40(1927). 참고문헌: H. Kurath, in *Lg* 5. 155(1929).

영국영어: Sweet, *Sounds*; Jones, *Outline*; Palmer, *First Course*; Llyod. 음성학 사전: Michaelis-Jones, *English Pronouncing Dictionary*; Palmer-Martin-Blandford(미국 부분은 불충분함).

독일어: Hempl; Viëtor, *German Pronunciation*; *Aussprache*; *Aussprache-wörtebuch*; Bremer; Siebs.

프랑스어: Passy, *Sons*; *Sounds*; Passy-Rambeau; G. G. Nicholson; Michaelis-Passy; Passy-Hempl.

네덜란드어: Kruisinga, *Grammar*; Scharpé. 덴마크어: Jespersen, *Fonetik*; Forchhammer. 스웨덴어: Noreen VS. 스페인어: Navarro Tomás. 러시아어: Trofimov-Jones. 북경 중국어: Guernier.

6. 2. 아프리카의 언어: Meinhof, *Moderne Sprachforschung* 57.

6. 3. 유성 *h*: Broch 67; E. A. Meyer, in *NS* 8. 261(1900). 공명도: Paget.

6. 6. 전도음: E. Srámek, in *RP* 5. 206(1928); Noël-Armfield 91. 성문 폐쇄음: Jespersen, *Fonetik* 297. 성문화 폐쇄음: Boas 1. 429; 565; 2. 33. 남부 독일어의 폐쇄음: Winteler.

6. 7. 전동음: Jespersen, *Fonetik* 417; *Lehrbuch* 137; 보헤미아어: Chlumsky, in *RP* 1. 33(1911). 탄설음: Lundell 48; Noreen *VS* 1. 451.

6. 8. 독일어의 마찰음: *Maître Phonétique* 3. 8. 27(1930). 아랍어의 성문 마찰음: Gairdner 27; W. H. Worrell, in *Vox* 24. 82(1914); G. Panconcelli-Calzia, in *Vox* 26. 45(1916).

6. 10. 설측음: Sweet, *Collected Papers* 508; Boas 1. 429; 565; Broch 45.

472

6. 12. 모음: Russell, *Vowel*; Paget; C. E. Parmenter and S. N. Treviño, in *Quarterly Journal* 18. 351 (1932). 모음체계: N. Trubetzkoy, in *Travaux* 1. 39 (1929). 영어 화자에게는 프랑스어 모음의 연구가 특히 유익하다. H. Pernot, in *RP* 5. 108; 289; 337 (1928).

*

(1) 여기에 나오는 음성학 용어는 대체로 구희산 외 (2001), 《음성과학 용어 번역 사전》(한국문화사) 을 참고했다. 번역자 자신의 번역인 경우는 각주에 표시했다.

제 7 장

7. 2. 모라: E. Sapir, in *Lg* 7. 33 (1931).
7. 4. 무강세 모음에 대한 미국영어와 영국영어의 차이: Palmer-Martin-Blandford. 서문이 참고가 될 만하지만, 일반적 개관은 폭넓은 지지를 받지 못하고 있다.
7. 5. 'An aim‐a name' 대립: D. Jones, in *Maître phonétique* 3. 9. 60 (1931).
7. 6. (영국) 영어의 음조: Jones, *Curves*; Palmer, *Intonation*; Armstrong-Ward. 독일어: Barker; Klinghardt. 프랑스어: Klinghardt -de Fourmestraux.
시버스 (Eduard Sievers, 1850~1932) 는 다년간에 걸쳐 비변별적 언어유형에 대해 연구했다. 요약과 참고문헌: Sievers, *Ziele*; Ipsen-Karg.
7. 7. 스웨덴어와 노르웨이어의 단어 음조: Noreen *VS* 2. 201; E. Selmer, in *Vox* 32. 124 (1922). 일본어의 단어 음조: K. Jimbo, *BSOS* 3. 659 (1925). 북부 중국어의 음조: Guernier; Kalgren,

Reader. 광둥어: Jones-Woo. 리투아니아어의 음조: R. Gauthiot, in *Parole* 1900. 143; Leskien, *Lesebuch* 128. 세르비아어의 음조: R. Gauthiot, in *MSL* 11. 336(1900); Leskien, *Grammatik* 123. 아프리카 제어의 음조: E. Sapir, in *Lg* 7. 30(1931). 아타바스카어의 음조: E. Sapir, in *Journal de la Société* 17. 185(1925).
7. 8. 구개음화: Broch 203. 연구개음화: 224.

*

(1) 이 개념을 원용해서 사잇소리와 관련된 국어의 음운현상을 분석한 이덕홍(1964), "개접변이 현상으로서의 삽입자음고"(〈국어연구〉 14, 서울대 국문과)에서는 '개접변이'(*open transition*)와 '폐접변이'(*close transition*)라는 용어를 사용하고 있다.

제 8 장

8. 1. 전혀 다른 음소 분포를 보이면서도 유사한 일련의 음을 가진 두 언어의 보기: E. Sapir, in *Lg* 1. 37(1925).
8. 2. 음소의 상대적 빈도: Dewey; Travis 223; Zipf. 지프(Zipf)의 결론은 제시한 자료와 서로 들어맞지 않는다. 참고: Zipf, *Harvard Studies* 40. 1(1929).

제 9 장

본문에 실린 많은 용례는 다음 저자의 탁월한 논문에서 가져온 것이다. Greenough-Kittredge. 다음 자료도 참고가 된다. Bréal; Paul, *Prinzipien* 74; McKnight; Nyrop *Liv*; Darmesteter, *Vie*; Hatzfeld. 개별 영어단어: *NED*. 의미연구의 위상: L. Weisgerber, in *GRM* 15. 161(1927). 의미에 관한 유심론적 견해: Ogden-Richards. 참고문헌: Collin; G. Stern.

9. 1. 친족어: L. Spīer, in *University of Washington publications* 1. 69 (1925). 행동시범: Weiss 21. '사과'의 정의: *Webster's new international dictionary*, Springfield, 1931.

9. 7. 희화적 불구형 (不具形): M. Reed, in *American Speech* 7. 192 (1932). 과도하게 빠른 발음의 공식: Horn, *Sprachkörper* 18.

9. 8. Collin 35.

9. 9. 화계 (話階) 의 용례: Noreen *VS* 1. 21, 30쪽의 도표. 속어: Farmer-Henley; Mencken, *The American Language.*

9. 10. 금기: Meillet, *Linguistique* 281; G. S. Keller, in *Streitberg Festgabe* 182.

9. 11. Jespersen, *Language* 396; Hilmer; Wheatley. 애칭: Sundén; Rotzoll; L. Müller, in *Giessener Beiträge* 1. 33 (1923).

*

(1) 국어의 친족 호칭어 체계와 그 역사적 발달에 관한 논의는 조항범 (1992), "국어 친족 호칭어의 통시적 연구" (서울대 국문과 박사학위논문) 를 참고할 수 있다.

제 10 장

언어의 구조: Sweet, *Practical Study*; de Saussure; Sapir; Hjelmslev; *Lg* 2. 153 (1926). 기술적 분석을 다룬 최고의 사례는 산스크리트어에 관한 인도 문법학자들의 업적이다. 1. 6절의 주석을 참고할 수 있다. 영어: Jespersen, *Grammar*; *Philosophy*; Kruisinga, *Handbook*; Poutsma, *Grammar.* 독일어: Curme. 프랑스어: Beyer-Passy. 다양한 언어에 대한 분석: Boas; Finck, Haupttypen.

10. 1. 형태 앞에 붙은 별표 (예: *cran) 는 필자가 들어본 적이 없는 형태거나, 다른 관찰자에 의해 혹은 다른 기록을 통해 입증되지 않은

형태이다. 따라서 이 표시는 필자가 그 존재를 부정하는 형태이거나
(예: *ran John), 이론적으로 재구된(예: *cran, 'cranberry'의 합성
어 구성원 'cran-과 상응하도록 이론적으로 설정된 자립형태) 형태의
앞에 나타난다. 후자의 경우에, 가장 중요한 것은 기록으로 입증되지
않지만 언어학자에 의해 재구된 고대의 언어형태라고 할 수 있다.

제11장

제11장과 제12장에 나오는 다소 생소한 언어의 용례는 다음의 자료
에서 발췌한 것이다. 아랍어: Finck, *Haupttypen*. 반투어(수비야
어): Finck, *Haupttypen*. 중국어: Finck, *Haupttypen*, Arendt,
Einführung. 크리어: *Atti* 2. 427. 에스키모어: Finck, *Haupttypen*
and Thalbitzer in Boas 1. 967. 핀란드어: Rosenqvist. 폭스어: T.
Michelson(*IJAL* 3. 219의 목록). 그루지야어: Finck, *Haupttypen*.
고트어: Streitberg, *Elementarbuch*. 아일랜드어: Borthwick. 메노
미니어: *Proceedings 21st* 1. 336. 폴란드어: Soerensen. 러시아어:
Berneker, *Grammatika*. 사모아어: Finck, *Haupttypen*. 산스크리트
어: Whitney, *Grammar*. 타갈로그어: Bloomfield. 터키어: Finck,
Haupttypen.

11. 1. 전통적으로나 학교문법에서는 '문장'(*sentence*)이라는 용어가
매우 좁은 의미로 사용되어 인도-유럽 제어의 주어-서술어 문장 유
형을 가리킨다. 만일 이러한 용법을 고수한다면, 발화의 최대 언어
형태를 가리키기 위한 새로운 용어를 만들어내야 할 것이다. 문장에
대한 과거의 정의는 언어학적이라기보다 다분히 철학적이다(Ries,
Satz 참고). 본문의 정의(Meillet, *Introduction* 339)를 *Lg* 7. 204
(1931)와 비교해 보라.

11. 2. 비인칭 문장유형은 보통 의사 비인칭 유형과 혼동을 일으킨
다. 의사 비인칭 문장유형에는 대명사로 도입된 행위주가 담겨 있

다. (예) it's raining. 15.6절.

11.5. 단어 구분을 어렵게 하는 난점: Passy, *Phonétique* 21.

11.7. 프랑스어 화자는 이따금 강세를 이용해서 단어 경계를 나타내지만(Passy, *Sons* 61), 이 용법은 변별적이지 않다. 이러한 용법은 영어나 프랑스어의 화자가 단어와 단어 사이에 임시적인 휴지를 두는 습관과 비교가 된다. 남부 독일어의 단어 단위: Winteler 185, 187.

제12장

통사론: Morris; Wackernagel, *Vorlesungen*; Blümel; Jespersen, *Philosophy*. 영어의 통사론에 대해서 제10장에 언급된 참고문헌 이외의 논저: Curme-Kurath. 독일어: Paul, *Grammatik*.

12.1. 통사론의 정의: Ries, *Syntax*.

12.4. 중국어 연성의 음조와 강세: Kalgren, *Reader* 23. Arendt의 용례: *Einführung* 14.

12.10. 순위: Jespersen, *Philosophy* 96.

12.12. 어순에 관한 참고문헌: E. Schwendtner, in *Wörter und Sachen* 8.179(1923); 9.194(1926).

제13장

고대 그리스어의 복합적인 형태론 체계 기술: Debrunner.

13.1. 형태론에 따른 언어의 분류체계: Steinthal, *Charakteristik*; Finck, *Klassifikation*; *Haupttypen*; Sapir.

제14장

14.1. 합성어: Künzel; Darmesteter, *Traité*.

14. 4. 합성어 구성원들 사이의 단어 내포: T. Michelson, in *IJAL* 1. 50 (1917).

14. 6. 외심적 합성어: Uhrström; Last; Fabian.

14. 7. 지시동사: Bladin. '*drunken*: *drunk*' 등: M. Deutschbein, in *Streitberg Festgabe* 36. 영어의 남녀 성 구분: Knutson.

14. 8. 알공키안어의 구체적 접미사: *Festschrift Meinhof* 393. 포합: Steinthal, *Charakteristik* 113. 영어의 '*flip*: *flap*: *flop*' 등: Warnke.

제 15 장

15. 6. 비인칭과 유사-인칭 유형: Ljunggren.

15. 7. 아나톰 섬: F. Müller 2. 2. 73.

제 16 장

사전류

영어: *NED*; Bosworth-Toller; Stratmann. 독일어: Grimm, *Wörterbuch*; Benecke-Müller-Zarncke; Lexer; Graff. 네덜란드어: Verwijs-Verdam; de Vries-te Winkel. 덴마크어: Dahelrup. 스웨덴어: *Ordbok*. 고대 아이슬란드어: Cleasby-Vigfusson; Fritzner. 러시아어: Blattner. 라틴어: *Thesaurus*. 프랑스어: Hatzfeld-Darmesteter-Thomas; 산스크리트어: Böhtlingk-Roth. 중국어: Giles.

16. 5. 영어의 상: Poutsma, *Characters*; Jespersen, *Grammar* 4. 164; Kruisinga, *Handbook* 2. 1. 340.

16. 7. 단어 용례: Jespersen, *Language* 126; *Growth* 215.

16. 8. 캄 부시먼어의 수사: F. Müller, *Grundriss* 4. 12. 수사의 참고문헌: A. R. Nykl, in *Lg* 2. 165 (1926).

이 책에서 사용한 음성기호는 국제음성학회의 알파벳 형태를 조금 수정한 형태이다. 이 알파벳의 핵심원리는 주어진 언어의 개별 음소(변별적 음성, 제5장 참고)에 대해 단일 글자를 사용하자는 것이다. 이들 기호는 매우 융통성 있게 사용되어 상이한 언어들에서 나타나는 상이한 음성을 표상하기도 하지만, 주어진 언어 안에서는 일관성을 지켜 사용한다. 따라서 〔t〕는 영어단어 'tin'에 나타나는 음성을 표상하는 동시에 프랑스어 단어 'tout'(모두)에 나타나는 조금 다른 음성을 표상하기도 한다. 이밖에 추가적인 기호들은 해당 언어가 추가적인 음소를 구분하는 경우에 한해 사용한다. 예컨대 이탤릭체로 표기된 〔t〕나 대문자로 표기된 〔T〕 같은 기호는 음소 〔t〕에 대해 일반적 유형보다 많은 음소를 구분하는 러시아어나 산스크리트어의 표기를 위해서만 추가로 사용한다.

다음 일람표는 이렇게 읽으면 된다. "기호 … 은/는 (단어) … 에 나타나는 일반적 유형의 음을 표상한다."

〔a〕 palm 〔pam〕
〔ɑ〕 hot 〔hɑt〕; 프랑스어 bas 〔bɑ〕
〔ʌ〕 son, sun 〔sʌn〕[1]
〔b〕 big 〔big〕
〔č〕 chin 〔čin〕

---

[1] 영국영어를 전사할 때 관습적으로 사용한다. 기호 〔o〕를 사용해도 된다.

〔ç〕 현대 그리스어 〔'eçi〕 (has)

〔d〕 do 〔duw〕

〔ð〕 then 〔ðen〕

〔e〕 men 〔men〕; 프랑스어 gai 〔ge〕

〔ə〕 프랑스어 petit 〔pəti〕

〔ɛ〕 man 〔mɛn〕; 프랑스어 dette 〔dɛt〕

〔f〕 few 〔fjuw〕

〔g〕 go 〔gow〕

〔ɣ〕 네덜란드어 zeggen 〔'zeɣe〕

〔h〕 how 〔haw〕

〔i〕 tin 〔tin〕; 프랑스어 fini 〔fini〕

〔ï〕 터키어 〔kïz〕 (girl)

〔j〕 yes 〔jes〕

〔ĵ〕 jig 〔ĵig〕

〔k〕 cook 〔kuk〕

〔l〕 lip 〔lip〕

〔λ〕 이탈리아어 figlio 〔'fiλo〕

〔m〕 me 〔mij〕

〔n〕 no 〔now〕

〔ŋ〕 sing 〔siŋ〕

〔ɲ〕 프랑스어 signe 〔siɲ〕

〔o〕 son, sun 〔son〕; 프랑스어 beau 〔bo〕

〔ɔ〕 saw 〔sɔ〕; 프랑스어 homme 〔ɔm〕

〔ø〕 프랑스어 peu 〔pø〕

〔œ〕 프랑스어 peuple 〔pœpl〕

〔p〕 pin 〔pin〕

〔r〕 red 〔red〕; 프랑스어 riz 〔ri〕

〔s〕 say 〔sej〕

〔š〕 show 〔šow〕

〔t〕 tin 〔tin〕; 프랑스어 tout 〔tu〕

〔θ〕 thin 〔θin〕

〔u〕 put 〔put〕; 프랑스어 tout 〔tu〕

〔v〕 veil 〔vejl〕

〔w〕 woo 〔wuw〕

〔x〕 독일어 ach 〔ax〕

〔y〕 프랑스어 vu 〔vy〕

〔ɥ〕 프랑스어 lui 〔lɥi〕

〔z〕 zoo 〔zuw〕

〔ž〕 rouge 〔ruwž〕

〔ʔ〕 덴마크어 hus 〔huʔs〕

추가 기호의 용법은 다음과 같다. 해당 언어가 위에서 언급한 어느 하나의 유형 안에서 둘 이상의 음소를 구분할 때, 다양한 기호를 도입하여 표기한다. 가령, 대문자 표기 〔T, D, N〕 등은 산스크리트어의 전도음을 지시하는데, 이들 음은 치음 〔t, d, n〕과 시차적으로 구분된다. 또 대문자 〔I, U〕 등은 고대 불가리아어에서와 같이 〔i, u〕와 구분되는 보다 개방된 변이형을 지시한다. 러시아어에서 〔bit〕(*way of being*)과 구분되는 〔bi*t*〕에서 보듯이 이탤릭체로 표시된 글자는 구개음화한 자음을 표시한다.

글자 아래 찍힌 작은 수직획은 해당 음이 음절을 이룬다는 의미이다. (예) button 〔'botṇ〕

글자 다음에 나오는 작은 위첨자 〔ⁿ〕은 해당 음이 비음화했다는 의미 (예: bon 〔boⁿ〕)이며, 작은 위첨자 〔ʷ〕는 선행하는 음이 순음화했다는 의미이다.

수직선 부호(〔'〕)는 다음 음절이 악센트를 받는다는 의미이다. (예) benighted〔be'najted〕

기타의 세 가지 부호 〔〞 ˏ〕 등도 악센트의 변이형을 지시하는 용법으로 사용된다. 숫자 위첨자 〔¹ ² ³ ⁴〕는 음조의 구분을 지시한다.

음성기호 일람표 481

쌍점은 독일어에서 kann 〔kan〕과 Kahn 〔kaːn〕이 구분되듯이 선행하는 음이 길다는 의미이다.

다른 구두점 〔. , ?〕 등은 문장에서 일어나는 변동을 지시하고, 〔¿〕는 'Are you there?' 〔ar ju ðejr?〕와 구분되는 'Who's there?' 〔ˈhuw z ˈðeir¿〕에서 일어나는 변동을 지시하는 데 사용한다.

찾아보기

(용어)

ㅈ · ㅊ

기 타

찾아보기
(인 명)

레너드 블룸필드(Leonard Bloomfield, 1887~1949)

미국의 구조주의 언어학자로, 하버드대학을 졸업한 후 시카고대학 등에서 연구를 계속하였으며, 독일에 건너가 비교언어학을 전공하고, 시카고대학과 예일대학 교수를 역임하였다. 여러 게르만어가 전공이지만, 그 밖에 인도-유럽어, 말레이-폴리네시아어, 아메리카인디언 언어에도 밝았다. 처음에 《언어연구입문》(1914)을 저술하였으나, 그 후 개정하여 《언어(言語)》(1933)를 간행하였다. 후자는 공시(共時)언어학, 사적(史的) 언어학 및 응용으로 나뉘며, 사적 언어학 면에서는 당시까지 축적된 비교언어학 등의 성과에 대한 좋은 개설서(概說書)가 되고 있다. 공시언어학 면에서는 F. 소쉬르가 시작한 분야를 실제로 개척하였으며, 행동주의 심리학의 영향 아래 수학적·실용주의적으로 엄밀한 순서를 따른 체계적인 언어기술의 모범을 보여주고 있다.

김정우

한국외대 영어과를 졸업하고, 서울대 대학원 국어국문학과에서 문학석사와 문학박사 학위를 취득하였다. 국립국어연구원(현 국립국어원)을 거쳐 경남대 국어국문학과 교수로 재직하고 있다. 지은 책으로는 《고등학교 국어생활》(공저), 《이솝우화와 함께 떠나는 번역 여행(1, 2, 3권)》, 《영어 번역 ATOZ(종합편)》 등이 있다. 옮긴 책으로는 《한국어와 드라비다어의 비교연구》 등의 국역서와 An Illustrated Guide to Korean Culture 등의 영역서가 있다. 주요 논문으로는 "국어 음운론의 경계문제에 관한 연구"(석사학위논문)와 "음운 현상과 비음운론적 정보에 관한 연구"(박사학위논문) 등 음운론 관련 논문과 "한국어 번역문의 중간언어적 특성" 등의 번역학 관련 논문이 있다.